权威·前沿·原创

皮书系列为
"十二五""十三五"国家重点图书出版规划项目

湖南蓝皮书

BLUE BOOK OF HUNAN

2018年
湖南社会发展报告

ANNUAL REPORT ON SOCIAL DEVELOPMENT OF HUNAN
(2018)

湖南省人民政府发展研究中心
主　编／卞　鹰
副主编／唐宇文

社会科学文献出版社
SOCIAL SCIENCES ACADEMIC PRESS (CHINA)

图书在版编目(CIP)数据

2018年湖南社会发展报告/卞鹰主编. -- 北京：社会科学文献出版社，2018.5
（湖南蓝皮书）
ISBN 978-7-5201-2688-5

Ⅰ.①2… Ⅱ.①卞… Ⅲ.①社会发展-研究报告-湖南-2018 Ⅳ.①D676.4

中国版本图书馆CIP数据核字（2018）第085938号

湖南蓝皮书
2018年湖南社会发展报告

主　　编／卞　鹰
副 主 编／唐宇文

出 版 人／谢寿光
项目统筹／邓泳红　桂　芳
责任编辑／陈晴钰

出　　版／社会科学文献出版社·皮书出版分社（010）59367127
　　　　　地址：北京市北三环中路甲29号院华龙大厦　邮编：100029
　　　　　网址：www.ssap.com.cn

发　　行／市场营销中心（010）59367081　59367018
印　　装／三河市龙林印务有限公司

规　　格／开　本：787mm×1092mm　1/16
　　　　　印　张：26　字　数：393千字
版　　次／2018年5月第1版　2018年5月第1次印刷
书　　号／ISBN 978-7-5201-2688-5
定　　价／128.00元

皮书序列号／PSN B-2014-393-5/8

本书如有印装质量问题，请与读者服务中心（010-59367028）联系

▲ 版权所有 翻印必究

湖南省人民政府发展研究中心
湖南蓝皮书编辑委员会

主　　任　卞　鹰

副 主 任　唐宇文　邓仕军　王佳林　李建国　黄绍红
　　　　　　蔡建河

编　　委　彭蔓玲　唐文玉　禹向群　左　宏　袁建四
　　　　　　李学文　罗德强　邓润平　王　斌　曾晓阳
　　　　　　柳　松　唐细华　罗小阳　彭谷前

主　　编　卞　鹰

副 主 编　唐宇文

《湖南蓝皮书·2018年湖南社会发展报告》

执行编辑　唐文玉　尹宝军　王　颖　王灵芝

主要编撰者简介

卞　鹰　湖南省人民政府发展研究中心主任、党组书记。历任湖南省委政研室科教文卫处副处长、处长，城市处处长，湖南省委巡视第一组副组长，湖南省委巡视工作办公室副主任，湖南省委巡视工作办公室主任，湖南省纪委副书记。主要研究领域为区域经济、城市发展等，先后主持多项省部级课题研究。

唐宇文　湖南省人民政府发展研究中心副主任，研究员。1984年毕业于武汉大学数学系，获理学学士学位，1987年毕业于武汉大学经济管理系，获经济学硕士学位。2001~2002年在美国加州州立大学学习，2010年在中共中央党校一年制中青班学习。主要研究领域为区域发展战略与产业经济，先后主持国家社科基金项目及省部级课题多项，近年出版著作主要有《创新引领开放崛起》《打造经济强省》《区域经济互动发展论》等。

摘 要

2017年是实施"十三五"规划的重要一年，是供给侧结构性改革的深化之年，全省上下坚持以习近平新时代中国特色社会主义思想为指导，全面深化社会体制改革，不断完善相关政策，加大投入力度，切实保障和改善民生，全省社会发展形势总体良好。

本书以湖南省政府相关部门发布的权威数据和资料为基础编撰而成，共分四个部分，包括主题报告4篇，总报告1篇，部门报告17篇，专题报告16篇，共38篇。其中主题报告深入分析了2017年湖南卫生计生工作、社会治安治理工作、推进"放管服"改革和检察工作的现状和成效，提出了转变政府职能、创新社会治理方式的总体思路；总报告根据2017年湖南社会发展基本情况，分析当前湖南社会发展面临的主要问题，并提出了新时代湖南推进社会发展的政策建议；部门报告分别从公安、司法、就业与社会保障、居民收入、文化、教育、医疗卫生、民政、保障性住房、社会治安综合治理、信访、安全生产、食品药品安全、民族宗教、脱贫攻坚、知识产权和妇女工作等方面进行了专项研究，多视角展现了湖南社会事业发展的特点、亮点及制约因素，并展望2018年湖南社会建设的发展趋势；专题报告选取了对湖南社会发展有重大影响的几个领域，如医保支付、社会信用、共享单车、公共租赁住房、幼儿园建设、精准脱贫、创新创业和依法行政等当前重大理论与实践问题，展开了前瞻性与应用性研究，对推进湖南社会建设提供了有针对性的建议，为全省各级各部门推进社会发展、创新社会治理方式提供了丰富的资料和决策参考依据。

Abstract

2017 is an important year for the implementation of the 13th Five-Year Plan and supply-side structural reform. Guided by Xi Jinping Thought on Socialism with Chinese Characteristics for a New Era, The whole province deepen the reform of social system, perfect policies, increase investment, and endeavored to ensure and improve living standards, and the overall situation of social development is quite good in Hunan province.

This book is compiled of authoritative data and information which issued by government department of Hunan province. It is divided into 4 parts, including 4 Keynote Reports, 1 General Report, 17 Department Reports and 16 Special Reports, a total of 38 reports. Keynote Reports deeply analyzed the development situation of health and family planning, public security administration, the reform of " streamlining administration, delegating powers, improving regulation, and strengthening services", and the procuratorial work in 2017, which put forward the overall train of transforming government functions and developing the new forms of social governance. Based on the study of Hunan, s development situation in 2017, the General Report analyzed the problems faced by Hunan province and put forward the policy suggestions for promoting Hunan's social development. Department Reports has conducted studies on public security and judicial work, employment and social security, residents', income, culture, education, health care, civil affairs, affordable housing, social governance, letters and calls work, safe production, food and drug safety, religion, poverty alleviation, intellectual property and women's work, which reveals the characteristics and restricting factors of social development in Hunan, and puts forward the developing trend of Hunan, s social development in 2018. Special Reports were written by well-known scholars, who selected several influential areas to do prospective and applied research, such as health insurance payment, social credit, bike-sharing, public rental housing, the kindergarten construction, poverty alleviation, entrepreneurship and innovation, and administration according to law. These conclusions will propose targeted suggestions, offer abundant information and provide decision-making reference to promote social development and develop new forms of social governance in Hunan.

目 录

Ⅰ 主题报告

B.1 坚持六个"一以贯之" 奋力开创卫生计生工作新局面
　　………………………………………………………… 吴桂英 / 001

B.2 创新引领　科技支撑　开创新时代社会治安治理工作新局面
　　………………………………………………………… 许显辉 / 005

B.3 着力打造国际一流的营商环境
　　——关于长沙深入推进"放管服"改革的调查与对策建议
　　………………………………………………………… 陈文浩 / 012

B.4 以习近平新时代中国特色社会主义思想为指引
　　推动新时代检察工作在改革转型中科学发展……… 游劝荣 / 026

Ⅱ 总报告

B.5 2017年湖南社会发展形势分析与2018年展望
　　……………………… 湖南省人民政府发展研究中心调研组 / 035
　　一　2017年湖南省社会发展总体形势分析……………… / 036
　　二　当前湖南社会发展面临的主要问题 ………………… / 046
　　三　2018年湖南社会发展态势与政策建议 ……………… / 048

001

Ⅲ 部门报告

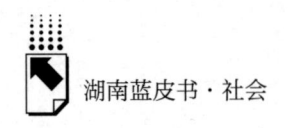

B.6 2017年湖南公安工作进展及2018年展望
　　………………………………………………… 湖南省公安厅 / 053

B.7 坚持以习近平新时代中国特色社会主义思想为指导
　　奋力开创湖南司法行政工作新局面
　　………………………………………………… 湖南省司法厅 / 063

B.8 2017年湖南就业与社会保障工作及2018年展望
　　……………………………… 湖南省人力资源和社会保障厅 / 072

B.9 2017年教育工作回顾与2018年展望
　　………………………………………………… 湖南省教育厅 / 080

B.10 2017年湖南文化惠民工作和2018年展望
　　………………………………………………… 湖南省文化厅 / 090

B.11 2017年湖南省医疗卫生和人口发展情况及2018年展望
　　……………………………… 湖南省卫生和计划生育委员会 / 100

B.12 2017年湖南民政事业进展及2018年展望
　　………………………………………………… 湖南省民政厅 / 107

B.13 2017年湖南保障性住房建设和管理现状及2018年展望
　　………………………………………… 湖南省住房和城乡建设厅 / 115

B.14 2017年湖南居民收入和消费状况及2018年展望
　　……………………………………… 国家统计局湖南调查总队 / 120

B.15 2017年社会治安综合治理工作情况及2018年工作打算
　　…………………………………………………………… 熊晓强 / 130

B.16 2017年湖南信访情况及2018年展望
　　………………………………………………… 湖南省信访局 / 137

B.17 2017年湖南省安全生产形势及2018年展望
　　……………………………………… 湖南省安全生产监督管理局 / 144

B.18 2017年湖南食品药品安全形势发展报告及2018年展望
………………………………………… 湖南省食品药品监督管理局 / 153

B.19 2017年湖南民族宗教工作情况及2018年展望
………………………………………………………… 徐克勤 / 162

B.20 2017年湖南省脱贫攻坚工作情况及2018年展望
…………………………………………… 湖南省扶贫开发办公室 / 169

B.21 2017年湖南知识产权发展情况及2018年展望
………………………………………………………… 段志雄 / 181

B.22 2017年湖南妇女工作进展和成效
………………………………………………… 湖南省妇联 / 191

Ⅳ 专题报告

创新社会管理

B.23 加强医保支付精细化管理助力医改
——基于湖南的实践
……………………………………… 邓　微　陈云凡　范世明 / 197

B.24 湖南省社会信用建设的现状评价与完善对策研究
………………………………………… 刘　丹　彭　澎　牛　磊 / 216

B.25 共享单车需要"共想共治"
——关于长沙共享单车规范发展的调查与思考
………………………………………… 长沙市人民政府研究室 / 234

B.26 加强后续管理　保障租住需求
——关于长沙市公共租赁住房管理工作的调研与思考
………………………………… 长沙市公共租赁住房管理课题组 / 241

B.27 文化自信　科技支撑
——长沙市文化与科技协调创新体系的对策研究
……………………………………………… 傅晓华　傅泽鼎 / 249

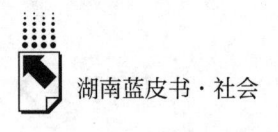

B.28 让孩子们都能就近上好幼儿园
　　——长沙市小区配套幼儿园普惠发展的调查与思考
　　　　　　　　　　　　　　　　　　　　　　　　王德志 / 257

精准脱贫

B.29 湖南易地扶贫搬迁政策及其执行研究 ……… 许源源　熊　瑛 / 269
B.30 湖南产业扶贫现状分析及对策研究 ……………………… 周　旋 / 282

创新创业

B.31 长沙市扩大就业调研报告 ……………………………… 杨大庆 / 295
B.32 湖南省中小企业创新转型存在的问题及对策分析 …… 钟云华 / 304
B.33 湖南农村创业创新政策实施的现状、问题与对策
　　　　　　　　　　　　　　　　　　　　　　　　姜芳蕊 / 313

依法行政

B.34 知识产权案件技术事实查明机制研究
　　　　　　　　　　　　　　　　　刘庆富　曾得志　陈小珍 / 323
B.35 在惩戒与填补之间：我国刑事追偿制度的反思与重构
　　　　　　　　　　　　　　　　　　　　　　戴朝玲　尹玄海 / 338
B.36 引入重大行政决策程序　推进湖南PPP模式法治保障
　　　　　　　　　　　　　　　　　　　　　　　　肖北庚 / 357
B.37 论追加配偶为被执行人之正当性
　　——基于执行力主观范围扩张之再思考
　　　　　　　　　　　　　　　　　　　　　　　　周春梅 / 367
B.38 深入推进湖南地方法治建设　探索法治政府建设新实践
　　——永州双牌县法治政府建设的内容梳理与经验总结
　　　　　　　　　　　　　　　　　　　　　　　　彭　澎 / 384

皮书数据库阅读使用指南

CONTENTS

I Keynote Reports

B.1 Adhere to the Six Principles And Strive to Create a
New Situation of Health and Family Planning   *Wu Guiying* / 001

B.2 Innovation and Technology Create New Era of
Social Security Management   *Xu Xianhui* / 005

B.3 Focus on Building a better Business Environment
—A Survey About Deepening Reforms to Steamline Administration,Delegate
Powers,Improve Regulation, And Strengthen Services in Changsha
Chen Wenhao / 012

B.4 Guided by Xi Jinping Thought on Socialism with Chinese
Characteristics for a New Era, Promote the Scientific
Development of Procuratorial Work   *You Quanrong* / 026

II General Report

B.5 Analysis of Hunan's Social Development Situation
in 2017 and Prospect in 2018
*Research Group of the Development Research
Center of the Hunan Provincial People's Government* / 035
1. Analysis of Hunan's Social Development Situation in 2017   / 036

005

2. Analysis of the Main Problems Faced by Hunan's Social Development　　/ 046

3. Analysis of Hunan's Social Development Situation and Suggestion in 2018　　/ 048

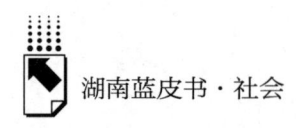

Ⅲ　Department Reports

B.6　Review of Hunan's Public Security Situation in 2017 and Prospect in 2018　　*The Department of Public Security* / 053

B.7　Guided by Xi Jinping Thought on Socialism with Chinese Characteristics for a New Era, Create a New Situation of Hunan's Judicial Work

　　The Department of Justice of Hunan Province / 063

B.8　Review of Hunan's Employment and Social Security Work in 2017 and Prospect in 2018

　　The Department of Human Resource and Social Security of Hunan Province / 072

B.9　Review of Hunan's Education Work in 2017 and Prospect in 2018

　　The Department of Education of Hunan Province / 080

B.10　Review of Hunan's Cultural Programs in 2017 and Prospect in 2018

　　The Culture Department of Hunan Province / 090

B.11　Review of Hunan's Health and Family Planning in 2017 and Prospect in 2018

　　The Health and Family Planning Commission of Hunan Province / 100

B.12　Review of Hunan's Civil Affairs Development in 2017 and Prospect in 2018

　　The Civil Affairs Department of Hunan Province / 107

B.13　Progress of Hunan's Construction and Management of Affordable Housing Projects in 2017 and Prospect in 2018

　　The Housing and Urban-Rural Development Department of Hunan Province / 115

B.14　Review of Hunan's Residents' Income and Consumption Development Situation in 2017 and Prospect in 2018

　　Hunan Provincial Survey Corps of National Bureau of Statistics / 120

CONTENTS

B.15 Review of Hunan's Public Security Situation in 2017
and Prospect in 2018 *Xiong Xiaoqiang* / 130

B.16 Situation of Hunan's Letters and Calls Development
Situation in 2017 and Prospect in 2018
The Department for Letters and Calls of Hunan Province / 137

B.17 Situation of Hunan's Safe Production in 2017 and Outlook in 2018
The Bureau of Safe Production Supervision and Administration of Hunan Province / 144

B.18 Review of Hunan's Food and Drug Safety Development
in 2017 and Prospect in 2018
Hunan Food and Drug Administration / 153

B.19 Review of Hunan's Nationality and Religion Development
in 2017 and Prospect in 2018 *Xu Keqin* / 162

B.20 Reviewof Hunan's Poverty Alleviation in 2017 and Prospects in 2018
*The Leading Group Office of Poverty Alleviation
and Development of Hunan Province* / 169

B.21 Review of Hunan's Intellectual Property Development
in 2017 and Prospect in 2018 *Duan Zhixiong* / 181

B.22 Review of Hunan's Women Work Achievements in 2017
Women's Federation of Hunan Province / 191

IV Special Reports

SOCIAL MANAGEMENT INNOVATION

B.23 Strengthening the Fine Management of Medical Insurance
Payment to Promote Medical Reform
—*Based on Practice in Hunan*
Deng Wei, Chen Yunfan and Fan Shiming / 197

B.24 A Research on the Current Situation and Development
of Hunan's Social Credit Construction
Liu Dan, Peng Peng and Niu Lei / 216

007

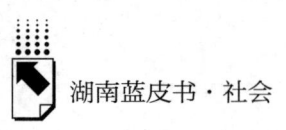

B.25　Bike-Sharing Requires "Co-Management"
　　　　—A Survey on the Development of Bike-sharing in Changsha
　　　　　　　　　　　　Research Office of Changsha Government / 234

B.26　Strengthening Management to Ensure Tenancy Demand
　　　　—A Research about Public Rental Housing Management in Changsha
　　　　　　　　Research Group of Changsha's Public Rental Housing Management / 241

B.27　Science and Technology Supporting Culture Confidence
　　　　—Suggestions for the Coordinated Innovation System of Science
　　　　　and Technology in Changsha　　　　Fu Xiaohua, Fu Zeding / 249

B.28　Let the Children Go to a Good Kindergarten Nearby
　　　　—An Investigations About the Development of Supporting
　　　　　Kindergarten in Changsha Community　　　　Wang Dezhi / 257

ACCURATE POVERTY ALLEVIATION

B.29　An Investigation of Relocation Policy of Poverty
　　　　Alleviation in Hunan Province　　　Xu Yuanyuan, Xiong Ying / 269

B.30　An Investigation of Industrial Poverty Alleviation
　　　　in Hunan Province　　　　　　　　　　　　　Zhou Xuan / 282

INNOVATION AND ENTREPRENEURSHIP

B.31　An Investigation Report of Employment Expansion in Changsha
　　　　　　　　　　　　　　　　　　　　　　　Yang Daqing / 295

B.32　A Study on Problems and Countermeasures of Transformation
　　　　and Innovation of Small and Medium-Sized
　　　　Enterprises in Hunan Province　　　　　　　Zhong Yunhua / 304

B.33　A Study on the Current Situation, Problems and Countermeasures
　　　　of Rural Entrepreneurship and Innovation Policy
　　　　in Hunan Province　　　　　　　　　　　　Jiang Fangrui / 313

LAW-BASED ADMINISTRATION

B.34　A Study on the Technical Factual Mechanism
　　　　of Intellectual Property Cases
　　　　　　　　　　　Liu Qingfu, Zeng Dezhi and Chen Xiaozhen / 323

CONTENTS

B.35 Between Punishment and Filling:the Reflection
and Reconstructionof Criminal Recovery System in China
Dai Chaoling, Yin Xuanhai / 338

B.36 Introduce A Major Administrative Decision-Making Procedure,
to Promote the Legal Protection of Hunan PPP Mode
Xiao Beigeng / 357

B.37 A Study on the Legitimacy of the Appending Spouse as the Executor
—*A Deep Thought Based on the Expansion of the Subjective Scope of Execution*
Zhou Chunmei / 367

B.38 Promote the Rule of Law Construction in Hunan and Explore
the New Practice of Constructing Law-based Government
—*The Experience of Shuangpai County, Yongzhou City*   *Peng Peng* / 384

主题报告

Keynote Reports

B.1
坚持六个"一以贯之"
奋力开创卫生计生工作新局面

吴桂英*

近年来，全省卫生计生系统认真贯彻落实省委省政府的决策部署，以深入推进健康湖南建设为主线，全面深化医药卫生体制改革，大力实施健康扶贫工程，切实强化公共卫生服务，努力创新计划生育服务管理，不断提高医疗服务质量和水平，着力保障和维护群众健康，医疗服务能力、母婴安全保障和出生人口缺陷防治、中医药服务和资源开发等工作走在全国前列，为促进全省经济社会持续稳定发展做出了重要贡献。

卫生计生工作关乎百姓健康，是重要的民生工程，也是一个国家和地区对外展示综合实力、文明成果和整体形象的重要名片。长期以来，中央和省

---

* 吴桂英，湖南省人民政府党组成员、副省长。

委省政府高度重视卫生计生事业改革发展。2016年，习近平总书记在全国卫生与健康大会上强调：要把人民健康放在优先发展的战略地位，加快推进健康中国建设，为实现"两个一百年"奋斗目标、实现中华民族伟大复兴的中国梦打下坚实健康基础。在党的十九大报告中，更是旗帜鲜明地提出"实施健康中国战略"。达哲省长在2018年的政府工作报告中，也明确提出要推进健康湖南建设。全省各级卫生计生部门要进一步提高政治站位，以习近平新时代中国特色社会主义思想和党的十九大精神为引领，坚持稳中求进的工作总基调，全面落实新时期卫生与健康工作方针，聚力抓重点、补短板、强弱项，突出目标导向、价值导向、问题导向，以强烈的使命感和责任感推进健康湖南建设，推动"将健康融入所有政策"，进一步增强人民群众获得感，不断开创卫生与健康事业改革发展新局面，为建设富饶美丽幸福新湖南打下坚实的健康基础。具体来讲，要做到六个"一以贯之"。

一以贯之深化医药卫生体制改革。医改是世界性难题，是全面深化改革的重点任务，关乎卫生计生事业改革发展大局。抓好了医改，就等于抓住了卫生计生工作的"牛鼻子"。要坚持把人民健康放在优先发展的战略地位，保持锐意进取的改革创新精神和奋发有为的工作姿态，切实推动建立分级诊疗、现代医院管理、全民医保、药品供应保障和综合监管这五大制度，加快推进多种形式的医联体建设，进一步优化调整医疗服务价格，控制医疗费用不合理增长，切实减轻人民群众看病就医负担。同时，要充分发挥省医改办牵头把总、统筹协调的职能作用，切实履行政府对医改的领导责任、保障责任、管理责任、监督责任，及时研究并解决影响制约医改工作的热点难点问题，不断巩固深化综合医改成果，释放更多的改革红利，为人民群众送上更多"健康大礼包"。

一以贯之加大健康扶贫工作力度。"没有全民健康，就没有全面小康"。当前，湖南健康扶贫工作已经进入爬坡过坎、滚石上山的攻坚阶段，必须力争"百尺竿头，更进一步"，决不能踌躇不前、半途而废。要牢牢把握以人民为中心的发展思想，进一步健全精准扶贫工作机制，持续抓好政策落实，采取"靶向治疗"，以更高标准、更严要求，开展精准扶贫，坚决打赢健康扶贫攻坚战。要继续强力推动"三个一批"行动计划，精准实施大病和慢病分类救治，落实"三提高、两补贴、一减免、一兜底"综合保障措施，全面推行农村贫困患者看病住院"先诊疗后付费"和"一站式"结算，建立健全补充医疗救助体系，减轻贫困患者医疗费用负担，有效遏制因病致贫、因病返贫。

一以贯之强化公共卫生和疾病防控。要坚持居安思危、未雨绸缪，不断完善公共卫生事件应急预案，建立健全长效机制，切实做到有规可依、有章可循，全面提升公共卫生管理服务能力和水平。着力强基础、补短板，加强疾控系统能力建设，为人民群众筑牢健康"防火墙"。要大力开展爱国卫生运动，结合乡村振兴战略，深入实施"厕所革命"，加快全省农村无害化卫生厕所建设进程，持续开展城乡环境卫生整洁行动，统筹治理城乡环境卫生问题。

一以贯之提升医疗卫生服务水平。随着国民生活水平向小康标准的全面迈进，以及健康意识的不断提升，人们要求提高生活质量，更加关注健康安全，不仅要求看得上病、看得好病，还要求看病更舒心、服务更体贴，更希望不得病、少得病，这就必然带来层次更高、保障更强、覆盖更广的健康需求。进入新时代，我们卫生计生领域的主要矛盾已转变，人民群众日益增长的健康需求与卫生计生服务供给不平衡、不充分的矛盾更加突出。对此，我们一定要有更加清醒和理性的认识，加强科学研判，加强调查研究，更加精准地对接和满足群众多层次、多样化、个性化的健康需求，全方位全周期保障人民健康。要坚持以"更加优质、更加均衡、更有特色"为导向，大力实施新一轮改善医疗服务三年行动计划，严格落实医疗质量安全核心制度，以科技创新助力医疗服务质量提升。要切实筑牢网底，加强基层医疗卫生服务体系和全科医生队伍建设，着力推进乡镇卫生院和村卫生室标准化建设，积极发展面向基层、偏远和贫困地区的远程医疗服务。要进一步做好做实家庭医生签约服务，抓牢签约质量，提高重点人群签约率，真正使其成为群众健康守门人。同时，要牢固树立全省一盘棋的思想，深入贯彻落实创新引领开放崛起战略，坚持以国际化视野、全球化眼光推进全省健康产业的发展，

为"五个强省"建设提供有力有效的健康新动力。

一以贯之推进计划生育服务管理改革。人口问题是人类社会必须面对的基础性、全局性和战略性问题。新时期计划生育工作的内涵发生了重大变化，工作思路由单纯控制数量为主，向稳定低生育水平基础上统筹解决人口问题转变，工作方式由行政制约为主向依法管理、优质服务和综合施治转变。当前，我国正处于人口发展的关键转折期，卫生计生系统一定要主动适应这个历史性转变，推进计划生育服务管理改革，实现计划生育转型发展。要继续加强出生人口性别比综合治理，优化人口结构，积极构建湖南鼓励按政策生育的制度体系和社会环境。要进一步完善家庭发展支持政策，不断提升家庭发展能力。要着力优化妇幼健康服务资源，大力实施妇幼健康保障工程。要扎实推进流动人口基本公共卫生计生服务均等化，促进流动人口健康素养和健康水平提升。

一以贯之加强卫生计生队伍建设。"为政之要，在于得人"。要建设更高质量、更高水平的卫生计生事业，必须坚持不懈地打造一支水平过硬、品格优良、值得人民群众信赖和尊敬的卫生计生工作队伍。要切实强化党对一切工作的领导，坚持把党的政治建设摆在首位，以提升基层党组织的组织力为重点，扎实做好各级卫生计生部门和机构党建工作，引导全省卫生计生系统广大职工特别是各级领导干部进一步增强政治意识、大局意识、核心意识、看齐意识，始终在思想上、政治上、行动上与党中央保持高度一致。要坚持严管厚爱，全面激发卫生计生工作者干事创业的热情和激情。要切实加强卫生计生系统党风廉政建设，持之以恒正风肃纪，塑造行业的清风正气。要采取多种措施使医务人员获得应有的地位和尊严，合理提升医务人员薪酬待遇，关心关爱医务人员身心健康，切实增强职业荣誉感和归宿感，充分发挥医务人员的积极性、主动性、创造性。要依法严厉打击涉医违法犯罪，对暴力伤医"零容忍"，坚决保障好医务人员人身安全，积极创造条件让医务人员安心、舒心地从事救死扶伤的神圣事业。

B.2
创新引领　科技支撑
开创新时代社会治安治理工作新局面

许显辉*

社会治安是一个动态演进的过程，具有鲜明的时代特征、变化特性、规律特点。党的十九大报告指出，中国特色社会主义进入新时代，社会治安也进入了全新的发展阶段。总体来看，随着世界格局加速调整，东西方两种社会制度的冲突和较量进一步凸显，维护社会稳定面临的矛盾和问题进一步凸显，创新社会治理潜藏的风险和挑战进一步凸显，安全风险的跨界性、关联性、穿透性不断增强，倒逼政府部门加快改变各自为战、相互封闭的社会治理模式，以改革创新为引领、以科技信息为支撑、以多元共治为手段，不断提高社会治理的社会化、法治化、智能化、专业化水平，全面开创新时代社会治理新局面。

进入新时代，我国社会主要矛盾，已是人民群众日益增长的美好生活需要和不平衡、不充分的发展之间的矛盾，主要矛盾的变化带来了政治、经济、文化、生态等各个领域的深刻变革，这种传导性力量作用于社会治安领域，突出表现为"五个增"，即政治安全风险因素增多、暴恐袭击现实威胁增大、社会矛盾传导效应增强、公共安全治理难度增加、现代科技迭代融合增速。面对这些新情况新变化，公安机关在社会治安管理领域面临"五个矛盾"，即治安要素急剧增长与管理手段相对滞后的矛盾、治安领域跨界融合与防控资源条线分割的矛盾、治安管理时空不断拓展与法律法规不够健全的矛盾、犯罪手段迭代升级与警务实战能力不足的矛盾、治安管理粗放投入

---

* 许显辉，湖南省人民政府党组成员、副省长，省公安厅党委书记、厅长、督察长。

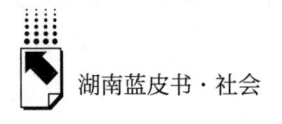

与管理效益不高的矛盾。

问题是时代的声音，也是改进工作的着力点。党的十九大报告提出要加强和创新社会治理，提高社会治理社会化、法治化、智能化、专业化水平，为公安机关加强和创新社会治安防控体系建设提供了基本遵循，核心就是要高举习近平新时代中国特色社会主义思想旗帜，深入践行"对党忠诚、服务人民、执法公正、纪律严明"的总要求，以共建、共治、共享为导向，坚持创新引领、科技支撑、多元共治，不断提高立体防控、智能防控、源头防控、专业防控、多元防控效能，为建设富饶美丽幸福新湖南营造安全稳定的政治环境、安定有序的社会环境、公平正义的法治环境、优质高效的服务环境。

一 聚焦统筹联动，提高立体防控效能

在矛盾风险关联性、聚合性空前增强，违法犯罪跨时空、跨地域特征日趋突出的背景下，社会治安管理的内容和边界不断拓展，必须通过全域协同、立体防控来主动攻防、有效应对，核心是要做好"上天、入地、织网"三篇文章，形成无缝覆盖的防控体系。"上天"，即集成应用公安信息化建设成果和前沿科技手段，构建云端天网，通过信息化技术支撑实战、服务实战，切实提高预知预警预防能力。如打造"情报云"，完善省、市、县、所四级情报研判体系，全维感知全省社会治安形势，将视频、情报、网安、技侦等数据资源和技术手段快速精准地推给基层一线。打造"指挥云"，推进实战化指挥中心建设，全面掌握警情变化趋势、动态监测人员流动状况、实时排查布控重点人员。打造"视频云"，运用人脸比对技术，叠加车牌识别、Wi-Fi、电子围栏、证件感知等设备，实现重点部位"面、线、点"全覆盖。"入地"，即通过抓重点、补短板、破难题夯实基层基础。如实施"派出所建设三年行动计划"，大力加强派出所基础设施建设，着力解决力量不足、基础不牢、保障不力的问题。大力推进社区警务建设，落实社区民警专职化，拓展社区警务信

系统功能，完善"一标三实"①综合应用平台，确保基础信息采集准确鲜活。对接乡村振兴战略，推动社区警务创新，加强派出所辅警力量建设，推广邵阳"一村一辅警"等经验，将警务力量向乡村延伸，加强对偏远农村、城乡接合部等治安防控薄弱环节的管控。"织网"，即织严织密治安防控网，包括街面巡逻防控网、城乡社区防控网、单位和行业场所内部防控网、区域警务协作网、视频技术防控网，进一步完善全要素覆盖、全时空运行、立体化防控的工作体系，构建整体联动的防控链，切实做到"防得住、控得牢、打得准、管得好"。

二 聚焦科技运用，提高智能防控效能

科技手段是第一资源，数据优势是核心优势。要紧紧抓住新一轮科技革命的历史机遇，主动拥抱现代科学技术，注重用科技手段提高预测预警预防能力水平。加快推进大数据中心建设。大数据是现代警务的驱动引擎，要把公安业务需求与互联网企业技术优势深度融合起来，抓好大数据实战应用工作。规划设计上，由省公安厅一级统筹、多点支撑，以公安内部数据为重点，以政府部门行业数据为补充，以人、地、物、事、组织等数据为标签，运用高清视频、Wi-Fi嗅探、人脸识别等技术，实现对社会治安形势全维感知。归集管理上，加强对文本、图像、音频、视频等各种形态数据的收集整理、挖掘清洗、加工转化，统一标准、建立逻辑，打造"数据超市"，实现对海量数据的超级搜索、全能运算。数据应用上，要加强大数据模型构建和智能化工具应用，建立弹性调取机制，为各警种提供大数据支撑，形成信息多维分析、防控多层叠加、预警多点反馈的应用格局；通过聚类挖掘、关联分析，实现无中生有、点石成金、大海捞针，全方位满足反恐维稳、打防犯罪、应急处突、管理服务的需要，做到在公共安全、经济社会发展等领域的

---

① "一标三实"就是标准地址、实有人口、实有房屋、实有单位。"一标三实"是由公安部门主导，规范标准地址，将人口、房屋、单位的详细情况录入信息系统，实现信息共享互通，为施政提供信息支撑。

全域应用。加快推进信息资源整合共享。"大整合、高共享、深应用"是公安信息化发展大势，也是大数据时代社会治安防控体系建设的鲜明特征。大力推进信息共建共享，对内实行"拆墙破壁"，严把数据标准关、共享关、安全关，实现公安民警共用一个工作平台，无障碍全域共享警务数据资源。对外做到"实时共享"，借助反恐、综治、征信、禁毒、安监等政府工作平台，抓住智慧城市、综治网格化中心建设机遇，对居住留宿、交通出行、物品寄递等关键数据全量汇聚，实时共享。加快推广应用现代科技成果。积极探索运用新技术、新手段，将公安信息化应用从桌面应用向移动终端、指尖应用全方位拓展。如利用"热力图"技术加强大型安保活动人流监测，利用视频监控进行实时预警，利用人脸识别对重点人员实行动态预警、实时管控，利用电子沙盘统筹部署警戒保卫工作，利用无人机空中巡逻取证等。大力推进微改革微创新，鼓励民警开展科技应用创新，推出一批可复制推广、具有实战效果的科技创新项目。

三 聚焦基层基础，提高源头防控效能

治安防控的源头在基层，治安防控的根基在基础。要以省、市、县、乡、村五级警务为重点，坚持重心下移、力量下沉、保障下倾、资源下放，着力打基础、补短板、强弱项，进一步增强基础管控、源头防控的能力。加强派出所和社区警务工作。深入贯彻落实《湖南省公安厅关于推进派出所警务工作转型升级的意见》《湖南省公安派出所建设三年行动计划》，全面建立派出所现代警务模式，将派出所打造成预防打击犯罪、保卫一方平安的基层多功能战斗实体，实现"发案少、秩序好、社会稳定、群众满意"的工作目标。进一步明确工作职责，理顺关系，使派出所工作中心真正转移到治安防范、人口管理、信息采集、服务群众等基础防范管控和维护辖区治安秩序的主业上来。推进网格化服务管理工作。网格化管理是新形势下加强社会治理的组织创新，是社区管理的延伸。充分发挥基层社会组织的职能，将治安防控网络延伸至城镇街道、居民小区、工厂厂区、学校医院等重点部

位，形成社会面网格之间紧密关联和无缝覆盖。以社区警务室力量为核心，聚集网格化服务管理力量，有效整合网格内物业公司、内保单位、义务治安员等群防群治力量，以网格化管理、社会化服务为方向，把人、地、事、物、组织等基本要素纳入网格化服务管理，及时掌握社情民意、化解矛盾纠纷，以每个网格的小平安汇聚起全社会的大平安。推进重点领域实名制工作。大数据时代，公民身份信息是识别社会关系的唯一标识，实行重点领域实名登记制是社会治理工作的重点。贯彻落实好《关于进一步健全相关领域实名登记制度的总体方案》，重点抓好金融账户、生产经营主体、旅馆业、娱乐服务业、危险物品流通、寄递物流、交通运输、医疗卫生、电信、互联网等10个领域的实名制工作，确保联网率和实名登记率攀高，形成多方参与、共录共享、互利共赢的工作格局。

四 聚焦要素管控，提高专业防控效能

对治安要素实施动态管控，对社会风险实现敏锐感知，是治安防控体系建设的根基。深入开展"大排查、大研判、大管控、大演练"，创新应用"风控"系统，实现风险隐患全维感知、情报信息全时预警、打防管控全域应用。进一步健全治安防控平台，集成"人、地、物、事、网"等基本要素和"吃、住、行、消、购"等活动轨迹，实现对治安要素动态管控、精准防控。加强重点人员管控。按照"属地管理、源头控制、分级管控"原则，对影响社会稳定的各类重点人员进行滚动摸排，确保敲开门、见到人，排得准、控得稳，做到来知轨迹、去知动向。加强重点物品管控。严格落实管制器具、危爆物品、烟花爆竹、散装汽油、放射性物质和剧毒化学品安全监管措施，严防发生被盗、流失。加强危爆物品安全监管，督促涉枪涉爆企业排查整治安全隐患，建立收缴枪爆物品举报奖励等长效机制，有效整治枪爆隐患。综合运用传统办法与科技信息化手段，创新危爆物品管理手段，加快建设全省危爆物品管控平台，对危爆物品产、运、销、储、用等环节全程监管、闭环管理。加强重点行业管控。进一步加强寄递物流业安全监管，严

格落实寄递物流业"三个100%"。推动邮政管理、交通运输等部门落实行业监管责任，物流寄递企业落实主体责任。加强寄递物流信息系统建设，全面推广应用寄递物流安全管理系统，探索推行未落实"三个100%"企业黑名单制度，倒逼企业落实主体责任。加强重点部位管控。落实社会面定点武装执勤、动中备勤和高峰勤务以及公安武警联勤武装巡逻四项机制，强化对人员密集场所的管控。严格落实单位主体责任，加强安全检查，落实防范措施，扎实推进平安学校、平安医院、平安单位等"十大平安创建"，确保重点部门不出大的安全问题。加强网络安全管控。加强对网络犯罪的打击整治，将打击焦点瞄准网络贩枪、网络黄赌毒、网络传销、电信网络诈骗、倒卖公民个人信息、网络黑客攻击、网络黑产等新型网络犯罪，坚决打掉网络黑灰产业链。加强对关键信息基础设施、重要信息系统、移动互联网应用平台和公共Wi-Fi上网场所阵地管控，加强网络安全攻防演练，有效提高网络安全防护能力。

五 聚焦联动共治，提高多元防控效能

治安防控是多要素、多环节、多主体的精细化治理过程。做好新时代的社会治安防控工作，必须牢记习近平总书记关于"发展是硬道理，稳定也是硬道理，抓发展、抓稳定两手都要硬"的重要指示，强化合作思维、法治思维、数据思维，走社会化、民本化、法治化道路。强化联动融合，推动多元共治。紧紧依靠党委政府重视支持，将防控体系建设纳入本地经济社会发展规划，将基础设施建设、信息化项目建设、巡防力量建设等纳入财政预算，切实解决治安防控体系建设的保障问题。充分发挥综治组织统筹协调作用，用好综治考评杠杆，调动各种社会资源参与治安防控，做到党委政府、公安机关、职能部门、社会力量各归其位、各担其责。大力推进综治中心建设和网格化管理，将人、地、物、事、组织等基本治安要素纳入网格管理范畴，充分发挥基层组织和网格作用，推动社区警务转型升级。采取政府购买服务的方式，引导行业性、专业性组织参与社会治安防控。凝聚民智民力，

推动群防群治。社会治安的基础在社会、力量在群众。坚持专门工作与群众路线相结合，以现代科技增强传统方式的威力，以传统方式弥补现代科技的不足，使两者相得益彰，成为创新完善防控体系的"双引擎"。善于运用新技术手段、新媒体阵地拓展群众工作途径，走好网上群众路线，将法治教育、防范提示、安全文化宣传渗透到群众日常生活中去，增强全社会的规则意识、风险意识和防范能力。利用新媒体、App终端把治保干部、单位内部巡防人员、综治网格员、治安志愿者等群体组织起来，组建义务治安巡防队伍，大力推进"红袖章工程""蓝背心"治安巡防队、交通"两站两员"等工作，使"警力有限、民力无穷"的倍增效应得到全面释放。深化"放管服"改革，推进"湖南公安服务平台"建设，为群众提供指尖上的服务，努力实现群众办事"最多跑一趟"。强化法治支撑，推动良法善治。"小智治事，中智治人，大智立法。"法治是社会治理的最佳模式。加强对新领域、新业态、新型犯罪的研究，推动治安防控、交通管理等领域的修法改制、立法建制等工作，用健全的法制管住拓展的领域。针对影响社会稳定的突出问题，按照依法治理的思路，善于从法律层面思考问题，在法律框架内研究解决办法，提高社会治安防控工作法治化水平。推进省、市、县三级执法监管中心建设，推进执法权力监管机制改革，实现执法办案全流程监督、闭环式管理。用好《反恐怖主义法》以及内保、保安、旅馆业、危爆物品管理等法律法规，严格行政执法，督促单位、小区落实治安防控主体责任，及时整改隐患。

B.3
着力打造国际一流的营商环境
——关于长沙深入推进"放管服"改革的调查与对策建议

陈文浩*

"放管服"改革是全面深化改革的重要内容,是转变政府职能、实现政府治理体系和治理能力现代化的重要手段。近年来,长沙市大力推行"放管服"改革,取得明显新成效,但对标深圳等营商环境优越的城市,仍有较大提升空间,进一步找准深化"放管服"改革新的着力点,优化政府服务,打造稳定、公平、透明、可预期的国际一流营商环境,对于全面推动高质量发展具有十分重大的意义。

一 长沙市深入推进"放管服"改革的基本成效

按照党中央、国务院和省委、省政府的统一部署,长沙市以行政审批制度改革为突破口,在简政放权、减税降费、监督管理、优化服务这四个方面持续发力,取得明显成效,初步形成了"放管服"改革的"长沙样本"。

一是突出简政放权,行政审批效率大幅提升。先后5批次向区县(市)政府和园区下放市级权限316项,赋予基层更大的发展主导权(见图1)。取消中央指定地方实施的行政审批事项38项,非行政许可审批彻底终结,保留的行政职权全部纳入《长沙市人民政府部门权力清单》,向社会公开,接受社会监督,并逐个建立办理流程图,对行政审批事项进行规范。实施"43证合1"改革,审批时限由173个工作日缩减为7个工作日,提速

---

* 陈文浩,湖南省人民政府党组成员、副省长。

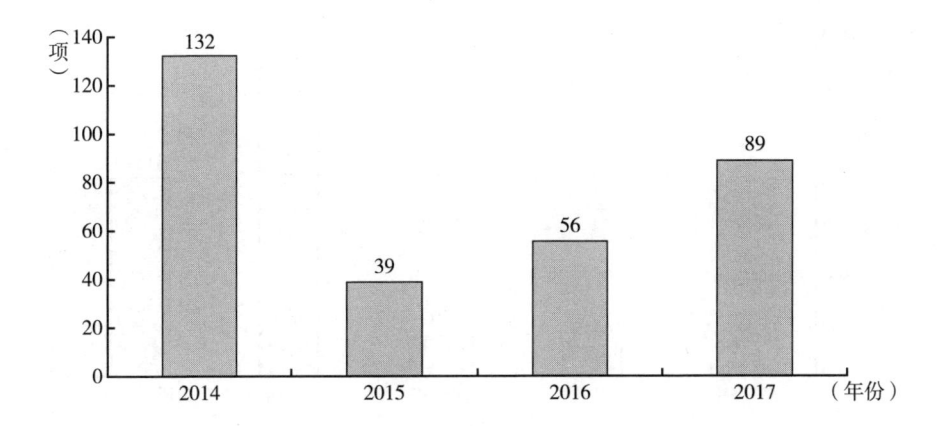

图1 2014~2017年长沙市向区县（市）权限下放情况

96%。市本级行政审批由9706项精简至3657项，精简了62%，审批提速65%。芙蓉区创新成立湖南省首家行政审批局，力争实现70%以上的审批项目当天办结。行政办事效率的提升极大地释放了市场活力，2014年以来，全市新设商事主体45.5万户，年均增长26.6%。

二是突出降费减税，市场主体负担显著降低。坚决落实国家、省的要求，取消或停征省级及以上行政事业性收费41项，市本级降低43项行政事业性收费标准，规范调整市本级行政审批中介服务事项25项，取消24项。全面推行"营改增"，增值税税率由13%降至11%，仅2016年就为全市企业减负50.9亿元。小微企业所得税优惠上限由30万元提高到50万元，符合条件的小型微利企业，其所得减半计入应纳税所得额，并按20%优惠税率缴纳企业所得税；科技型中小企业研发费用加计扣除比例由50%提高至75%，这两项优惠为企业税费减负30%以上。深化商事制度改革，推行电子营业执照和登记全程电子化，注册资本由"实缴制"改为"认缴制"，商标注册费标准降低50%。全市实施"放管服"以来，市本级行政事业性收费累计减负金额达到12.39亿元，年度减负额由2013年的0.2768亿元增加到2016年的6.4313亿元，2017年前三季度达到4.154亿元（见图2）。

三是突出放管结合，事中事后监管得到加强。按照"谁审批、谁监管，

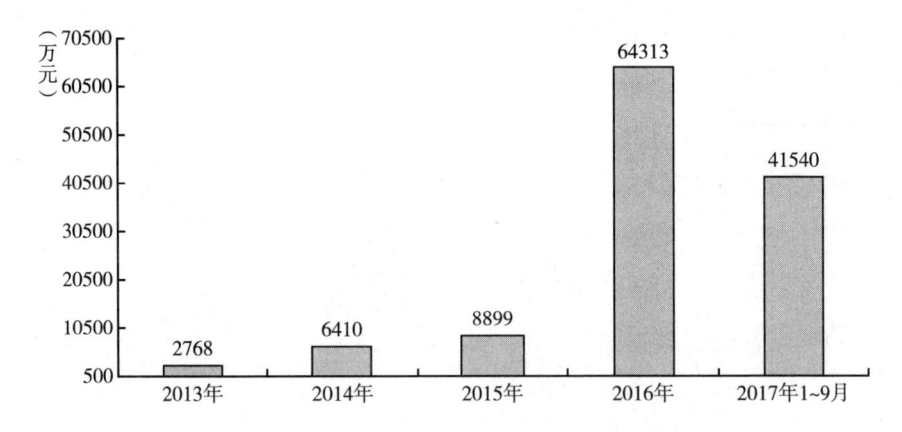

图2 2013～2017年（1～9月）长沙市本级企业减负情况

谁主管、谁监管"的原则，对447个事项建立事中、事后监管制度。放权部门建立健全"一月一抽查、一季度一回访、半年一通报、一年一考评"的审批运行监管机制，会同法制部门对各园区行政审批案卷进行案卷评查，确保放权到位的同时跟踪监管到位。积极推动"投资项目在线审批监管平台"与"网上政务服务和电子监察系统"两网融合，推行"双随机、一公开"监管、电子监察、商事主体年度报告和公示信息抽查等制度。2016年全市"双随机"抽查企业8552家，公示处罚信息6675条，对453名失信投资人在经营任职、公司注册等方面予以限制。推进综合执法改革，长沙县创新组建全国首个县级综合行政执法局，集中行使23个部门的1608项行政处罚权和行政强制权，实现了一支队伍执法。

四是突出便企利民，公共服务环境逐步优化。大力推行"互联网＋政务服务"，推出"一号申请、一窗受理、一网通办"。实施项目"一次性"审批改革，制定12条刚性措施、7个配套政策文件、5张审批全流程图和90项投资审批事项流程清单。推进"两集中、两到位"改革，242项行政审批事项在窗口集中办理，全市184个乡镇（街道）政务服务中心完成标准化建设。全市36条政府热线分批整合进"12345"，建成集政务咨询、投诉举报、民生建议等为一体的市民服务热线综合平台。湘江新区在全省率先实现所有审批事项"在线平台"办理,被誉为"互联网+行政审批"的湖南样本,极大地优化了营商环境。望城区运用VR虚拟现实等新技术,构建了全国独有品牌"互联网+雷锋政务超市",实行O2O线上、线下政务服务新模式,为百姓提供24小时"不打烊"服务。浏阳市率先实施"最多跑一次"改革,公布"最多跑一次"项目清单869项,占总事项比例达到80%,群众和企业的获得感明显增强。

二 长沙市推进"放管服"改革中仍然存在的突出问题

企业普遍反映,通过持续有效的"放管服"改革,长沙已初步形成良好的营商环境,但与发达地区的服务水平相比、与打造创新创业高地的要求相比、与人民群众期待相比,仍有较大提升空间,主要表现在以下三个方面。

(一)简政放权仍需深度革命

一是权限下放彻底性不够。存在两个方面的倾向:一方面,存在"放小不放大"的问题。一些部门避重就轻,下放一些资料初审和受理量少等含金量不高的事项"交差",把一些项目审批、投资审批、资质审批等关键性审批权仍牢牢抓在手里。另一方面,存在"暗中截留"问题。有的事项审批权限虽然被下放,但没有全链条下放,一些审批前置条件未下放,群众办事照样需要"两头跑";有的部门在下放审批权限过程中"分拆下放、打包截留",或把审批制改为备案制、核准制,或将单个大项拆分为多个小项予以取消,或若干小项打捆成一个大项予以保留,导致市场主体和基层群众仍然感到不"解渴"。

二是权限下放精准性不够。有三大表现:该放的权没放到位。一些权力看似下放了,但实际上处于"悬浮"状态,群众办事更折腾。如"建筑业个人资质证"的办理,改革前,市民只需将材料报长沙市住建委审批,再去省里拿证;改革后,市民首先要将所有材料到政务大厅进窗,然后拿号办证,最后再去省住建部门盖章,以前只需跑两趟就可以办成的事情,现在得跑四趟。同时，一些本该直接放给市场和社会的权限，却由上级部门下放到下级部门，或将审批权转移给一些官方行业协会或红顶中介手中。比如办理人防设施建设审批，需到人防部门指定的中介机构进行施工图纸审查，价格比市场价翻番。放了的权不好操作。有的部门下放权限时未充分考虑实际情况，如一些专业技术资格考试的报考权限下放到区县以后，基层实际咨询和报考人数很少，达不到组织培训的开班条件，报考人最终还是要到市一级报名参训。

三是权限下放协同性不够。部门协调机制未完善，出现"你放我不放""先放后不放"等权力下放不同步现象，导致一些政策在执行的过程中遇到瓶颈，甚至陷入互为前置的审批怪圈。如相关行政部门不再出具"婚姻证明"等材料，但在财产分配、征地拆迁对象认定、银行贷款时这些证明又必不可少，让群众不知所措。

四是权限下放创新性不够。在建设项目投资领域突破性不够，仍存在不少问题。审批环节仍然较多，在项目报建过程中，消防、人防、文物保护等部门监测周期长、防护标准高、操作方式不灵活，审批程序烦琐。例如，同一项目同一片区的文物保护监测要再分区域逐一开展，影响报建进度。建成项目联合验收名不符实，验收后还是要逐一到各部门去盖章落实。另外，水、电、气、通信等垄断行业不按市场规律办事，增加了运营的成本。

（二）政府监管机制亟待加快完善

一是监管执法机制有待创新。思想不够解放，"重审批、轻监管，揽审批、推监管"的思想依然存在。缺乏现代监管手段和方式，有的仍习惯于重特大事故应急式监管和运动式监管，甚至有些部门对新形势下的监管感到束手无策。监管不公、监管过度的现象依然存在。比如多头监管、重复监管没有根除，企业疲于应付，一些酒店反映，每年接受各类检查仍有数十项。

二是监管体制改革有待深入。"双随机、一公开"监管机制尚不成熟，未针对行业进行细化。采取"双随机"很难实现分类重点监管，对于未抽中的企业更是难以发现其真实运营情况，只能依靠居民投诉、举报再对其进行调查。比如，实施"先照后证"后，一些餐饮店领取营业执照只顾开业，对卫生许可证的办理不紧不慢，导致卫生部门信息空缺，难以及时有效监管。新兴行业监管经验不足，互联网金融发展良莠不齐，有的打着互联网金融名义搞非法集资，存在取证难度大、执法监管难到位等问题。社会信用监管和联合惩戒机制缺失，对失信行为惩戒力度有限。

三是监管法制保障亟待跟进。在依法行政的前提下，由于上位法没有及时修订，放权受到限制。很多监管事项的监管手段、监管方式及对监管对象的处理还没有明确的法律法规依据，现实中存在多头执法和执法标准不统一的问题，仅靠责任清单的规定不足以约束监管人员的监管行为以及监管对象的违法行为。审批权和执法权分离存在运行障碍，两者分离运行容易导致审批部门与执法部门在监管上缺乏主动性。如长沙县成立了行政执法局，将23个政府职能部门的1600多项行政处罚权集中归一，但在具体实施过程中，在上下沟通对接和左右协调方面遇到很多法律法规障碍，甚至认为综合执法局非法执法，让改革难以适从。

（三）政府服务效能需要重点突破

一是信息共享仍然滞后。网络平台尚未打通。大多数部门都有独立的系统，没有统一的信息共享平台，网络资源仍存在条块交错、共享互通不够的现象，存在"信息孤岛"。比如，有关公民户籍、教育、就业和企业工商、税务等信息都处于分散碎片化状态，不能实现共享互认，给企业群众办事带来不便。电子材料效力不足。对电子材料的认证问题，法律法规缺乏明确规定，一旦发生纠纷，法院一般不认可这些电子证据。信息数据资源开发利用不够，有些部门仅把网审平台当作"信息存储器"和"数据统计机"，或因缺乏相关技术人才，无法盘活数据库资源，制约了大数据运用服务决策的效果。比如，要完成施工图审查备案，审批人员需进入三个系统（省施工图备案系统、省建筑工程项目管理系统、市行政审批网上办事系统）进行重复工作。

二是服务质量仍需提升。市级政务服务中心还没有完全做到所有行政审批和政务服务事项"只进一个门",老百姓办事仍然不方便,社保、产权登记等民生领域的政务服务事项,仍然存在排队难、取号难、办理时间长等问题,与"马上办、网上办、一次办""不见面审批"的目标还存在较大差距。同时,政务窗口服务工作人员大多是临聘人员,流动性大、文化水平相对较低,特别是对涉及行政审批相关专业知识缺乏,在一些审批环节中,虽然实行一次性告知,但有时无法告知到位。

三是政策落地仍有差距。尽管成立了落地办,制定并实施了政策落地标准,全市政策落地效率显著提升,但确保政策落地是一项长期的过程,且受长期惰性的影响容易反弹,狠抓政策落地的工作永远在路上。特别是具体实施细则跟进不够,不少政策性文件原则性实施意见出台,但政策实施的标准、流程、享受政策优惠的对象等没有同步制定相应的细则,导致政策落地存在"玻璃门";政策宣讲不到位、解读不够,甚至一些大企业对已经实施的人才新政、支持企业上市等含金量极高的政策不甚知晓,影响了政策实施的效果。

三 国内先进城市推进"放管服"改革的主要经验

全国各地在深入推进"放管服"改革的进程中,创造出了许多好经验、好做法,其中江苏、浙江等地改革力度非常大,走在了全国的前列,值得长沙去学习和借鉴。

(一)江苏省改革经验

一是编制公布新"五张清单",更加彻底地放权。制定"企业投资项目省级部门不再审批清单",首批不再审批事项53项;组织市县编制"不见面审批事项清单",南通提出不见面审批事项713项,镇江提出首批不见面审批事项177项;在国家级开发区实行一层全链条闭环审批,形成"国家级开发区全链条审批赋权清单",初步梳理赋权事项220项;制定"经济发达镇赋权清单",提出赋权事项451项;修订权责清单,健全依据权责清单追责机制,增加"追责情形"和"免责事项"。

二是全面推行"不见面审批",实现"3550"目标。在全省范围推开"不见面审批",具体路径是"网上办、集中批、联合审、区域评、代办制、不见面"。省市各级组建大数据管理中心,如南京市信用信息归集系统已涵盖45个市级部门和11个区,做到80%的审批服务事项"网上办",企业3个工作日内注册开业、5个工作日内获得不动产权证、50个工作日内取得工业建设项目施工许可证,群众可自主选择材料上门快递揽收和办理结果快递送达。

三是积极探索县域"集成改革",形成改革整体效应。为解决改革碎片化问题,国家宿迁、江阴等地开展"放管服"集成改革试点,实现市县同权,除法律法规明确规定必须由设区市行使的职权外,赋予江阴与设区市同等的经济社会和行政管理权限。打通层级壁垒、部门壁垒,同步撬动其他各项改革,逐步形成符合新发展理念、便利企业创业创新和群众办证办事、保障"生态优先绿色发展"的行政管理体制机制,构建"集中高效审批、分类监管服务、综合行政执法"的基层政府治理架构。

四是深化简政放权环境评价,持续优化营商环境。围绕"3550"目标,借鉴世界银行《营商环境报告》标准,制定了20项内容、45项评价指标的"江苏版"评价体系。评价内容和指标均来源于企业和群众办事反映强烈的问题,可以真实准确地反映简政放权对创业创新环境带来的变化。比如,在涉企行政审批方面,包括开办企业、施工许可、竣工验收、不动产登记、涉审中介服务、行政事业性收费等内容,每项内容均涵盖办理环节、办理时限、申请材料、收费等具体指标。委托第三方机构采集数据,先以各地各部门对外公开承诺的数据为基础,再以典型案例的数据作验证。

(二)宁波市改革经验

一是优化服务窗口设置,实现"一窗受理"。将行政服务中心158个窗口整合为8类综合办理功能区和87个"一窗受理"窗口。专门设立投资创业专窗，建立专业化的审批代办队伍，实行"前台综合受理、后台分类办理、统一窗口出件"，并为投资项目提供个性化服务。设置中介服务专区，将市建设工程造价、土地勘测、环保工程技术评估、节能监察等垄断性中介服务机构进驻行政服务中心集中办公，对中介服务时限与对应的审批效率"捆绑计算"，督促专业技术主管部门来约束中介机构，中介服务效率平均提速30%，4类366家中介机构还被纳入"网上中介超市"。

二是统筹政务平台建设，实现"一城通办"。统一设置市、县、乡三级行政服务中心的功能定位、运行模式、管理机制，实现市域一体化、无差异的政务服务，群众和企业可就近选择窗口提交申请，在属地的窗口取证照批文。搭建基层治理"四个平台"，即乡镇（街道）"综治工作、市场监管、综合执法、便民服务"，推进便民服务"一窗受理、集成服务"改革，完善县级部门设置在乡镇（街道）的服务窗口，"四个平台"成为就近服务、全域通办、多级联办的便民服务主阵地。

三是规范完善审批标准，实现"一体审批"。编制单个事项审批标准，对全市审批事项标准化、清单化、动态化管理。加强行业准入联合审批标准建设，做到审批服务"一套标准"、行业发展"一个规范"。编制特定区域审批标准，以特定区域为单位，探索把功能相近、产业相似的多个项目视作"一个项目"进行整体审批，审批时限平均节约47个，审批效率比法定时限提高92.9%。深化多评合一、多测合一、联合验收以及"规划环评＋环境标准""区域能评＋能耗标准"等试点改革，推动基本建设项目多级事务"一次办理、一次检查、一次办结"。

四是推进网络数据集成，实现"一网流转"。建设集行政审批、便民服务、政务公开、互动交流、数据开放等功能于一体的政务服务网宁波平台，全市42个市级部门、10个区县（市）、8个开发园区均开设网上服务窗口，基本实现统一导航、统一认证、统一申报、统一查询、统一互动、统一支付、统一评价的网上办事大厅。开发建设"宁波政务"App和"宁波政务"微信公众号，整合20个部门46个应用事项，采取"手机＋身份证＋支付宝＋人脸识别"安全认证，为群众提供"一个账号、一次认证、全平台畅通"快捷体验。成立宁波市大数据管理局，建设市政务云计算中心，推进政务数据开放共享。

（三）苏州工业园改革经验

一是园区充分授权到位。江苏省委、省政府明确苏州工业园区享受省辖市经济管理权限，园区管委会作为苏州市政府的派出机构，依法对园区及周边地区行使统一的行政管理权：包括享受园区及周边地区的规划、建设、环保等管理权；在批准的园区开发建设总体规划内不需要国家综合平衡的能源、交通和基础设施项目，可由园区自行审批，其中限额以上项目直报国家主管部门备案，同时抄报省主管部门；负责对园区及周边地区的土地等资源进行统一规划和管理；赋予管委会行使比省辖市更大的土地征用和有偿出让的审批权限等，基本实现了"园区的事情园区办"。

二是行政审批统一集中。园区自成立初期，就对行政审批体制进行大胆创新，由各职能部门充分授权，实施"一门受理、并联审批、统一收费、限时办结"，有效打破传统的分散式、封闭式、串联式的科层制审批模式。在此基础上，苏州工业园区行政审批局于2015年设立，集中行使行政审批权，将原本已非常精简的近30个处室、80多人、16枚审批印章再次压缩为3个业务处室、16名审批人员、1枚审批专用章，并且作为行政主体对审批行为独立承担法律责任。

三是服务理念超前一流。将新加坡政府的"亲商"服务引入园区政务服务中，主动贴近企业和群众需求，积极创新政务服务体制机制，提供提前介入式服务，构建了全方位、立体式咨询服务体系，并采取提供多语种窗口服务（英语、日语、韩语等）、实现工作日的"全天候"、周六照常受理业务、非工作时间预约服务等一系列创新举措。因地制宜采取"企业项目服务集中、便民服务分散下移"，将与居民服务密切相关的审批服务分散到各街道和社区，政务服务大厅集中精力为企业发展和项目建设服务。

四是法治规则意识强烈。在苏州工业园区，"规划先行""规划即法"的规则规矩意识已成为政府及公众的高度自觉。园区创立之初，借鉴新加坡和国际先进城市规划建设经验编制高标准的总体发展规划，并逐步编制了包括300余项专业规划严密完善的规划体系。建立一系列的刚性约束机制来保证规划实施始终如一。例如，将政府批准的规划公之于众，授权规划师审批各类规划申请，行政管理层不能干预正常的规划审批，技术管理层无权更改已通过法定程序确定的规划，既有效确保规划权威，又防止随意调规带来的审批速度下降。

四 打造稳定公平透明可预期的国际一流营商环境的思考

市场经济是"候鸟经济"，没有良好的营商环境就无法实现高质量发展。必须以更加强烈的创新精神和改革意识为指导，以优化服务为突出重点，纵深推进"放管服"改革，提升服务软实力，着力打造公开透明、可预期的国际一流营商环境。

（一）建立快捷便利的准入机制

一是坚持法无禁止即可为理念。凡是法律法规未明确禁止的，一律允许各类市场主体进入，打破各种政策和制度壁垒，为各类市场公平平等竞争创造条件、提供便利。坚持"法无授权不可为"，政府部门不过多干预企业微观经济活动，充分发挥市场在资源配置中的决定性作用。二是全面推行负面清单制度。全面总结高新区在推行市场准入负面清单管理模式改革试点过程中形成的成功经验，并加以完善，逐步在全市全面推广实施，建立健全全市社会投资负面清单目录，依据市场发展情况不断调整、动态更新，并定期对负面清单进行合法性审查，确保负面清单与法律法规不相冲突，同时坚持包容审慎原则，为新技术、新业态、新经济发展创造宽松环境，保持负面清单与市场发展同步。三是打破公共领域投资隐性"玻璃门"。尽管许多公共领域已逐步放开，但隐形的"玻璃门"依然存在，进一步完善政府与社会资本合作模式，敢于为社会资本进入公共领域让利，探索和规范PPP模式，发挥产业投资基金作用，真正破除社会资本进入公共领域的"玻璃门"现象。同时，进一步界定政府投资范围，政府性资金原则上不投入经营性项目之中，只投向市场不能有效配置资源的公共领域项目，切实降低政府投资对民间投资的挤出效应。

（二）形成区域最低的商务成本

放眼世界、面向全国，立足中部，着力打造商务成本"洼地"。一是推动综合降费。进一步贯彻落实国家、省涉企行政事业性收费政策，严格按照时间节点落实取消、停征以及降标工作，完善市本级行政事业性收费目录清单和涉企行政事业性收费目录清单制度，切实做到"涉企收费进清单，清单之外无收费"。二是落实减税政策。严格按照中央、省减税政策的部署安排，认真宣传减税政策，严明纪律，强化督促检查，畅通投诉渠道，及时督促问题整改和问责，确保减税政策不折不扣落实到位，推动减税政策惠及全市企业。三是降低制度性交易成本。把降低企业办事成本、规范中介机构评估、解决"准入不准营"的问题作为降低制度性交易成本的重点，深入推进"多证合一"改革，将更多涉及企业登记、备案方面的信息采集、记载公示、管理备查类一般性证照事项，进一步整合到营业执照上来；破除垄断和减少中介服务，规范中介服务流程，除关系公共安全、生态环保、产品质量的予以保留外，其他各类评估全部取消；全面推行"证照分离"改革，推动实现"照后减证"，着力解决"准入不准营"问题。

（三）打造优质高效的政务环境

坚持以"不见面"审批和"最多跑一次"审批为导向，优化政务服务流程，提升政务服务效率，打造优质高效的政务环境。一是深化简政放权。在全面评估当前行政审批事项的基础上，彻底取消非行政许可的政府审批事项，尽可能少地保留必要的审批事项；承接好省级下放的权限，确保接得住、用得活；持续推动审批权力下放，最大限度地向区县（市）、园区放权，尤其是推动园区投资项目、工程建设等领域关联事项整合和全链条下放，实现园区的事情在园区办结。二是实行联合审批。对涉及两个以上部门（单位）联合审批或互为前置审批的，明确一个部门牵头，实行"前台综合受理、后台分类办理、统一窗口出件"的闭环式审批新模式，进一步缩短审批时限，提高审批效率。三是规范审批服务。推进审批场所标准化，规范工作人员的着装、言行举止，推进服务行为规范化、审批流程标准化，进一步对部门行政审批事项进行程序优化和流程再造，做到程序步骤清晰、流程节点清楚；推进审批材料标准化，对各项行政审批需提交的材料，列明清单并加以公示，清单以外，不再提交其他材料，着力构建审批场所、审批流程、审批材料等要素规范统一的标准化服务体系。四是推行"互联网＋服务"。以智慧长沙建设为总揽，加快政务云计算中心建设和运用，建立以居民身份证号码和企业社会信用代码为统一标准的电子证照信息库，推进政府部门数据无条件归集、有条件使用；打造"长沙公共服务"微信公众平台或App，推动网上服务和实体服务中心、窗口、自助服务终端联动，尽最大可能拓展"网上办"事项的范围，真正实现"网络多跑路，群众少跑腿"。

（四）创新管理服务体制机制

一是创新审批机制。以新一轮机构改革为契机，将发改委、安监、工商、规划、住建、经信等部门涉及市场准入、建设投资领域的行政权力事项全部划转到市行政审批局，由行政审批局集中、统一行使审批职能，启用行政审批专用章，形成一枚印章审批、一个大厅办证、一支队伍服务、一个平台保障的行政审批体制机制。二是创新监管机制。加快推进企业信用信息公示系统建设，全面归集和公示商事主体登记、监管、信用信息，建立跨部门联动响应机制和失信惩戒机制；广泛运用物联网、云计算、大数据等信息化手段，探索实行"互联网＋监管"，推进线上线下一体化监管，消除监管盲点，真正将政府过去的审批监管转变成实时监管、事中事后监管、全面监管。三是创新服务机制。在市、园区两级设立企业服务中心，为企业提供全方位、全程服务，负责对接发改委、安监、工商、规划、住建、经信、税务等部门，按照"一企一册"方式建立企业台账，为园区企业办理工商注册、税务登记、建设投资等手续提供全程"保姆式"服务，对企业土地、资金、用工等困难和问题实施挂牌督办，切实为企业排忧解难，解决服务企业"最后一公里"难题。

B.4 以习近平新时代中国特色社会主义思想为指引 推动新时代检察工作在改革转型中科学发展

游劝荣[*]

一 2017年主要工作

2017年，在湖南省委和最高人民检察院的正确领导下，在省人大及其常委会、省政府、省政协和各方面的监督支持下，全省检察机关以习近平新时代中国特色社会主义思想为指导，全面贯彻党的十八大、十九大精神，始终坚持把检察工作放到党和国家工作大局中谋划和推进，忠实履行宪法和法律赋予的职责，聚焦司法办案、司法改革和队伍建设，保持改革定力，加强法律监督，推动各项检察工作在改革转型中取得新的进步。省检察院连续第四年在省委省政府绩效考核中获评"一类单位"，在2016年底成功创建"省级文明标兵单位"并排名省直第一的基础上获评"全国文明单位"，探索建立的"除虫护花"机制在中央政法工作会议上做了专题视频推介、在省直单位工作创新大赛中获一等奖，服务保障非公经济发展工作在全国检察长会议上做了典型发言、被中央统战部评为"2016年度全国统战工作实践创新成果奖"，工作报告在人大会议上的通过率连年创新高。

---

[*] 游劝荣，湖南省人民检察院检察长。

（一）坚持把检察工作放在全省经济社会发展大局中谋划和推进，为实施创新引领、开放崛起战略营造良好的法治环境

推动"除虫护花"和"依法容错"机制落地见效，对涉嫌犯罪的企业法定代表人、生产经营负责人、技术骨干65人没有采取强制措施、164人变更强制措施；依法甄别工作失误与渎职犯罪94人，对涉嫌渎职犯罪但有退赃和挽回损失等悔改表现的43名国家工作人员依法从宽处理。探索建立联席会议、驻会挂职、检察联络室、"流动维权岗"等常态化联络服务机制，积极构建"亲""清"新型检商关系。依法批准逮捕破坏重点工程建设的刑事犯罪2824人、破坏市场经济秩序的犯罪2156人。依法查处国家机关工作人员利用职权索拿卡要、肆意插手经济纠纷等破坏经济发展环境的职务犯罪206人。依法查处截留套取侵吞贫困群众"救命钱"的职务犯罪28人；举全院之力推进对石门县脱贫攻坚联点督查工作的经验做法被省委督查室、省扶贫办推介；石门县铜鼓峪村的驻村扶贫工作提前实现全面脱贫目标。

（二）坚持把防控风险、化解矛盾贯穿司法办案始终，积极推进更高水平的平安湖南建设

坚持总体国家安全观，依法妥善办理谢阳案、江天勇案和彭宇华、李明哲案等危害国家安全案。共批准逮捕各类刑事犯罪嫌疑人37015人、提起公诉62594人。其中，批准逮捕故意杀人、抢劫、绑架、放火以及涉枪涉爆涉黑、涉黄赌毒等严重危害人民群众生命财产安全的犯罪14300人，起诉21902人。共依法不批捕14929人、不起诉10090人。深入推进未成年人刑事检察工作机制，依法不批捕990人、附条件不起诉456人，办理各类侵害未成年人权益案件1895件。深化立体化涉检信访工作机制建设，办理群众来信7183件、来访26610人次，立案复查各类刑事申诉案件201件，办理刑事赔偿案件83件，办理司法救助案件282件，发放司法救助金308.6万元。清理发现监外执行脱管漏管81人、又犯罪36人，监督收监执行156人。

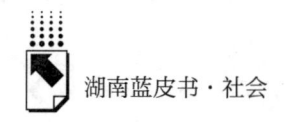

（三）坚持以人民为中心的发展思想，积极推进法治湖南升级版建设

共监督公安机关立案 885 件、撤案 776 件，纠正漏捕 1390 人、纠正漏诉 1508 人，提出刑事抗诉 272 件，监督纠正减刑、假释、暂予监外执行不当 1806 人。继续推进"小标的大查封扣押冻结""高值贱卖"专项监督活动。认真贯彻修改后的民事诉讼法和行政诉讼法，全面推进公益诉讼工作，立案审查 379 件，发出诉前检察建议 284 件，发布诉前公告 4 件，提起民事公益诉讼 2 件，提起刑事附带民事公益诉讼 1 件。积极探索知识产权检察工作，指导和推动长沙市检察院成立知识产权检察局。依法批准逮捕假冒注册商标、损害商业信誉等涉及知识产权的犯罪 137 人，起诉 197 人。探索设立检察联络室、专门办案机构和办案组织，积极推进生态环境资源检察工作，深入推进破坏生态环境资源犯罪、危害食品药品安全犯罪专项立案监督活动，督促行政执法部门立案 597 件，发出检察建议 353 件，督促补植复绿 8927.82 亩。牵头组织省教育厅、省食安办等八部门联合开展"护苗行动"，依法批准逮捕生产销售有毒有害食品犯罪 99 人。

（四）坚持力度不减、节奏不变，持续保持反腐败压倒性态势

共立案侦查各类职务犯罪 1674 人（贪污贿赂犯罪 1293 人、渎职侵权犯罪 321 人、其他 60 人），其中县处级以上领导干部要案 139 人。根据最高人民检察院指定管辖，立案查办了陕西省人大常委会原党组副书记、副主任魏民洲涉嫌受贿案。组织查办了蒋益民、周符波、刘运武等厅局级干部 21 人。深入开展"雁过拔毛"式腐败问题专项整治工作，依法查办社会保障、征地拆迁、食品药品安全、教育就业等民生领域职务犯罪 292 人，项目审批、规划调整、资金使用、物资采购、招标投标、质量管理等工程建设领域职务犯罪 437 人。立案查处围猎干部的行贿犯罪嫌疑人 482 人，缉捕、劝返境内外职务犯罪嫌疑人 27 人。依法查处重大责任事故背后的职务犯罪 38 人。依

法查处唐国栋等司法工作人员职务犯罪53人。坚持"双查双建"预防模式，完成预防调查177件，完成犯罪分析242件，提出检察建议179件，开展警示教育707次，14万余人次接受教育。

（五）坚持提高政治站位、强化责任担当，用坚决拥护、坚定支持、积极参与监察体制改革的实际行动诠释对党的忠诚

坚决贯彻中央和省委关于深化监察体制改革试点工作的各项决策部署，协同完成了全省检察机关职务犯罪侦查预防部门机构职能划转和人员转隶。省、市、县三级137个涉改检察院共划转政法专项编制2408个，占编制总数的23.1%，转隶2162人。坚持把过细的思想政治工作和过硬的纪律保障贯穿改革始终，确保了"思想不乱、队伍不散、业务不下"，2017年办案规模同比上升9.3%。

（六）坚持顶层设计与基层探索相结合，持续释放改革红利和检察活力

全面完成"三类人员"分类定岗，其中员额检察官3869名、检察辅助人员4411名、司法行政人员1617名，办案一线力量较改革前增加12.7%。制定省、市、县三级检察院检察官权力清单。在实行独任检察官和检察官办案组两种办案组织形式的基础上，适应大案要案办理需要设置专案组办案组织形式。建立检察官考核评价体系和员额检察官退出制度，全省首批员额检察官中已有58人依程序退出员额。完成了员额检察官单独职务序列等级评定和工资套改，建立了绩效考核及奖金分配机制。协同推进省以下地方检察院人财物统一管理改革，配合省编办完成了编制的统计上报、审核确认等工作；配合省财政厅做好了全省三级检察院2018年部门预算编制工作。积极推进以审判为中心的刑事诉讼制度、律师代理申诉制度等检察环节改革。长沙市9个试点基层检察院办理认罪认罚从宽案件2280件2566人。

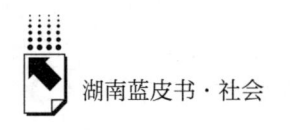

（七）坚持以比监督别人更严的要求约束自己，持续推进司法规范化建设，不断提升司法公信力

组织开展规范司法行为专项整治工作"回头看"。建立完善办案质量终身负责制和错案倒查问责制，强化对检察业务运行的过程控制、实时监督和事后评价。广泛开展检察开放日、检察长接待日等活动。全面运行案件信息公开、案件信息查询和网上举报、网上预约系统，共发布案件程序性信息88148条、重要案件信息2892条、法律文书35923份，网上律师预约3005次。在全国率先建立案件信息公开系统微信平台。主动向省人大及其常委会报告重点工作、重要部署和重大案件，按时办结代表建议18件。定期发送手机报、寄送联络专刊，及时通报检察工作情况，邀请人大代表参加专题调研、集中视察、座谈交流等活动。主动接受政协民主监督和各民主党派、工商联、无党派人士的监督。积极构建和而不同、良性互动的新型检律关系，推行电子阅卷等便捷服务，将律师意见纳入检察机关办案决策程序，纠正阻碍辩护人行使诉讼权利12件。

（八）坚持正规化、专业化、职业化方向，倾力打造敢打硬仗、能打胜仗、值得信赖的检察"湘军"

深入推进"两学一做"学习教育常态化制度化，大规模开展业务技能培训、岗位练兵和挂职锻炼，先后开设专题研修班12个，组织培训7980人次，安排挂职交流33人次、跟班实训108人次。继续加强与法学院校的合作，完善高端检察人才培养机制和干部双向交流机制，有3人获评全国检察业务专家。2017年内，湖南省推荐的64个第五届全国文明单位中检察机关有11个，占17.2%，其中有9个单位最终成功入选。

（九）坚持以更高的标准、更硬的纪律、更强的执行力，推动全面从严治党、从严治检走向严紧硬

探索建立以问题为导向的巡回督查制度，已对衡阳等六个市州的检察工作进行巡回督查,列明问题清单300多条并跟踪推动整改。建立检察机关专项巡视新模式,首轮已对14个基层检察院的规范司法行为专项整治工作进行全面巡视,发现不规范案件60余件,移送问题线索38件。坚持把纪律和规矩挺在前面,以零容忍态度严肃查处检察人员违纪违法36人。出台《关于进一步加强对检察长监督的规定(试行)》,着力解决监督"一把手"的现实难题。协助省纪委完成派驻检察机关纪检组体制改革。成立省检察院机关纪委。

(十)坚持把抓基层、打基础作为长远之计和固本之举,打牢检察事业科学发展根基

坚持把编制分配、员额配备、人员补充、经费保障、装备配备、技术支持等检察资源要素向基层倾斜。在检察官员额制改革中,基层检察院员额配比为36.6%,比省、市检察院分别高出3.5个、1.5个百分点,配比最高的长沙市雨花区检察院达到56.6%。选派省检察院优秀干部到基层挂职锻炼,挑选基层业务骨干到省检察院跟班学习。加快推进以电子检务工程为核心的检察信息化建设和智慧检务体系。进一步提高公用经费保障水平,做好基层检察院基建债务化解工作,积极推进"两房"建设①和检务大厅、周转公租房、机关食堂等基础设施建设。

二 2018年工作展望

2018年,是贯彻党的十九大精神开局之年,是全面建成小康社会关键之年,也是改革开放和检察机关恢复重建40周年。新的一年,全省检察机关将以习近平新时代中国特色社会主义思想为指导,深入学习贯彻党的十九大和十九届二中全会、中央政法工作会议精神,认真贯彻全国检察长会议、省第十一次党代会、省委经济工作会议、省委政法工作会议精神,紧紧围绕

---

① "两房"建设,指检察院办公、办案技术用房建设。

"一带一部"定位和"三个着力"要求，毫不动摇坚持党的绝对领导，坚持以人民为中心的司法理念，深化司法体制改革，积极配合国家监察体制改革试点工作，聚焦法律监督主责主业、过硬队伍建设和智能化建设，推动新时代检察工作在改革转型中持续健康发展，忠实履行好维护国家政治安全、确保社会大局稳定、促进社会公平正义、保障人民安居乐业的主要任务，在平安湖南、法治湖南建设中彰显更大作为，为实施创新引领开放崛起战略、建设富饶美丽幸福新湖南提供有力法治保障。

（一）深入学习贯彻党的十九大精神，在学懂弄通做实上下功夫

深入开展习近平新时代中国特色社会主义思想大学习、大培训，引导干警读原著、学原文，在学懂、弄通、做实上下功夫，学深悟透其时代背景、历史地位、科学体系、精神实质、实践要求，做到学思用贯通、知信行统一。坚持把习近平新时代中国特色社会主义思想贯彻到检察工作各领域、全过程，转化为推动新时代检察工作科学发展的政策措施、具体行动和实际成效。

（二）积极融入和服务创新引领开放崛起战略，为湖南经济社会发展营造良好法治环境

按照"一带一部"定位和"三个着力"要求，紧紧围绕稳增长、促改革、调结构、惠民生、防风险推进司法办案工作。聚焦打好防范化解重大风险、精准脱贫和污染防治"三大攻坚战"，依法惩治金融犯罪特别是网络金融犯罪等涉众型经济犯罪，积极参与扶贫领域的专项治理，积极参与湘江保护和治理"一号重点工程"及洞庭湖生态环境专项整治。切实加强知识产权司法保护，为实体经济发展提供有力司法保障。

（三）着力守护民生，努力让人民群众对公平正义和美好生活有更多获得感

坚持以人民为中心的司法理念，妥善处理民生案件，加强民生司法保

障。积极开展扫黑除恶专项斗争，突出惩治横行乡里、欺压百姓的黑恶势力及其背后的"保护伞"。严厉打击黄赌毒盗抢骗等严重影响群众安全感的犯罪。严厉打击破坏生态环境资源、危害食品药品安全的犯罪。依法惩治危害农村稳定、破坏农业生产和侵害农民利益的犯罪，服务和保障乡村振兴战略实施。积极参与校园欺凌、"医闹"等社会重点问题的治理。

（四）健全更加符合司法规律的检察工作机制，提升法律监督能力和水平

进一步健全以刑事检察、职务犯罪检察、民事检察、行政检察、公益诉讼、控告申诉检察、生态环境资源检察、未成年人检察等为主要内容的法律监督体系。综合运用法律赋予的批捕、起诉、抗诉、纠正违法、检察建议、公益诉讼等监督手段，提升司法质量、司法效率、司法效果和司法公信力。探索重大监督事项"案件化"办理模式。

（五）坚决贯彻国家监察体制改革部署，为夺取反腐败压倒性胜利贡献检察力量

继续做好检察机关职务犯罪侦查预防部门机构职能划转和人员转隶后续工作，促进合编、合心、合力。积极做好改革过渡时期职务犯罪案件办理工作。认真贯彻即将颁布的国家监察法，推动全省各级人民检察院成立职务犯罪检察部，探索建立监察委调查与检察机关诉讼衔接机制，依法办理监察委移送的职务犯罪案件，推动反腐败工作向纵深发展。

（六）深化司法体制改革，让改革成果转化为推动检察工作转型发展的内生动力

健全员额退出、增补机制，做好第二批员额检察官遴选工作，建立动态调整的员额管理体制，构建新型司法监管机制。协调解决历史遗留的无公务员身份等未参与分类管理人员的分类定岗、薪酬待遇等问题，依托政府购买服务提升检察辅助事务集约化、专业化水平。协同推进省以下地方检察院人

财物统一管理改革。加快推进检察机关内设机构改革。积极推进以审判为中心的刑事诉讼制度改革、认罪认罚从宽制度试点、多元化纠纷化解、繁简分流等检察工作机制改革。

（七）大力推进智慧检务建设，提高新时代检察工作信息化、智能化、现代化水平

加强检察信息化的顶层设计、科学规划和统筹建设。建成电子检务工程。全面推进智能辅助办案系统建设，增强对海量案件的学习研判能力，提高对案件事实、争议焦点、法律适用的类脑智能推理水平。加快建设"网上检察院""掌上检察院"。

（八）坚持全面从严治党、从严治检不动摇，努力打造湖湘检察正义之师、文明之师

深入推进新时代党的建设新的伟大工程。大力实施人才强检战略和文化育检工程，加快推进检察队伍正规化、专业化、职业化建设。认真贯彻中央八项规定及其实施细则和省委实施办法，以"零容忍"态度查处检察人员违规、违纪、违法行为。深入开展执法司法规范化大检查。坚持从严治检与从优待检相结合，政治上激励、工作上鼓劲、待遇上保障、人文上关怀，努力让干警减少失落感、增强获得感、提升尊荣感。

总 报 告

General Report

B.5
2017年湖南社会发展形势分析与2018年展望

湖南省人民政府发展研究中心调研组*

> 2017年是实施"十三五"规划的重要一年，是供给侧结构性改革的深化之年，全省上下坚持以习近平新时代中国特色社会主义思想为指导，提高民生水平，社会事业发展形势总体向好。2018年是全面落实党的十九大精神的开局之年，湖南将继续坚持以人民为中心的发展思想，围绕人民日益增长的美好生活需求，加强和创新社会治理，推动经济社会持续健康发展。

---

* 调研组组长卞鹰，湖南省人民政府发展研究中心党组书记、主任；调研组副组长唐宇文，湖南省人民政府发展研究中心副主任；调研组成员唐文玉，湖南省人民政府发展研究中心社会发展研究处处长，王颖（执笔人）、尹宝军，湖南省人民政府发展研究中心社会发展研究处主任科员。

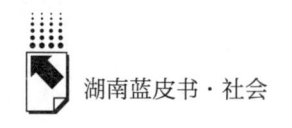

一 2017年湖南省社会发展总体形势分析

（一）人民生活水平稳步提高，居民消费结构改善

1. 居民收入继续增长

2017年，全省居民人均可支配收入23103元，较2016年增长9.4%。其中，城镇、农村居民人均可支配收入分别为33948元和12936元，较2016年分别增长8.5%和8.4%，城乡居民收入增速扭转了自2011年以来逐年下降的趋势。扣除价格因素，全体居民人均可支配收入实际增长7.9%，较上年回升0.6个百分点。作为居民增收的两大来源，居民人均转移净收入、人均工资性收入分别增长12.6%、9.6%，增长贡献率分别为28.9%、52.3%。居民经营净收入和财产净收入平稳增长，全体居民人均经营净收入和人均财产净收入分别为4484元和1627元，分别增长5.9%、8.2%。

2. 居民消费结构继续升级

2017年，居民人均消费支出17160元，增长9.0%，扣除价格因素实际增长7.5%。受消费思想、需求的影响，城镇居民八大类消费支出全面增长。其中，城乡医疗保健支出大幅增长，位居增长首位，农村、城镇人均医疗费支出分别增长22.8%、31.5%。尤其值得一提的是，农村居民网络消费增速迅猛，农村居民人均通过互联网购买的商品和服务支出65元，较上年增长62.2%。相比之下，居民传统生存性消费支出增速进一步放慢，城乡居民人均生活用品及服务支出增速较上年回落7.3个和5.4个百分点，回落明显。

3. 地区收入差距继续缩小

湖南精准扶贫成效显著，贫困地区农村居民生活水平明显提升，推动了地区收入差距的缩小。全省贫困地区[①]农村居民收入8908元，增长10.9%，

---

① 集中连片特困地区和片区外的国家扶贫开发工作重点县，共40个县。

扣除价格因素后的实际增速比全省平均增速高2.5个百分点。区域分布方面，大湘西地区居民收入领涨，四大区域居民收入保持中高速增长。地区收入差距进一步缩小，长株潭地区与大湘西地区的收入比从2016年的2.34∶1缩小到2017年的2.31∶1。

（二）就业形势总体趋稳，社会保障兜底作用不断增强

1. 就业创业工作稳中推进

湖南省积极应对经济下行压力，制定新一轮具有本省特色的就业创业政策，保持了经济新常态下就业局势的总体稳定。2017年，全省新增城镇就业75.13万人，连续多年保持在75万人以上；城镇登记失业率为4.02%，低于4.5%的控制目标，为近年来的最低点。新增农村劳动力转移就业44.8万人，转移就业总规模155万人。重点群体就业稳定向好，应届高校毕业生就业率达到96.6%，平稳转岗分流职工9000多人，实现失业人员再就业32.18万人、困难人员就业11.29万人。大力推动创业带动就业，设立创新创业带动就业扶持资金2.8亿元，实施示范工程。降低创业担保贷款门槛，打破身份限制，发放创业担保贷款30.18亿元，创业带动作用不断增强，全省新增市场主体70.59万个，同比增长20.2%。

2. 继续深化社会保障制度改革

一是人才机制改革取得突破。改革实施了30年的职称制度，改标准、重倾斜、放权力、强监管。二是机关事业单位养老保险改革重大政策全部落地，全省145个统筹区252.2万人启动了新制度经办工作。三是城乡居民医保整合到位，深化医保支付方式改革，完成全省医保药品目录调整，长期护理保险试点、生育保险与医疗保险合并试点以及补充工伤保险试点三项改革取得实质性进展。四是人事制度改革持续深化，精心组织公务员四级联考，推进基层公务员招录、深度贫困县招录等各项改革。五是深化国防和军队改革，全面完成2695名军转干部安置任务。

3. 不断完善多层次的社会保障体系

一是社会保障覆盖面进一步扩大。全省参加基本养老保险、基本医疗保

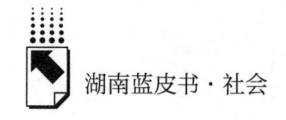

险、工伤保险、生育保险、失业保险人数分别为4595万人、6906万人、783万人、562万人、563万人。城乡居民大病保险全面覆盖，出台妥善处理社保欠费断缴的历史遗留问题。二是社会保障水平稳步提高。连续13年调整提高企业退休人员养老金，月人均养老金达2270元。失业保险金标准提高到最低工资标准的85%，月人均失业保险待遇增加到1140元。

4. 基本民生保障有力

大力推进社会保障兜底扶贫，全面实现农村低保与国家扶贫标准"两线合一"，专项清理整顿农村低保和兜底脱贫对象，城乡低保标准分别提高到443元/月、298元/月，月人均救助296元、153元，24.7万名兜底脱贫对象足额保障到位。大力推进老区扶贫，组织实施社会组织"万千万"工程，牵头罗霄山片区扶贫取得新成效，驻村扶贫经验多次得到部省表彰。建立特困人员护理制度，医疗救助448万人次，临时救助111.5万户（人）次，社会救助家庭经济状况信息核对147.8万人次。充分发挥减灾委综合协调作用，众志成城战胜历史罕见特大洪涝灾害，全省累计投入救灾资金13.7亿元，引导社会资金近6亿元，紧急生活救助56.6万人次，帮助3.6万户因灾倒损房屋群众重建住房。新增养老床位2.47万张，发放残疾人"两项补贴"[①] 124.5万人，孤儿保障3.4万人，流浪乞讨救助25万人次，慈善助医助学助残100多万人次，农村留守儿童关爱保护体系不断健全。建设"阳光福彩"，全年发行89亿元。

5. 保障性安居工程建设顺利

2017年，全省各类棚户区改造开工建设411896套，为年度开工建设计划的100%、国家下达任务的102.97%；新增发放租赁补贴户数19360户，完成比例为117.88%；公共租赁住房基本建成53376套，为年度目标任务的129.02%；公共租赁住房分配入住190626套，为年度目标任务的125.88%、为国家计划任务的309.92%。下达中央和省级专项补助资金173.52亿元，政策性银行发放贷款557.05亿元支持棚改。

[①] 困难残疾人生活补贴和重度残疾人护理补贴。

（三）教育均衡发展，保障能力进一步提升

1. 各类教育协调发展

2017年建设认定农村公办幼儿园203所、普惠性民办园7096所；建设义务教育标准化教学点1331所，提前一年超额完成五年规划指标。推动43个县（市、区）通过全国义务教育基本均衡发展国家验收，启动县域义务教育优质均衡发展督导评估工作。推进农村中职教育攻坚，省本级统筹投入1.2亿元支持24所贫困县农村中职学校建设。扩大中、高职招生规模，新增8个国家现代学徒制试点项目、24个国家示范专业点、7个国家专业教学资源库。加强学位授权体系建设，新增一级学科博士学位授权点33个、专业学位博士点2个，一级学科硕士点38个、专业硕士点46个。推进高校"双一流"建设，3所大学入选"世界一流大学"建设计划，4所大学12个学科入选"世界一流学科"建设计划。新增3个学科进入ESI全球前1%，总数达到34个。

2. 深化教育领域综合改革

出台了全面推进一流大学和一流学科建设实施方案、统筹推进县域内城乡义务教育一体化改革发展实施意见、普及高中阶段教育改革试点指导意见。制定了消除大班额专项规划、高中阶段学校考试招生制度改革实施意见，推进普通高中学生综合素质评价改革试点。深化考试招生制度改革，优化高考招生志愿设置，调整省内一本院校艺术专业划线政策，理顺自学考试管理体制。深化"放管服"改革，下放高校教师职称评审权，向13个省直管县下放教育管理权限，推动义务教育教师"县管校聘"改革。

3. 加强教育保障

一是加大教育投入力度。2017年全省财政教育投入突破1000亿元，省本级新增教育投入17亿元。全年共投入高校"双一流"建设、化解城乡义务教育大班额等专项资金80.5亿元。优化教育经费分配管理机制，2017年省本级教育部门预算按因素法分配的资金比例提高到95.77%。二是加强教师队伍建设。加大农村教师公费定向培养力度，招生总规模达到9623人，

比上年增加46.4%。全年通过国培计划、省培计划培训乡村教师、校（园）长14.7万人，培训职业院校和高校教师近万名。完善教师职称评审体系，降低农村教师职称评审门槛，引导优秀教师到农村任教。推进高校高层次人才队伍建设，新增工程院院士3人、长江学者11人，中青年科技创新领军人才7人，"万人计划"教学名师7人。三是不断完善教育扶贫机制。向51个贫困县投入教育专项资金46.3亿元，占全省总金额的63.3%。启动贫困地区中小学建设实施方案，规划2020年前在集中连片贫困地区建设40所"芙蓉学校"，省本级财政支持每县3000万元。组织中心城区2000多所优质学校与农村薄弱学校开展结对帮扶，让356万名贫困地区学生分享优质教育。完成农村义务教育学生营养改善计划贫困县全覆盖，新增受益学生30.864万人。

（四）继续推进文化惠民工程，不断完善现代公共文化服务体系

1. 惠民生文化工程蓬勃开展

完成"送戏曲进万村，送书画进万家"文化惠民演出10685场，完成高雅艺术普及计划238场。组织开展"精准扶贫"专题文艺晚会全省巡演。发展村级文化志愿服务团队242支，开展各类文化活动1790余场次，受益群众达16万余人次。举办"欢乐潇湘""书香湖南"等大型群众文艺活动，以及"湘水同源·文化同根"等"非遗"联展巡演，承办"永远的辉煌"——第十九届中国老年合唱节、2017年中国西藏雅砻文化节系列活动。

2. 文化产业进一步发展

推荐116个项目获得湖南省省级文化产业专项资金5770万元，12个项目获得中央文化产业发展专项资金2575万元。湖南蓝猫动漫传媒有限公司等10家企业入选国家文化出口重点企业目录，2个项目入选国家文化出口重点项目，5家企业获得中央文化产业发展专项资金出口奖励684万元。首家文化金融中心落户天心文化产业示范园。中广天择公司成功上市，截至2017年底，"湘字号"上市文化企业达8家。举办首届湖南文化创意设计大赛颁奖晚会及高峰论坛，推动成立湖南文化创意有限责任公司。

3. 文化保障和服务水平不断提升

一是文化财政投入稳步增长，省级文化综合发展专项资金7100万元，同比增长12.5%；省级文物保护发展专项资金8000万元，同比增长14.3%。积极争取中央文化文物专项资金，落实省级部门预算财政拨款2.41亿元，比2016年增长3.4%。二是不断深化"放管服"改革，开展文化市场行政审批规范化建设，优化审批程序，为市场主体营造良好发展环境。三是全省上等级文化馆达96%，上等级公共图书馆达94.2%，上等级乡镇文化站（综合文化服务中心）达80%以上，合格村级综合文化服务中心达62.5%以上。

（五）卫生供给侧结构性改革成效明显，医疗服务水平满意度高

1. 继续深化医改

公立医院综合改革范围进一步扩大，新增24家事业单位和国有企业办医疗机构取消药品加成。医联体建设和家庭医生签约服务工作加快推进，涌现出一批成效明显的医联体和家庭医生签约服务模式。全面实行药品购销"两票制"①，在全国率先实行电子化验证。建立药品采购价格联动机制，积极推行医用耗材集中采购。全面建立"双随机、一公开"②执法全程记录、"互联网+"监管新机制和统一的监管体系。医疗机构、医师、护士电子化注册管理改革提前完成国家目标任务。积极推进中医药融入深化医改。

2. 服务水平不断提升

推进流动人口基本公共卫生计生服务均等化，拓展流动人口区域协作。疫苗针对性疾病发病率保持在较低水平，基本实现疫苗流通和预防接种全程信息化。严重精神障碍患者管理规范到位，相关指标居全国前列。巩固血吸

---

① "两票制"是指药品从药厂卖到一级经销商开一次发票，经销商卖到医院再开一次发票，以"两票"替代目前常见的七票、八票，减少流通环节的层层盘剥，并且每个品种的一级经销商不得超过2个。
② "双随机、一公开"："双随机"是随机抽取检查对象、随机抽取检查人员；"一公开"是公开检查的结果。

虫病防治成果，实施家畜传染源控制、人群传染源控制、钉螺控制、血防机构能力建设"四大工程"。各级公立医院改善医疗服务行动效果明显，国家卫生计生委组织的抽样调查结果显示，湖南省医院门诊患者满意度、住院患者满意度均列全国第五，医务人员满意度列全国第三。

3. 提升妇幼健康服务体系建设

"全面两孩"政策有效实施，人口增长符合预期，2017年全省出生107.1万人，比上年增加2.3万人，二孩占比53.17%，出生人口素质和性别结构进一步优化。调整扩增妇幼服务资源，提升孕产妇和新生儿危急重症抢救能力，推动妇幼服务优质资源下沉，开展出生缺陷综合防治，孕产妇死亡率和五岁以下儿童死亡率均创历史新低。按时按质完成农村适龄妇女"两癌"免费检查和孕妇产前免费筛查这两项省政府重点民生实事项目，妇幼健康各项示范工程和等级创建工作卓有成效。

（六）扶贫攻坚取得历史性成效，体制机制不断创新

1. 脱贫攻坚成效显著

2017年，全省上下深入贯彻中央和省委省政府决策部署，扎实推进脱贫攻坚，共减少农村建档立卡贫困人口139.5万人，2695个贫困村出列，超额完成年度减贫任务；12个贫困县通过省级脱贫摘帽核查验收，已进行摘帽公示；贫困地区农村居民人均可支配收入达9268元，增幅高出全省平均水平2.3个百分点，脱贫攻坚成效显著。

2. 精准施策扎实推进

实施省级重点产业项目150余个，直接帮扶20余万贫困人口稳定增收。在全国首创线上线下相结合的"电商扶贫特产专区"，电子商务交易额达600亿元以上。推进易地扶贫搬迁，精准确定搬迁对象，优化调整搬迁建设模式，全年完成了35万人的搬迁任务。强化教育扶贫，构建从学前教育到研究生教育的资助政策体系，全年共资助460万人次，实现贫困学生应助尽助。加强健康扶贫，出台了"三提高、两补贴、一减免、一兜底"特惠政策，贫困人口住院费用医保报销比例提高10个百分点，大病住院政策范围

内报销比例提高到90%，财政对参加城乡居民医保的个人缴费部分给予50%以上补贴，将农村贫困人口全部纳入重特大疾病医疗救助范围，各地普遍实行了贫困人口就医"一站式"结算和"先诊疗后付费"。强化兜底保障，全面实现农村低保与国家扶贫标准"两线合一"，专项清理整顿农村低保和兜底脱贫对象。落实困难群众参保资助政策，为70.92万名困难人员代缴养老保险费6137.61万元。强化贫困人员医疗保障，实施各种减免费用、提高补助等政策。

3. 体制机制创新

一是建立了主要领导干部"三走访、三签字"① 机制。各市州委书记、市州长走访了辖区内所有重点贫困乡镇，县市区委书记、县市区长走访了辖区内所有贫困村，共解决各类大小问题11000余个。二是建立督查巡查问题直报机制和"一单四制"② 制度，组建49个常态化联点督查组，对49个贫困县开展定点定人的督查巡查。三是进一步深化劳务协作脱贫工作，建立了贫困劳动力就业的"三张清单"③，通过线上线下联动、省内省外协同，全面扩大就业、稳定就业、提升就业。目前全省贫困劳动力总数150.5万人，有转移就业意愿的76.1万人，其中70.7万人已实现转移就业。四是探索建立"互联网+社会扶贫""互联网+监督"机制。充分运用互联网技术，率先在全国开展"中国社会扶贫网"线上试点；省、市、县三级正式运行"互联网+监督"平台，实现扶贫资金项目全程监督。

（七）食药监管工作稳步推进，知识产权强省建设不断增强

1. 继续推进监管体制改革

坚决落实国务院食安委关于"综合执法的地方要把食品药品安全监管

---

① "三走访、三签字"工作，主要针对市、县、乡三级党政主要领导，即市级党政主要领导走遍所有贫困人口集中的乡镇，县区党政主要领导走访辖区内所有贫困村，乡镇党委书记、乡镇长走访辖区内所有贫困户；贫困村脱贫出列，县（区）委书记签字，贫困户脱贫，乡镇党委书记签字、村支部书记和贫困户本人签字。

② "一单四制"：任务清单，交办制、台账制、销号制、通报制。

③ "三张清单"：任务清单、稳岗清单、责任清单。

作为首要职责"的要求，率先全国将县级综合监管机构全部更名为"食品药品工商质量监督管理局"。全面推行食品生产企业"SC证"①，全面实行食品流通许可、餐饮服务许可"两证合一"。创新医疗器械快速审批模式，医疗器械技术审评信息系统正式上线。有条不紊地开展"放管服"改革，承接国家总局行政审批事项12项，取消12项、调整18项，下放市州14项，精简合并行政许可14大项、35子项。

2. 强化食药监管力度

将食品安全工作纳入政府绩效考核且扣分不设限，将食药安全重大事故纳入社会综合治理考核实行"一票否决"，将群众满意度纳入年度考核评议指标，首次对县区（市）统一开展考核评议，并实行末位约谈和常态问责。出台了医疗器械经营监督管理、食用农产品市场准入监管、食品行政处罚裁量权基准、随机抽查事项清单等规划性文件。开展了突出问题大整治、风险隐患大排查、质量安全大抽检、违法案件大稽查等专项行动，保持了严和紧的监管常态。全面实施以现场核查为主的监管方式，综合运用多种检查手段，责令整改8.63万家，吊销许可证555张，捣毁制假售假窝点115个。进一步完善行刑衔接②制度，率先全国在省、市两级食药监局部门全面设立检察联络室、公安联络室。

3. 知识产权成绩突出

2017年，全省专利申请量77934件，发明专利申请量31365件，分别同比增长27.8%和41.9%；专利授权量37916件，发明专利授权量7909件，分别同比增长9.6%和10%；有效发明专利量34774件，每万人有效发明专利拥有量5.09件。长株潭每万人有效发明专利拥有量18.62件。专利行政执法案件立案4652件，结案4564件，分别同比增长28.6%和26.9%。转化成效明显。全省知识产权交易中心促成58个项目转移转化，合同金额

---

① 全称是食品生产许可证。
② 行刑衔接，是"行政执法和刑事司法相衔接"的简称，指的是检察机关会同行政执法机关、公安机关、行政监察机关实行的旨在防止以罚代刑、有罪不究、降格处理现象发生，及时将行政执法中查办的涉嫌犯罪的案件移送司法机关处理的工作机制。

2.1亿元。加快建立并积极用好省重点产业知识产权运营基金，首期规模达1.5亿元，完成对首个项目2000万元的投资。

（八）社会大局持续稳定，社会治理创新扎实有效

1. 社会治安持续向好

深入推进"集打斗争"、命案攻坚、"三打击一整治"、扫黑除恶、"4·29"专案等专项行动，全省共立刑事案件20.88万起，下降17.5%，破案率37.4%。集中打击侵财犯罪，破获案件7.3万起，抓获犯罪嫌疑人2.66万人，打掉团伙2233个，追缴赃款赃物价值1.33亿元；依托湖南省（长沙）打击治理电信网络新型违法犯罪中心，破获案件1393起，查处违法犯罪人员1422人，打掉犯罪团伙169个，成功拦截止付3582万元，冻结赃款4774万元。部署开展为期四年的道路交通平安畅通县市创建活动，推动交通安全治理责任化和常态化。全省一般以上道路交通事故起数、死亡人数、受伤人数、财产损失数同比分别下降21.1%、28.7%、19.5%、17%，未发生一次死亡10人以上重大事故，道路交通事故万车死亡率下降到3.3人/万车。全省火灾起数、亡人数、伤人数、损失分别下降44.3%、31.2%、20.8%、32.9%，连续6年未发生重大以上火灾事故。

2. 信访秩序持续好转

一是全省扎实开展"信访问题源头治理"和"信访积案清零"专项行动，推广"党建引领、网格融合、以村为主"模式，深化领导干部接访下访包案制度，着力从源头预防和化解信访问题。2017年，全省各级各部门共排查化解信访矛盾纠纷11.8万件，化解率93.7%；共按期办结3980件信访积案，化解率100%。二是各级各部门大力推行"互联网+信访"新模式，信访信息系统的覆盖面不断扩大，网上投诉事项的网下办理力度不断加大，网上信访占比继续大幅上升。

3. 社会治理创新不断加强

全面完成村居同步换届，新当选"两委"班子结构实现"两升一降"①。加

---

① 学历明显提升、致富带富能力明显提升、班子成员平均年龄降低。

强乡镇服务型政府建设,完善城乡社区治理机制。深化养老"放管服"改革,推进医养结合发展,加快公办机构运营体制改革。建成互联网+民政综合业务平台,建设省、市、县、乡四级民政专网,初步实现民政数据互联互通。加强基层民政能力建设,省级安排购买服务经费近亿元。

二 当前湖南社会发展面临的主要问题

1. 就业与社会保障压力风险增大

一是我国社会主要矛盾变化对就业与社会保障工作提出了新要求。面对更高公共服务需求,湖南就业优先战略还需进一步落实到位,质量与服务水平还需进一步提高,就业政策还需更好地适应新产业、新模式、新业态发展需求等。社会保障方面,制度公平性仍然不足,可持续性面临较大挑战,在权利义务结合、责任分担、多层次发展等方面也还存在突出问题。二是就业与社会保障面临的"两难"问题增多。在经济下行压力加大背景下,既要保障改善民生,又要支持经济发展,短期内在一些政策和问题取向上,面临"两难"选择,妥善处理难度增大。三是就业与社会保障风险在累积、潜在压力增大。随着经济增长放缓、结构调整加快,就业工作在总量矛盾短时间难以缓解的情况下,结构性矛盾日益突出。转移就业数量大,重点群体就业压力不减,求职难与招工难并存,就业领域规模性失业风险和群体性事件隐忧仍较为突出。社保基金收支缺口快速增加,制度可持续运行压力大,特别是养老保险长期稳定运行和医疗保险当前收支矛盾突出。

2. 教育和医疗事业发展不平衡、不充分问题突出

教育发展不均衡问题,主要反映在以下几个方面。一是人民群众对优质教育的强烈需求难满足,"有学上"的问题得以解决,但人人"上好学"的愿望还不能充分满足,"择校热"难以降温,"大班额"问题依然严峻,教育供给质量和结构问题成为教育的突出矛盾,高质量、有特色、多样化教育体系有待进一步发展和完善。二是师资队伍发展不均衡。表现在:教师队伍结构性不平衡矛盾突出,分布不均,农村结构性过剩、城市缺编较多,高中

阶段教育教师缺编严重。三是教育资源配置缺口较大。生均公共财政预算教育事业费与全国平均水平相比仍有一定差距，地方普通高校生均预算内教育事业费偏低。教育资源配置上，区域差异很大，在教育经费、办学条件和师资资源、教育质量等方面，很不均衡。医疗事业发展问题，突出表现在：基层医疗卫生服务体系能力还比较薄弱，深化医改成果需要进一步巩固，符合行业特点的薪酬制度需要加快建立，重大传染病和新发传染病防治形势依然严峻，全面两孩政策后高龄产妇生育问题开始凸显，妇幼保健风险急剧增大。

3. 脱贫攻坚任务依旧繁重

一是脱贫攻坚任务仍然艰巨。由于全省贫困基数大，无论是巩固脱贫成果防止返贫，还是帮助未脱贫对象实现脱贫，任务艰巨。二是工作推进不够平衡。贫困县与非贫困县、贫困村与非贫困村工作推进不平衡，存在"死角村"情况。三是政策落实有差距。如在产业扶贫当中，存在对象瞄准不够精准、利益联结不够紧密，帮扶方式简单，推进力度不大的现象；个别地方在易地扶贫搬迁、危房改造、教育扶贫、健康扶贫等到户政策上还有一些不够落实的情况。四是资金监管有待加强。有的地方涉农资金整合没有完全到位，资金管理不规范，项目推进和资金支出进度慢的问题比较突出，存在资金"趴账"现象。五是内生动力激发不够，仍然存在"等靠要"思想，缺乏创新发展意识，自我脱贫的能力不强。

4. 安全生产和住房保障能力有待进一步提升

安全生产方面，少数地区和部门安全生产的"红线意识"树立得还不牢固，贯彻落实上级加强安全生产工作的指示要求上还不够认真、细致、深入，抓落实的具体办法和有效措施少，成效不明显。一些企业"重利轻安"，在安全生产上不愿意、不舍得投入，安全生产管理未得到有效执行和落实，应急处置能力、安全防范措施不到位，作业过程中一些违法违章行为屡禁不止。安全监管力量、执法装备水平、应急救援能力等基础性保障能力依然比较薄弱。保障性住房方面，在保障性安居工程建设进入攻坚期后，利益调整协调难，地方渴盼"搭车"棚改以便搞城市建设，公租房建设时空错配、管理运营等问题日渐明显，对住房保障工作的前瞻性、精准性、科学性提出了更高要求。

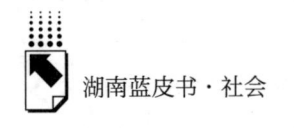

三 2018年湖南社会发展态势与政策建议

2018年是贯彻党的十九大精神开局之年，是改革开放40周年，是决胜全面建成小康社会、实施"十三五"规划承上启下的关键一年。随着全面深化改革的持续推进和经济结构转型升级的平稳过渡，湖南的经济社会稳中向好，面对人民日益增长的美好生活需要，要坚持新发展理念，按照高质量发展要求，继续加大脱贫攻坚、教育、医疗、社会保障等民生方面的力度，积极有效地解决社会事业发展中不平衡、不充分的问题，促进经济社会持续健康稳定发展。

1. 推动实现高质量就业，健全完善社会保障体系

一是坚持把高校毕业生就业摆在就业工作的首位，深入实施青年就业起航计划、高校毕业生就业创业促进计划和基层成长计划。二是持续推进农村劳动力转移就业，实施城乡就业统筹发展计划。三是把解决结构性就业矛盾摆在突出位置，推行职业培训普惠制度，统筹推进各类培训，全面提升劳动者就业创业能力，大力开展系列公共就业服务专项活动，提高针对性。四是突出人员全覆盖目标，推进多层次的社会保障体系建设。按照"兜底线、织密网、建机制"的基本要求，实施全民参保计划，加快建设覆盖全民、城乡统筹、权责清晰、保障适度、可持续的多层次社会保障体系。五是按照推进基本公共服务均等化的要求，加快转变服务理念，主动适应群众需要，提升服务能力，优化服务供给。

2. 着力改善教育民生，促进教育强省建设

推动各级各类教育稳步发展。实施第三期学前教育行动计划，推动落实"以县为主"的学前教育管理体制，推进公办园和普惠性民办园建设。优化义务教育学校布局，推动城乡义务教育一体化发展，落实中小学校幼儿园规划建设条例，推进义务教育标准化学校建设和"全面改薄"，加快改善农村寄宿制学校和教学点办学条件，落实农村义务教育学生营养改善计划。推进高中阶段教育全面普及攻坚，落实普通高中新课程方案和课程标准，开展现

代教育实验学校和特色高中学校建设。完善职业教育集团化办学制度，探索职业教育与其他层次、类型教育的贯通培养，搭建技术技能人才成长"立交桥"，开展现代学徒制试点。推进高校专业综合改革，出台进一步扩大和落实高校办学自主权的实施意见，实施创新人才培养计划和高校卓越人才培养计划。深化研究生课程建设，开发150门省级精品在线开放课程，实施研究生教育创新工程和研究生专业能力提升工程，启动博士、硕士学位授权单位立项建设。提高教育保障水平，建立和完善教育投入长效机制，推动各级政府实现预算内教育经费支出占财政支出的比例每年同口径提高1~2个百分点，拓宽教育经费筹措渠道，新增教育经费资源。研究并建立非义务教育办学成本分担机制，科学合理地确定政府、受教育者分担教育成本的比例。建立公平公开的公共教育经费分配制度，依法建立确保财政性教育投入增长的监督、检查机制。化解群众关切的热点难点问题，落实消除大班额总体规划，化解中小学"择校热"，整顿规范中小学校外教育培训机构，解决中小学生课外负担重问题，促进教育公平；维护教育系统安全稳定，深入实施"平安校园建设工程"。

3. 落实重点民生实事，开创民政事业新局面

一是完善社会救助安全网。提高城乡低保标准和救助水平，以及残疾人"两项补贴"标准。巩固农村低保和兜底保障对象清理整顿成果，确保应保尽保、动态管理。加强医疗救助、临时救助，制定对象认定办法，规范审批程序，分类分档施救。加强特困人员供养服务机构建设，全面开展照料护理区建设，探索推进供养机构社会化改革。二是提升防灾减灾救灾综合能力。深入推进防灾减灾救灾体制改革，健全救灾资金多元投入机制，推进巨灾保险制度全覆盖。抓好自然灾害应急救助，高效有序应对各类自然灾害。加强防灾减灾救灾能力建设，完善全省救灾物资储备体系，推进集中安置点标准化建设。三是加快老龄事业和产业发展。加强养老服务设施建设，推进医养结合发展，逐步建立居家照料、社区照顾、机构照护"三照"服务体系。提升养老服务水平，继续开展养老院服务质量提升专项行动，逐步建立质量标准和评价体系，全面提高养老服务质量。四是加快发展福利慈善事业。提

高孤儿基本生活保障标准,推进精神障碍社区康复服务,深入贯彻落实慈善法,探索开展网络公益众筹惠及更多困难群众。

4. 加快推进文化服务体系建设,不断满足人民群众精神文明需求

一是建立健全现代公共文化服务体系。高标准建设湖南图书馆新馆、湖南艺术职业学院新校区等省级重大文化项目,填补市州级、县级公共图书馆空白点,推动各级公共图书馆、文化馆(站)达到部颁等级馆(站)标准。加快推进村级综合文化服务中心建设,实现国家级示范区、省级示范区、民族自治县村级综合文化服务中心建设全覆盖。推进公共数字文化建设,重点抓好文化共享工程、数字图书馆、数字文化馆、公共电子阅览室建设计划等项目建设。继续开展"送戏曲进万村、送书画进万家""雅韵三湘"高雅艺术普及计划等文化惠民活动。二是积极发展文化产业。优化文化产业结构布局,加快促进动漫游戏等新兴文化产业发展。积极培育依托数字技术进行的创作、生产、传播和服务的数字文化产业。推动文化产业与信息、制造、建筑、旅游、农业、体育、健康等领域深度融合。推进文化产业园区建设,重点支持湘潭昭山文化产业园创建国家级文化产业示范园。积极助推马栏山视频文化产业园等重点项目建设。三是加强文化市场管理。健全文化市场信用监管制度体系,定期公布文化市场黑名单,发挥信用监督、激励、警示、惩戒作用。全面实施"双随机、一公开"制度。继续加强网络表演、网络游戏、艺术品市场等重点领域的专项治理,坚决打击各类违法违规行为。持续推进互联网上网服务行业、文化娱乐行业、游戏行业转型升级。四是增强文化保障能力。加大向社会力量购买公共文化服务力度。继续实施"百千万"文化人才提升工程[①]、"三区"[②] 人才支持计划文化工作者专项等项目。

5. 继续深化医药卫生体制改革,不断提升服务能力和水平

一是持续深化医药卫生体制改革。强化"三医联动"机制,力争在分

[①] "百千万"文化人才提升工程,即从2016年起利用五年时间,借助国家级高水平艺术院校平台,选送一百名优秀文化人才进修培训;依托省委党校、湖南艺术职业学院等教育培训基地,培养培训一千名文艺人才和文化管理干部;整合各级文化培训资源,轮训一万名基层文化工作者。

[②] "三区"指边远贫困地区、边疆民族地区和革命老区。

级诊疗、现代医院管理、医疗保障、药品供应保障、综合监管等方面取得新的突破。二是强化基层医疗卫生机构服务能力建设。积极对接实施乡村振兴战略，抓重点、补短板、强弱项，为51个贫困县市区免费培养1000名大专学历层次的本土化人才。三是加强公共卫生和卫生应急工作。加大对学校卫生等重点领域重点环节的急性传染病防控力度，规范有效处置传染病疫情，深入实施"厕所革命"，加快农村无害化卫生厕所建设进程。四是持续提升医疗服务质量安全水平。启动新一轮改善医疗服务3年行动计划，推广多学科诊疗模式，提升急危重症救治能力，做好医疗废物源头分类管理，巩固完善住院医师规范化培训制度，创新科卫协同机制，继续深入推进"平安医院"创建活动，构建和谐医患关系。五是落实好全面两孩政策。全面推行生育登记服务，推行"多证合一"；加强生育全程基本医疗保健服务，全力保障母婴安全；统筹实施出生缺陷三级综合防治；做好农村留守儿童健康关爱工作；完善家庭发展支持政策；加强出生人口性别比综合治理。

6. 加强信访法治化建设，不断促进社会治理创新

一是狠抓信访工作规范化的制度体系。进一步完善法治信访的运行机制，抓好中央加强信访法治化建设意见和湖南实施意见的落实，进一步完善信访与司法和行政的对接机制，全面落实诉访分离制度和依法分类处理信访诉求工作规程，引导群众依法有序理性表达诉求，实现法律效果和社会效果的有机统一。狠抓信访秩序的依法维护，引导群众依法逐级理性反映诉求，对缠访闹访、以访谋利等涉访违法行为，推动形成办事依法、遇事找法、解决问题用法、化解矛盾靠法的良好氛围。二是加强社会治理创新。加强基层民主建设，健全村务监督委员会机制，完善基层民主协商制度，推进城乡自治依法达标。创新城乡社区治理，加强乡镇服务能力建设，启动"乡村治理三年行动计划"，加快构建自治、法治、德治相结合的乡村治理体系。推进社区减负增效，开展"社区乱挂牌""社区万能章"专项治理。改善城乡社区服务，加快推进村级综合服务平台建设，探索建设智慧社区，不断增强城乡社区服务功能。

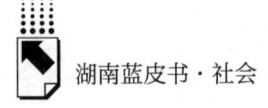

7. 提升脱贫质量，做好公租房供给工作

一是全面落实脱贫攻坚各项政策，增强贫困群众的获得感。着力抓好18个贫困县的脱贫摘帽工作，继续加强对2017年度5个国家贫困县脱贫摘帽工作督导。全面落实支持深度贫困地区脱贫攻坚政策，瞄准老人、病人、残疾人等特定贫困群众精准帮扶，集中力量攻克坚中之坚、难中之难。突出抓好产业扶贫、就业帮扶、生态补偿，促进稳定增收。坚持标准，突出抓好教育扶贫、健康扶贫、易地扶贫搬迁和危房改造，落实"三保障"要求。突出抓好农村低保、社会救助、临时救助，兜住民生底线。二是搞好住房保障工作，确保"住有所居"，大力推进棚户区改造攻坚工作。夯实基础，有力推进棚改三年攻坚工作。建好项目库，对未入库的项目一律不予考虑。做好分布图，逐步实现位置定坐标、现场实时监控、进度随时调度的管理模式。加快公租房分配入住和管理。加快在建项目建设，做好配套基础设施安排。加快分配入住，简化程序，强化信息公开，防止违规享受公租房保障。提高公租房运营服务水平，推行市场化管理。

部门报告

Department Reports

B.6
2017年湖南公安工作进展及2018年展望

湖南省公安厅

2017年，全省公安机关紧紧依靠省委、省政府和公安部的坚强领导，坚持以人民为中心的发展思想，牢牢把握稳中求进的总基调，深入践行习近平总书记"对党忠诚、服务人民、执法公正、纪律严明"的总要求，主动对接"创新引领、开放崛起"发展战略，以"学精神、控风险、守底线、补短板、严纪律"为总思路，以"大排查、大研判、大管控、大演练"为总抓手，抓实政治建警，强化主责主业，突出改革驱动，夯实基层基础，有力维护了国家安全和社会大局持续稳定，打赢了全国"两会"、"一带一路"高峰论坛、香港回归20周年庆典、建军90周年纪念、党的十九大安保等系列重大安保维稳硬仗，收获了十九大安保维稳全国先进奖牌，实现了刑事案件、命案、治安案件、交通事故和火灾事故四项指标"五下降"。

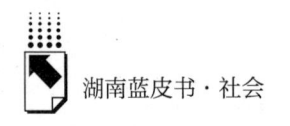

一 控风险、守底线，社会大局持续稳定

强化忧患意识，提高政治警觉，增强工作预见性，全面防范、主动应对各类风险挑战。一是政治安全保卫有为。承办一批中央直接交办的重特大专案，推进部省督办专案专项工作。深入推进反邪教领域"敲门行动"等五大专项行动，妥善处置多起境外非政府组织的渗透活动。参与公安部组织的多次网上舆论反制行动，发现上报政治谣言和有害信息样本，落地查证线索5350条，刑事拘留1人、行政拘留23人、教育训诫117人。二是反恐维稳攻势有威。依托省级反恐怖情报平台，推送预警指令380余条，抓获涉恐在逃人员28名，协助外省抓获涉恐逃犯3名，核侦涉恐线索89条，侦破涉恐专案6起，抓获一批涉恐人员，侦办下载存储传播暴恐音视频及编造传播虚假恐怖信息案件28起，打击处理33人。开展"清流－2017"反恐大排查专项行动，排查录入危险物品单位处所1503个、重点目标6509处、重点行业1696处，责令整改隐患3.35万处，办理涉恐行政案件268起，行政拘留21人。推动省委、省政府出台《湖南省反恐怖主义责任制实施细则》，压实反恐工作的属地责任。建立"长株潭（机场、铁路）公安反恐勤务一体化机制"。三是侦破打击有力。深入推进"集打斗争"、命案攻坚、"三打击一整治"、扫黑除恶、"4·29"专案等专项行动，全省共立刑事案件20.88万起，下降17.5%，破案率37.4%，破案总量排名全国第九，命案破案率达99.1%。持续开展扫黑除恶专项斗争，移送、起诉、侦办黑社会性质组织案件3起，打掉恶势力犯罪团伙466个，其中黑恶势力犯罪集团38个。集中打击侵财犯罪，破获案件7.3万起，抓获犯罪嫌疑人2.66万人，打掉团伙2233个，追缴赃款赃物价值1.33亿元；依托湖南省（长沙）打击治理电信网络新型违法犯罪中心，破获案件1393起，查处违法犯罪人员1422人，打掉犯罪团伙169个，成功拦截止付3582万元，冻结赃款4774万元。破获全国传销第一案的"善心汇"组织领导传销案，协助全国抓获主要犯罪嫌疑人30余名，涉案人员300余名。破获各类侵犯知识产权犯罪案件107起，

抓获犯罪嫌疑人310名。强化追逃攻势，历年逃犯到案8956人，下降率68.5%。查破毒品行政案件1.13万起，查处吸毒人员1.82万人次，破获毒品刑事案件2256起。侦办涉黄涉赌类犯罪案件2173起，逮捕1454人。开展缉枪治爆专项行动，收缴非法枪支1.83万支、子弹30.9万发、炸药60吨、雷管22万枚，查处涉枪涉爆案件4242起，抓获违法犯罪人员3505名。全省公安监所协助破案获取犯罪线索7865条，协破案件8359起（全国排名第2），打击处理犯罪嫌疑人6561人。四是公共安全治理有效。部署开展为期四年的道路交通平安畅通县市创建活动，推动交通安全治理责任化和常态化。全省一般以上道路交通事故起数、死亡人数、受伤人数、财产损失数同比分别下降21.1%、28.7%、19.5%、17%，未发生一次死亡10人以上重大事故，道路交通事故万车死亡率下降到3.3人/万车。全省火灾起数、亡人数、伤人数、损失分别下降44.3%、31.2%、20.8%、32.9%，连续6年未发生重大以上火灾事故。圆满完成南岳祈福、第五届矿博会、湘西成立60周年庆典等1841项大型活动安保任务，实现了大型群众性活动"零事故"。

二 强弱项、补短板，基层基础有效夯实

以党的十九大安保维稳攻坚战为契机，围绕公安工作短板攻坚克难，切实增强基础支撑能力，提升基层实战水平。一是风险管控常态推进。研发应用全省"风险隐患排查管控信息系统"，提升风险管控整体效能。推进大排查，对6大类132项风险隐患开展排查，发现并化解风险隐患9.21万处。集中开展两轮影响社会稳定矛盾问题摸排，发现9041起涉稳隐患，化解8977起。推进大管控，全省8755家网吧审计在线率95%，2.50万家Wi-Fi上网场所在线率85%。推进大演练，举办各类实战实兵综合演练450场次，湖南省公安厅举行"三湘铁拳"反恐怖跨区域演练、高层建筑灭火救援演练、三湘高速联动处置涉危爆交通事故大演练、"护网-2017"网络安全攻防演练。二是治安防控不断增效。推动警力下沉，全省派出所总警力达2.11万人，占比超过县市公安局的41.3%、城区公安分局的52.7%。辅警

队伍达4.10万人，设置社区警务室1868个，配备社区民警2546人。加快公安检查站建设，规划市州检查站建设7个，完成6个、开工1个；高速公路检查站建设任务18个，其中完成3个、立项15个；建成环市州检查站62个、环省电子卡口109个、环市州143个，"四门落锁"防控圈基本形成。全省车控缉查管控平台联网卡口数4441个、运行率96.9%、日均过车量1793.23万条，总数据量65.45亿条。全面落实屯警街面、定点备勤等巡逻模式，全省日均投入联勤巡逻力量1170人、车辆280台次。采购312台X光机覆盖所有县市区，在长沙、益阳、永州试点邮件快检实名登记信息系统，寄递行业实名信息化率达70%。旅游业系统联网管控旅馆2.62万家，采集住宿人员信息1.4亿余条，同比上升25%，旅馆实名登记率达95%，建成全省机修业、娱乐服务业信息系统并实现全省联网应用。开展无人驾驶航空器专项整治，完成全省119个报告空域划设工作，对7市州11个机场开展无人机非法升空监管。三是数据警务稳步实施。建成全省公安大数据综合应用平台系统，开发智慧搜索、超级档案和辅助决策等30多个功能模块，提炼60多种技战法。制定《信息共享目录》《信息共建共享工作方案》，整合公安内外部数据资源651类、500多亿条。加强数据感知能力建设，新增公共部位视频探头超过3万个，总数达到21万个。"雪亮工程"共享平台纳入全国重点省份平台建设试点，实现部、省、市、县四级视频资源联网共享，整合接入各类视频图像资源18万多路。推动人像卡口建设应用，全省新增人像卡口3000多个。开展"一标三实"信息采集维护工作，新增"三实"信息1012万条，维护"三实"信息7275万条，社区警务系统有效"三实"信息达1.38亿条，居民身份证指纹信息采集率达99.9%。四是基础设施加快提质。推进信息网络扩容提速，二级网达3×1000兆，三级网多数达1000兆，四级网平均达双100兆。建成覆盖市州主城区的350兆数字集群通信系统，配备数字对讲机终端1.32万台。全省60%以上的执勤警车安装图像传输、车载通信设备和卫星定位系统，建设覆盖全省县以上主城区的340兆无线图像应急传输通信网络，配发无线图传应急通信车99辆，发放移动警务终端6.31万台。推进警务用枪数字化改造，完成全国枪支管理信息系统升级、公务用枪数字化设备采购，配备智能型枪支弹药专用保险柜。中央预算内投资续建和新建项目72个，开工45个、竣工37个；地方投资新建项目52个。推进省厅指挥情报中心升级改造，扁平化调度平台、高清视频会议系统等项目竣工。省强制医疗所交付使用。新建农村警务室117个，新建派出所综合警务指挥室267个。

三 重实战、求实效，公安改革深入推进

坚持改革强警，打造亮点特色，纵深推进公安改革工作，全力服务警务实战。一是全面深化改革持续发力。推动省委改革办和省司改办将警务机制改革纳入省委改革重点项目和司法体制改革重点项目。省委、省政府办公厅《实施意见》明确的138项改革任务，完成62项、基本完成37项、部分完成26项、出台重要改革文件95个，完成率为71.7%。二是"4+X"警务机制巩固深化。在全省公安机关建立市、县、中心、所警务改革示范体系，确定15个示范创建县级单位、34个示范创建警务中心、311个示范创建派出所。全省14个市州公安局、126个县市区公安（分）局已建成"4+X"警务中心701个，实体运行513个，占73.2%。湖南省公安厅治安防控中心实体化运行，交警总队建立"六大中心"，机场公安局建立4中心2处室。在全国公安机关改革创新大赛中，湖南公安改革项目获奖率为73.3%，获奖总数和获奖率均名列全国第一。三是执法权力运行机制逐步完善。推动省委、省政府两办出台《关于深化公安执法规范化建设的实施意见》，推进执法监管中心建设，永州、邵阳、衡阳等市州执法监管中心案件警情巡查数、立案巡查数均增长40%以上。推行刑事案件"三统一"工作机制①，实现案件办理"一网通"流转、群众报案"一站式"受理、案件审核"一把尺"标准、案件移诉"一揽子"衔接，刑事立案数下降17.5%、刑拘数上升6.6%。加大执法质量考评力度，考评行政、刑事案件2662起。起用标

---

① "三统一"指统一审核、统一出口、统一接受。

准化执法办案场所1051个，实行讯问、询问同步录音录像。推行以办案绩效为核心的执法档案积分管理机制，被公安部列为"全国十大科技成果推广项目"，全省参与办案民警人数上升6.2%，主办民警人均办案数上升13.6%。会同省检察院制定《五类刑事案件证据参考标准》《重大疑难案件听取检察机关意见和建议实施办法》，对242类公安行政处罚修改完善裁量基准。加大群众投诉举报案事件的核查力度，全省12389平台接收投诉举报2309件，办结率达92%。加强法治教育，先后3次组织4.6万名民警参加执法资格等级考试。"阳光警务"平台受理各类投诉1.06万起，办理1.05万起，"阳光警务"公开机制获评全国公安机关改革创新大赛优秀奖。研发自助报警查询系统，从源头上杜绝和减少"有警不接""有案不立"等群众反映强烈的问题。四是行政服务管理优化升级。推进便民利民和服务经济建设"双30项"举措落实，下放或取消3项行政审批事项，保留省级行政许可仅8项。推进湖南公安服务平台建设，梳理10个警种服务事项411项，对接服务系统59个，逐步实现公安业务"一网通办"。推动户籍制度改革落地，做好农业转移人口和其他常住人口在城镇落户工作。办理农业转移人口落户城镇38.26万人，户籍人口城镇化率为33.6%，增长2.9个百分点。补登1周岁以上无户口人员22.69万人，设置392个跨省异地受理点，受理外省（市）居民身份证6.50万张。实施新生儿上户异地办理工作，益阳开展新生儿在医院上户试点工作。长沙宁乡建立"市民之家"服务中心，推动服务均衡化。

四 学精神、严纪律，队伍建设全面加强

以政治建警为统领，持续推进从严治警、素质强警、从优待警各项措施，全力打造过硬公安队伍。一是政治建警铸魂。深入学习贯彻党的十九大精神，湖南省公安厅党委理论中心组3次集中学习研讨，邀请2名教授开展专题辅导讲座，举办"干部成长感恩谁"主题交流讨论。推广"四个一"基层党建工作法，健全完善党建述职和民主评议制度，建立党建工作标准体

系。开展谈心谈话活动1.35万余人次，走访家访6300余户，举行入警、退休、升旗、立功受奖等七类仪式1281场次。加强典型推树，涌现了以"学雷锋模范消防大队"望城区公安消防大队为代表的19个全国先进集体，以李贝、胡光志、匡兵全国二级英模为代表的44名全国优秀人民警察。召开新闻发布会20场，在中央媒体刊播稿件1.29万余篇条，人民公安报头版头条刊稿10篇，为历年之最。"湖南公安""湖南公安在线"在全国公安、全省政务影响力持续增长，荣获多个国家级、省级荣誉。二是从严治警塑型。推动党风廉政建设考核内容纳入湖南省公安厅下属单位、市州公安机关绩效考评范畴，对党风廉政建设问题突出单位实行一票否决。制定《湖南省公安厅谈话提醒工作暂行办法》，全省谈话、函询1028人次。深入开展"雁过拔毛"式腐败问题和"治陋习、树新风"专项治理，细化32项具体内容。开展泄露公民个人信息问题专项治理，刑拘7人，解聘辅警6名。强化派驻督察，坚持不间断、全天候巡回督察，查纠违纪问题400余个，涉及150多个基层所队，对442名民警及所队领导采取禁闭、停职措施。三是素质强警提能。省政府出台《警务辅助人员管理工作规定》，湖南为第一批出台规范性文件的7个省份之一。招录公安专业应届毕业生697名，公安大学、刑警学院毕业生72名，湘籍公安专业毕业生入警率达92.9%。从10所重点高校招录法医、DNA检验、维语专业人才13名。全国率先从辅警人员中招录6名警犬技术民警。推行"3+N"教育训练模式，举办各类培训班241期、培训民警1.73万人次，组织送教下基层120批1.18万人，训练档案建档率达到97%，与警衔晋升挂钩落实率达到98%，外送培训或跟班学习37批1145人。加强班子配备，协助配合省委组织部提任正厅长级干部2名、副厅长级干部2名、巡视员1名，交流副厅长级干部3名。加强干部交流选任，厅机关提任正处长级干部10人，副处长级干部15人，提任正、副调研员36人，交流干部36人。四是从优待警鼓劲。大力推动健康警队建设，建设"健康管家"手机App，通过考核激励在全警倡导健康生活理念。开展心理教育训练、咨询服务和危机干预"三位一体"心理服务工作，完善心理档案约5.9万份，累计服务28万余人次。继续落实人均1万元、所均5万元的标准,帮扶1000名家庭困难民警和100个基层所队。解决民警夫妻两地分居问题73对、子女就学问题167个、住房问题2400个。开展重要节日慰问和战时慰问工作,走访慰问1.30万人次,支出慰问金3360万元,发放特别补助金、慰问金、抚恤金共455万元。湖南省公安厅基金会支出2784万元,优抚救助3570人次,3个县级公安机关成立民警基金。落实公安部关爱民警、减轻基层负担"双30条"措施,全省110接报非警务求助同比下降12.2%。出台《维护民警执法权益正名工作规定》,办理侵权案件612起,为897名民警维权,依法打击处理违法人员979人。记功嘉奖909人次,对从警30年以上的4257名民警颁发荣誉勋章。

2018年是深入贯彻落实党的十九大精神的开局之年,是改革开放40周年,是实施"十三五"规划、决胜全面建成小康社会的关键一年,全省公安工作的总体思路是:全面贯彻落实党的十九大精神,以习近平新时代中国特色社会主义思想为指导,深入学习贯彻中央政法工作会议、全国公安厅局长会议和省委政法工作会议精神,以深入践行"对党忠诚、服务人民、执法公正、纪律严明"为总要求,以稳中求进为总基调,以不断增强人民群众获得感、幸福感、安全感为总目标,以"学精神、控风险、守底线、补短板、严纪律"为总原则,大力实施改革强警和大数据两大战略,聚焦政治建警、聚焦主责主业、聚焦风险防控、聚焦基层基础、聚焦改革创新,勇于挑最重的担子、敢于啃最硬的骨头,举全警之力打好"五大攻坚战",为建设富饶美丽幸福新湖南营造安全稳定的政治环境、安定有序的社会环境、公平正义的法治环境、优质高效的服务环境。

(一)聚焦政治建警,全力打好政治建警攻坚战

开展"不忘初心、牢记使命"主题教育,坚持用习近平新时代中国特色社会主义思想武装全警,做到学用贯通、知行合一。大力实施政治建警系列工程,出台政治建警"1+N"制度规定,实行政治建警责任制、严格请示报告制度、规范民警交往行为、实施关爱民警行动、加强改进工作作风,

凸显政治建警的统帅和灵魂作用。坚持刀刃向内、挺纪在前，坚定不移推进党风廉政建设和反腐败斗争。全面加强实战实训，加强公安人才库建设，培养一批领军型、复合型人才。按照"依法规范、分类管理、责权明晰、合理使用、保障有力"的原则，切实加强辅警队伍管理。

（二）聚焦主责主业，全力打好打击犯罪攻坚战

坚持严打方针，按照中央和公安部部署的"六大专项行动"，对恐爆枪、盗抢骗、黄赌毒、食药环、涉众、网络电信诈骗等突出犯罪开展集中打击、集成打击，动态对准打击焦点，机动开展类案攻坚，深入推进多打联动，形成压倒性态势。深入开展扫黑除恶专项斗争，把扫黑除恶与反腐结合起来，与基层"拍苍蝇"结合起来，对涉黑涉恶犯罪案件，一律深挖其背后腐败问题；对黑恶势力"关系网""保护伞"，一律一查到底、绝不姑息。深入开展三年禁毒大行动，健全缉毒破案机制，全力侦办一批大要案件、打掉一批毒枭团伙、摧毁一批制毒窝点、斩断一批贩毒链条、整治一批重点地区。

（三）聚焦风险防控，全力打好风险防控攻坚战

坚持以"大排查、大研判、大管控、大演练"为总抓手，加快"风控"系统研发应用，推广新时代"枫桥经验"，不断增强对各类风险的预测预警预防能力，严密防范、有效防控政治安全风险、暴恐袭击风险、社会稳定风险、公共安全风险、网络安全风险。

（四）聚焦基层基础，全力打好基层基础攻坚战

坚持重心下移、力量下沉、保障下倾、资源下放，着力打基础、补短板、强弱项，进一步增强基层实力，激发基层活力，提高基层战斗力，全面夯实新时代公安事业发展的根基。抢抓国家实施乡村振兴战略机遇，实施"派出所建设三年行动计划"，三年内完成派出所基础设施提质升级改造。持续加强"一标三实"、实名制等基础工作，推进城乡社区警务建设，落实社区民警专职化，强化农村地区警务工作。大力加强DNA、指

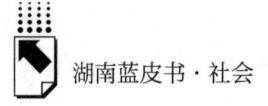

纹、现勘、图侦、警犬手段等侦查基础工作。深化执法规范化，全面建设法治公安。

（五）聚焦改革创新，全力打好深化改革攻坚战

坚持警务改革与大数据建设双轮驱动，努力构建与新时代相适应的现代警务管理体制、机制。抓好分类管理、职业保障、招录培养、辅警管理等制度体制改革。加强对省、市、县、乡、村五级警务的研究探索，积极推进警务管理体制改革。加强全省公安科信工作总体规划，健全数据标准体系，深入推进信息共建共享，努力提供高质量的数据服务、全方位的信息支撑，全面建设智慧公安。统筹抓好大数据中心、"风控"系统、治安防控平台等信息化项目建设，不断提高智能化水平。主动对接监察体制改革与司法体制改革，健全公安与检察、法院、司法执法信息联通共享机制。深化"放管服"改革，全面落实便民利民"双30项"举措，建成"湖南公安服务平台"，实现群众办事"最多跑一趟"。

B.7
坚持以习近平新时代中国特色社会主义思想为指导 奋力开创湖南司法行政工作新局面

湖南省司法厅

一 2017年的工作

2017年，按照司法部和省委、省政府的决策部署，全省司法行政系统全力落实年初工作部署，改革创新，图强自强，充分发挥司法行政职能，为促进全省经济社会发展做出了积极贡献。

湖南省司法厅党组统筹全局、精准发力，重点抓了三件大事。

一是迎接学习宣传贯彻党的十九大。全系统坚持以此为工作主线，严格实施台账制、交办制、责任制、督导制、销号制，扎实备战"迎接十九大·全力保平安"各项工作，全系统在坚守监管安全底线不出事的同时，深入开展人民调解活动，发挥法律服务优势，累计预防化解社会矛盾40万起，切实维护社会稳定。第一时间下发学习贯彻党的十九大精神的意见，深入开展"新时代要有新作为"大讨论，系统内处以上单位开展学习培训117次，持续形成学习贯彻热潮。

二是狠抓系统党的建设。坚持压实主体责任，制定党建责任清单，管党治党走向严紧硬。落实37项任务，"两学一做"学习教育实现常态化制度化。湖南省司法厅直属机关党委、湘警职院和14个监所完成党委换届。首次开展党建责任述职。党支部标准化创建成效明显。律师行业党组织和党的工作实现有效全覆盖。首次评选表彰省直系统十名优秀党员，举办"铸忠诚讲担当树形象"文艺演出。理顺纪检监察体制,新设湖南省司法厅直属机关纪委。配合完成省委巡视"回头看",扎实整改3大类41个问题。

三是加快建设公共法律服务体系。坚持"总抓手"定位,完成如法网一期改版升级,全面开通12348热线,在全国率先基本形成省、市、县、乡、村五级实体平台,提供法律服务43.5万人次,办案67万件,实现量质齐升,其中O2O模式办案10万件、服务12万小时。如法网被誉为"湖南人的法律淘宝网",荣获省直机关创新大赛管理类一等奖等6项大奖,"互联网+公共法律服务"湘字品牌有效形成,时任中央政法委书记孟建柱同志来湘考察时对此予以充分肯定。

全系统锐意进取、奋发作为,主要做了五个方面的工作。

一是维稳保安展示新作为。全面践行治本安全观,深入开展"强化内部管理、确保两个安全"等专项整治,狱内发案率明显降低,监狱系统连续5年实现"四无"①。依法办理减假暂②案件,有效促进罪犯改造。顽固犯转化率达70%以上,罪犯正常病亡率达历史最低。探索构建"五位一体两结合"维稳机制③,戒毒系统全面实现"六无"④。收治人数达1.6万新高,四区流转12084人次,医治18045人次,职业培训1294人次,戒治质量不断提高。分段整改、立规建制,戒毒工作规范化跃上新台阶。定位监控率达82%,依法撤销缓刑假释及收监执行,社区矫正保持"四个不发生"⑤。全面铺开行为规范教育,实施教育矫正40万人次,社区服刑人员的"三种意识"⑥明显增强。释放后衔接率达95%以上,安帮对象实现零发案。加强特

---

① "四无"指无罪犯脱逃、无重大狱内案件、无重特大安全事故、无重大疫情。
② 减假暂指服刑人员减刑、假释及暂予监外执行。
③ "五位一体两结合"维稳机制是指以政府一把手为核心、镇综治办为中心、司法所为平台、综治专干为骨干、派出所为最后防线的"五位一体"维稳机制。两结合指明暗结合、专兼结合。
④ "六无"指无毒品流入、无戒毒人员脱逃、无非正常死亡、无所内案件、无生产安全事故、无重大疫情。
⑤ "四个不发生"指不发生脱管失控、不发生重大恶性案件、不发生群体性事件、不发生负面舆情事件。
⑥ "三种意识"指自身在矫意识、守法意识和感恩意识。

坚持以习近平新时代中国特色社会主义思想为指导　奋力开创湖南司法行政工作新局面

殊人群管理工作入编2018年中央政法工作会议参阅材料，为湖南司法厅历史上第一次。在全国率先实现律师参与涉法涉诉工作省市全覆盖，办案5500件，息诉息访率达57%。强力推进"三调联动解纠纷、防控风险促发展"专项调解，累计预防化解纠纷36万件，其中有效化解重大复杂纠纷2.8万件，防止引发自杀、民转刑、群体性械斗、集体上访等8300余件，有效促进全省刑事和民转刑命案下降，为建设更高水平的平安湖南筑牢基石。

二是创新引领迈出新步伐。覆盖13类业务范围，形成"查问办学用"体系，12348湖南法网·如法网在《法制日报》授权发布的"2017各地司法行政工作创新指数排行榜"中排名第一。运行如法网地铁宣传专列，开全国司法行政系统先河。6位省领导出席"12·4国家宪法日暨法治湖南建设年度盛典"，表彰"十佳法治建设推进者等6类先进集体和个人。出台党政主要负责人履行推进法治建设第一责任人职责规定。较好落实"谁执法谁普法"责任制，140万人践行"互联网+学法考法"，展播526部法治微电影，普法实效明显增强。联合红网开办专栏，13个市州委书记应邀畅谈法治。310万人次参与"你学法我送票·锦绣潇湘（郴州）任你游"。发布工作标准168项，监狱标准化建设取得突破性进展。省戒毒局在全国首创"百千万"操守工程[①]，首建教育云课堂。湖南省司法厅联合省商务厅、省贸促会搭建法律服务对接平台365个，律师服务湖南企业参与"一带一路"建设取得实效。在全国首创省会医疗纠纷调处中心，新建知识产权等20类1760个行业性专业性调委会。规范"净考"，报名人数达历史新高，司法考试圆满落幕。对口帮扶贫困村16个，精准扶贫取得实效。服刑戒毒人员未成年子女帮扶率达70%，"情暖高墙·关爱孩子"联合帮扶机制不断健全、成果进一步扩大。

[①] "百千万"戒毒操守工程，指计划通过5年时间，打造100个保持操守3年以上，在就业创业、服务社会、禁毒宣传等方面有突出成绩的戒毒成功案例；培养1000名保持操守在2年以上，积极就业、参与公益、社会适应能力较强的戒毒典型，建立10000个保持操守1年以上的戒毒操守团队。

三是深化改革取得新成效。77家公证机构提前改革为事业体制，进度居全国第三，公证办案量、收入分别增长18%、108%，张军部长、许达哲省长等予以批示肯定。修改厅党组管理选拔干部任用实施办法，深度调研优秀年轻干部。省属监所企业在理顺企业管理模式、实现编制统一管理、建立一线警察绩效奖等方面取得重要突破。优化警务模式，监所连值连休问题基本解决。4所监狱试点建设模范监狱。17个县市区成立社区矫正工作局。公共法律服务首次被列入省政府购买服务指导目录，岳阳、张家界市委市政府出台文件支持司法行政政府购买服务，全系统累计购买632个岗位8122人。"省两办"出台意见，法律顾问和"两公"律师（公司律师和公职律师）发展驶入快车道。省市律协均成立维权中心和投诉受理查处中心，维权、惩戒实现双向发力。律师担任各级党代表和人大代表、政协委员人次达435名，较上届增长91%。湘潭试点律师参与调解。出台刑事、民事、行政法律援助案件质量标准。法律援助办案37514件，其中农民工案件1万件、免费讨薪1.7亿元。看守所法律援助站建设在全国首批实现全覆盖。联合省高院明确司法鉴定管理与使用衔接机制。建立"四大类"① 外机构退出机制，正式启动环境损害司法鉴定登记管理工作。下放5项管理权限，移交39个省直机构归长沙市管理，法院采信率达95%以上，司法鉴定有效投诉下降64%。省市人民监督员体系基本形成，有力监督检察权。首次出台管理办法，仲裁登记管理取得突破。发布信息1700条次，"双随机一公开"有效加强。

四是基层基础焕发新面貌。公共法律服务实体平台建设进一步加快，中心和工作站、点建成率分别达95%、96%、89%。监狱系统完成投资54202万元，东安、雁南监狱项目实现竣工。女子、麓山强戒所建成投入使用，新增收治能力4000人。司法业务用房建设"十二五"任务全面完成。湘警职院1136名学警顶岗实习，有效缓解基层警力不足。副科级所达404个，5

---

① "四大类"指由司法行政机关监管的法医类、物证类、声像类和环境损害类四大类司法鉴定机构。

人以上所达117个，司法所建设取得突破性进展。省属监狱安防警戒及安全生产设施达标建设"三年计划"全面完成。监狱重点部位监控全覆盖基本完成。省戒毒局建成全国首家局所队三级安防联动指挥平台。智能报警、人像识别、电子围栏、人员定位等普遍运用，监所智能监管水平明显提高。发布全国首个司法行政标识标牌地方标准。社区矫正中心完成标准化建设，实现规范化管理。1443个司法所统一外观标识和内部设置。全省法治文化阵地建成率达80%以上，衡阳、湘潭率先全部建成。常德建成青少年法治教育基地。

五是队伍素质实现新提升。出台干警思想动态分析办法，开展谈心谈话5000余人次，思想政治工作明显加强。首次开展9大类业务技能比武，2.3万名干警踊跃参与，评选出100名岗位标兵和能手；举办处级干部进修和监所警务、公共法律服务等培训35期，全系统业务技能明显提升。行政复议和应诉案件减少56%，省司法厅应诉案件无一败诉。任免处级干部199人次。"70后"正职达17名，监所班子结构明显优化。女子、娄底、津市监狱等探索荣誉仪式制度。监狱戒毒系统防汛抗灾取得重大胜利。30名民警圆满完成支援吐鲁番监狱任务。6名同志入选司法部"新时代最美法律服务人"（含提名奖），70个集体、327名个人获地厅级以上奖励。召开现场推进会，制定并实施意见，系统文化软实力切实增强。2017年毕业生初次就业率超90%、新生录取分超省控线120分，警院办学形势持续向好。湖南省司法厅及省监狱局、省戒毒局开展警务督查183次，发现问题1819个、查处473人次。监狱系统排查廉政风险点16362个、采取防控措施15783条，戒毒系统形成"爱廉说"廉政文化品牌。"雁过拔毛"式腐败问题和"纠'四风'治'陋习'"专项整治取得明显成效，正风肃纪不断加强。全系统立案76件91人，给予党纪处分40人、政纪处分73人，反腐败压倒性态势进一步巩固。

二 2018年的工作

2018年，是贯彻党的十九大精神的开局之年，是改革开放40周年，是贯彻省第十一次党代会精神、决胜全面建成小康社会、实施"十三五"规划承上启下的关键一年。做好全年司法行政工作，必须坚持以习近平新时代中国特色社会主义思想为指导，认真学习贯彻习近平总书记对政法工作重要指示，全面落实司法部、省委省政府和省委政法委工作部署，坚持稳中求进，坚持创新引领，以公共法律服务体系建设为总抓手，讲政治、抓业务、促改革、强基础、带队伍，推动公共法律服务从"有没有"向"好不好"阶段跨越，努力书写新时代司法行政工作人民满意答卷，为建设富饶美丽幸福新湖南做出新的更大贡献。

一是学思践悟讲政治。根据实际，多形式、多层次组织开展习近平新时代中国特色社会主义思想大学习、大培训、大研讨，深入领悟其时代背景、历史地位、科学体系、精神实质、实践要求，特别对比反思认识、思想和行动、作风上的不足，做到学思用贯通、知信行统一。牢牢把握司法行政机关"刀把子"的地位作用，坚持把政治建设摆在首位，着力增强"四个意识"、坚定"四个自信"①，不断提高忠诚核心、拥戴核心、维护核心、捍卫核心的政治、思想和行动自觉，确保在政治立场、政治方向、政治原则、政治道路上同以习近平同志为核心的党中央保持高度一致。把学懂弄通做实的重点放在习近平新时代中国特色社会主义政法思想上，深刻把握最高原则（坚持党的绝对领导）、根本立场（以人民为中心）、首要任务（维护国家安全和社会稳定）、基本方式（法治）、强大动力（改革创新）、重要保障（队伍建设）等精髓要义，推进工作理念思路、体制机制、方法手段创新，提高分析解决实际问题的能力，不断引领司法行政事业开辟新境界。进一步增加理论深度、实践力度，学深悟透习近平新时代中国特色社会主义思想，勤于检视心灵、勇于洗涤灵魂、校准价值坐标、坚守理想信念，确保学出坚定信仰、学出绝对忠诚、学出使命担当，用实际行动诠释政治本色。

二是纲举目张抓业务。深刻把握公共法律服务总抓手这个"纲"，统筹

---

① "四个意识"：政治意识、大局意识、核心意识、看齐意识。"四个自信"：道路自信、理论自信、制度自信和文化自信。

盘活、做优做强各项工作，做到纲举目张、协调推进、综合发力。坚持遵循"部门职能整合、平台资源一体、全面对接联动、数据交换共享"原则，统筹推进网络、实体、热线、移动客户端、志愿者（点）和信息技术、应急指挥等工作，探索"总抓手"落地机制，进一步运行好、使用好、推广好12348湖南法网·如法网，巩固"互联网+公共法律服务"湘字品牌，让人民群众随时随地获得普惠、精准、及时、有效的公共法律服务。

全面落实治本安全观，努力向社会输出"合格"产品，推动监狱和戒毒、社矫、安帮工作由低水平向高质量发展。坚持绷紧安全稳定这根弦，强化狱所情预测预警，强化"两违品"（违禁品、违规品）清查，强化重点对象、重要时段安全管理，严防脱逃、狱所内案件，减少罪犯戒毒人员非正常死亡，确保底线安全。综合运用教育、劳动、管理等手段，完善教育改造机制，不断提升罪犯改造质量。加快推进戒毒工作规范化，推进教育矫治、戒毒医疗、康复训练科学化、专业化，切实提高戒断率、操守率。严格落实监管措施，扎实做好教育帮扶工作，不断提升矫正实效。完善衔接制度，落实帮教责任，防止刑释人员危害社会。

积极推动湖南贯彻《党政主要负责人履行推进法治建设第一责任人职责规定》的实施办法落实，狠抓谁执法谁普法、谁服务谁普法责任制，增强普法依法治理工作实效，全方位促进法治湖南建设。升级传统人民调解，充实更新行业性专业性人民调解，本地化落实好"枫桥经验"，防范纠纷"小转大""民转刑""个转群"，筑牢维稳第一道防线。聚焦打好防范化解重大风险、精准脱贫和污染防治三大攻坚战，组织法律服务力量深入企业、靠前服务，加强对金融风险、企业债务、房屋贷款等风险的预测预警，帮助企业和群众规避金融风险；围绕困难群众维权、扶贫政策落实和乡村治理，实施"法律扶贫"，及时提供法律帮助；开展污染防治专项法律服务，助力蓝天保卫战，促进生态文明建设，服务经济社会持续健康发展。

认真落实中央、省委就扫黑除恶专项斗争专门部署，从讲政治的高度，充分发挥律师和监狱、戒毒、社矫、安帮等职能，在辩护代理、深挖线索、精准打击、从严惩处及营造法治氛围等方面，积极配合有关部门形成合力，为依法、准确、有力惩处黑恶势力犯罪发挥应有作用。

三是求新求变推改革。以彻底的自我革命精神转职能、转方式、转作风，推动司法行政由"机关化"管理职能向整体的公共法律服务职能转变。认真贯彻落实司法部《关于加快推进司法行政改革的意见》，抓紧出台湖南具体实施意见，持续抓好改革任务落实。深化监狱管理制度改革，建立与治本安全观相适应的监狱工作评价体系，推进示范监狱试点。深入推进社区矫正社会化，依法逐步提高假释比例。深化律师制度改革，积极参与认罪认罚从宽制度改革试点。健全律师维权和惩戒机制，抓好值班律师、刑事案件律师辩护全覆盖、律师调解试点工作。巩固公证体制改革成果，积极推进合作制公证机构试点。进一步完善法律援助制度，不断提高法律援助办案质量。严格司法鉴定机构准入和监管，推进认证认可和能力验证，不断提高司法鉴定质量和公信力。进一步加强仲裁机构登记管理，促进仲裁业健康有序发展。深化人民监督员选任管理方式改革，不断提高案件监督实效。争取修订出台湖南基层法律服务所条例。抓好法律职业资格制度实施。全面清理各种统计、考核、评价指标，建立下一级的湖南司法行政工作评价指标体系。

四是持续发力打基础。进一步争取支持，统筹资源，集中力量搞建设，千方百计打基础，着力补上欠账、补齐短板。深入贯彻习近平总书记"深化智能化建设"的重要指示精神，紧抓新一轮科技革命重大机遇，加快建设司法行政信息化3.0版，积极探索智慧法务、智慧监狱、智慧戒毒、智慧社区矫正建设，以机器换人力、以智能增效能，不断提升工作的预见性、精准性、高效性。进一步健全12348湖南法网·如法网功能体系，优化升级12348热线平台，完成县市区、乡镇（街道）公共法律服务中心和工作站、点建设。加强司法行政信息化基础网络建设，研究整合电子政务外网和司法行政专网，形成司法行政系统内部网络互联、数据共享格局。进一步优化监狱功能布局，加快推进监狱基础设施建设。以医疗体系为重点，加强戒毒场所建设，深挖收治潜力，扩大收治能力。加快"十三五"司法业务用房建设步伐。用足用好政法专项编制，加强政府购买服务，进一步充实司法所工作力量，推动各项职能落地落实。

五是严字当头带队伍。对比新时代党的建设总要求，把政治建设摆在首位，以更高标准、更严要求打造政治过硬本领高强的司法行政队伍。扎实开展"不忘初心、牢记使命"主题教育，引导广大干警和法律服务工作者悟初心、守初心、践初心。着力完善党组（党委）书记负总责、成员具体抓、职能部门组织协调、业务部门一岗双责的党建工作责任体系，落实管党治党主体责任，推动全面从严治党向纵深发展。进一步健全律师行业党建工作体制，实现党的工作有效全覆盖，确保律师队伍正确政治方向。进一步完善教育培训体系，健全岗位练兵机制，突出培养专业能力、专业精神，不断提升业务技能素质、增强公共法律服务本领。坚持党管干部原则，认真落实新时期好干部标准，严把选人用人的政治关、品行关、廉洁关、形象关，落实优者上、平者让、庸者下、劣者汰的用人激励机制，着力选拔任用肯干事、能干事、干成事的干部。全面落实法治建设实施方案（2017~2020年）。从严加强执法规范化建设，提升执法水平。全面落实《2018~2020年湖南省司法行政系统文化建设实施意见》。把握招录"便捷机制"机遇，做精国控专业，做强非国控专业，不断提升湘警职院办学水平。认真学习贯彻习近平总书记重要批示精神，深入查找"四风"突出问题，坚决整改形式主义、官僚主义及不作为、滥作为等顽疾痼症，坚决纠正表态多调门高、行动少落实差等突出问题。坚持无禁区、全覆盖、零容忍，坚持重遏制、强高压、长震慑，严肃查办行政审批、刑罚执行、戒毒执法、工程建设等环节的腐败案件，保持正风反腐的高压态势。落实巡查制度，加大整治群众身边腐败力度。运用好监督执纪"四种形态"，抓早抓小、防微杜渐，促进全系统风清气正。

B.8
2017年湖南就业与社会保障工作及2018年展望

湖南省人力资源和社会保障厅

一 2017年就业与社会保障工作进展

2017年，湖南省高度重视保障和改善民生，把促进就业摆在经济社会发展的优先位置，把加强社会保障体系建设作为促进公平正义、实现共同富裕的重要途径，不断深化制度改革，加大民生投入，就业和社会保障工作取得新进展，为改善民生夯实了坚实基础。

（一）就业创业工作稳中有进，成为民生改善的坚实基础

全省人社系统始终把就业创业工作摆在更加突出的位置，放在各项工作的首位，积极应对经济下行压力，精准发力、多措并举稳定和扩大就业，实现了全省就业局势的总体稳定，成为经济社会发展的一个突出亮点，为全省经济社会发展做出了突出贡献。

（1）城乡就业规模持续扩大。制定和落实促进就业创业的政策措施，全省新增城镇就业75.13万人，城镇登记失业率为4.02%，低于4.5%的控制目标，为近年来的新低。新增农村劳动力转移就业44.8万人，转移就业总规模1551万人。

（2）重点群体就业稳中向好。实施高校毕业生就业创业促进计划，2017届离校未就业高校毕业生实名登记率、跟踪回访率、就业服务率均为100%，共帮扶3.19万名离校未就业高校毕业生实现就业，实名登记应届高校毕业生就业率达96.6%。强化去产能职工安置政策落实和服务保障，成

功转岗分流职工9000多人。加强就业援助和就业帮扶，实现失业人员再就业32.18万人、困难人员就业11.29万人，援助零就业家庭971户。

（3）创业带动就业凸显"乘数效应"。设立创新创业带动就业扶持资金2.8亿元，实施"2151工程""双百工程"，评选创业带动就业示范基地25家，评估认定创业孵化基地85家。降低创业担保贷款门槛，打破身份限制，发放创业担保贷款30.18亿元，不断激发创新创业活力，创业带动作用不断增强，全省新增市场主体70.59个，同比增长20.2%，带动就业近百万人。

（4）公共就业服务不断优化。建立普惠式的职业技能培训体系，组织实施各类职业培训71.7万人次，共组织职业技能鉴定47.66万人次，取证办结38.37万人次。开展"春风行动"和高校毕业生"就业去哪儿"等系列公共就业服务活动，为求职人员提供职业指导、职业介绍、技能培训、创业扶持等系列公共就业服务。

（5）就业扶贫工作卓有成效。在"一套机制（组织领导协调机制、省内省外协作对接机制、工作落实推进机制三大工作机制）＋一项平台（湖南省劳务协作脱贫综合信息服务平台）＋四个关键环节（贫困劳动力数据管理、统计分析、人岗匹配、政策经办）"工作模式基础上，分别建立"任务清单""稳岗清单""责任清单"，清单制推进劳务协作脱贫，形成"1143"劳务协作脱贫经验，得到了党中央、国务院和省委、省政府的充分肯定。拓展省内省外劳务协作，长株潭与全省各贫困县建立"一对一"对接机制，确定109家企业为省级就业扶贫基地，湘西自治州与山东济南市签订东西部对口协作框架协议，永顺县与浙江省建立家庭服务业劳务对接机制。推行"311"就业扶贫服务行动，为有就业意愿且未就业的贫困劳动力推荐3次岗位、提供1次职业指导、提供1次免费技能培训服务；在长沙市建立全国首家贫困劳动力劳务协作专门市场，依托全省劳务协作脱贫综合信息服务平台，线上线下推进人岗对接，多维度、多层次促进贫困劳动力转移就业。全省新增贫困劳动力转移就业14.59万人，累计转移就业70.7万人，人均年增收超过3万元。

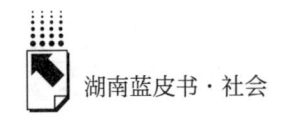

（二）社会保障安全网更加织密扎牢，保障兜底作用不断增强

着力推进社会保障制度改革，社会保障覆盖人群进一步扩大，保障水平逐步得到提高，收、管、发、投等各项工作稳步实施，各项社会保障制度运行总体平稳，社会保障在全省促发展、保民生、兜底线方面发挥了重要作用。

（1）社会保障制度改革取得突破性进展。机关事业单位养老保险制度改革配套政策进一步完善，重大政策全部落地，全省145个统筹区252.2万人启动了新制度经办。加快推进城乡居民医保从整合到融合发展，建立了以湖南省城乡居民医疗保险实施办法为核心，以特殊门诊、普通门诊等为补充的城乡居民医保政策体系，城乡居民公平享有医保待遇。出台深化医保支付方式改革的实施意见，106个单病种收付费标准在部省属公立医疗机构启动实施。安全完成全省医保药品目录调整工作。启动了长期护理保险试点、医疗生育保险合并试点、补充工伤保险试点等各项改革试点。

（2）社会保障覆盖面进一步扩大。全省参加基本养老保险、基本医疗保险、工伤保险、生育保险、失业保险人数分别为4595万人、6906万人、783万人、562万人、563万人。享受被征地农民社会保障待遇119万人，参加工伤保险的农民工275万人，建筑行业新开工项目参保率达100%，城乡居民大病保险全面覆盖。顺利推进铁路电力医保移交地方管理工作。出台文件妥善处理欠费断缴的历史遗留问题，为全省180万参保人员补缴费用夯实了政策基础。

（3）社会保障待遇水平稳步提高。连续13年调整提高企业退休人员养老金，月人均养老金达2270元。城乡居民基本养老保险基础养老金最低标准提高到85元，月人均养老金95.82元。城乡居民医保补助标准提高到每人每年450元。大病保险人均补偿金额约6700元。失业保险金标准提高到最低工资标准的85%，月人均失业保险待遇增加到1140元。五项社会保险基金征缴突破1700亿元，支出突破2000亿元，各项社保待遇按时足额支付。

(4) 社保降费减负成效明显。认真落实"三去一降一补"，在前两轮降费减负的基础上，再次将失业保险费率由1.5%降至1%；发放稳岗补贴3.04亿元，惠及用人单位4685户、职工90.9万人。实施企业养老保险过渡费率试点，累计批复企业485家，封定企业养老保险缴费基数，各项惠企惠民政策减负约50亿元。

(5) 社保兜底扶贫作用不断增强。落实困难群众参保资助政策，为70.92万名困难人员代缴养老保险费6137.61万元。强化贫困人员医疗保障，实施"一减免、一提高、一降低"扶助政策，对特困人员城乡居民医保个人缴费部分通过医疗救助等渠道给予全额资助，贫困人口住院费用报销比例提高10%，大病保险补偿起付线降低50%，630万名特殊群体人员享受医保补贴缴费5.94亿元，183.39万人次贫困患者享受城乡居民基本医保住院报销补偿46.81亿元，9.45万人次贫困患者享受城乡居民大病保险"二次补偿"3.45亿元。

(6) 社保基金监管更加有力。以省政府令的形式出台《湖南省基本医疗保险监督管理办法》，成为城乡居民医保整合后的全国首部基本医疗保险监督管理的地方立法，从制度源头管住不合理医疗费用。开展社保基金专项检查，加强征缴稽核，督办处理一批骗保案件，保障了基金安全。

二 2018年就业与社会保障工作展望

中国特色社会主义进入新时代，我国社会主要矛盾发生变化，人民群众对就业与社会保障方面的公共服务需求更高。人社事业发展面临的"两难"问题增加，潜在压力和风险增大。一是我国社会主要矛盾变化对就业与社会保障工作提出了新要求。当前，我国社会主要矛盾发生变化，人民群众美好生活需要内涵不断丰富，层次不断提升，过去是解决"有没有"的问题，现在是解决"好不好"的问题。从就业来看，对标更高质量和更充分就业的要求，湖南就业优先战略还需进一步落实到位，质量与服务水平还需进一步提高，公平性也有待进一步增强，就业政策还需更好地适应新产业、新模式、新业态发展需求,等等。从社会保障来看,湖南基本建立了覆盖城乡的社会保障体系,已经解决了从无到有的问题,现在面对的是人民群众更高水平、更高质量、更方便快捷的需求,而制度公平性仍然不足,可持续性面临较大挑战,在权利义务结合、责任分担、多层次发展等方面也还存在突出问题。二是就业与社会保障面临的"两难"问题增多。就业与社会保障工作一头连着发展,一头连着民生,一头连着公平,一头连着效率。在经济下行压力加大背景下,既要保障改善民生,又要支持经济发展,短期内在一些政策和问题取向上,面临"两难"选择,妥善处理难度增大。如就业岗位的灵活性问题,用工灵活性太强,劳动者权益难以得到有效保障,也不利于企业长期发展,灵活性太差,又可能会导致企业因用工管理僵化而失去活力。降低社保费率,是减轻企业负担的重要措施,企业诉求强烈,国家有明确要求,但在基金缺口日益增大的情况下,如何保证待遇的支付,又会遇到新问题。又如工资的问题,逐步提高劳动者工资收入,是共享发展的应有之义,但如果工资增长超过劳动生产率的提高,又会影响企业成本和竞争力。三是就业与社会保障风险在累积、潜在压力增大。随着经济增长放缓、结构调整加快,就业工作在总量矛盾短时间难以缓解的情况下,结构性矛盾日益突出。重点群体就业压力不减;人力资源市场供需不匹配,求职难与招工难并存。特别是随着结构调整的不断深化和新一轮国企改革及去产能工作的深入推进,部分行业、群体失业风险明显加大,再加上历史积累的矛盾和问题,就业领域规模性失业风险和群体性事件隐忧仍较为突出。社保基金收支缺口快速增加,制度可持续运行压力大,特别是养老保险长期稳定运行和医疗保险当前收支矛盾突出。随着人口老龄化的演进,湖南社会保险抚养比不断降低,企业职工养老保险抚养比为1.58∶1,大大低于全国的2.88∶1,职工医保抚养比为1.98∶1,低于全国的2.76∶1。

2018年,全省就业与社会保障工作将以习近平新时代中国特色社会主义思想为指引,全面贯彻党的十九大精神,贯彻落实以人民为中心的发展思想,践行稳中求进工作总基调,坚持新发展理念,突出高质量发展,深化制度改革创新,提升公共服务能力,推动实现更高质量和更充分的就业，加强覆盖城乡的社会保障体系建设，增强群众的幸福感、获得感、安全感。

（一）突出破解结构性就业矛盾，重点实施好"三个两工程"

（1）突出两个重点。坚持把高校毕业生就业摆在突出位置，深入实施青年就业起航计划、高校毕业生就业创业促进计划和基层成长计划，统筹实施"三支一扶"计划和基层服务项目，抓实实名制登记，引导和鼓励高校毕业生到基层工作，成长成才，全方位推进高校毕业生就业创业。大力推进农村劳动力转移就业，实施城乡就业统筹发展计划，开展农民工职业技能提升计划，加强农民工综合服务，推进农村劳动力家门口就业、返乡创业和转移就业。

（2）突破两个难点。把解决结构性就业矛盾摆在突出位置，推行职业培训普惠制度，统筹推进各类培训，全面提升劳动者就业创业能力，大力开展系列公共就业服务专项活动，提高针对性，为劳动者提供精准的就业岗位信息。积极稳妥做好化解过剩产能职工安置工作，加强分流职工特别职业培训、转岗培训，充分挖掘企业内部安置潜力，完善和拓展多元化安置渠道；实施失业保险援企稳岗护航行动，落实好失业保险稳岗政策，切实发挥失业保险稳定就业、预防失业功能。

（3）打造两个亮点。充分发挥创业带动就业的倍增效应，启动实施"创业兴湘、乐业富民"工程，建设一批创业带动就业示范基地；全面落实创业担保贷款政策，积极支持青年大学生等群体创业。全面推进劳务协作脱贫，实施贫困地区就业创业攻坚计划，完善全省贫困劳动力劳务协作市场运行机制，深入实施"311"就业扶贫服务行动，继续开展技能脱贫千校行动，做好就业困难人员帮扶、贫困劳动力就业工作。

（二）深化社会保障制度改革，健全完善社会保障体系

按照"兜底线、织密网、建机制"的基本要求，实施全民参保计划，加快建设覆盖全民、城乡统筹、权责清晰、保障适度、可持续的多层次社会

保障体系。

（1）深化养老保险制度改革。主动对接国家基本养老保险制度改革顶层设计，认真做好相关基础工作。完善个人账户制度配套政策，研究并制定遗属待遇政策。完善企业养老保险省级统筹模式，科学、动态确定市州征缴任务基数，建立征缴激励机制和发放责任机制。全面启动新办法计发机关事业单位基本养老金，逐步实现规范的社会化发放。

（2）推进医疗、工伤、生育保险制度改革。改革职工医保个人账户，开展门诊费用统筹。深化医保付费方式改革，在全省二级以上公立医院全面实施106个病种按病种付费和医保支付标准。完善城乡居民大病保险、特殊门诊和门诊统筹政策，推进城乡居民医疗保险制度深度融合。扩大生育保险与医疗保险合并试点，继续开展长期护理险试点。加强工伤预防、工伤补偿和工伤康复三位一体的工伤保险体系建设，推进工伤认定和劳动能力鉴定规范化、标准化、法制化。加快推进医保基金市级统筹，积极探索大病保险省级统筹，全面实施工伤保险省级统筹。

（3）做好社保基金的收管发投工作。结合全民参保计划的推进，进一步加大扩面征缴力度，提高农民工、灵活就业人员、新业态从业人员参保率，全面落实企业职工基本养老保险补缴政策，提高参保单位缴费率。加强特殊工种提前退休审批管理，严格规范审批行为。全面实施新版医保药品目录，继续做好跨省异地就医医疗费用直接结算工作。启动养老保险基金和职业年金投资运营。加强社会保险基金监管，建立疑点核查和反馈制度，认真组织实施社会保险经办风险管理专项行动，落实基金安全管理责任追究制度。贯彻落实湖南省医疗保险监督管理办法，开展全省医保交叉联合稽核稽查行动，大力打击骗取、套取医保基金违法行为。

（三）突出优化服务供给，大力提高公共服务水平

按照推进基本公共服务均等化的要求，加快转变服务理念，主动适应群众需要，提升服务能力，优化服务供给。

（1）加强基层平台建设。进一步健全以就业、社保、劳动关系为重点

的公共服务体系，完善各级服务网络，突出加强基层平台建设，实现服务对象、服务网络、服务功能全覆盖。研究各级服务机构标准体系建设，提升标准化水平。

（2）加强窗口单位作风建设。以"准""好""高""简"为标准，持续改进作风，提高服务能力，让群众办事更加快捷方便，不断增强群众的获得感幸福感。

（3）着力提高信息化水平。实施"互联网＋人社"2020行动计划，推进服务事项网上经办，实现业务协同和数据共享，让信息多"跑路"，让群众少"跑腿"，为群众提供更加高效便捷的经办服务。加快社保卡发放，推进第三代社保卡试点，健全社保卡服务功能，优化服务体验，逐步实现跨业务、跨地区、跨部门应用。

B.9
2017年教育工作回顾与2018年展望

湖南省教育厅

一 2017年教育工作回顾

（一）夯实根本，紧抓立德树人

立德树人是教育的根本任务，2017年全省推动端正办学思想，规范办学行为，积极构建多位一体的中小学德育工作体系，开展"童心向党"红色教育、中华优秀传统文化传承、高雅艺术进校园、新理念新思想新战略"三新"进校园、"雅韵三湘"等主题活动，召开了农村留守儿童心理健康教育推进会、高校思想政治工作会。成立了高校党的建设和思想政治工作领导小组，出台了加强和改进高校思想政治工作实施意见、加强和改进学校美育工作实施意见，加强辅导员队伍建设和校园文化建设，实施第三周期大学生思想道德素质提升工程，部署思政课教学质量年专项行动，积极推动高校思想政治工作跃上新台阶。2017年，湖南10个德育项目被评为全国中小学德育工作优秀案例，8所学校被评为全国心理健康教育特色学校，创建了3个全国研学实践教育基地，拍摄的"社会主义有点潮"电视专题政论片视角独特、内容生动、形式新颖，在全国引起热烈反响，得到习近平总书记的高度评价。加强学校体育工作，新增321所国家级足球特色学校和1个校园足球试点县，完成《学生体质健康标准》数据测试，成功举办第二届中学生运动会，在全国第十三届学生运动会上取得优异成绩。加强内地少数民族学生管理与服务，推进交往、交流、交融，促进少数民族学生成长成才。

（二）加强建设，推进各级各类教育协调发展

推进学校建设，努力扩充教育资源，2017年建设认定农村公办幼儿园203所、普惠性民办园7096所；深入实施"全面改薄"计划，累计支出239.9亿元，建设义务教育标准化教学点1331所，提前一年超额完成五年规划指标，统筹部署农村学校"四改三化"，高位推进城乡义务教育一体化改革发展，召开高规格全国现场会，杜家毫书记批示，许达哲省长出席讲话并做典型发言。推动43个县（市、区）通过全国义务教育基本均衡发展国家验收，通过了国家对湖南义务教育的质量监测，并获优秀组织奖。完成了国家对省级人民政府教育履职评价试点工作和37个县（市、区）教育工作"两项督导评估考核"，新增4个国家级中小学校责任督学挂牌督导创新县，开展常态化省级示范性普通高中网络随访督导评估，推进幼儿园办园行为督导评估，启动县域义务教育优质均衡发展督导评估工作；优化职业教育资源配置，推进农村中职教育攻坚，省本级统筹投入1.2亿元支持24所贫困县农村中职学校建设。扩大中、高职招生规模，新增8个国家现代学徒制试点项目、24个国家示范专业点、7个国家专业教学资源库，在全国职业院校技能大赛和信息化教学大赛中均取得历史最好成绩，作为唯一的省级教育行政部门代表在全国职业院校信息化教学大赛上做典型发言；深化高校创新创业教育改革，省内4所高校获评全国第二批创新创业教育改革示范高校，湖南省教育厅荣获全国大学生创新创业训练计划最佳组织奖。在全国大学生广告艺术、结构设计、电子设计、数学建模等学科竞赛中，名列全国前茅。加强学位授权体系建设，新增一级学科博士学位授权点33个、专业学位博士点2个，一级学科硕士点38个、专业硕士点46个。推进高校"双一流"建设，3所大学入选"世界一流大学"建设计划，4所大学12个学科入选"世界一流学科"建设计划。新增3个学科进入ESI全球前1%，总数达34个。全省高校获国家重点研发计划重点专项8项，国家社科基金重大项目13项，国家自然科学基金重大项目、杰青、优青重点项目共29项，新增2个国家地方联合工程研究中心、28个省重点实验室和5个省工程技术研究中心。

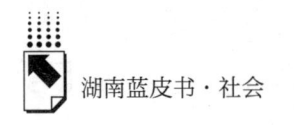

（三）全面谋划，深化教育领域综合改革

做好顶层设计，统筹谋划教育重大改革。编制了科教强省建设规划草案，起草了《湖南省深化教育体制机制改革的实施意见》《关于进一步落实和扩大高校办学自主权的实施意见》，出台了全面推进一流大学和一流学科建设实施方案、统筹推进县域内城乡义务教育一体化改革发展实施意见、普及高中阶段教育改革试点指导意见。制定了消除大班额专项规划、高中阶段学校考试招生制度改革实施意见，推进普通高中学生综合素质评价改革试点。颁布了湖南省高等学校设置"十三五"规划，批准设立湘中幼儿师范专科学校。深化考试招生制度改革，优化高考招生志愿设置，调整省内一本院校艺术专业划线政策，理顺自学考试管理体制。深化"放管服"改革，下放高校教师职称评审权，取消高校副教授评审权审批等4项行政许可项目，向13个省直管县下放教育管理权限，推动义务教育教师"县管校聘"改革。实施校长教师交流轮岗、教师走教等举措，推动县域优质教师资源共享。深入学习宣传新修订的民办教育促进法及其配套政策，推进民办学校分类登记管理改革。承办第十六届"汉语桥"世界大学生中文比赛，积极推进中外合作办学，国家公派出国留学项目录取人数创历史新高。

（四）多措并举，强化师资队伍建设

2017年狠抓教师资源建设，加大农村教师公费定向培养力度，招生总规模达到9623人，比上年增加46.4%，招生计划满足率达97.1%。招聘特岗教师6015人，人均工资补助由2.8万元/年提高到3.16万元/年，有关经验入选教育部优秀案例。入选"国培计划"免评备案试点省市，全年通过国培计划、省培计划培训乡村教师、校（园）长14.7万人，培训职业院校和高校教师近万名。统一城乡中小学教职工编制标准，启动了中断14年的中小学教师核编工作。完善教师职称评审体系，降低农村教师职称评审门槛，引导优秀教师到农村任教。2017年，共评出正高级中小学教师147名，特级教师150人。落实贫困地区乡村教师补贴和人才津贴政策，督促各地落实中小学教师绩效工资政策。评选表彰了14名徐特立教育奖获得者和一批优秀教师、优秀教育工作者，深入开展"最可爱的乡村教师"评选活动，着力营造尊师重教的良好氛围。"农村教师公费定向培养工作"获省直单位工作创新经济社会发展类三等奖。推进高校高层次人才队伍建设，新增工程院院士3人、长江学者11人，中青年科技创新领军人才7人，"万人计划"教学名师7人。

（五）精准扶贫，切实改善教育民生

2017年进一步完善教育扶贫机制，明确了"一提高、两降低、三全面、四保障、六倾斜、八免费"的整体思路，出台相关文件14个，加大资金投入倾斜支持力度，向51个贫困县投入教育专项资金46.3亿元，占全省总盘子的63.3%。启动贫困地区中小学建设实施方案，规划2020年前在集中连片贫困地区建设40所"芙蓉学校"，省本级财政支持每县3000万元。组织中心城区2000多所优质学校与农村薄弱学校开展结对帮扶，让356万名贫困地区学生分享优质教育。完成农村义务教育学生营养改善计划贫困县全覆盖，新增受益学生30.864万人。完善学生资助政策，实现建档立卡贫困学生全覆盖，全年资助各类学生474.51万人次，发放各类资助资金54.81亿元。规划从2018年起免除普通高中建档立卡学生教材费和中小学建档立卡学生教辅材料费，普通高中特困生资助标准提高到每生每年5000元。加大控辍保学力度，以县为单位开展"三帮一"劝学行动，共劝返辍学学生9968名。重拳整治教辅材料散滥问题，出台限年级、限学科、限范围、限数量、限总额"五限"措施，2017年秋季学期减轻学生教辅负担10.08亿元。深入实施高校三大专项招生计划，面向农村和贫困地区单独招生录取7737人，比上年增加1685人。实现少数民族高层次骨干人才研究生招生计划扩大到所有少数民族自治县。实施"一家一"助学就业·同心温暖工程，资助2500名贫困学生接受职业教育。组织全省90所高校6900多名师生开展"情系脱贫攻坚"主题社会实践活动，社会反响良好。推进高校毕业生就业创业，2017年全省高校毕业生初次就业率达92.89%，比上年提高1.5个百分点，连续7年高出全国平均水平。

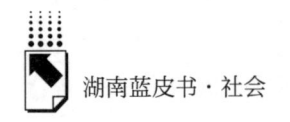

（六）优化供给，提升教育保障能力

加大教育投入力度，优化教育供给是解决教育需求的关键。2017年全省财政教育投入突破1000亿元，省本级新增教育投入17亿元。全年共投入高校"双一流"建设、化解城乡义务教育大班额等专项资金80.5亿元。积极落实高职院校生均拨款12000元的要求，省本级高职院校财政投入达30亿元。优化教育经费分配管理机制，2017年省本级教育部门预算按因素法分配的资金比例提高到95.77%，统合整理省级各种教育专项资金3个。加快推进教育信息化建设与应用，8个市（州）和64个县（市、区）建成教育城域网，"校校通""班班通""人人通"分别达95.18%、82.05%、45.5%，建设1035个中小学网络联校，新增19门国家精品在线开放课程。

（七）加强党建，为教育发展保驾护航

出台了《关于加强中小学校党的建设工作的实施意见》和《关于加强民办学校党的建设工作的实施意见》，向15所民办高校委派了党委书记，完成1所省属本科院校和37所高职院校的党委集中换届。在全省高校集中开展了30场集中宣讲，组织开展了"校园巡讲""网络巡礼"等活动。强化监督执纪问责，大力整治行业不正之风，抓好巡视整改，对照巡视意见梳理问题清单，实行逐项整改、销号管理。完善教育阳光服务体系，提升服务质量和水平，先后获评"第五届全国教育改革创新典型案例"和"2017全国民生示范工程"等称号。推进平安校园建设，开展"护校安园"行动和学校食品安全行动，切实保障校园安全。

二 存在的困难与问题

（一）体系结构不尽完善，区域差异显著

2017年，以提升内涵、增强活力和促进公平为基调，坚持教育科学发

展、跨越发展,把基础教育特别是义务教育作为教育发展的战略重点,采取措施完善和提升教育体系结构,取得明显成效,基本国民教育体系已基本形成,各级各类教育数量和规模稳定,但人民群众对优质教育的强烈需求仍难满足,"有学上"的问题得以解决,但人人"上好学"的愿望还不能充分满足,"择校热"难以降温,"大班额"问题依然严峻,教育供给质量和结构问题成为教育的突出矛盾,高质量、有特色、多样化教育体系有待进一步发展和完善。

(二)师资建设总体水平不断提高,但发展极不均衡

2017年,湖南教师队伍建设质量进一步提高,但还存在一些问题。一是教师队伍结构性不平衡矛盾突出,分布不均,农村结构性过剩、城市缺编较多,高中阶段教育教师缺编严重。重点高校和有博硕士点的高校教师数量相对充足,而大多数新升格高校、民办高校、中职学校的教师缺员较多;二是学科专业结构性不平衡,语文、数学等基础学科高出实际需求,而音体美、计算机、外语等学科严重不足。高校传统学科教师相对充足,而与地方经济和社会发展紧密相关的新兴边缘学科、交叉学科、应用性学科教师缺口较大;三是年龄结构不合理,农村教师年龄老化现象严重;四是教师学历仍然偏低,初中本科以上学历比例低于50%,高中研究生以上学历不到2%,高等学校35岁以下的年轻教师具有研究生学历的低于50%,普通高职高专学校专任教师具有研究生学历的低于20%;五是高校高层次拔尖人才稀缺,入选两院院士的人数比例低于全国总入选人数的3%,入选"千人计划"的比例低于2%,入选国家杰出青年基金项目的低于3%,与其他省份相比,高层次人才处于劣势。

(三)教育投入稳步增长,但资源配置缺口仍然较大

作为中部内陆省份,经济总量不足,人均数量偏低,教育财政投入先天不足,生均公共财政预算教育事业费与全国平均水平相比仍有一定差距,教师待遇总体偏低,实验仪器达标比例低,教育信息化水平低。农村教育基础

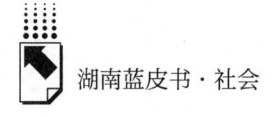

薄弱，特别是村校办学条件还十分简陋。地方普通高校生均预算内教育事业费偏低，办学条件不能适应需要，教学科研用房缺口大，教学仪器设备偏少，许多高校为适应事业发展，不得不大量调剂事业经费和举债。教育资源配置上，区域差异很大，在教育经费、办学条件和师资资源、教育质量等方面，很不均衡，特别是在湘西等少数民族地区和偏远农村，差距非常巨大。城市学校，也还存在着没有改造的薄弱学校。

（四）高教改革稳步推进，但驱动创新能力不足

湖南高校根据"科教兴湘""科教强省"战略要求，实施"湖南省研究生教育创新工程""高水平大学与重点学科建设计划"及"高等学校自主创新与成果转化计划"等重大规划，会聚了一批科技创业人才，创新了一批技术成果，但与其他省份特别是沿海地区相比，创新创业仍显不足。一是教学改革创新不够深入，人才培养模式单一，在涉及人才培养核心内容上改革创新不够，人才培养模式以及课程的设计千校一面，不能满足经济社会对高校人才培养多样化的要求。高层次人才规模偏低，普通本科在校生数占普通本专科在校生总数的比例仅为50%，低于全国平均水平，研究生占普通本科学生比例不到10%，也低于全国平均水平。科技孵化能力不强，成果转化能力较弱，总体转化效率较低，集群化、产业化水平不高。职业院校学科本位的教学体系还没有根本改变，"订单教育"停留在纸面合同，对口就业率较低。一方面，各级各类人才远远满足不了经济建设的需要，特别是高级技术人才、管理人才、创新人才、复合型人才短缺；另一方面，又存在毕业生就业难的问题。

三 2018年湖南教育工作展望

（一）全面加强学习建设，夯实立德树人根本

深入学习贯彻党的十九大精神，实施习近平新时代中国特色社会主义思

想大学习领航计划，部署全体干部师生多形式、全覆盖学习，建设学习贯彻示范课堂，落实习近平新时代中国特色社会主义思想研究中心（院）建设。加强和改进党对教育工作的领导，强化基层党组织建设。实施高校党建"对标争先"建设计划和高校党支部书记"双带头人"培育工程，推动落实高校党委领导下的校长负责制和意识形态工作责任制，开展高校党委和院系党组织评议考核，开展中小学党建工作督查。出台教育系统党支部分类建设标准，推进基层党组织"五化"建设。理顺民办学校党建工作管理体制，推动民办学校党的组织和党的工作全覆盖。落实领导干部"一岗双责"，深入推进党风廉政建设和反腐败工作，启动对厅属高校和直属单位的巡察，开展规范办学行为、违规征订教辅材料等专项整治；夯实"立德树人"根本，促进人的全面发展。完善中小学校德育工作体系，实施高校思想政治工作质量提升工程，落实高校思想政治理论课建设体系创新计划，加强思政课教师和专职辅导员队伍建设，加强大学生网络思想政治教育，建设优良校风学风、师德师风。

（二）继续深化教育综合改革，推动各级各类教育稳步发展

研究制定湖南教育现代化2035和深化教育体制机制改革实施意见，推进教育标准化工作和"放管服"改革，推动考试招生制度改革，出台高考综合改革实施方案和高中阶段学校考试招生制度改革实施意见。推进教育阳光服务纵深发展，提高互联网+政务服务水平。扩大优质教育资源，加强薄弱学校建设，破解优质教育供给不足的难题，解决"择校热"和"大班额"问题。推进教育治理现代化，提高教育治理能力和水平。

加强队伍建设，提升师资水平，改进教师培养、培训和使用机制，构建现代教师培养培训体系，保数量、提质量、强专业、促发展，提升教师队伍总体水平。统一城乡中小学编制标准，实施"免费师范生""特岗教师"计划，深化"县管校聘"改革，推动教师资源向集中连片特困地区倾斜。扩大农村教师公费定向培养规模，加大民族地区师资培训力度，扩大中职学校专业教师培养规模，提升职业院校"双师型"教师素质，实施"双一流"

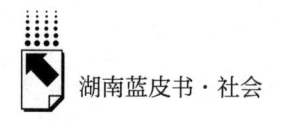

领军人才计划，稳定和壮大高校领军人才队伍。

实施第三期学前教育行动计划，推动落实"以县为主"的学前教育管理体制，推进公办园和普惠性民办园建设，规范幼儿园办园行为，开展防治和纠正"小学化"专项治理；优化义务教育学校布局，推动城乡义务教育一体化发展，落实中小学校幼儿园规划建设条例，推进义务教育标准化学校建设和"全面改薄"，加快改善农村寄宿制学校和教学点办学条件，落实农村义务教育学生营养改善计划。推进基础教育课程样板学校建设，修订完善全省和地方课程教材。推进高中阶段教育全面普及攻坚，落实普通高中新课程方案和课程标准，开展现代教育实验学校和特色高中学校建设。支持办好特殊教育，制订第二期特殊教育提升计划，落实"一人一案"，推动30万人口以上县（市）独立设置特殊学校。办好继续教育，研制推进终身学习发展实施意见。深入宣传贯彻民办教育新法新政，制定促进民办教育健康发展实施意见，平稳有序推进民办学校分类管理改革。

制定加强职业院校人才培养工作意见、中等职业教育管理规程、职业院校教材管理实施细则，完善职业教育集团化办学制度，探索职业教育与其他层次、类型教育的贯通培养，搭建技术技能人才成长"立交桥"，推进现代学徒制试点。研制深化产教融合实施意见和职业院校校企合作促进办法，加强职业院校课程建设，遴选建设一批卓越职业院校和特色专业群，规范职业院校学生实习管理，推进实施农村中职教育攻坚计划；推动高等教育内涵发展，推进高校基础能力建设，动态调整高校专业设置和学位授权点建设。全面推进高校"双一流"建设，建设一批优势学科、应用特色学科、特色专业群、科研平台、创新团队和校企联合开发中心。推进高校专业综合改革，出台进一步扩大和落实高校办学自主权的实施意见，实施创新人才培养计划和高校卓越人才培养计划，贯彻落实普通高等学校本科专业类教学质量国家标准，完善高校创新创业教育体系，加强创新创业课程和实践基地建设。深化研究生课程建设，建设150门省级精品在线开放课程，实施研究生教育创新工程和研究生专业能力提升工程，启动博士、硕士学位授权单位立项建设。扩大教育对外开放，完善来湘留学生奖学金制度，扩大公派出国留学选派规模，加强中外合作办学项目（机构）质量建设，加强孔子学院建设，承办第十七届"汉语桥"世界大学生中文比赛。

（三）提高教育保障水平，着力改善教育民生、促进教育公平

建立和完善教育投入长效机制，推动各级政府实现预算内教育经费支出占财政支出的比例每年同口径提高1~2个百分点，其中省本级年初预算比上年递增20%。逐步增加职业教育和高等教育生均预算内教育经费，争取达到全国平均水平。拓宽教育经费筹措渠道，新增教育经费资源。研究建立非义务教育办学成本分担机制，科学合理地确定政府、受教育者分担教育成本的比例。建立公平公开的公共教育经费分配制度，依法建立确保财政性教育投入增长的监督、检查机制；扶持贫困地区教育，发展民族地区教育，加大对湘西地区、民族地区教育的投入。

打好教育脱贫攻坚战，加快推进"芙蓉学校"建设，强化控辍保学工作，深入开展"三帮一"劝学行动，全面推广优质中小学和示范性职业院校结对帮扶工作，制订实施职业院校技能扶贫方案，组织开展精准扶贫技能培训；推动高校做好驻村帮扶工作，实施高校三大专项招生计划，支持少数民族高层次骨干人才培养；开展民族团结教育基地学校建设，做好教育援藏援疆工作，做好湖南省教育厅委扶贫点帮扶工作；健全学生资助制度，完善非普惠性幼儿园建档立卡家庭幼儿、义务教育阶段非寄宿学生资助政策，落实建档立卡家庭中小学生免费发放教材，提高建档立卡家庭高中学生资助标准，落实中等职业学校学生资助政策；化解群众关切的热点难点问题，落实消除大班额总体规划，化解中小学"择校热"问题，整顿规范中小学校外教育培训机构，解决中小学生课外负担重问题，促进教育公平；维护教育系统安全稳定，深入实施"平安校园建设工程"。

B.10
2017年湖南文化惠民工作和2018年展望

湖南省文化厅

一 2017年全省文化惠民工作主要情况

2017年，在省委省政府的坚强领导下，湖南省文化厅以习近平新时代中国特色社会主义思想为指导，深入学习贯彻党的十九大精神，坚定文化自信，坚持以人民为中心的工作导向，围绕文化强省发展目标，推进精品创作和文化惠民两项工程，突出特殊人群、城乡统筹和品牌活动三个重点，完善现代公共文化服务、现代文化产业、现代文化市场和优秀传统文化传承四个体系，各项工作不断取得新突破。

（一）文化艺术创作持续繁荣

新创并演出《桃花烟雨》《湘绣情》等大型剧目15台，正在创排大型民族歌剧《英·雄》等剧目11台，重点打磨大型剧目8台，新创扶贫主题的小戏近100余个。民族歌剧《英·雄》入选文化部民族歌剧扶持计划9台剧目之一，昆曲《乌石记》、歌剧《陈家大屋》等8台大戏获国家艺术基金扶持。湘剧《月亮粑粑》、木偶剧《留守大山的孩子》，歌曲《鸡咯咯，鸭嘎嘎》《把福带回家》荣获湖南省第十三届精神文明建设"五个一工程"奖。争取国家艺术基金资助项目29个，获得金额2827万元，省级艺术创作专项资金立项资助项目76个。围绕迎接宣传党的十九大等重大时间节点，成功举办全国首届花鼓戏优秀剧目展演、首届书法院作品联展、第四届草书展、湖南省青年戏曲演员电视大赛、"湘情港韵"——庆祝香港回归20周年系列活动等20余项重大艺术活动。完成东亚论坛、9+2泛珠行政首长联席会议以及赴海南三沙慰问驻军这4项重大演出任务。湘剧《月亮粑粑》作为全国10台精品剧目之一参加上海国际艺术节。全国"两会"期间，原创大型交响合唱《通道转兵组歌》在北京演出。组织开展"精准扶贫"专题文艺晚会全省巡演。完成"送戏曲进万村，送书画进万家"文化惠民演出10685场，完成高雅艺术普及计划238场。制订了"百人计划"人才培养方案，加强对现有编剧、导演、音乐、舞蹈等各类创作人才的培养和扶持。湖南省花鼓戏传承中心青年演员叶红荣获"第28届中国戏剧梅花奖"。省委宣传部、省教育厅、省财政厅、省文化厅联合出台湖南省戏曲进校园活动实施方案并逐步落实。

（二）公共文化服务水平不断提高

2017年，《公共文化服务保障法》正式实施，编印了《一图看懂〈中华人民共和国公共文化服务保障法〉》口袋书3万册。印发《关于推进县级文化馆、图书馆总分馆制建设的实施意见》，制定了湖南省《"十三五"时期繁荣群众文艺发展的实施意见》。全省上等级文化馆达96%，上等级公共图书馆达94.2%，上等级乡镇文化站（综合文化服务中心）达80%以上，合格村级综合文化服务中心达62.5%以上。扎实推进文化精准扶贫，为6882个贫困村购置配送文化设备，为7个贫困县的42个乡镇文化站82个综合文化服务中心进行公共数字文化服务提档升级。发展村级文化志愿服务团队242支，开展各类文化活动1790余场次，受益群众达16万余人次。长沙市入选国家公共文化服务标准化示范区，14个县市区成功创建省级公共文化服务体系示范区，首次发布《湖南省现代公共文化服务发展报告（2015~2016）》蓝皮书。举办"欢乐潇湘""新人新歌""群星奖巡演""三湘蒲公英""书香湖南"等大型群众文艺活动，承办"永远的辉煌"——第十九届中国老年合唱节、2017中国西藏雅砻文化节系列活动。

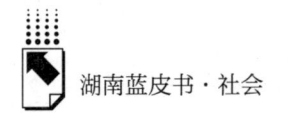

（三）文化产业蓬勃发展

湘潭昭山文化产业园成功入选第一批10个国家级文化产业示范园区创建资格名单，为15家省级特色文化产业示范园区和基地授牌。推荐116个项目获得湖南省省级文化产业专项资金5770万元，12个项目获中央文化产业发展专项资金2575万元。湖南蓝猫动漫传媒有限公司等10家企业入选国家文化出口重点企业目录，湖南山猫吉咪传媒股份有限公司等2个项目入选国家文化出口重点项目，湖南金霞湘绣有限公司等5家企业获得中央文化产业发展专项资金出口奖励684万元。首家文化金融中心落户天心文化产业示范园。中广天择公司成功上市，截至2017年底，"湘字号"上市文化企业8家。举办首届湖南文化创意设计大赛颁奖晚会及高峰论坛。推动成立湖南文化创意有限责任公司，组织湖南动漫游戏展团参加第十三届深圳文博会。

（四）文化市场繁荣有序

不断深化"放管服"改革，开展文化市场行政审批规范化建设，优化审批程序，为市场主体营造良好发展环境。湖南省文化厅文化市场处和常德市、永州市、宁乡县、吉首市这四地文化部门被评为全国文化市场行政审批示范点。全省较大规模的文化经营单位达17000余家，比上年增加1204家。从业人员9.2万人，经营面积3316941平方米，资产总计248.5亿元，营业收入139.48亿元，营业利润总额27.9亿元。加强事中事后监管，有效查办了演出娱乐、网吧、网络游戏、网络音乐、网络表演等领域的违法案件，2017年立案调查4359件、办结案件3911件，停业整顿464家次，注销网络文化经营单位25家。岳阳市查处的"704"狼友直播App传播淫秽物品牟利案，获评2017年度全国"扫黄打非"十大案件和全国文化市场十大案件。文化市场执法案卷水平明显提升，全国9个文化市场综合执法"十佳"案卷，湖南有其一；19个"优秀案卷"中湖南有2件。

（五）文物保护利用务实有效

以省政府名义制定并出台《湖南省人民政府关于进一步加强文物工作的实施意见》。完成第一次全国可移动文物普查，查明可移动文物181万件、国有文物收藏单位444家，湖南省"一普办"、长沙市文物局等4家单位或个人荣获国务院嘉奖。共争取中央文保项目138个、资金6.4亿元。省博物馆新馆11月29日开馆。侗族村寨、凤凰区域性防御体系、万里茶道、长沙铜官窑遗址申遗工作进展顺利。城头山遗址入选第三批国家考古遗址公园，津市虎爪山遗址、安乡汤家岗遗址列入国家大遗址项目库，全省国家大遗址增至6处10个点。桂阳桐木岭矿冶遗址获"全国十大考古新发现"。刘少奇诞辰120周年等重要纪念活动的文物展示项目有序推进。评选全省首批"经典文化村镇"65个。援助孟加拉国考古工作成效显著。建立全省文物消防安全管理联合机制、湘桂黔三省区文物行政执法区域协作机制，查处桃花源古建筑群保护范围内违法建设等多起案件。组织143家博物馆开展了党史国史主题教育活动，承办湖南文化遗产与"一带一路"论坛。

（六）非物质文化遗产保护传承成效显著

启动第二批省级项目数字化记录保护工作，组织申报第四批湖南省省级非物质文化遗产代表性传承人。组织在外务工人员回乡发展苗绣等传统工艺，举办走进"非遗"——2017迎新年传统手工艺博览会、第三届湘鄂赣皖非物质文化遗产联展、"薄施淡染——陈扬龙醴陵釉下五彩瓷技艺传承展"、通道大戊梁歌会、城步六月六山歌节、"湘水同源·文化同根""非遗"联展巡演、"薪火相传·花鼓争妍"——何冬保先生100周年诞辰纪念活动。举办了高雅艺术进机关·湖湘优秀传统文化展示体验专场，"戏剧动漫进校园"和"小小非遗传承人"两大品牌活动常态化开展。武陵山区（湘西）土家族苗族文化生态保护区通过文化部验收。

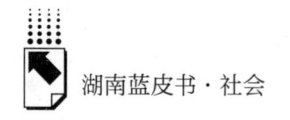

（七）对外文化交流日趋活跃

2017年"欢乐春节·锦绣潇湘"活动在韩国、泰国、法国、巴巴多斯、格林纳达、突尼斯、中国台湾等7个国家和地区的16个城市举办演出26场，受众达55万余人次。与首尔中国文化中心进行为期一年的文化交流合作，在韩国举办了齐白石艺术作品展、首尔·中国日等系列活动。举办庆祝香港回归20周年"湘情港韵"系列活动、"感知中国——湖南文化走进芬兰"大型文化交流活动。指导长沙市开展2017"东亚文化之都·中国长沙活动年"系列活动。湖南省木偶皮影保护传承中心与法国合作创作的音乐剧《熊猫成长记》在法国巡演，并荣获中法人民友谊勋章。湘剧《拜月记之双拜月》荣获法国巴黎"中国戏剧之夜"优秀剧目展演金奖。新增国家文化出口重点企业（项目）12家（个），入选国家"一带一路"对外文化贸易重点项目1个，举办了香港·湖南文化创意与授权工作坊。

（八）文化发展保障水平不断提升

文化财政投入稳步增长，省级文化综合发展专项资金7100万元，同比增长12.5%；省级文物保护发展专项资金8000万元，同比增长14.3%。积极争取中央文化文物专项资金，落实省级部门预算财政拨款2.41亿元，比上年增长3.4%。严格按照《党政领导干部选拔任用工作条例》的规定开展干部选拔任用工作，年内共任免干部43人次。湖南省文化厅直管单位面向社会招聘各类人才87名。开展地方性法规、规章、规范性文件清理工作，共统计上报"政府规范性文件"10件，"部门规范性文件"33件，修订"政府规范性文件"2件。获全国文化系统优秀调研报告4篇，连续三年被评为全省宣传文化系统调研工作先进单位。紧紧围绕文化强省建设和宣传贯彻党的十九大这条主线，打破被动单调的媒体报道模式，探索传统媒体与新媒体相互融合、共同发声的新型传播模式，举办集中采访报道50余次，中央电视台播报湖南文化5次，"中国文化报·湖湘文化版"出刊50期，上级部门采用文化厅报送信息292条，其中中宣部采用7条。

二 2018年全省文化工作展望

2018年,是贯彻党的十九大精神的开局之年,是改革开放40周年,是决胜全面建成小康社会、实施"十三五"规划、建设文化强省承上启下的关键一年。湖南省文化厅系统将认真贯彻党的十九大精神,深刻学习领会习近平新时代中国特色社会主义思想,大力实施"创新引领、开放崛起"战略,始终坚持以人民为中心的工作导向,严格落实意识形态工作责任制,深入开展社会主义核心价值观教育,围绕建设文化强省的目标,坚持稳中求进、创造条件、加快推进,突出抓好文艺创作精品工程、现代公共文化服务体系、现代优秀湖湘传统文化保护传承体系、现代文化产业创新体系、现代文化市场发展体系、现代文化传播推广体系,抓重点、补短板、强弱项,达标准、促均等、惠民生,不断增强人民群众的文化自信、文化自觉和文化获得感、幸福感。

(一)实施文艺创作精品工程

重点抓好《桃花烟雨》《英·雄》和国家艺术基金扶持的8台大型剧目。推动形成深入生活、扎根人民的长效机制。举办第六届湖南艺术节,举办好2018湖南戏曲春晚、第二届全国花鼓戏优秀剧目展演、湖南经典和新创小戏精品进京演出等重点展演活动。继续开展"送戏曲进万村、送书画进万家""雅韵三湘"高雅艺术普及计划等文化惠民活动。继续抓好全省"戏曲进校园"活动的试点工作,推动戏曲进校园、进乡村。

(二)构建现代公共文化服务体系

高标准建设湖南图书馆新馆、湖南艺术职业学院新校区等省级重大文化项目,填补市州级、县级公共图书馆空白点,推动各级公共图书馆、文化馆(站)达到部颁等级馆(站)标准。组织开展第三批国家级示范区(项目)验收和第四批国家级示范区(项目)的创建工作。按照"七个一"标准,加快推进村级综合文化服务中心建设，实现国家级示范区、省级示范区、民族自治县村级综合文化服务中心建设全覆盖。推进湖南图书馆、省博物馆、株洲市文化馆、岳阳市美术馆等公共文化机构法人治理结构改革试点工作。推进公共数字文化建设，制定湖南省"十三五"时期公共数字文化建设规划，重点抓好文化共享工程、数字图书馆、数字文化馆、公共电子阅览室建设计划等项目建设。制定湖南省"十三五"时期古籍保护工作规划。以深度贫困地区为重点，进一步推动文化文物类资金项目向贫困地区倾斜。为贫困地区新建一批基层综合文化服务中心，配备一批流动文化车、流动舞台车，购置一批村文化活动室设备，选送一批优秀剧节目下乡。开展形式多样的群众性文化活动，拓展"欢乐潇湘"等文化活动品牌。以深入宣传社会主义核心价值观为导向，在全省范围内组织开展"我们的中国梦·湖湘文化进万家""我是雷锋家乡人·湖湘文化送春风"等文化志愿服务主题活动。

（三）建立现代文化产业体系

优化文化产业结构布局，加快促进动漫游戏等新兴文化产业发展。积极培育依托数字技术进行的创作、生产、传播和服务的数字文化产业。推动文化产业与信息、制造、建筑、旅游、农业、体育、健康等领域深度融合。实施"一县一品"工程，大力发展文化旅游、演艺娱乐、工艺品、特色节庆、特色展览等特色文化产业。推进文化产业园区建设，重点支持湘潭昭山文化产业园创建国家级文化产业示范园。积极助推马栏山视频文化产业园等重点项目建设。按照文化部部署，遴选1~2家企业申报国家文化产业示范基地。加强对国家级天心文化产业示范园区、11个国家级基地、首批省级特色文化产业示范基地和园区的管理和服务。指导天心文化产业园建设长沙文化金融服务中心，整合省会金融资源支持文化产业发展。鼓励引导社会资本以多种形式投资文化企业。扶优做强一批骨干文化企业。加大文化文物单位文创产品开发力度，促进馆企对接合作，培育一批竞争力强的文博、非遗类等特色文化企业。引导小微文化企业走"专精特新"发展之路，为发展壮大文化产业注入新活力。继续开展湖湘动漫月活动。支持举办第二届湖南文创设计大赛。组团参加深圳文博会和义乌文交会等重点展会。

（四）建立现代文化市场体系

健全文化市场信用监管制度体系，定期公布文化市场黑名单，发挥信用监督、激励、警示、惩戒作用。全面实施"双随机一公开"制度。继续加强网络表演、网络游戏、艺术品市场等重点领域的专项治理，坚决打击各类违法违规行为。提升文化市场执法能力，推动各市州落实已出台的改革政策，全面铺开县级改革。开展综合执法人才培养计划，加强省级师资库建设。总结推广扩大文化消费试点经验和有效模式，实施文化消费提升行动，重点支持指导长沙市、株洲市做好国家文化消费试点城市相关工作，形成可复制推广的模式、机制。以开展"阳光娱乐节"活动为龙头，持续推进互联网上网服务行业、文化娱乐业行业、游戏行业转型升级，积极参与当地公共文化服务，改善服务设施，优化服务环境，打造阳光市场主体，扩大文化消费群体。

（五）提升文物保护利用水平

全面推进文物安全四级责任体系和巡查体系建设。深入强化湘桂黔片区和文物、公安、消防等部门间联合执法长效机制。联合公安、消防等部门持续开展文物安全状况大排查、大检查活动。全力做好第八批全国重点文物保护单位申报和第十批省级文物保护单位遴选工作，扎实做好侗族村寨、万里茶道等项目申遗工作。依托国家大遗址保护项目，推进国家考古遗址公园建设，争取建立省级大遗址保护项目。重点推进炭河里国家考古遗址公园二期建设、长沙铜官窑遗址博物馆陈列布展、长沙汉王陵国家考古遗址公园建设等项目。持续推进博物馆服务能力和服务质量建设，加快推进湖湘特色博物馆体系建设，促进文物资源进一步"活"起来。结合国家传统村落保护利用，以及省政府乡村振兴战略，依托65个经典文化村镇打造一批特色文化经典村镇。

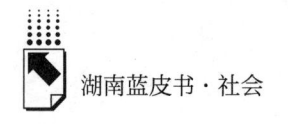

（六）加强非物质文化遗产保护传承

认真贯彻落实《关于实施中华优秀传统文化传承发展工程的意见》和《中国传统工艺振兴计划》。出台湖南省非物质文化遗产代表性项目和代表性传承人管理办法。完善具有湖南特色的非物质文化遗产保护名录。编辑《湖南非物质文化遗产传统医药丛书》。建设湖南省非物质文化遗产综合管理服务平台。评审并公布第四批省级非物质文化遗产代表性传承人。积极申报国家级代表性项目和代表性传承人。继续开展"非遗"传承人群研修研习培训，重点抓好湘西传统工艺工作站、通道传统工艺工作站建设，促进非物质文化遗产生产性保护。举办好文化和自然遗产日、第三届走进"非遗"——传统手工艺博览会等重点活动。组织项目、传承人参加波兰"湖南非遗交流周"、中国（山东）非博会等大型活动。继续做好非物质文化遗产进校园，打造"小小非遗传承人"品牌。

（七）建立现代文化传播推广体系

加强对贯彻落实党的十九大精神和新时代马克思主义文化理论和实践研究的宣传报道。加快推进自媒体平台特别是新媒体平台建设，积极探索传统媒体与新媒体相互融合、联动发声的新型传播模式，继续加强与中国文化报、湖南日报（新湖南）、湖南电视台和红网（时刻新闻）等媒体的深度合作。建设好湖南文化资源数据库。组团参加文化部在俄罗斯、白俄罗斯、乌克兰、西班牙、美国等国举办的"欢乐春节"活动，赴波兰、摩洛哥等地举办展演、展示活动。积极做好与西班牙马德里中国文化中心开展年度合作，重点开展湖湘文化创意海外展、省木偶皮影保护传承中心儿童剧专场演出、湖南"非遗"传承人展示培训等活动。推动湖南省博物馆与列宁纪念馆、湖南省演艺集团与鞑靼斯坦的文化合作。联合摩洛哥文化部、人民天舟（北京）出版有限公司，在摩洛哥国家图书馆举办"湖湘风华·湖南书画展"。借助海外文化中心、中国上海（自贸区）及港澳台等区域平台，积极培育外向型骨干文化企业，支持有条件的文化企业与境外知名文化企业合作，扩大文化产品和服务出口，将更多湖南文化产品推向世界。积极组织申报文化部"一带一路"对外文化贸易重点项目，扶持壮大一批重点文化出口企业和项目。

（八）切实加强文化保障体系建设

积极申报争取2018年中央预算内投资项目和中央补助地方文化事业专项资金。加大向社会力量购买公共文化服务力度。继续实施"百千万"文化人才提升工程、"三区"人才支持计划文化工作者专项等项目。做好《公共文化服务保障法》《公共图书馆法》等文化领域法律的普法宣传工作。推动文化领域知识产权工作。继续加强调研工作统筹规划和组织协调，围绕文化强省建设，确定一批重点课题。继续深入开展老干部工作、为党和人民事业增添正能量系列活动。

B.11
2017年湖南省医疗卫生和人口发展情况及2018年展望

湖南省卫生和计划生育委员会

一 2017年全省卫生计生工作情况

2017年，全省卫生计生系统坚持以习近平新时代中国特色社会主义思想为指导，在省委、省政府的坚强领导下，深入贯彻省第十一次党代会、全省卫生与健康工作大会精神，扎实工作、砥砺奋进，全省人民群众健康水平、医疗卫生服务能力再上新台阶，人口发展更加均衡，为决胜全面建成小康社会奠定了坚实的健康基础。

（一）健康湖南建设开启新征程

省委、省政府出台《湖南省贯彻落实〈"健康中国2030"规划纲要〉实施方案》，描绘了健康湖南建设的蓝图，构建了把健康融入所有政策的大卫生大健康工作格局。省人大常委会组织开展专题工作调研，审议了省卫生计生委代表省人民政府所做的健康湖南建设工作情况报告。各地紧密结合实际，相继出台健康规划文件。健康湖南建设的共识进一步凝聚，工作合力进一步增强。

（二）省级综合医改试点持续深化

"三医联动"推进力度明显增加。公立医院综合改革范围进一步扩大，新增24家事业单位和国有企业办医疗机构取消药品加成。医联体建设和家庭医生签约服务工作加快推进，涌现出一批成效明显的医联体和家庭医生签约服务模式。多部门联合出台部省属公立医院按病种收付费文件，明确106个病种收费标准、医保支付标准，配套制定相应病种临床路径（2017版）。全面实行药品购销"两票制"，在全国率先实行电子化验证。建立药品采购价格联动机制，下调4530个药品挂网采购价，平均降幅为11.6%。积极推行医用耗材集中采购，加入陕西、甘肃等10省区省际医用耗材采购联盟。各级卫生计生综合监督执法机构整合全面完成，建立"双随机、一公开"执法全程记录、"互联网+"监管新机制和统一的监管体系。

（三）健康扶贫工程加快推进

省政府成立健康扶贫工作领导小组，各级卫生计生、扶贫等部门加强工作协调和政策衔接，形成了合力攻坚的工作格局。"三个一批"行动计划顺利推进。救治国家规定集中救治的9种大病贫困患者2.57万例，救治率95.6%，超额完成国家规定90%的目标，扩大集中救治5种大病贫困患者6.8万例，救治率96.8%。为贫困白内障患者开展免费白内障手术5.6万例。贫困人口"先诊疗后付费""一站式"结算等措施全面推开，推动建立落实重病兜底机制。

（四）公共卫生和医疗服务水平稳步提升

公共卫生方面，传染病防控总体平稳，扎实做好洪涝灾后防病工作，确保了大灾之后无大疫，疫苗针对性疾病发病保持在较低水平，基本实现疫苗流通和预防接种全程信息化，筹集资金5000万元，用于尘肺病农民工医疗救治救助。医疗服务方面，各级公立医院改善医疗服务行动效果明显，国家卫生计生委组织的抽样调查结果显示，湖南省医院门诊患者满意度、住院患者满意度均列全国第五，医务人员满意度列全国第三。加强血液管理和人体器官移植监管，无偿献血人次和献血量明显增加，器官捐献数量与器官移植数量均居全国第四。建立健全医疗服务监管制度，深化医疗卫生行风重点问题专项整治，开展医用耗材专项整治活动。严厉打击涉医违法犯罪，医疗纠纷发生率、严重扰乱医疗秩序事件发生率持续降低，创建了一批"平安医院"示范单位。开展群众满意的乡镇卫生院和优质服务示范社区卫生服务中心创建活动，创建群众满意的乡镇卫生院289家、优质服务示范社区卫生服务中心31家。乡村医生本土化培养招收新学员1510人，481名2014级毕业学员经过考试取得乡村医生执业注册资格。

（五）计划生育服务管理和妇幼健康不断改善

"全面两孩"政策有效实施，人口增长符合预期，2017年全省出生107.1万人，比上年增加2.3万人，二孩占比53.17%，出生人口素质和性别结构进一步优化。积极适应新需求，调整扩增妇幼服务资源，提升孕产妇和新生儿危急重症抢救能力，推动妇幼服务优质资源下沉，开展出生缺陷综合防治，孕产妇死亡率和五岁以下儿童死亡率均创历史新低。按时按质完成农村适龄妇女"两癌"免费检查和孕妇产前免费筛查这两项省政府重点民生实事项目，妇幼健康各项示范工程和等级创建工作卓有成效。

（六）中医药传承创新取得新进展

广泛学习宣传《中医药法》，出台中医药发展战略规划纲要实施方案、基层中医药服务能力提升工程"十三五"行动计划等文件。实施中医药传承创新工程，5家中医药单位进入国家重点建设项目计划。建设13个国家临床重点中医专科和49个国家中医药管理局重点专科。社区卫生服务中心、乡镇卫生院中医馆覆盖率达71%，基层中医药服务能力明显提升。推进中医药继承创新和人才培养，1人获评第三届"国医大师"，2人获评首届"全国名中医"。

（七）计划生育协会工作彰显特色

各级计生协积极服务卫生计生工作大局，广泛开展健康教育和主题宣传，"5·29"群众性主题宣传活动渐成品牌。深入开展生育关怀行动，着力提升计划生育家庭发展能力，各级计生协投入"三结合"、贴息贷款、计生系列保险项目资金2亿多元，惠及300多万个计生家庭。扎实开展计划生育基层群众自治"四级联创"和流动人口计生协示范点建设。成立省人口健康福利基金会，开展爱心助学、救助贫困母亲、幸福工程等五大类公益项目，使用善款596万元，3435个家庭从中受益。

（八）事业发展的支撑保障进一步增强

投入继续加大，争取中央投资支持健康扶贫、妇幼健康和计划生育服务保障、公共卫生服务能力促进和中医药传承与创新工程等98个项目建设。信息化产业化进程加快，信息系统互联互通成效突出，居民健康卡试点、健康医疗大数据中心及区域人口健康信息化建设试点稳步推进。湖南健康产业园区建设初有成效。人才培养和科技创新成绩突出，加强医学重点学科建设和临床教学基地建设；大力推进科卫协同机制建设，联合科技部门申报的2个项目纳入省重大科技项目范畴，获科研资金1600万元；批准17个科技创新平台建设项目，建设资金700万元；启动了科卫联合基金项目评审立项。中南大学湘雅二医院陆前进教授专家团队领衔完成的科研项目获得2017年度国家科技进步二等奖。法治建设扎实推进，组织开展依法行政示范单位创建活动，推进医院法治建设。卫生援助与对外交流不断深化，第18批援塞拉利昂医疗队被评为"全国最美援外医疗队"提名奖。宣传引导氛围浓厚，以喜迎党的十九大为主线，推出了系列宣传报道，涌现了"白求恩奖章"获得者刘大飞，全国十大"最美医生"称号获得者杨文钦夫妇等一批先进模范人物。

二 2018年全省卫生计生工作展望

2018年，全省卫生计生工作的总体思路是：以习近平新时代中国特色社会主义思想为指导，加强党的领导，坚持稳中求进工作总基调，坚持新时代卫生与健康工作方针，深入推进健康湖南建设，深化医药卫生体制改革，大力实施健康扶贫工程，加强公共卫生和重大疾病防控，持续提升医疗服务

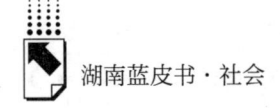

能力和水平，持续推进中医药事业发展，努力提升出生人口素质和全省人民健康水平，建设人民满意的卫生计生事业。

（一）以"九个坚持"为行动指南

深入学习贯彻党的十九大精神和习近平新时代中国特色社会主义思想，长期坚持并贯彻落实到实施健康中国战略，推进健康湖南建设的全过程、各环节。一是坚持党对卫生与健康工作的领导，建立健全党委统一领导、党政齐抓共管的工作格局。二是坚持以人民为中心的发展思想，把维护人民群众健康权益放在工作的第一位，让改革发展成果更多更公平地惠及全体人民。三是坚持人民健康优先发展，以普及健康生活、优化健康服务、完善健康保障、建设健康环境、发展健康产业为重点，加快推进健康湖南建设。四是坚持新时代卫生与健康工作方针，以基层为重点，以改革创新为动力，预防为主，中西医并重，把健康融入所有政策，人民群众共建共享。五是坚持大卫生大健康的发展理念，推动"以治病为中心"向"以人民健康为中心"转变，努力全方位、全周期维护人民健康。六是坚持基本医疗卫生事业的公益性质，毫不动摇地把公益性写在医疗卫生事业的旗帜上。七是坚持把广大人民群众健康安全摆在首要位置，不断完善制度，规范管理，扩展服务，提高质量。八是坚持发挥广大医务人员主力军作用，从薪酬待遇、发展空间、执业环境、社会地位等方面入手，调动医务人员的积极性、主动性、创造性。九是坚持医疗卫生国际合作，积极参与全球健康治理，促进建设人类命运共同体。

（二）实施卫生计生十大惠民举措

一是健康扶贫。在县域所有定点医疗机构实行农村建档立卡贫困人口和低保人员住院"先诊疗后付费"和"一站式"结算。二是费用控制。推动实施106个病种按病种收付费和临床路径管理。三是危重救治。建立胸痛、卒中、创伤、危重孕产妇救治、危重儿童和新生儿救治等5大中心，提升急诊急救能力和水平。四是家庭签约。推出个性化服务包，做实家庭医生签约服务。五是人才培养。为51个贫困县市区免费培养1000名大专学历层次的本土化专业人才。六是能力提升。创建一批优质服务示范乡镇卫生院和社区卫生服务中心。七是大病救助。对8000名无责任主体的农民工尘肺病患者实施救治救助。八是妇女保健。开展农村适龄妇女"两癌"免费检查100万人、孕产妇免费产前筛查50万人。九是爱心助孕。实施计划生育爱心助孕特别行动。十是"厕所革命"。以农村无害化卫生厕所建设为重点，推动实施"厕所革命"。

（三）做好十个方面的重点工作

一是持续深化医药卫生体制改革。强化"三医联动"机制，进一步增强改革的整体性、系统性、协同性，力争在分级诊疗、现代医院管理、医疗保障、药品供应保障和综合监管"五项制度"建设方面取得新的突破，取得新的阶段性成果。二是精准实施健康扶贫工程。准确掌握每县、每乡、每村、每户因病致贫、因病返贫情况，全面落实"三个一批"行动计划，协调相关部门积极争取经费投入，确保各项举措落到实处。三是强化基层医疗卫生机构服务能力建设。积极对接实施乡村振兴战略，抓重点、补短板、强弱项，为51个贫困县市区免费培养1000名大专学历层次的本土化人才。四是加强公共卫生和卫生应急工作。加大对学校卫生等重点领域重点环节的急性传染病防控力度，规范有效处置传染病疫情，继续推进消除血吸虫病，倡导以"三减三健"为主的健康生活方式，深入实施"厕所革命"，加快农村无害化卫生厕所建设进程。五是持续提升医疗服务质量安全水平。启动新一轮改善医疗服务3年行动计划，推广多学科诊疗模式，提升急危重症救治能力，做好医疗废物源头分类管理，巩固完善住院医师规范化培训制度，创新科卫协同机制，继续深入推进"平安医院"创建活动，构建和谐医患关系。六是落实好全面两孩政策。全面推行生育登记服务，推行"多证合一"；加强生育全程基本医疗保健服务，全力保障母婴安全；统筹实施出生缺陷三级综合防治；做好农村留守儿童健康关爱工作；完善家庭发展支持政策；加强出生人口性别比综合治理。七是传承发展中医药事业。推动修订《湖南省中医药条例》，充分发挥中医药在治未病中的主导作用、在重大疾病治疗中的协同作用、在疾病康复中的核心作用，在深化医改中彰显中医药优势，加快中医药强省建设步伐。八是推动计生协事业改革创新发展。大力支持计生协改革，继续推进县以上计生协"参公""入序""三定"工作。支持计生协承接政府转移职能，将一些服务群众职能转移给计生协。发挥好计生协组织在服务群众"最后一公里"中的优势和作用。九是统筹提高卫生计生治理能力。推动建立健康湖南建设领导机制和协调工作机制，将群众主要健康指标的改善情况纳入政府目标责任考核。开展《湖南省"十三五"卫生与健康规划》中期评估，制定全省健康产业发展规划，构建"互联网+健康医疗"服务新模式。建立完善投入保障和补偿机制，落实政府对卫生计生各项事业的投入保障责任。落实法治政府建设各项举措，推进依法行政示范单位创建，加强医院法治建设。做好正面宣传和舆论引导。围绕中心工作，开展政策解读和社会动员，加大对工作亮点和经验的宣传力度。开展卫生计生"好新闻"奖、网络宣传影响力等评比活动。强化舆论研判，打造政务新媒体权威平台。深化国际合作。十是充分发挥医务人员积极性、主动性。会同相关部门加快建立适应行业特点的薪酬制度，合理提升医务人员薪酬待遇。创新人才评价机制，突出品德能力和业绩导向。以"中国医师节"活动为契机，弘扬崇高职业精神，增强医务人员职业荣誉感和归宿感。依法严厉打击涉医违法犯罪，对暴力伤医"零容忍"，坚决保护好医务人员安全，创造条件让医务人员安心、舒心地从事救死扶伤的神圣事业。

B.12
2017年湖南民政事业进展及2018年展望

湖南省民政厅

一 2017年全省民政工作成效显著

2017年，在省委省政府的坚强领导下，全省各级民政部门全面落实党中央国务院决策部署、省第十一次党代会精神，坚守底线、突出重点、改革创新、求真务实，大力建设五化民政，各项工作取得了新成效。

（一）举旗定向党建引领

民生是最大的政治，坚持将抓党建作为最大政绩，牢固树立"四个意识"。汇编《习近平总书记关于民生民政重要批示指示精神》读本，举办全省民政干部专题研讨班，推进"两学一做"学习教育常态化制度化。举办"湘民讲坛"8次，开展"支部联基层"活动100多次，组织节庆主题党建活动8次，着力打造"七个一"党建品牌。深入推进全面从严治党，扎实抓好巡视问题整改，专项整治"雁过拔毛"式腐败问题190多起，协同建设"互联网+监督"平台，有力推进高效廉洁民政建设。召开全省社会组织党建工作推进会，省级成立社会组织综合党委，建立党建服务中心，推进党的组织和党的工作全覆盖。召开全省民政系统党建工作推进会，全省民政系统党建责任落实有力，党建水平得到全面提升。

（二）基本民生保障有力

大力推进社会保障兜底扶贫，全面实现农村低保与国家扶贫标准"两线合一"，专项清理整顿农村低保和兜底脱贫对象，城乡低保标准分别提高到443元/月、298元/月，月人均救助296元、153元，24.7万名兜底脱贫对象足额保障到位。大力推进老区扶贫，组织实施社会组织"万千万"工程，牵头罗霄山片区扶贫取得新成效，驻村扶贫经验多次得到部省表彰。建立特困人员护理制度，医疗救助448万人次，临时救助111.5万户（人）次，社会救助家庭经济状况信息核对147.8万人次。充分发挥减灾委综合协调作用，众志成城战胜历史罕见特大洪涝灾害，全省累计投入救灾资金13.7亿元，引导社会资金近6亿元，紧急生活救助56.6万人次，帮助3.6万户因灾倒损房屋群众重建住房。

（三）社会治理深入推进

全面完成村居同步换届，新当选"两委"班子结构实现"两升一降"（学历明显提升、致富带富能力明显提升、班子成员平均年龄降低），经受了抗洪救灾"入职大考"，得到习近平总书记批示肯定。加强乡镇服务型政府建设，完善城乡社区治理机制，指导近万个村开展农村社区建设试点。加强基层民主协商，全面开展村（居）务公开"亮栏行动"，城乡依法自治率稳中有升。支持社会组织发展，建立社会组织孵化基地140个，社会组织总量达到3.5万个，全面完成2494家行业协会商会与行政机关脱钩改革。加强区划地名管理，宁乡撤县设市获得国务院批准，第二次全国地名普查稳步推进，街道设置规范化开展，第三轮界线联检任务全面完成。大力发展社会工作，登记注册民办社工机构310家，建立乡镇社会工作服务站1536个，累计通过社工职业考试7000多人。

（四）双拥共建凝心聚力

坚持军民融合发展，举办纪念建军90周年系列活动，评比表彰"优秀军嫂""优秀退伍老兵"，双拥共建氛围不断浓厚。制定并出台加强优抚安置工作意见，各项抚恤补助全部达到国家标准，走访慰问优抚对象10万人次，医疗巡诊、短期疗养3万人，关爱解困3.2万人。大力推进"阳光安置",攻坚克难清零安置历史遗留问题,首次向64家中央在湘企业下达安置计划,全省职业技能培训2.2万人,举办专题招聘会17次。创新军休管理服务,全面落实"两个待遇",繁荣发展军休文化。

(五)公共服务提质优化

编制《"十三五"湖南省老龄事业发展和养老体系建设规划》,不断完善养老政策体系。新增养老床位2.47万张,超额完成省政府重点民生实事任务。全面落实老年优待政策,完善老年人意外伤害保险制度,深入开展"乐享银龄"等公益活动,指导115个县市区建立高龄津补贴制度,基本养老服务补贴24.5万人次,全省养老孝老敬老氛围不断浓厚。深化养老"放管服"改革,推进医养结合发展,加快公办机构运营体制改革。举办老龄产业博览会和首届养老服务产品设计大赛,开展养老院服务质量专项行动,全面提升养老事业发展水平。加快发展福利慈善事业,残疾人"两项补贴"发放124.5万人,孤儿保障3.4万人,流浪乞讨救助25万人次,慈善助医助学助残100多万人次,农村留守儿童关爱保护体系不断健全。坚持稳中求进,建设"阳光福彩",全年发行89亿元。规范婚姻登记和收养管理,绿色节地惠民殡葬逐成新风。

(六)综合能力显著增强

省委省政府出台民政政策9个,制定规范性文件7个,推动地方标准立项35个,民政法治化、标准化建设进程加快。建成互联网+民政综合业务平台,建设省、市、县、乡四级民政专网,初步实现民政数据互联互通。加强基层民政能力建设,省级安排购买服务经费近亿元。加强民政基础设施建设,新建和改扩建福利院69所、光荣院70(间)所、救助管理站11所、殡仪馆38个、农村特困供养机构42个、城乡养老服务示范点547个、军休管理服务机构19个。

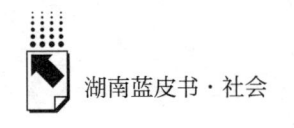

二 2018年民政工作思路

2018年是贯彻党的十九大精神开局之年,是改革开放40周年,是贯彻省第十一次党代会精神、决胜全面建成小康社会、实施"十三五"规划承上启下的关键一年。2018年民政工作的总体思路是:以习近平新时代中国特色社会主义思想为指导,贯彻落实党的十九大精神,贯彻落实党中央国务院、省委省政府重大决策部署,贯彻落实全国民政工作会议精神,坚持稳中求进总基调,落实高质量发展新要求,坚持以人民为中心的发展思想,践行"民政为民、民政爱民"工作理念,以"五化"民政建设为统揽,大力推进民政事业改革创新,持续加强民政基层基础,坚定不移全面从严治党,奋力开创全省民政事业发展新局面。

(一)全面加强党的建设

"党政军民学,东西南北中,党是领导一切的",要切实履行主体责任,持续将党建作为头号工程、首要任务。加强政治建设,带领全省民政干部职工深入学习习近平新时代中国特色社会主义思想和党的十九大精神,扎实开展"不忘初心、牢记使命"主题教育,深入推进"两学一做"学习教育常态化制度化,更加牢固"四个意识",坚定"四个自信",始终同以习近平同志为核心的党中央保持高度一致。加强思想建设,完善党组中心组学习制度,丰富湘民讲坛内容,拓展教育培训渠道。加强基层组织建设,深入推进支部标准化建设,强化"三会一课"纪实管理,继续开展机关支部联基层活动,持续深化特色节庆党建活动,引导党员干部强化使命意识、责任意识和担当意识。加强干部队伍建设,坚持党管干部原则,丰富群团活动,激发队伍始终保持阳光的心态、向上的常态、奋斗的姿态,打造忠诚干净担当民政干部队伍。加强意识形态建设,全面落实责任制,大力弘扬民政优良传统,繁荣发展民政先进文化,不断增强从事民政工作的价值认同、使命认同、文化认同。

（二）完善城乡社会救助体系

落实"兜底线、织密网、建机制"要求，织密扎牢社会救助安全网。落实重点民生实事任务。一方面，提高城乡低保标准和救助水平，城市低保标准按当地最低工资标准的1/3左右测算，选择省里公布的最低工资标准一、二档的地区，不得低于480元/月；选择省里公布的最低工资标准三、四档的地区，不得低于430元/月。城乡低保救助水平分别不得低于320元/月和170元/月。另一方面，提高残疾人"两项补贴"标准，每人每月不得低于55元。加强民政精准扶贫，推进农村低保制度与扶贫开发政策有效衔接，巩固农村低保和兜底保障对象清理整顿成果，确保应保尽保、动态管理。推动老区扶贫、罗霄山片区扶贫、驻村扶贫取得新进展。开展农村建档立卡贫困人口医疗救助试点，指导11个深度贫困县先行先试，及时总结经验，完善政策制度，加快全省铺开。加强医疗救助、临时救助，制定对象认定办法，规范审批程序，分类分档施救，探索解决支出型贫困问题。加强特困人员供养服务机构建设，全面开展照料护理区建设，探索推进供养机构社会化改革，提升管理服务水平。

（三）提升防灾减灾救灾综合能力

深入贯彻习近平总书记重要指示精神，坚持以防为主、防抗救相结合，坚持常态减灾和非常态救灾相统一，努力实现从注重灾后救助向注重灾前预防转变，从应对单一灾种向综合减灾转变，从减少灾害损失向减轻灾害风险转变，着力提升防灾减灾救灾能力。深入推进防灾减灾救灾体制改革，充分发挥减灾委统筹指导和综合协调职能，健全救灾资金多元投入机制，推进巨灾保险制度全覆盖，提高社会紧急动员能力。抓好自然灾害应急救助，牢固树立防大汛、抢大险、救大灾思想，高效有序应对各类自然灾害，及时启动灾后倒房重建，确保人民群众生命财产安全。加强防灾减灾救灾能力建设，完善全省救灾物资储备体系，推进集中安置点标准化建设，推进综合减灾示范县、示范社区创建工作，开

展防灾减灾宣传和应急演练活动，提高全社会抵御自然灾害综合防范意识和能力。

（四）加强基层社会治理创新

围绕乡村振兴战略，完善城乡社区治理体系，激发基层社会活力。加强基层民主建设，健全村务监督委员会机制，完善基层民主协商制度，推进城乡自治依法达标。深化村（居）务公开"亮栏行动"，及时督查检查、及时考核验收，加快建立内容更新管理长效机制。创新城乡社区治理，加强乡镇服务能力建设，启动"乡村治理三年行动"，扩大农村社区建设试点，深化"和谐社区"示范创建，发挥乡规民约引导作用，推广村民自治经验，加快构建自治、法治、德治相结合的乡村治理体系。推进社区减负增效，开展"社区乱挂牌""社区万能章"专项治理，完成基层群众性自治组织特别法人统一社会信用代码赋码工作。改善城乡社区服务，加快推进村级综合服务平台建设，探索建设智慧社区，支持社区社会组织发展，稳步提升社区综合服务设施和信息平台覆盖率，不断增强城乡社区服务功能。

（五）创新社会组织服务管理

坚持一手抓积极引导发展，一手抓严格依法管理，积极发挥社会组织作用。深化管理制度改革，推进社会组织孵化基地标准化建设，健全政府购买服务制度，落实税费减免政策，完善资助社会组织参与社会服务办法，壮大社会组织规模，提升社会组织质量。抓好监督管理，加强社会组织执法监察，完善年检办法，健全评估机制，推进信息平台应用，专项治理涉企收费、"乱评比、乱表彰"等问题。推进社会组织党建，落实"三同步"机制，建设社会组织党组织示范阵地，创新"党建+公益+服务"机制，推进党的组织和党的工作全覆盖。加强社会工作，完善政策体系，实施"三区计划""牵手计划"，拓展社会工作服务领域。引导发挥作用，规范慈善组织登记认定，完善社会组织内部治理机制，引导"三社力量"参与精准扶贫。

（六）统筹养老事业产业发展

积极应对人口老龄化，加快老龄事业和产业发展。加强老年优待关爱，出台老年人照顾性服务政策，开展"敬老文明号"创建活动，扩大老年人意外险、机构责任险范围，实现基本养老补贴全覆盖。抓好养老事业发展，加强养老服务设施建设，推进医养结合发展，确保每千名老人拥有养老床位达到32张，逐步建立居家照料、社区照顾和机构照护"三照"服务体系。加快养老产业发展，完善产业政策，培育龙头企业，鼓励连锁经营，推进融合发展，着力打造老龄产业博览会、养老产品设计大赛等湖南品牌。提升养老服务水平，继续开展养老院服务质量提升专项行动，逐步建立质量标准和评价体系，全面提高养老服务质量。

（七）加快发展福利慈善事业

加快发展儿童福利事业，提高孤儿基本生活保障标准，继续开展"明天计划"，配合实施"助学工程"，完善农村留守儿童关爱保护体系。加快发展残疾人福利事业，推进精神障碍社区康复服务，支持发展康复辅具产业。加强福彩安全发行，开展福彩发行30周年庆祝活动，确保福彩工作稳中求进、安全运行、健康发展、服务人民。加快发展慈善事业，深入贯彻落实慈善法，完善全省慈善网络，创新慈善超市发展，探索开展网络公益众筹，推动社会"微慈善"持续升温，惠及更多困难群众。

（八）完善专项事务管理

回应社会关切，不断满足人民日益增长的社会服务需求。深化殡葬改革，深入贯彻《党员干部带头推动殡葬改革的意见》，加强殡葬基础设施建设，部署开展农村散埋乱葬专项治理，大力推行节地生态安葬，倡导绿色文明新风。稳妥推进区划调整，不断完善政策，规范管理，大力推进标准化建设，积极服务新型城镇化。加强地名管理，全面完成第二次全国地名普查，推进地名信息管理服务平台建设，编纂出版标准地名图录典志，提升地名文

化承载功能。加强界线管理,全面启动第四轮界线联检,扎实完成湘桂线联检任务,建设平安边界。完善民政标准体系,继续推进养老服务、殡葬服务、婚姻登记等领域标准化建设,提高民政发展质量。

(九)积极支持军队和国防改革

积极服务军队体制改革。加强双拥工作,深化"双拥在基层"实践,开展双拥模范城(县)创建活动。落实优抚政策,全面落实各项涉军保障政策,依法开展评残评烈,深化走访慰问、送医送药、医疗巡诊、短期疗养等关爱活动,引导依法依规表达诉求,维护社会大局和谐稳定。推进"阳光安置",指导各地巩固退役士兵安置遗留问题"清零"成果,拓宽安置渠道,加强易地教育培训。优化军休服务,全面推行军休标准化建设,提升军休服务管理水平。

(十)全面从严治党

全面从严治党是做好新时代各项民政工作的坚强政治保证。强化党风廉政建设,落实主体责任,加强民政资金监管,推进"互联网+监督",深化"两个专项整治",从严惩治发生在群众身边的腐败问题。持之以恒正风肃纪,贯彻落实中央八项规定实施细则,盯紧享乐主义和奢靡之风,部署推进形式主义、官僚主义问题排查整治,坚决防止"四风"反弹回潮。加强纪检机构建设,指导市县民政部门加快建立纪检机构,配强纪检干部队伍,积极支持派驻纪检组工作,切实转变民政行风作风。

B.13
2017年湖南保障性住房建设和管理现状及2018年展望

湖南省住房和城乡建设厅

2017年，在省委、省政府正确领导下，湖南省保障性安居工程建设工作顺利完成全年任务，并进一步深入推进棚改工作和公租房分配入住、良性运行管理工作，充分发挥政府在保障群众基本居住主渠道和公共租赁住房供给主体的作用。

一 2017年工作完成情况

（一）圆满完成年度目标任务

2017年，国家下达湖南省各类棚户区改造住房400000套（省下达各市州411896套，其中城市棚户区改造393996套、国有工矿棚户区改造3998套、国有垦区危房改造13902套）；新增发放租赁补贴任务16424户；下达全省公共租赁住房基本建成任务41370套；省下达各市州分配入住任务151438套。截至12月底，全省各类棚户区改造开工建设411896套，为年度开工建设计划的100%、国家下达任务的102.97%；新增发放租赁补贴19360户，完成比例为117.88%；公共租赁住房基本建成53376套，为年度目标任务的129.02%；公共租赁住房分配入住190626套，为年度目标任务的125.88%、为国家计划任务的309.92%。下达中央和省级专项补助资金173.52亿元（其中，中央161.18亿元、省级12.34亿元）；政策性银行发放贷款557.05亿元支持棚改。2017年5月，国务院对2016年棚户区改造工作真抓实干、成效明显的5个省份进行了表扬激励，湖南排名第三。

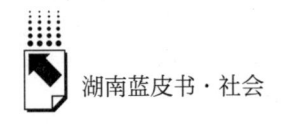

（二）开展的主要工作

（1）想方设法推进度

一是强化督查巡查。省住房和城乡建设厅会同省发改委、省财政厅对项目建设进度、基础设施配套和资金绩效使用情况进行专项督查；住房保障处安排专人对口联系一两个市州，加强日常调度和业务指导。二是交叉检查。2017年8月，组织14个市州抽调业务骨干进行交叉检查，相互交流工作。三是将质量安全和开工核查相结合。会同省质监总站建立了保障性安居工程项目质量安全监管快报制度，要求各地对棚改的开工和质量安全实行月快报。四是提前下达来年计划。为推进2018年棚改项目早开工、早见效打破以往惯例，于2017年11月底下达了2018年第一批计划。

（2）自加压力促分配

2008~2015年，全省开工建设公租房（含廉租房）105万套，在全国排名第二位（其中，政府投资建设82.8万套、企业等单位自建19.1万套，长期租赁3.1万套）。2017年，国家要求2013年前政府投资公租房，原则上年底前要完成分配90%；2014年前政府投资公租房，原则上年底前要完成分配85%。按照此标准，2017年湖南省需新增公租房分配入住任务6.15万套，截至7月底，全省已全面完成任务，排在全国前列。为确保2017年任务完成，在科学研判和充分征求市州意见基础上，省住建厅下达14个市州2017年度公租房分配入住目标任务15.14万套，到12月底，全省完成18.56万套，为国家计划数的309.92%。

（3）科学严谨定规划

为落实国务院常务会议确定的2018~2020年棚改攻坚计划，省住房和城乡建设厅会同相关厅局按照住房城乡建设部等七部门下发《关于做好棚户区调查摸底和2018~2020年改造计划的通知》要求，组织各地进一步调查摸底截至2017年底的待改造棚户区数量，并对各市州上报的数据进行汇总分析。按照棚改标准、湖南省历年来已改造量和后三年全国改造总量、筹融资实际、考核追责因素、信访和审计发现问题等因素对各市州上报数据进行了综合考评核定,向省政府建议并获批2018~2020年全省计划改造棚户区92.66万套(其中,2018年改造28.6万套)。同时,为确保棚改"三年攻坚计划"顺利推进,下发通知要求各地编制2018~2020年项目库。

(4)审时度势出政策

针对全省历年棚改推进中出现的问题,尤其是因棚改原因出现的信访问题,省住房和城乡建设厅专程赴上海学习借鉴旧区改造的"二次征询"经验,经省人民政府同意,出台了《关于进一步规范和推进棚户区改造工作的通知》;为加快公租房的分配入住和部分闲置公租房的盘活处置工作,积极借鉴兄弟省份的先进经验,在充分征求14个市州意见的基础上,报省人民政府同意,会同发改委、财政、国土等4部门出台了《关于进一步做好公共租赁住房有关工作的通知》。

一年来,尽管取得了不少成绩,但也存在一些问题。比如,在推进过程中进度不平衡的问题;保障性安居工程建设进入攻坚期后,利益调整协调难、地方渴盼"搭车"棚改以便搞城市建设等问题;公租房建设时空错配、管理运营等问题日渐明显,对住房保障工作的前瞻性、精准性、科学性提出了更高的要求。

二 2018年工作打算

2018年,将以党的十九大精神为指引,搞好住房保障工作,把让人民群众"住有所居"作为住房保障工作的出发点和落脚点,紧抓棚改工作推进和加快公租房分配入住和良性运行管理两大块工作,充分发挥政府在保障群众基本居住主渠道和公共租赁住房供给主体的作用。

(一)大力推进棚户区改造攻坚工作

(1)严格标准,做细做实前期工作

一是坚持全覆盖、保基本、多层次、可持续的基本方针,切实回归棚改本意，严格棚改标准，按照既尽力而为，又量力而行的原则，科学确定2018年及今后三年的棚改任务，并结合实际情况进行微调；严防"搭车"和变相开发。二是全面推行"两轮征询"制度。指导各地做好前期工作，尊重群众意愿、合理引导群众预期，确保项目顺利推进实施。

（2）抓实进度，确保年度计划圆满完成

一是坚持巡查督查制度。继续实行保障性安居工程项目质量安全监管和项目进度月快报，巡查季度全覆盖和联席会议成员单位半年全面督查制度。二是坚持通报约谈制度。将每月进度、巡查督查结果及时报省政府，对进度滞后、工作落后的市县，报请省政府领导约谈政府主要负责人。

（3）夯实基础，有力推进棚改三年攻坚工作

一是建好项目库。指导各地结合《湖南省城市（县城）住房建设规划（2015~2020年）》及本地实际，严格棚改界定标准，对2018~2020年需改造的项目全面排查纳入项目库，根据项目成熟程度，分为A、B、C三等，依次纳入不同年度有序实施，未入库的项目一律不予考虑。二是作好分布图。依托信息技术，将未来三年批准实施的棚改项目纳入信息系统化平台，逐步实现位置定坐标、现场实时监控、进度随时调度的管理模式。

（二）加快公租房分配入住和管理

（1）加快在建项目建设

一是要求各地对在建公租房全面倒排工期，明确项目责任主体、竣工时间，力争全省往年续建项目在2018年6月底前全部竣工验收。对项目进度严重滞后、超出建设周期、影响房源供应的项目实行挂牌督办制度。二是加快配套基础设施建设。对配套不完善的在建和竣工项目进行梳理，建立台账，多渠道筹集资金，加快建设，确保达到入住条件早日发挥效益。

（2）加快分配入住

一是指导各地合理确定准入条件，根据保障对象情况和地方经济承受能力逐步扩大租赁补贴范围。二是指导各地拓宽申请受理渠道，定期核准、简化程序，强化信息公开，防止违规享受公租房保障。三是指导各地对已竣工

验收项目，要抓紧制订分配方案，尽快完成分配入住；对未竣工项目，启动预分配机制，确保前后工作衔接、不脱节不拖延。四是抓公租房分配入住。2018年，国家下达湖南省公租房分配入住目标任务为总体分配入住率达到90%。截至2月底，全省总体分配入住率为93.95%，已提前完成国家任务。为确保工作主动、争优创先，2017年初，省住房和城乡建设厅下达14个市州新增公租房分配入住任务5.05万套（其中，政府投资4.02万套、企业自建1.03万套）。若到2017年底圆满完成5.05万套的新增分配任务，全省公租房总体分配入住率将达到98.64%。

（3）搞好盘活处置

指导各地按照《关于进一步做好公共租赁住房有关工作的实施意见》要求，做好对确实不能形成有效供应的政府投资公租房的盘活处置，严格执行范围和用途、规范程序、明确产权，确保国有资产不流失。

（4）搞好管理运营

一是指导各地提高公租房小区的管理水平，整合政府和社会资源向公租房小区倾斜，把公租房小区打造成配套齐全、功能完善、环境优美、管理有序的城市新社区、幸福新家园。二是提高公租房运营服务水平，推行市场化管理。指导各地提高公租房小区的管理水平，支持鼓励各地开展保障性住房小区配套基础设施和后续管理运营等有关工作的示范创建。

（三）查摆问题，加速改进工作中的不足

一是对全省历年来开工建设的公租房和棚改进行清理，做到清前账、消存量，切实做到底数清楚。二是高度重视各类审计中发现的问题。要对照审计问题清单，明确整改责任主体，实现销号管理；对问题多、问题大的市县重点督办。以审计发现问题为线索，举一反三，认真查找制度上存在的漏洞，进一步完善相关政策措施，防止类似问题再次发生。三是加强对市县住房保障工作人员的业务培训，确保对政策、统计口径等理解到位、落实到位，推进住房保障工作良性健康发展。

B.14
2017年湖南居民收入和消费状况及2018年展望

国家统计局湖南调查总队

2017年，湖南认真贯彻落实中央系列宏观调控和民生政策，全力推进"四个全面"的战略部署，全力推进"三大攻坚战"，人民生活水平进一步提升，收入增速企稳，消费结构改善，城乡居民收入和消费实现更有质量的增长。

一 居民收入增长质量提升

（一）收入增长呈现五大特征

1. 名义增速企稳，实际增速回升

2017年，湖南全体居民人均可支配收入23103元，增长9.4%。其中，农村居民人均可支配收入12936元，增长8.4%；城镇居民人均可支配收入33948元，增长8.5%，城乡居民收入增速扭转了自2011年以来逐年下降的趋势，名义增速与上年基本持平。

扣除价格因素，全体居民人均可支配收入实际增长7.9%，较上年回升0.6个百分点。其中，农村居民人均可支配收入实际增长7.2%，较上年回升0.7个百分点；城镇居民人均可支配收入实际增长6.8%，较上年回升0.3个百分点（见图1）。

2. 转移净收入快速增长，成居民增收重要引擎

全体居民人均转移净收入5156元，增长12.6%，增速居四大项收入之

2017年湖南居民收入和消费状况及2018年展望

图1 2011年以来湖南城乡居民收入增速

首,增长贡献率28.9%,仅次于工资性收入。其中,农村居民人均转移净收入3078元,增长13.9%;城镇居民人均转移净收入7372元,增长10.7%,较上年分别提升0.9个和2.2个百分点,增收贡献率分别达到37.3%和26.7%(见表1)。

表1 2017年湖南居民收入构成及增长情况

指标名称	全体居民 绝对值（元）	全体居民 增幅（%）	全体居民 占比（%）	农村居民 绝对值（元）	农村居民 增幅（%）	农村居民 占比（%）	城镇居民 绝对值（元）	城镇居民 增幅（%）	城镇居民 占比（%）
人均可支配收入	23103	9.4	—	12936	8.4	—	33948	8.5	—
其中:工资性收入	11837	9.6	51.2	5341	8.0	41.3	18766	8.6	55.3
经营净收入	4484	5.9	19.4	4369	5.6	33.8	4606	6.1	13.6
财产净收入	1627	8.2	7.0	148	3.6	1.1	3204	6.5	9.4
转移净收入	5156	12.6	22.3	3078	13.9	23.8	7372	10.7	21.7

3. 工资性收入较快增长,仍是居民增收的主要来源

全体居民人均工资性收入达到11837元,增长9.6%,增长贡献率为52.3%。其中,农村居民人均工资性收入5341元,增长8.0%,增收贡献率为39.3%;城镇居民人均工资性收入18766元,增长8.6%,增收贡献率为56.0%。

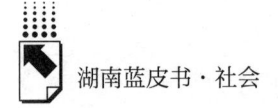

4.居民经营净收入和财产净收入平稳增长

全体居民人均经营净收入4484元,增长5.9%。其中,农村居民人均经营净收入为4369元,增长5.6%;城镇居民人均经营净收入为4606元,增长6.1%。

全体居民人均财产净收入1627元,增长8.2%。其中,农村居民人均财产净收入为148元,增长3.6%;城镇居民人均财产净收入为3204元,增长6.5%。

5.贫困地区居民收入快速增长,地区收入差距继续缩小

湖南精准扶贫成效显著,贫困地区农村居民生活水平明显提升,推动了地区收入差距的缩小。湖南农村贫困监测调查显示,2017年,湖南贫困地区①农村居民人均可支配收入8908元,比上年增加879元,增长10.9%,扣除价格因素,实际增长9.7%,实际增速比上年快0.6个百分点,比全省平均增速高2.5个百分点。其中,集中连片特困地区农村居民人均可支配收入8925元,增长11.0%;国家扶贫开发工作重点县农村居民人均可支配收入8528元,增长11.2%(见图2)。

分区域来看,大湘西地区居民收入领涨,四大区域居民收入保持中高速增长。其中,大湘西地区居民人均可支配收入15674元,增长10.4%;环洞庭湖地区居民人均可支配收入21005元,增长9.3%;泛湘南地区居民人均可支配收入21457元,增长8.9%;长株潭地区居民人均可支配收入36162元,增长8.8%。地区收入差距进一步缩小,长株潭地区与大湘西地区的收入比从上年的2.34∶1缩小到2.31∶1。

(二)五大因素助推收入增长

1.经济稳中向好,为居民增收夯实了基础

2017年前三季度,湖南GDP增长7.5%,较全国平均高0.6个百分点。

---

① 湖南贫困地区,包括集中连片特困地区和片区外的国家扶贫开发工作重点县,共40个县。其中集中连片特困地区覆盖37个县(简称片区县),国家扶贫开发工作重点县共计20个(简称重点县),集中连片特困地区包含17个国家扶贫开发工作重点县。

2017年湖南居民收入和消费状况及2018年展望

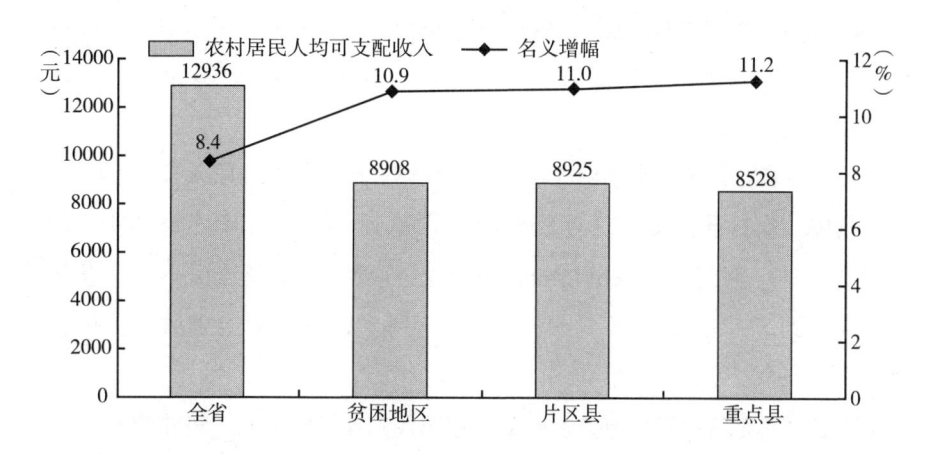

图2 2017年全省、贫困地区、片区县、重点县的农民收入情况

1~11月，湖南规模以上工业企业利润总额增长24.0%，增速比上年同期加快16.5个百分点；规模以上服务业企业营业收入增长20.1%。经济稳中向好，为居民增收夯实了基础。

2. 就业稳中有升，为居民工资增长提供了保障

2017年，湖南进一步完善"1+3+X"的就业创业政策，继续实施"双百资助工程"等系列创新创业举措，带动了城乡居民就业。据统计，1~11月，湖南新增城镇就业73.74万人，提前完成了70万人的全年目标。农民工监测数据显示，全年农民工人数达到1778万人，增长1.9%，外出农民工月均收入增长6.5%。

3. 惠民政策有力，推动居民转移性收入快速增长

一是社保扩面提质，养老金收入较快增长。2017年湖南各地普遍提高了农村基本养老金标准，从每月80元上调到85元；企业职工养老金标准根据中央统一部署上调5.5%左右，实现了"十三连增"。2017年，湖南农村居民人均养老金或离退休金513元，增长16.5%。城镇居民人均养老金或离退休金达7206元，增长10.2%。二是医保提标增效。随着我国医疗制度改革的推进，医保体系进一步完善，异地就医报销问题得到解决，医保报销比例逐步提升，县级及以下医院就医报销比例在70%以上，市级及以上医

院就医报销比例在50%以上，医疗报销品种范围也在进一步扩大。2017年，湖南农村居民人均报销医疗费收入187元，增长19.9%；城镇居民人均报销医疗费收入259元，增长35.1%。

4.产业转型升级和供给侧改革推动居民第三产业经营净收入较快增长

其中，农村居民第三产业经营净收入达到1407元，增长8.5%，占比达到32.2%，对经营收入的增长贡献率为47.7%；城镇居民第三产业经营净收入达到3749元，增长6.6%，占比达到81.4%，对经营收入的增长贡献率为86.9%。

5.农业转型升级和精准扶贫带动农村居民农业经营净收入较快增长

2017年，湖南克服禽流感、强降雨和生猪价格下跌等不利因素的影响，在农业产业结构调整、供给侧改革力度加大和"四跟四走"产业扶贫的带动下，全省水果、蔬菜等经济作物的种植面积增加，带动农村居民相关收入的较快增长。其中，人均出售蔬菜收入214元，增长22.4%；人均出售水果收入280元，增长19.1%。

二 居民消费结构继续升级

随着收入的持续增长和消费环境的进一步优化，2017年，湖南居民消费支出继续保持较快增长。全体居民人均消费支出17160元，增长9.0%，扣除价格因素实际增长7.5%。其中，农村居民人均生活消费支出11534元，增长8.5%，扣除价格因素实际增长7.3%；城镇居民人均生活消费支出23163元，增长8.1%，扣除价格因素实际增长6.4%。

从消费构成来看，城镇居民八大类消费支出全面增长，农村居民"七增一减"，主要呈现以下五大亮点（图3）。

（一）医疗保健支出大幅增长

随着湖南城乡医疗保障体系日益完善，居民健康意识进一步增强，加之受医疗服务价格上涨、人口老龄化等因素影响，湖南城乡居民医疗保健支出

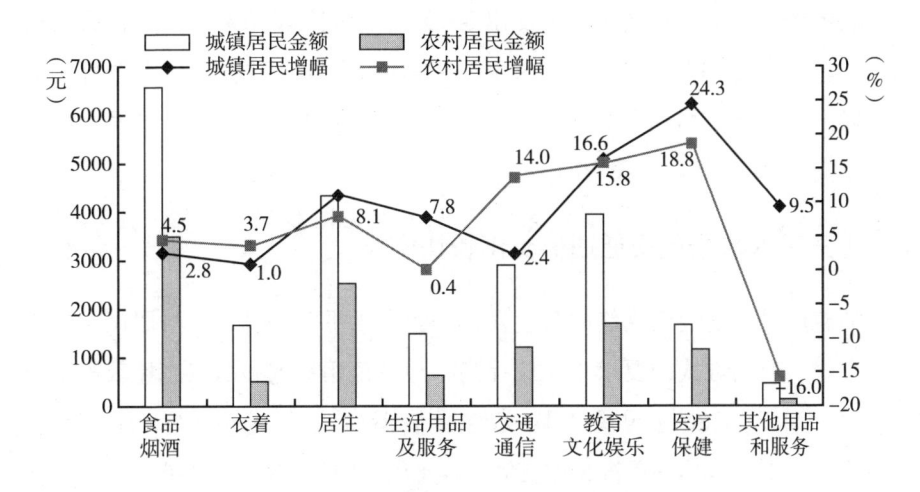

图3 2017年湖南城乡居民八大类消费支出金额及增幅

大幅增长,增速均居八大类消费支出首位。

农村居民人均医疗保健支出1172元,增长18.8%,较上年提升2.8个百分点。其中,农村居民人均购买滋补保健品支出24元,增长66.7%;人均医疗费服务支出886元,增长22.8%。

城镇居民人均医疗保健支出1693元,增长24.3%,较上年提升8.3个百分点。其中,城镇居民人均购买滋补保健品支出173元,增长25.3%;人均医疗费服务支出1056元,增长31.5%。

(二)教育文化娱乐支出快速增长

城乡居民对教育越来越重视,教育投入也持续快速增加。随着文化市场蓬勃发展,城乡居民的休闲旅游文化生活更加丰富多彩。2017年城乡居民人均教育文化娱乐支出保持快速增长,增速均居八大类消费第二位。

农村居民人均教育文化娱乐支出1710元,增长15.8%。其中,农村居民人均教育支出1270元,增长15.1%。人均学前教育、中专职高教育和小学教育支出分别增长27.0%、22.9%和22.2%。农村居民人均文化娱乐支出440元,增长17.7%。

125

城镇居民人均教育文化娱乐支出3973元，增长16.6%。其中，城镇居民人均教育支出2147元，增长13.5%。人均中专职高教育、高中教育和大专及以上教育支出增速分别为31.6%、21.6%和21.4%。城镇居民人均文化娱乐支出1826元，增长20.6%。

（三）农村居民交通通信支出较快增长

随着乡村交通通信网络的日益发达和收入水平的提升，农村居民对交通出行方式、通信方式的要求也相应提高，与城镇相对饱和的状态比较需求更为旺盛。2017年农村居民人均交通通信消费支出达到1235元，增长14.0%。其中，人均购买汽车和通信工具支出分别为309元和116元，分别增长28.1%和3.5%。城镇居民人均交通通信消费支出2905元，增长2.4%。其中，人均购买汽车和通信工具支出分别下降6.6个和15.4个百分点。

（四）农村居民网络消费增势迅猛

近年来，湖南不断加强农村信息化基础设施建设，网上购物环境明显优化，农村地区网购消费方式日趋流行，农民网络消费增长强劲。农村居民人均通过互联网购买的商品和服务支出65元，比上年增加25元，增长62.2%。城镇居民网络购物普及率较高且日趋理性，增速放缓，人均通过互联网购买的商品和服务支出465元，增长8.8%。

（五）吃、穿、用等生存型消费增速放慢

目前，湖南城乡居民消费结构升级趋势明显，食品衣着消费价格平稳、网络购物成本降低等因素使得城乡居民传统生存型消费支出增速进一步放慢。城乡居民人均食品烟酒支出分别为6585元和3521元，增长2.8%和4.5%，分别比上年回落2.7个和1.2个百分点；城乡居民人均衣着支出分别为1682元和527元，增长1.0%和3.7%，分别比上年回落0.7个和提升0.9个百分点；城乡居民人均生活用品及服务支出1493元和643元，增长7.8%和0.4%，增幅分别比上年回落7.3个和5.4个百分点，回落较为明显。

三 2018年湖南居民收入和消费情况展望

（一）居民收入情况展望

1. 有利因素

影响城镇居民收入的有利因素主要有两点。一是随着全面深化改革的持续推进和经济结构转型升级的平稳过渡，湖南的经济稳中向好，企业利润继续回升；二是随着经济稳中向好，创业环境进一步改善，就业人数稳中有升；三是惠民政策持续给力。影响农村居民收入的有利因素主要有四点：一是经济稳中向好和乡村振兴战略的实施为农村居民收入增长奠定坚实基础；二是精准扶贫和脱贫攻坚力度进一步加大，助推贫困地区农民收入加快增长；三是随着经济的企稳和转型升级，农村转移劳动力就业形势稳定；四是惠民政策持续给力，农村社保和医保体系进一步完善。

2. 不利因素

影响城镇居民收入的不利因素主要有两点：一是近年来国内最低工资标准上调幅度呈回落趋势，同时近年来机关事业单位增资的政策红利集中释放以后，工资增长后劲不足；二是受宏观调控和供需变化等影响，房地产市场不容乐观。影响农村居民收入的不利因素主要有两点：一是农民工务工收入增幅呈下降趋势；二是财产净收入占比明显偏低。同时，人口老龄化和"二孩"政策的推行使城乡居民家庭就业负担系数呈上升趋势，对城乡居民收入增长带来不利影响。

3. 收入情况预测

根据上述情况，预计2018年湖南城镇居民收入和农村居民收入将继续保持增长，增速将有望持平略增。

（二）居民消费情况展望

1. 有利因素

主要有三点：一是居民收入继续保持中高速增长。二是经济转型升级，

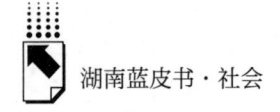

"五化"进程加快,特别是城镇化和信息化对居民消费拉动作用明显,居民消费结构仍处于升级过程之中。三是消费环境进一步优化。

2. 不利因素

主要有两点:一是经济处于企稳筑底阶段,居民收入增速放缓。二是楼市调控趋严和股市动荡使居民的财富效应缩水,居民收入预期可能下降。

3. 消费情况预测

根据上述情况,预计2018年湖南城镇居民消费和农村居民消费将继续保持较快增长,增幅与2017年持平或略降。

四 政策建议

为确保新时代居民收入的高质量增长,顺利实现"两个百年"目标,建议积极采取以下措施。

(一)抓教育稳就业促创业,充分激发"人口新红利"

当前,经济新常态叠加刘易斯拐点,劳动力多人工成本低的"旧人口红利"逐渐消失,劳动力素质的提升是推动经济和居民收入增长的根本动力,也是"人口新红利"。一是切实加强教育培训力度,大力加强人才培养。重点是扩大义务教育年限,大力发展适应市场需要的职业教育,加大现有的高校教育与就业市场的对接。二是进一步打造优薪宜居低税的创业就业环境,大力引进中高端人才,促进人才创新创业。

(二)加快经济转型升级,大力发展新经济

新时代需要新经济。一是要将"互联网+"和"智能制造"作为湖南经济发展的核心战略,大力发展电子信息、新能源新材料、生物医药、文化创意等新兴产业。二是进一步深化供给侧结构改革。加快推进过剩产能的淘汰和转型升级,加快推进农业供给侧改革和现代农业的发展步伐,全力推进乡村振兴战略。

（三）优化居民收入构成结构，促进居民经营性和财产性收入增长

当前，湖南居民经营净收入和财产净收入占比仍然偏低，增收潜力和增长弹性大，是今后提升居民收入的重要努力方向。一是要进一步优化营商环境，打破行业垄断和地方垄断，大力发展民营经济。二是要进一步加快产权、财税和金融制度改革，拓宽居民投融资渠道，减轻居民特别是中低收入群体居民的税负，完善中小投资者保护机制。

（四）优化居民收入分配格局，缩小居民收入差距

一是建立合理的工资增长机制，加强对最低工资标准的调控，缩小国企和民企之间、垄断行业和非垄断行业之间的工资差距。二是进一步加大精准扶贫力度，将扶贫对象从农村向城镇延伸。三是继续完善社会保障和救助体系，建立养老金和医保报销标准稳定增长机制。四是进一步激励重点人群的增收，扩大中等收入群体。

B.15
2017年社会治安综合治理工作情况及2018年工作打算

熊晓强*

一 2017年工作情况

2017年，全省综治战线认真贯彻党的十八大和十八届三中、四中、五中、六中全会特别是党的十九大精神，全面落实加强和创新社会治理、深化平安建设的决策部署，着眼服务全省经济社会发展大局，坚持一手抓突出问题解决，一手抓体制机制创新，平安湖南建设深入推进，为建设富饶美丽幸福新湖南创造了安全稳定的社会环境。全省刑事案件、治安案件、命案同比分别下降17.53%、14.57%、13.21%，人民群众安全感满意度稳步上升，全省综治民调得分87.14分，同比提高1.3个百分点。原中央政治局委员、中央政法委书记孟建柱3月在湘视察时，对湖南工作给了了充分肯定。湖南健全落实综治领导责任制、长沙火车南站地区治安防控联勤联动和岳阳、永州网格化服务管理等经验被全国综治表彰大会推介。长沙、株洲和张家界3市和韶山、资兴和中方3县市被授予全国社会治安综合治理工作最高荣誉"长安杯"，岳阳市和韶山市、武陵区、泸溪县分别被评为2013~2016年度全国社会治安综合治理优秀市、全国平安建设先进县（市、区），长沙火车南站地区综治办等5个单位和益阳市综治办主任蔡波才等5名同志被评为2013~2016年度全国社会治安综合治理先进集体和先进个人。

---

* 熊晓强，湖南省委政法委副书记、省综治办主任。

（一）坚持围绕中心，主动服务经济社会发展

（1）加强顶层设计。把综治工作和平安建设放到经济社会发展全局中谋划、部署和推进，制定全省"十三五"创新社会治理规划，完善社会治安防控体系建设、矛盾纠纷多元化解等制度规范，解决影响人民群众安全感的突出问题，维护人民群众生命财产安全，确保人民安居乐业、社会安定有序。各地各部门围绕平安湖南建设总体目标，谋篇布局、扎实工作，全省上下形成党委领导、政府主导、社会协同、公众参与、法治保障的社会治理格局。

（2）落实综治领导责任制。出台《湖南省健全落实综治领导责任制实施办法》（湘办发〔2017〕64号），完善领导责任、部门责任、专项工作责任、目标管理责任等制度，坚持奖惩并举，严格督导问责，级级压实责任，层层传导压力，推动重点难点问题解决。

（3）推动共建共治。坚持创新驱动，每年结合重点工作，部署一批综治创新项目，打造一批示范点，带动整个面上建设。促进联动融合，如完成综治中心、网格化和"雪亮工程"等重点建设任务，推动统筹整合资源，融入"智慧城市"和基层综合服务管理平台等建设一体推进。推动开放共治，既注重发挥党委领导、政府主导作用，又充分发动社会力量参与，推动形成政府治理和社会调节、居民自治良性互动的局面。如在全国率先开展政府购买社区矫正服务；全省有3万余个社会组织活跃在基层社会治理一线；社区微信公众号、网格App为网格化服务管理构建起多样化参与机制。

（二）坚持问题导向，切实防范化解各类风险

（1）全面防控风险。加强预警研判，严密防范和有效应对政治安全、公共安全、金融安全、网络社会安全风险，坚决打击网络政治谣言，深入开展反间谍专项斗争，加大反邪教工作力度，积极防范化解部分涉军退役人员、涉众型经济案件受损群体等矛盾，近年来全省无政治性案件、重大群体性事件和暴力恐怖事件。

（2）化解社会矛盾。完善矛盾纠纷多元化解机制，促进各类非诉讼方

式健康发展，推动人民调解、行政调解、司法调解协调联动，推动调解、仲裁、行政复议、行政裁决、诉讼等有机衔接。针对婚姻家庭、道路交通、劳动争议、非法集资、证券等矛盾纠纷多发领域，先后出台规范性文件，加强多元化解机制建设。推进信访制度改革，推动利益诉求解决纳入法治化轨道，依法治理进京非访，及时就地解决社会矛盾。全省矛盾纠纷总量稳中有降、调处成功率稳中有升，有效预防和减少了"民转刑"案件。婚姻家庭纠纷多元化解机制建设创新分别被中央综治办、全国妇联评为"优秀创新项目""全国妇女工作十大优秀创新案例"，为中央部委加强制度设计提供了借鉴。

（3）加强专项治理。深入开展涉爆涉枪、盗抢骗、黄赌毒、打黑除恶、电信诈骗、危害食品药品安全等违法犯罪专项打击整治行动，加强道路交通、消防和危化品等安全管理，强化大型活动安保，确保公共安全。在金融、电信、交通、旅店、寄递物流、危爆物品、枪支弹药、食品药品等重点行业、领域，大力推行实名制，全省省际、市际长途客运全面实施实名制，寄递物流实现实名收寄信息化。加强重点人群服务管理，县市区社区矫正中心全覆盖，社区服刑人员重新犯罪率低于全国平均水平；加强严重精神障碍患者救治救助，出台监护奖励政策，肇事肇祸案事件得到有效遏制。

（三）坚持科技支撑，完善立体化信息化社会治安防控体系

（1）深入实施"雪亮工程"。把"雪亮工程"建设纳入重点民生实事项目强力推进，全省公共部位新增3万个社会治安视频监控探头；国家示范和重点支持城市长沙、益阳项目建设有力推进。

（2）加强综治信息化建设。推动健全省、市、县、乡、村五级综治信息化体系，加强基础数据采集，加强相关业务应用。推广公安机关110报警服务、综治信息系统、12345社会求助服务平台整合试点，促进公共安全类信息资源互联互通、共享共用。推动公安机关有关视频监控图像接入同级综治中心，分级有效整合各类视频图像资源，逐步对接综治视联网和各级综治中心。省级公共安全视频图像信息共享平台建设正在实施，市县级平台建设同步推进。

（3）强化大数据运用。依托"智慧城市"建设，推动各方面信息资源融合共享，加强政法综治专业数据、政府部门管理数据、公共服务机构业务数据、互联网数据等集成应用，推动公共安全大数据、云平台建设，提高预防和打击违法犯罪效能。如运用大数据技术及时发现、管控重点人员，通过公共安全视频监控图像信息共享实现防控一体联动，确保了2017年3月在长沙举行的足球世界杯亚洲区预选赛安全顺利。如湖南省邮政公司建立大数据集中管控平台，近2000个网点、分拣中心安装高清探头1.1万多个，实时监控邮件处理，运输GPS全程跟踪，投递"GPS＋智能终端"监管，年收寄投送邮件达10亿件，连续多年重大案事件零发案。

（四）坚持强基固本，不断夯实基层基础

（1）大力推进综治中心建设。认真贯彻习近平总书记关于推进基层综治中心建设的重要指示精神和中发〔2016〕1号、中办发〔2017〕19号文件要求及《社会治安综合治理综治中心建设与管理规范》国家标准，明确目标任务，强化工作举措，加强督促检查，大力推进各级综治中心建设，省、市、县三级综治中心基本建成，乡、村两级综治中心建成率分别为70.2%、54.9%。各地还探索成立综治中心专门机构编制，9个市级、91个县级综治中心设立专门机构编制，分别配备专门编制人员55人、482人。重点部位探索建立综治实战平台，如长沙火车南站地区成立市属区管副处级机构，配备30名事业编制人员，建立联勤联动指挥中心，站区30多家部门单位和200余名公安、武警、城管、运政等专业力量实现信息共享、一体协同、整体作战，得到中央领导同志的高度肯定。

（2）深化拓展网格化服务管理。全省中心城区、县城和有条件的乡镇社区普遍实行网格化服务管理，推行网格化服务管理中心与同级综治中心一体化运作，把资源、服务、管理下沉，人、地、物、事、组织等基本治安要素纳入网格化服务管理，为人民群众提供全面、优质、高效的社会治安相关公共管理服务。2017年全省社区（村）网格化服务管理总体覆盖率为78.12%，其中中心城区和县城覆盖率达97.84%，乡镇覆盖率为75.03%。

全省共配备网格管理员12.1万余人，采集人、地、物、事等基本治安要素信息4000多万条，通过网格化平台办结各类事项100多万件，基层社会治理精细化水平不断提升。永州市、县级网格化服务管理中心（综治中心）分别明确为处、科级事业单位，1500多名网格员纳入"社区岗位编制"，工资待遇由县区财政解决，对优秀网格员定向招考为事业单位工作人员或纳入村（社区）后备干部，提升了基层服务管理能力和水平，得到中央综治办多次推介，《城乡社区网格化服务管理规范》国家标准吸纳了"永州元素"。

（3）深入开展"十大平安"系列创建。在全省深入开展平安县（市、区）、平安乡镇（街道）、平安村（社区）和平安学校、平安医院、平安企业、平安单位、平安景区（点）、平安交通、军地平安创建等"十大平安"系列创建活动，综治、公安、经信、教育、交通、卫计、旅发委等部门牵头组织实施，社会力量和人民群众积极参与，打造社会治安综合治理"湘字品牌"，评选表彰了首届100个"十大平安"系列创建示范单位，提升了平安建设的参与度和影响力。

（五）坚持主动引导，大力强化政法综治宣传

建立湖南长安网、三湘综治网，"潇湘剑语""和三湘"微信公众号，"湖南政法综治"微博和"新湖南"客户端政法频道等宣传阵地平台。全省政法综治新媒体矩阵不断完善，开通政法综治新媒体3366个，其中网站800余个、微博1000余个、微信公众号800余个、客户端700余个，微博粉丝3000万、微信粉丝600万、客户端用户2000万。深入开展平安建设宣传，推介社会治理经验，全方位、多形式展示政法综治工作成效，弘扬主旋律、凝聚正能量。湖南政法综治宣传工作得到中央政法委的高度肯定，9月26日全国政法新媒体建设工作会议在湖南召开。

二 2018年工作打算

2018年综治工作的总体思路是：坚持以习近平新时代中国特色社会主

义思想为指导，深入贯彻党的十九大和中央及省委经济工作会议、政法工作会议精神，紧紧围绕统筹推进"五位一体"总体布局和协调推进"四个全面"战略布局，积极适应中国特色社会主义进入新时代、社会主要矛盾发生新变化提出的新要求，坚持以人民为中心，一手抓保安全、护稳定，一手抓打基础、谋长远，深入推进新时代平安湖南建设，以防范管控重大风险为着力点，以改革创新、科技应用为动力，健全共建共治共享格局，提高社会治理社会化、法治化、智能化、专业化水平，不断提升人民群众获得感、幸福感、安全感，为服务全省经济高质量发展、加快建设富饶美丽幸福新湖南、决胜全面建成小康社会创造安全稳定的社会环境。

（1）加强社会矛盾预防化解。总结深化新时代"枫桥经验"，以纪念毛泽东同志批示学习推广"枫桥经验"55周年暨习近平总书记批示坚持发展"枫桥经验"15周年为契机，总结、推广一批各地各有关部门创新完善矛盾纠纷多元化解机制的典型经验。坚持以人民为中心的发展思想，完善矛盾纠纷多元化解机制，有效预防化解社会矛盾纠纷和金融风险，预防和减少"民转刑"案件特别是命案，维护社会和谐稳定。健全社会心理服务体系，开展疏导服务、危机干预，防范和降低社会风险。

（2）加快社会治安防控体系建设。深入实施"雪亮工程"建设，以"雪亮工程"为牵引推进综治信息化建设，提升社会治理智能化水平。加快重点部位、复杂场所和农村薄弱地区公共区域视频监控系统建设，推动联网应用，推进城乡一体化，实现全域覆盖、全网共享、全时可用、全程可控。依法打击和惩治黄赌毒黑拐骗等违法犯罪活动。对全省市州和县市区试行发布"平安指数"。

（3）组织开展扫黑除恶专项斗争。认真贯彻中发〔2018〕3号文件精神和中央、省委部署要求，出台全省开展扫黑除恶专项斗争的实施意见，完善工作机制，组织开展一轮新的扫黑除恶专项斗争。

（4）加强重点领域源头性服务管理。进一步强化实有人口动态管理。深化预防青少年违法犯罪工作。做好特定利益群体工作。强化肇事肇祸等严重精神障碍患者服务管理。加强重点领域和行业安全风险管控，严防发生重

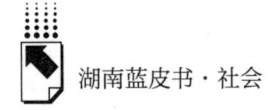

大公共安全事件，遏制重特大安全事故发生。

（5）进一步夯实基层基础。深入推进综治中心标准化建设，深化拓展网格化服务管理。公民基础信息、个人财产、生产经营主体、金融账户、国家考试、就业和社会保障、医疗卫生、电信、交通运输、邮寄递送、危险物品流通、互联网、娱乐场所、特种行业、旅馆业等15个领域，全面实施实名制，为加强社会治理打牢基础。深入开展"十大平安"系列创建活动，推动基层平安创建全覆盖，推进共建共治共享。

（6）健全落实综治领导责任制。认真落实综治领导责任制实施办法，完善综治考评工作，用好综治奖励政策。对因重视不够、工作措施不落实，导致违法犯罪现象严重、治安秩序严重混乱或发生重特大案事件的地区，严格责任督导和追究。将预防和减少重特大案事件特别是命案作为一项重点工程来抓，认真总结2017年全省"零命案县（市、区）"的做法经验，深入推进"零命案县（市、区）"创建，最大限度地预防和减少命案发生。

B.16
2017年湖南信访情况及2018年展望

湖南省信访局

2017年,在省委、省政府的正确领导下,全省信访系统深入学习贯彻习近平总书记关于信访工作重要指示精神和第八次全国信访工作会议精神,以"迎接十九大、服务十九大"和"学习贯彻党的十九大精神"为主线,强化责任落实,深化源头治理,突出积案攻坚,在维护群众合法权益、促进社会和谐稳定等方面取得明显成效。全省信访情况呈现"三降三升两好转"态势,即全省信访总量下降,网上信访量上升;到省进京信访量下降,基层化解信访问题量上升;信访积案存量下降,群众满意率上升;全省信访形势和信访秩序持续好转,没有因信访问题引发重大群体性事件,没有发生赴京大规模集体信访,没有发生极端恶性事件。

一 2017年湖南信访情况

(一)圆满完成党的十九大信访工作任务

把迎接服务党的十九大作为全年信访工作的头等大事,以"责任落实年"为抓手,以最高标准、最严要求、最大力度、最实作风,推动各级各部门层层明确和传导责任。省委常委会、省政府常务会多次研究部署信访工作,省委常委、副省长带头分赴所联系的市州调研督导,分管省领导现场指挥决战决胜,示范推动责任落实,各市州党委、政府积极履行主体责任,多个省直部门多次召开党组会议进行部署,市、县、乡、村四级党组织书记积极履责担当,努力把问题解决在初始、人员稳定在当地,打赢了党的十九大特护期信访维稳工作硬仗。

（二）深入推进两个专项行动落地见效

全省扎实开展"信访问题源头治理"和"信访积案清零"专项行动，在常德市召开了全省现场推进会，推广"党建引领、网格融合、以村为主"模式，深化领导干部接访下访包案制度，着力从源头预防和化解信访问题。娄底市建立"有事请找我"责任担当机制，永州、益阳、郴州等市实行全市大走访，为基层群众排忧解难；常德、株洲、湘西州等市州把积案清零作为干部考核重要指标；省民政、人社、卫计、环保、金融等部门加大专项领域信访问题排查化解。2017年8月，省委、省政府督查室和省联席办牵头组织信访工作大督查，进一步推动源头治理。2017年，全省各级各部门共排查化解信访矛盾纠纷11.8万件，化解率93.7%；共按期办结3980件信访积案，化解率100%。

（三）着力打造"网上信访"主渠道

各级各部门大力推行"互联网+信访"新模式，信访信息系统的覆盖面不断扩大，网上投诉事项的网下办理力度不断加大，网上信访占比继续大幅上升。加快推动现代信息技术支撑业务流、信息流、管理流的有机融合，信访基础业务与网络数据应用不断融合，信访部门信息化转型升级成效明显。大力推行"阳光信访"新模式，做到业务流程标准化、处理过程透明化、统计分析智能化，实现信访网上投、事项网上办、结果网上评、问题网上督、形势网上判，全省信访工作的专业化、精细化水平明显提升。湘潭、怀化、岳阳等市实行"网访代办"服务、加强民生服务网站和信访微服务等建设，群众就地反映诉求更加便捷，群众满意度评价持续提升。

（四）切实加强信访干部队伍建设

认真学习宣传党的十九大精神，深化"两学一做"学习教育，深入领会习近平总书记关于信访工作的重要指示精神，引领全省信访战线广大党员干部学思践悟、学以致用。加大信访理论研究力度，强化分层分类培训，举办全省信访干部复旦大学培训班和新任信访局局长培训班，开展信访基础工作"百佳业务规范单位"和"百佳业务能手"竞赛活动，信访干部履职能力明显提升。开展"最美信访干部""我在基层做信访"等主题宣传，展现了信访干部"为民、务实、负责、奉献"的精神风貌。

二 2018年湖南信访形势分析及展望

党的十九大明确指出，中国特色社会主义进入了新时代，这意味着信访工作进入新的发展阶段，各级信访部门肩负新的历史使命。做好新时代信访工作，必须要观大势、谋大局，清醒认识我国社会主要矛盾发生了关系全局的历史性变化，既利用好机遇，又应对好挑战，切实回答好信访工作的重大时代课题。从经济发展新阶段看，我国经济已由高速增长阶段转向高质量发展阶段，满足人民群众"日益增长的美好生活需要"将成为经济发展和民生工作的着力点，特别是近年来湖南经济实力明显提升，为解决信访突出问题奠定了坚实基础，为信访工作创造了有利条件。但随着供给侧结构性改革等一系列经济新举措的实施，不可避免地带来一些新的利益调整和分化组合。湖南作为中部省份，在追赶式跨越发展过程中，经济社会发展领域的矛盾风险将更加突出。从人民群众新要求看，人民群众对美好生活的需求层次和需求内涵发生了深刻变化，权利意识、自我意识、法治意识日益提升，求发展、要公平、想参与的愿望增强，对权益保障、公共服务、公平正义、环境安全等方面的要求越来越高。群众表达诉求的方式日趋多样，解决诉求的期待日趋强烈，涉及的领域日益扩大化、利益主体日益多元化，呈现不同时期的新老问题相互叠加、不同群体的政策诉求相互攀比、不同领域的矛盾纠纷相互转化、不同诉求的活动方式相互影响等显著特点。从社会治理新任务看，以互联网为基础的新兴媒体对社会生活的影响不断扩大，线上线下、虚拟现实、体制内外、国内国外等界限日益模糊，"无边界社会"特征明显，信访风险隐患的跨界性、穿透性增强，一个小问题随时可能传播升级为网络舆情事件，甚至演化成现实社会事件。群众信访活动因网而生的突发性、隐蔽性、群体性的趋势，信访问题因网而增的关联性、复杂性、多样性的特征更加凸显。面对新形势新变化新挑战，我们要按照党的十九大关于创新社会治理的要求，进一步增强政治意识、大局意识和责任意识，积极研究新情况，及时解决新问题，着力加固底板、补齐短板，牢牢把握工作主动，更好地服务大局、保障大局。

2018年是贯彻党的十九大精神的开局之年，是改革开放40周年，是贯彻省第十一次党代会精神、决胜全面建成小康社会、实施"十三五"规划承上启下的关键一年。坚持以党的十九大精神为统领，按照十九大做出的战略部署做好信访工作意义重大。2018年全省信访工作总体思路是：深入学习贯彻党的十九大精神，坚持以习近平新时代中国特色社会主义思想为指导，牢牢把握社会主要矛盾变化对信访工作的新要求，以开展信访"法治建设年"活动为主线，推动依法及时就地解决群众合理诉求，不断提高专业化、法治化、信息化水平，更好维护群众合法权益、维护社会公平正义、维护社会和谐稳定。重点做好以下五个方面的工作。

（一）以学习贯彻党的十九大精神为首要任务，全力确保信访工作沿着正确方向砥砺前行

各级信访部门要开展习近平新时代中国特色社会主义思想大学习、大培训，毫不动摇地把坚持党的绝对领导作为新时代信访工作的最高原则，确保在政治立场、政治方向、政治原则、政治道路上同以习近平同志为核心的党中央保持高度一致，以高度的政治自觉和政治担当办理好每一封来信、接待好每一次来访、处理好每一件投诉。要始终坚持以人民为中心的根本立场，自觉把党的群众路线作为信访工作生命线，进一步拓宽和畅通群众诉求表达渠道，千方百计为群众排忧解难。要把政治建设摆在首位，进一步增强"四个意识"，以高度的政治自觉和政治担当，为党分忧、为党尽职，更加注重从信访工作中发现和梳理问题线索，助力反腐倡廉，更加注重常态化纪律教育和警示教育，维护信访部门为民务实清廉良好形象，更加注重增强信访干部队伍的能力素质，夯实党的执政基础。

（二）以"三无"创建为主要抓手，全力加强基层基础工作

以"无进京非访登记和进京重复越级访、无到省级以上的集体访、无极端恶性事件"为目标，分级推进、分级负责开展"三无"县（市、区）、"三无"乡镇（街道）、"三无"村（社区）创建活动，最大限度地减少矛盾积累、信访上行。以社会治理创新为动力，切实发挥信访部门"了解社情民意、汇集意见建议，分析稳定风险、评估政策得失，排查矛盾隐患、解决合理诉求"的职能作用，做合格、专业的信访工作"全科医生"；组建专业调解机构和专业组织，化解医患纠纷、非法集资和交通等领域的涉众型信访问题；全面推行城乡社区网格化服务，整合基层信访、综治、司法等资源力量，拓宽第三方参与信访问题化解的制度化渠道，通过组织动员、购买服务、公益慈善等途径，让更多社会力量和专业力量参与化解疑难复杂信访问题，全面提升基层信访工作专业化水平。以推动大数据与信访工作深度融合为手段，进一步加大平台对接和系统整合力度，把群众通过信、访、网、电等各类渠道提出的信访诉求全部纳入信访信息系统，实现对各级各部门和所有信访事项的全覆盖、一网通，探索信访事项网上受理、办理、监督、评价等环节的智能化升级，全力提升信访工作信息化水平。

（三）以"双向规范"为工作重点，全力推进法治信访建设

按照省委、省政府要求，在全省开展信访工作"法治建设年"活动，依法规范信访事项办理，依法规范信访人行为，进一步强化法律在化解矛盾中的权威地位，切实做到在法治轨道上、法律框架内行使职权、化解矛盾。狠抓信访工作规范化的制度体系，进一步完善法治信访的运行机制，抓好中央加强信访法治化建设意见和湖南实施意见的落实，进一步完善信访与司法和行政的对接机制，全面落实诉访分离制度和依法分类处理信访诉求工作规程，引导群众依法有序理性表达诉求，实现法律效果和社会效果的有机统一。狠抓信访事项受理办理的精细化管理，按照"业务管理制度化、工作流程标准化、方法手段信息化、受理办理法治化"的总体目标要求，进一

步细化明确信访事项受理办理、复查复核、督查督办等各环节的业务规范标准，强化信访工作专业化保障。以依法及时就地解决群众诉求为目标，以"三到位一处理"为标准，完善责任考核体系，强化督查督办，引导把主要精力集中到解决问题、化解矛盾上，更好地维护群众合法权益。狠抓信访秩序的依法维护，进一步加强法制宣传教育，严格落实"谁执法谁普法"责任制，引导群众依法逐级理性反映诉求，对缠访闹访、以访谋利等涉访违法行为，严格按照中央和省里有关规定依法妥善处理，加大公开曝光力度，推动形成办事依法、遇事找法、解决问题用法、化解矛盾靠法的良好氛围。

（四）以"四大攻坚"为主攻方向，全力化解信访突出问题

按照国家信访局统一部署，我们将以化解信访突出问题为重点，下大气力打好重点领域、重点群体、重点问题、重点人员的攻坚战。一是着力打好重点领域攻坚战，针对集资融资、工程项目建设、"三农"、环境保护等重点领域存在的信访问题，加强排查梳理，明确责任主体，进一步加大中央和省委、省政府相关政策的落实力度，有针对性地做好矛盾化解工作，严防各类风险叠加、聚集升级。二是着力打好重点群体攻坚战，对反映强烈的涉军、涉企、涉教、涉运等重点群体，认真研究问题成因，分析诉求内容，明确责任主体，督促相关地方和部门落实已有政策，多措并举解决好群众反映的实际问题。三是着力打好重点问题攻坚战。坚持党委政府牵头的部门联动大督查机制，完善日常督办责任机制，推动积案化解制度化常态化，集中资源和力量持续推动信访积案化解。逐案落实领导包案化解责任，继续发挥专项资金作用，下大气力化解疑难复杂信访案件。加强沟通对接和会商协调，严格落实主办协办责任，加大"三跨三分离"信访事项协调化解力度，确保复杂个案减存量、控增量。四是着力打好重点人员攻坚战。对本地区本部门信访重点人员进行全面摸底排查，逐一建立台账，落实化解责任，做到情况清、底数明、责任实。统筹运用协商和解、公开听证、教育疏导、帮扶救助等手段，在解决好实际问题的同时，解决好信访群众的思想问题，努力做好案结心结同步解、不反复。

（五）以"五个过硬"为对比标杆，全力建设高素质信访干部队伍

自觉把习近平总书记强调的信念过硬、政治过硬、责任过硬、能力过硬、作风过硬作为根本标准，全面加强政治建设、能力建设、作风建设，努力打造一支对党忠诚可靠、恪守为民之责、善做群众工作的高素质信访干部队伍。深入开展"不忘初心、牢记使命"主题教育，始终把党的政治建设放在首位，结合"两学一做"学习教育常态化制度化，进一步严肃党内政治生活、严格党性锻炼，以高度的政治自觉和政治担当履行好"为党分忧、为民解难"的神圣职责。努力练就过硬工作本领，把加强能力建设摆在更加重要的位置，以贯彻落实党的十九大精神为重点，广泛开展教育培训、岗位练兵、业务竞赛、挂职锻炼等活动，着力提升信访干部的学习本领、群众工作本领、狠抓落实本领。下大气力创建"人民满意窗口"，以创建活动为载体，坚持严字当头、实字托底，深入查摆"四风"突出问题，特别是形式主义、官僚主义新表现，驰而不息抓好干部作风建设。始终坚持全面从严治党要求，强化党风廉政建设"两个责任"，不断延伸事前防范、事中监督的触角。在全省开展"抓重点、补短板、强弱项"信访工作大调研活动，坚持问题导向，领导干部带头示范，推动信访工作更接地气，为党委政府当好参谋助手。

B.17
2017年湖南省安全生产形势及2018年展望

湖南省安全生产监督管理局

一 2017年安全生产总体形势

2017年,全省各级各部门深入学习贯彻习近平总书记系列重要讲话精神和治国理政新理念新思想新战略,全面贯彻落实党中央国务院、省委省政府关于安全生产的各项重大决策部署,牢固树立以人民为中心的发展思想,始终坚持生命至上、安全第一,用心用脑研判形势,精细精准推进工作,较真较劲加强监管,从严从紧压实责任,全面启动"落实企业安全生产主体责任年"活动,深入开展安全生产大检查,建立实施重大事故隐患治理"一单四制",扎实推进重点行业领域专项整治,大力开展安全生产宣传培训,杜绝了特大事故,遏制了重大事故,全省安全生产形势总体稳定、趋势向好,为建设富饶美丽幸福新湖南提供了有力的安全保障。

(一)安全生产事故情况

2017年,全省大部分行业领域、大部分地区实现了"三下降"(事故总量、死亡人数、较大事故起数下降),下半年以来进一步实现了"一绝不"(绝不再发生重大以上事故)。14个市州事故起数同比均大幅度下降,死亡人数除株洲同比增加4人外,其他市州均同比下降。纳入统计的13个重点行业领域中,除煤矿、农业机械事故死亡人数上升外,其他10个均同比下降或持平,其中道路运输事故起数和死亡人数同比减少1009起、461人,分别下降59.2%、58%。

2017年1~12月，全省发生各类生产经营性安全事故1043起，死亡864人，受伤934人，直接经济损失2.79亿元，同比分别减少1154起、717人、908人、1.09亿元，分别下降52.5%、45%、49.3%、28.2%；其中较大事故19起、死亡75人，同比减少3起、8人，分别下降14%、9.6%；没有发生特别重大事故。

（二）安全生产工作重大事项

一是认真组织开展党的十九大精神和习近平总书记关于安全生产的重要论述学习贯彻活动，自觉以习近平新时代中国特色社会主义思想武装头脑、指导安全生产工作实践。二是省委书记杜家毫亲自主持省委理论学习中心组（扩大）视频会议，专题学习《中共中央国务院关于推进安全生产领域改革发展的意见》，并于8月8日专程到省安监局调研座谈，发表重要讲话；省长许达哲全年主持8次省政府常务会议和省安委会全会，专题研究部署安全生产工作，并亲赴株洲市攸县吉林桥矿业公司"5·7"重大中毒窒息事故现场指挥抢险救援。三是深入开展安全生产大检查和综合督查，确保了党的十九大期间的安全稳定和全年安全生产形势的持续好转。四是全面启动"落实企业安全生产主体责任年"活动，综合运用法制、行政、市场多种手段，督促各类生产经营主体做到"一必须五到位"。五是建立实施了具有湖南创新特色的重大事故隐患治理"一单四制"制度，对防范和遏制重特大事故发挥了重大作用。六是聚焦问题整改，扎实推进落后小煤矿和烟花爆竹企业关闭退出，深入开展道路交通、非煤矿山、危险化学品、电气火灾综合治理以及冶金等工贸行业粉尘涉爆、有限空间作业、涉氨制冷、建筑行业重点环节等专项整治。七是坚持宣教开路、培训先行、宣传造势，认真落实"三个第一课"、党委（党组）中心组学习、执法干部培训、企业负责人和安全管理人员及从业人员培训等措施，不断增强全社会的安全生产意识。八是多措并举推动安全生产应急管理机构建设，规范应急值班值守，加强预案管理和应急演练，加快"12350举报平台"和全省应急救援指挥平台建设，努力提高应急管理和防灾减灾救灾能力。九是对比"国考"要求,竭力补短板强弱项,在上半年发生三起重大事故濒临"一票否决"的严峻形势下,下半年尽全力杜绝重特大事故。十是完成省安监局、省煤炭管理局"两局合署",整合力量形成湖南安全监管新格局。

二 加强安全生产工作的主要措施

(一)坚持改革创新,大胆先行先试

《中共中央 国务院关于推进安全生产领域改革发展的意见》(以下简称《意见》)印发后,省委常委会、省政府常务会立即组织专题学习,将《意见》贯彻落实工作列入省委深改组2017年工作计划。3月底,省委理论学习中心组(扩大)举行专题辅导报告会,省委书记杜家毫主持会议并讲话,省委、省人大、省政府、省政协班子成员参加学习,会议通过视频方式扩大到市、县,总参会人员在万人以上,推动全省形成了全省学《意见》、抓改革、促安全的浓厚氛围。11月15日《中共湖南省委 湖南省人民政府关于推进安全生产领域改革发展的实施意见》印发全省实施。积极推动一系列创新举措落地实施,得到国务院领导同志的充分肯定,在全国经验交流会议上作典型发言,列入全国安全生产领域改革的五个试点省之一。

(二)强化组织领导,压实安全责任

一是强化党委政府领导责任。省委省政府主要负责同志亲力亲为抓安全,多次作出指示批示,逢会必讲安全生产,亲自带队检查调研,其他省领导切实加强分管行业安全生产工作,发挥强大示范引领作用。市县两级全面建立党委政府领导安全生产工作责任清单,党委政府领导责任和地方属地不断强化。二是倒逼企业落实安全生产主体责任。省委、省政府决定从2017年起连续三年开展"落实企业安全生产主体责任年"活动,做出专项部署,

着力推进企业做到"一必须五到位",企业安全生产和职业病防治主体责任得到进一步落实。三是严格目标管理和责任追究。2017年全省有8个市、37个县市区、34个省直和中央在湘单位、23家企业被评为安全生产工作优秀单位,3个市被"黄牌警告",3个县市区被"一票否决",考核结果在省委经济工作会议上通报。四是严格事故调查处理。全年3起重大事故均在规定时限内结案并向社会公布,共追责123人,其中刑事拘留和立案侦查60人,党纪政纪处分和行政处罚63人。

(三)立足治本攻坚,提升本质安全

一是推行遏制重特大事故的"一单四制"。分级分行业领域建立重大事故隐患清单,并对治理任务实行交办制、台账制、销号制、通报制管理。省安委会分两批挂牌督办17个重大事故隐患,2017年年底前基本整改到位并验收销号10个。二是坚决淘汰不安全落后产能。2017年关闭煤矿55家,关闭非煤矿204座,烟花爆竹生产企业控减到1000家以内,产区县减至8个,衡阳等9个市州整体退出烟花爆竹生产,134家危险化学品生产企业公告注销安全生产许可证。三是坚持问题导向抓专项整治。组织暗访组深入产煤市县巡查暗访,推进煤矿安全"体检";部署开展工程运输车辆交通安全专项整治,深入开展道路交通运输"百日会战""隐患清零"行动;开展以花垣县铅锌矿区为重点的采空区整治;制定全省危险化学品企业"一张图一张表",实施危化品中心城区搬迁退出工程;持续开展烟花爆竹生产、经营、运输等环节专项整治,建立黑火药生产企业驻厂监督机制和签单发货制度;全面启动为期3年的电气火灾综合治理;推进冶金等工贸企业涉氨制冷、粉尘防爆、有限空间作业三大专项整治;突出建筑起重机械、支模架、脚手架等重点环节开展专项整治。四是强化城市运行安全保障。有关部门联合打击城镇燃气非法违法活动,组织研发"湖南省城市桥梁信息管理系统",大力推进地下管线普查,完善大型群众性活动安全管理制度,开展人员密集场所安全专项治理。

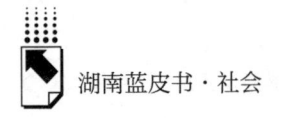

（四）推进依法治理，严格监管执法

针对安全生产"政府热、企业冷"的顽症痼疾，省政府制定并出台《湖南省生产经营单位安全生产主体责任规定》。重新修订《湖南省安监部门行政检查办法》，规范安全生产行政执法程序。全面推行安全生产计划执法，着力推动安全监管方式"三个转变"。始终保持"打非治违"高压态势，紧盯重点地区、重点行业领域攻坚克难，一批重大问题和隐患得到有效治理。

（五）深入开展大检查，严防严控事故

2017年7月到12月，在全省范围内开展为期半年的安全生产大检查。许达哲省长担任全省大检查领导小组组长，亲自部署、推进和督办。各级各部门狠抓落实，形成大检查严查严管新常态。共排查各类重大事故隐患4095项，年底前完成整改3240项，整改率79.1%；依法打击严重违法违规行为2833起，关闭取缔企业1841家，停产整顿企业2594家，暂扣吊销许可证照668个，罚款1.52亿元，追究刑事责任311人，曝光典型案例700余条。2017年7~12月，全省事故数、死亡人数同比分别下降58.2%和56%。

（六）加强基层基础，强化安全保障

一是加强安全监管能力建设。省政府常务会议专题研究并下发文件，确定省、市、县三级安监部门为政府行政执法机构，并将安全监管执法经费纳入同级财政保障。在年初预算1.27亿元规模基础上，省政府年中追加安全生产专项资金1亿元。二是提升人防物防技防能力。推进"机械化换人、自动化减人"工程，2017年建成组合烟花自动化生产线10条、国家爆竹生产机械化示范装置2条。组织对全省5729公里运营高速公路路网和733公里重点桥梁、隧道、路段进行了安全风险评估。推进公路安全生命防护工程建设，在建10855公里，建成3819公里。三是深入开展安全生产示范创建活动。至2017年底累计14个县（市区）、546个乡镇（街道）、9家企业被

命名为省级安全生产示范单位。"平安农机""平安渔业""平安校园""平安工地"等各类安全示范创建工作持续深入。四是加强应急救援体系建设。省财政累计投入1.21亿元专项用于救援队伍建设。全省高危行业企业应急预案备案率超过97%，当年组织各类应急演练过万场次。

（七）广泛宣传教育，强化红线意识

积极创建安全宣传"大品牌"，充分运用各类媒体，开展多层次、全方位、立体式安全生产大宣传，不断强化全社会的安全生产红线意识。湖南安监公众号在全国省级安监微信公众号和全省政务民生公众号的影响力名列前茅。《烟花烂漫终有时》（湖南烟花爆竹机械化生产和关闭整顿退出专题宣传片）和《安全生产永远在路上》等专题宣传片得到国务院领导同志及安全监管总局的肯定。大力推进安全生产宣教"七进"活动，湖南省安监局被评为全国安全生产月活动组织先进单位、全国安全生产新闻报道优秀单位。

（八）重视科教兴安，提升安全水平

加快建设高危行业领域安全监管在线监测、预警防控体系，先后在石门等县市建设了矿山（尾矿库）在线监测、人员定位系统，在醴陵等市建设了烟花爆竹生产在线监控系统，常德武陵区建设了以安全生产为重点的网格化监管信息平台。"智慧安监"一张网初具雏形，省级安全生产监管与应急指挥平台全面启用，建成了覆盖全省安监系统的省、市、县三级视频会议系统和电子政务系统。

三 2018年展望

（一）总体思路

以习近平新时代中国特色社会主义思想为指导，全面贯彻党的十九大精

神，坚持生命至上、安全第一，坚持问题导向和目标导向，以防范和杜绝重特大事故为重点，深化安全生产领域改革，加强安全生产监管执法，健全完善安全生产责任制，强化源头管控和系统治理，夯实基层基础，提升人防物防技防能力，落实"一单四制"，织密安全生产防控网，为推动高质量发展创造稳定的安全生产环境，为决胜全面建成小康社会、建设富饶美丽幸福新湖南做出应有的贡献。

（二）工作目标

努力实现"三下降一杜绝"的目标，即全省生产经营性事故总量、职业病新增发病率、较大事故起数持续下降，有效防范和努力杜绝重大及以上事故。

（三）重点工作

一是坚持思想先行，提高政治站位。积极推动各级领导干部、企业负责人、一线从业人员深入学习贯彻党的十九大报告、习近平总书记关于安全生产的重要论述，提高政治站位，最大限度减少安全生产事故，增强人民群众的获得感、幸福感和安全感。二是坚持从严从紧，全面落实安全生产责任。贯彻落实《湖南省生产经营单位安全生产主体责任规定》，推动企业主要负责人主动抓安全、落实主体责任。坚持"党政同责、一岗双责、齐抓共管、失职追责"，强化地方各级党政领导干部"促一方发展、保一方平安"的政治责任。修订完善《湖南省安全生产监督管理职责规定》。建立并落实安全生产巡查制度和约谈制度。三是坚持创新求实，大力推进安全生产领域改革发展。着力加强各类功能区的安全监管，理顺相关行业跨区域监管体制。全面启动"基层安监机构标准化建设三年行动计划"，启动安全发展示范城市的创建工作，加强企业安全诚信体系建设。按照中央和省委省政府机构改革决策部署，改革应急救援管理体制。四是坚持法治思维，加强安全监管执法。推动各负有安全监管职责的部门全面开展计划执法，大力推行"双随机一公开"执法和联合执法，坚持"四个一律"严厉打非治违，破解执法

"宽松软"难题。五是坚持综合治理，大力实施"一单四制"防范重特大事故。推进重大事故隐患治理"一单四制"向企业延伸，形成横向由部门到企业、纵向由省到市县乡的隐患排查联动机制。推进安全风险分级管控和隐患排查治理双重预防机制建设，强化安全生产源头管控，严把安全准入关。六是坚持专项整治，持续淘汰不安全落后产能。在煤矿和非煤矿山、烟花爆竹、危险化学品等行业领域全面开展安全"体检"。持续推进危险化学品安全综合治理。深化以防坍塌、防坠落为重点的建筑施工安全整治。继续推进重点行业领域安全专项整治。坚决落实供给侧结构性改革要求，整顿关闭不符合国家产业政策、达不到安全生产条件的落后小企业，到年底全省煤矿减少到200家以内，全省9万吨/年及以下煤与瓦斯突出煤矿全部退出，不具备安全生产条件的9万吨/年及以下非煤与瓦斯突出煤矿应退尽退、应关尽关。七是坚持风险防控，提高城市安全发展水平。坚持以安全发展示范城市建设为抓手，推动城市安全风险防控体系建设。加强对城市高层建筑等重要基础设施的安全监管和监测监控，全面排查"三合一""多合一"等场所和人员密集场所的安全隐患。同步加强农业农村生产经营建设活动的安全监管。八是坚持固本强基，不断夯实安全生产基层基础。初步建成覆盖所有乡镇（街道）、村（社区）和监督管理对象的基层安全生产监管体系。进一步加强矿山和危险化学品等应急救援基地和队伍建设。完善区域化应急救援资源共享和应急联动机制、事故应急救援补偿机制。推进职业病预防与安全生产一体化监管。全面建成省、市、县三级安全监管与应急救援指挥平台，推动相关部门信息系统深度融合、信息共享。九是坚持文化培育，提高全民的安全素养。继续大力推进安全生产"七进"活动。持续开展生产安全事故警示教育，组织好全国"安全生产月"等主题活动。大力培训党政干部、企业法人和实际控制人、安全管理人员和班组长等重点人员。扎实推进从业人员特别是"三项岗位人员"培训与考核工作。十是坚持从严治党，推动从严治安。认真贯彻落实中央八项规定及实施细则，深入开展"不忘初心、牢记使命"主题教育活动，坚持不懈改作风树新风，深入查找并立行立改安全生产领域中"严格不起来、落实不下去"的突出

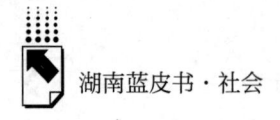

问题。组织实施省、市、县三级安监部门监管人员集中轮训"三年行动计划"。继续深入开展涉矿涉危专项整治,坚决斩断安全生产背后的"黑色利益链"。始终保持惩治腐败、正风肃纪的高压态势,为安全监管事业提供坚强纪律保障。

B.18
2017年湖南食品药品安全形势发展报告及2018年展望

湖南省食品药品监督管理局

2017年,湖南省食药监系统始终坚持以人民为中心的发展思想,以人民对食品药品安全美好向往作为奋斗目标,以永不懈怠的担当精神和一往无前的奋进姿态,践行"四个最严",落实"四有两责",实施"双安双创",推进"党政同责",守住了不发生源发性、系统性、区域性重特大食品药品安全事故的底线,全省食品安全满意度达77.37分,同比提高4.6分,广大人民群众食品药品安全获得感明显提升,全省食品药品安全保持了稳中有进、持续向好的发展势头。

一 2017年食药监管工作情况

目前,全省有食品、食品添加剂及保健食品生产企业5786家、生产许可证7046张,食品经营许可证59.5万张;食品相关产品生产企业1204家,其中获证生产企业584家、证书600张。持证药品生产企业206家、经营企业18111万家,医疗机构58489余家;化妆品生产企业34家、经营企业4.52万家;医疗器械生产企业288家、经营企业2409家,食品药品监管任务十分繁重。2017年食品药品监管工作情况如下。

(一)凸显首责激发了动力

全省食药监系统始终把确保人民群众食品药品安全作为首要职责,坚决贯彻落实国务院食安委关于"综合执法的地方要把食品药品安全监管作为

首要职责"的要求，在全国率先将县级综合监管机构统一更名为"食品药品工商质量监督管理局"，得到了全国人大执法检查组、国务院食安委督查组和国家食药监管总局领导充分肯定。省委省政府将食品药品安全作为重大民生工程，印发了《关于加强食品安全工作的意见》，出台了《促进医药产业健康发展的实施意见》；修订了《湖南省食品安全工作评议考核办法》，对县市区实行统一考核排位，首次实行末位约谈和常态问责，首次明确对考核评议排名最后2名的市州、排名最后5名的县市区政府负责人进行约谈。创新评议考核机制，组建了督查办，强化了督政、督职、督责力度。

（二）改革创新增强了活力

全省食药监系统牢固树立"安全至上、严字当头、服务为先"的三大工作理念，着力构建"六大体系"，出台了食用农产品市场准入监管、食品行政处罚裁量权基准、医疗器械经营监督管理、双随机抽查事项清单等制度机制。全面实施"三小"条例，开展了"三小"治理，出台了湖南省食品生产加工小作坊许可、小餐饮经营许可和食品摊贩登记管理办法。全面推行食品生产企业"SC证"，实施食品流通许可、餐饮服务许可"两证合一"。全省首批516个化学药品仿制药一致性评价工作顺利推进。取消调整行政审批事项6项，下放食品14大类、38小类共120个品种许可审批权，开展了"五个一"政务服务活动，"放管服"实现提质增效。扎实推进盐业体制改革，省食药监局增设了食盐安全监管内设机构，增加了编制。服务扶持产业发展，取消了GSP认证、GMP认证、许可证审查、中药品种保护、检验费等行政事业性收费，调整了注册收费标准，全省每年可为企业减负1.4亿元。

（三）严管重惩彰显了威力

坚持"四个最严"，全面推进突出问题大整治、风险隐患大排查、质量安全大抽检、违法案件大稽查。严格落实日常检查、监督抽检"两责"，全省共检查"四品一械"生产经营单位89.42万家次，责令整改8.63万家，吊销生产经营许可证555张，撤销药品GSP证书195张。完成食品抽检29494批次，完成药品抽验5979批次，分别收到药品、医疗器械、化妆品不良反应事件报告62715份、18059份、6253份，报告数量呈良性增长。强化突出问题治理，深入开展了校园及周边食品安全"护苗"行动、老年人保健食品安全"护老"行动，查办校园食品安全违法案件1627件、保健食品欺诈及虚假宣传违法案件499件；持续开展了多组分生化药、中药提取物、胶类产品及药品批发企业、药品零售连锁企业、小药店小诊所等集中整治行动。发挥稽查打假"拳头"作用，密切行刑衔接，率先全国在省、市、县级局设立检察联络室、公安联络室；深入开展"五大集群战役"，查办违法案件15969件、同比增长45%，涉案货值达4亿元，其中重大案件149件。

（四）筑牢基础增强了实力

坚持强基层、打基础、增能力，2017年中央、省、市食药监管财政投入达8.5亿元，其中争取中央和省财政投入3.72亿元，同比增长6%。全省15个食品安全检（监）测能力建设项目完工8个、投入使用5个，省食品药品检验检测基地主体工程全面完工，长沙药品进口口岸通过国家食药监管总局评估考核，省市两级新增检验检测参数3750项，全省食品药品检验检测更具国际通行能力。全省药品检查工作、药品GMP检查能力通过国际药品认证合作组织和世界卫生组织的调查评估。全省23项科研项目结题，17项科技成果进入国家食药监管总局登记公示。"智慧食药监"三年规划一期工程顺利实施。专业强局卓有成效，全省培训监管人员7.97万人次，培训监管相对人29.76万人次；全省拥有国家级检查员32人，进入国家专家库75人。

（五）强化共治凝聚了合力

扎实推进"双安双创"，长沙市创建投入达3.8亿元，张家界将创建工作纳入"对标提质，旅游强市"战略。第一批省级食品安全示范县（市）创建加快推进，遴选了18个县市区开展第二批创建。大力实施餐饮业质量安全提升工程，新增"明厨亮灶"餐饮单位17455家，21所学校被评为省级食品安全示范学校，14家超市创建国家和省级"放心肉菜示范超市"，9家食用农产品批发市场通过达标验收。全省7737家食品经营单位参保食责险，58个县市区实现学校食责险统保。食品药品安全主题宣传活动有声有色，妥善处置"面条含胶""北大荒米业""浏阳河酒氰化物超标"等舆情。"12331"系统接收投诉举报53515件。在长沙成功举办了国家示范性（Ⅱ级）食品安全事故应急演练，在岳阳成功举办了首次省级药品安全事故应急演练。省食药监局与阿里巴巴签订了战略合作协议，食品药品安全社会共治氛围更加浓厚。

二 当前食药监管形势分析

总体上讲，2017年全省食品药品安全改革深度、监管强度、打击力度不断加强，食品安全保障水平不断提升，但走进新时代，人民群众对食品药品安全的美好期待与时俱进，社会公众的关注反响热度不减。"2017中国幸福小康指数"调查显示，食品安全问题依然排在"最受关注的十大焦点问题"首位，连续六年位居榜首。调查还显示，在党的十九大部署的民生实事中，按国人期待排序，"实施食品安全战略"位列第二。这充分说明了人民群众对食品药品安全不满意、不高兴、不答应的地方还不少，特别是源头管控难、风险点面多、舆论燃点低、监管能力弱等问题突出，食品药品监管面临的形势仍然复杂严峻。

与此同时，党的十九大特别是习近平同志在党的十九大报告中提出，要"实施健康中国战略""完善国民健康政策，为人民群众提供全方位全周期健康服务""全面取消以药养医，健全药品供应保障制度""实施食品安全战略，让人民吃得放心"等重大论述，科学系统地回答了食品药品安全的重大理念与现实问题，为做好食品药品安全工作提供了理论指导和基本遵循，食品药品安全工作迎来了新时代诸多战略机遇：一是确保"舌尖上的安全"始终是以人民为中心发展思想的现实要求；二是确保"舌尖上的安全"始终是人民过上更加美好生活的重要前提；三是确保"舌尖上的安全"始终是食药监人新时代义不容辞的时代使命；四是践行"四个最严"始终是实施食品药品监管的生动实践。同时，湖南省加快实施"创新引领开放崛起"战略，着力推进健康湖南建设和实施食品安全战略，人民群众对食品药品安全的美好向往要求越来越高，社会公众参与意识、共治活力愈加强烈，为食品药品安全工作提供了良好的政治生态和社会环境。

三 2018年食药监管工作思路

2018年是走进新时代、开启新征程、全面贯彻落实党的十九大精神开局之年。2018年全省食品药品监管工作总体要求是，全面贯彻落实党的十九大精神，以习近平新时代中国特色社会主义思想为指导，以人民为中心，以提升食品药品安全保障水平为目标，以践行"四个最严"为基本遵循，全面推进食品药品安全战略，坚持稳中求进，忠实履行首要职责，大力实施"三大工程"，源头严防、过程严管、风险严控、事故严查，始终将全面从严治党融贯其中，推动食品药品安全领域质量变革、效率变革、动力变革，促进食品药品安全在更高质量、更高水平上共建共治共享。

（一）始终把"保安全惠民生"作为首要职责

习近平总书记强调，永远把人民对美好生活的向往作为奋斗目标。而吃得放心、用药安心，就是人民群众美好生活的基本保障和重要支撑。确保食品药品安全就是食品药品安全工作的初心，就是各级食药监管部门的使命。我们必须牢固树立"保安全惠民生"首责意识，坚持安全至上、严字当头和服务为先"三大理念"，统筹推进食品药品安全责任、全程监管、地方法规、技术支撑、风险防控、社会共治"六大体系"建设，严把每道防线关口，坚决守住全省不发生系统性、区域性、源发性、群体性食品药品安全事故或事件的底线，用实实在在的担当精神和卓越成效，为三湘父老谋幸福，为加快建设富饶美丽幸福新湖南贡献力量。

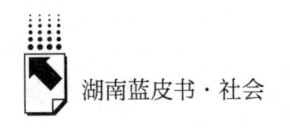

（二）大力实施"三基一化"能力提升工程

坚持强基层、打基础、抓基本，不断提升食药监管"智慧化"水平。强基层就是推动人往基层走、钱向基层投、物在基层用，逐步构建好基层人防、物防、技防监管网络。打基础就是全面推行以现场检查为主，"双随机"抽查、"飞行"检查、专项检查、有因核查、监督评审为支撑的"1+N"监督检查模式，强化检查、抽检"两责"，实施精准监管，全面推进监管责任网格化、检查格式化、管理痕迹化，坚决防范因监管基础不牢而引发的重大风险问题。抓基本，就是坚持法律准绳，建立基本规范，完善基本制度，增强基本专业能力，不断提升食药监管效能。"智慧化"就是以"智慧食药监"为载体，推进"食药监管+互联网"，推进"机器换人"，建立健全食品药品监管数据库，推动"+互联网"向"互联网+"转换，以"智慧化"提升食药监管效能。

（三）大力实施"四媒两专"科普宣教工程

以报刊、网络、广播、电视等媒体为载体，创建宣传专栏，制作形象专片，办好主题宣传活动，构建全方位、多层次、立体化科普宣教大格局，提升湖南食药监管印象，为强化食药监管营造清明的社会舆论空间。

（四）大力实施"五改一优"提质增效工程

以观念要改变、手段要改良、硬件要改善、形象要改观、作风要改进、队伍要优良为目标，探索全省食药监系统自身建设管理新模式，激发改革创新活力，配强装备设施，建设高素质专业化监管队伍，树立"湖南FDA"权威形象，促进全省食药监系统大融合、大聚力、大发展。

四 2018年食药监管工作重点

2018年，全省食药监系统必须以全面贯彻落实党的十九大精神，落实党中央、国务院和省委、省政府及国家食药监管总局各项工作决策部署为前提，稳中求进，对准目标，奋发有为，努力为保障人民群众"舌尖上的安全"再立新功。

（一）力推改革创新

完善监管体制，督促综合执法的地方把食品药品安全监管作为首要职责，建立职业化检查员队伍，加快推进盐业体制改革，保持基层机构和队伍稳定，推动基层站所标准化建设。推进药品医疗器械审评审批制度改革，推动出台省内深化审评审批制度改革鼓励药品医疗器械创新的实施意见，配合实施临床试验管理改革，启动注射剂再评价工作，推进仿制药质量和疗效一致性评价。深化"放管服"改革，确保"应放则放，该管必管，宜优尽优"。加快推进"互联网＋政务服务"，建立全网全流程无纸化审批系统，实施生产许可电子化证书管理。完善地方法规制度体系，建立全省食药监系统法律顾问制度，督促市县监管部门配备公职律师，强化普法宣传教育，切实提高执法水平。

（二）强化问题治理

以实施健康中国战略、食品药品安全战略和乡村振兴战略为契机，紧盯危害人民生命安全的突出问题，坚决打赢专项整治攻坚战。全面开展农村食品安全"护源"行动，强化农村食品安全源头治理，为实施乡村振兴战略奠定食品安全保障基础。坚持巩固、拓面、提质、增效，持续开展食品安全"护苗"行动、"护老"行动，形成校园食品安全和保健食品安全监管新常态。深入开展药品、医疗器械、化妆品领域突出问题专项整治，下狠心整治违法违规生产经营，坚决铲除行业"潜规则"，着力治理食品药品网络销售乱象。建立案源线索管理、行政处罚信息公开、典型案件曝光综合平台，构建严查严打"天罗地网"，以"最严厉的处罚"确保全省食品药品安全长治久安。

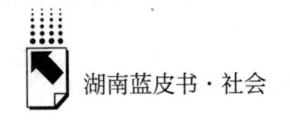

（三）实施精准监管

适应大数据发展形势，加快建立健全监管业务系统，让基层执法监管信息及时上传，做到监管对象精准识别、精准定位、精准定责。建立健全全省食品药品安全风险管理体系，推动县乡基层把主要时间精力放在风险预防、风险排查、风险管控上，真正让监管跑在风险前面。全面开展风险点源排查，实行风险隐患台账管理，监督生产者落实质量安全控制责任。科学制订本省抽检监测计划，严格落实省、市、县抽检监测责任，力争在类别、项目、企业、区域和业态上实现全覆盖。按照监管"全覆盖"、检查"双随机"要求，对辖区内食品药品生产经营企业、问题易发多发区域、监管薄弱环节、重点风险隐患源头，开展地毯式检查。督促生产经营企业对原料采购、生产过程、出厂检验实施精准管理，确保预防控制责任落实到位，禁止生产经营不合格产品，力争以精准监管获得最大的食品药品安全保障。

（四）强化基层基础

牢固树立"抓项目就是抓发展，抓项目就是促监管"理念，开展"基层基础建设年"活动，推动基础能力建设取得新突破。开展全省"十三五"食品药品安全规划中期评估，适时对接中央各部委和省直各厅局，积极争取一批项目立项，不断补足补强能力短板。优化项目建设环境，结合实施"十三五"规划项目建设，开展项目建设大督查，加快推进"智慧食药监"一期工程、市州食品安全检（监）测能力建设项目、长沙药品进口口岸所、湖南省食品安全教育考核管理平台、基层站所标准化等项目建设，推动项目建设达预期。

（五）服务产业发展

坚持新发展理念，按照高质量发展要求，确保食药监管和产业发展"两手抓，两手都有劲"。认真贯彻落实好中办国办2017年42号文件、《国务院办公厅关于进一步改革完善药品生产流通使用政策的若干意见》以及省政府加快食品产业发展、促进医药产业健康发展等若干政策措施，以提升审评审批质量促进产业发展，以增进监管效能助推产业发展，以加大政策落实引导产业发展，以鼓励品牌技术创新支持产业发展，以强化经营管理服务产业发展。积极推广"生产基地＋中央厨房＋餐饮门店""生产基地＋加工企业＋商超销售"、食品药品冷链物流配送等产销模式，鼓励发展地方特色优势产业。引导食品药品领域技术研发创新，为食品药品生产经营企业做大做强做优营造良好政务服务环境。

（六）促进共治共享

强化企业主体责任，推进食品药品安全诚信体系建设，督促企业对生产经营的产品质量安全承担全部法律责任。推动出台落实党政同责的意见，强化督政力度，督促落实"四有两责"。建立健全追责问责制度机制，严惩失职渎职行为。大力实施食品安全战略，深入推进"双安双创"，鼓励支持创建国家食品安全示范城市，完成第一批省级食品安全示范县（市）评估授牌。开展餐饮业质量安全提升行动，鼓励"明厨亮灶"，推进食品安全示范学校、"放心肉菜示范超市"、食用农产品集中交易市场达标等创建活动，探索农村集体聚餐"中央厨房＋流动餐车"新模式。强化与主流媒体合作，创建好宣传专栏，制作好食品药品安全宣传专片，举办好"12331"投诉举报日、食品安全宣传周、安全用药月、食品药品安全走基层等主题宣传活动。全面推进政务公开，促进"双随机，一公开"、行政许可行政处罚"双公示"、抽检监测等政务信息公开，倒逼企业落实主体责任。强化食品药品安全谣言防控和治理，妥善处置热点问题和舆情事件。强化"12331"投诉举报系统管理，提高投诉举报处置效能。鼓励第三方专业机构对食品安全进行评价。完善应急预案，提升事故或事件应急处置能力，尽最大努力减少事故危害。

B.19
2017年湖南民族宗教工作情况及2018年展望

徐克勤*

一 2017年湖南民族宗教工作情况

2017年，在湖南省委、省政府的正确领导下，在省人大常委会及人大民侨外委的监督指导下，全省民族宗教工作突出重点，破解难点，扎实工作，开拓创新，取得积极成效。

（一）突出高位推动，努力促进党的民族宗教政策落地生根

（1）完善配套措施。结合湖南省实际，出台并落实中央政策的配套措施，省委、省政府印发关于加强和改进新形势下宗教工作的政策性文件，省委办公厅、省政府办公厅印发关于促进民族团结、加强少数民族流动人口服务管理的政策性文件，省人大常委会前后3次对《湖南省散居少数民族工作条例（修订）》进行审议。

（2）加强学习宣传。将《民族区域自治法》《宗教事务条例》列入全省年度学法考法内容，落实"谁执法谁普法"责任，依托门户网站、QQ群、微信群，编印《民族宗教法律法规政策汇编》，多形式多渠道宣传党的民族宗教政策，提高贯彻落实的自觉性。

（3）狠抓督促落实。省委常委会议专题研究部署贯彻落实中央关于民族宗教重大决策部署的举措，省委召开全省贯彻落实中央和省委民族工作会

---

* 徐克勤，湖南省民族宗教事务委员会主任。

议精神推进会，省宗教工作领导小组组织开展宗教工作专项督查，省委省政府分管领导亲自给市州党政主要负责同志写信，推动市、县解决民族宗教工作中的困难和问题。会同省政府办公厅对省直单位贯彻落实"一法两规定"中存在的11个问题进行督办，推动整改落实。

（二）深化创建活动，不断巩固民族团结宗教和顺良好局面

（1）深化民族团结进步教育。编制《湖南民族团结进步创建活动规划》，明确全省特别是武陵山片区民族团结进步创建活动的指导思想、目标任务、重点措施、工作步骤和工作要求。按照突出重点、合理布局、类别多样、体现特色的原则，新命名第五批20个全省民族团结进步创建活动示范单位，发挥示范带动作用。举办部分高校少数民族学生"建设伟大祖国、建设美丽家乡"主题演讲比赛，增强各族学生对伟大祖国、中华民族、中国共产党、中国特色社会主义的认同。

（2）促进各民族交往交流交融。更加重视城市民族工作，召开全省城市民族工作会议，着力优化少数民族流动人口服务管理，营造共居共学共事共乐良好环境。承办2017年中国民族民间蹴球比赛，积极筹备2018年全省少数民族运动会，增进各族群众友谊。加强与新疆驻湘工作组合作，发挥长沙市民族联谊会作用，共同开展多种形式的活动，巩固民族团结。

（3）推进宗教中国化实践。组织开展省领导及统战、宗教部门负责人同宗教界人士的谈心活动，引导宗教界坚定正确的政治方向和走我国宗教中国化道路的信心决心。指导宗教团体举办"湖南佛教第四届讲经弘法月""湖南省道教第一届玄门讲经比赛""卧尔兹巡回演讲""南岳坤道学院讲经比赛""洗心讲坛第九期'佛学与心身健康'公益对话"等活动，对宗教经典、教义教规做出符合社会主义核心价值观和时代要求的阐释。加强对宗教院校办学指导，强化政治课教学，提高办学质量，发挥其培养符合四条标准教职人员的阵地作用。引导、规范宗教界公益慈善活动，全省性宗教全年捐款捐物达1500多万元。

（三）紧扣全面小康，有效助推民族地区经济社会发展

（1）谋划工作思路，加强顶层设计。编制并出台《湖南省"十三五"少数民族事业发展规划》，谋划12个方面65项重大工程和项目。编制并出台《湖南省少数民族特色村镇发展"十三五"规划》，明确少数民族特色村镇建设的指导思想、基本原则、主要目标任务和保障措施。与湖南省旅发委联合制定下发《关于支持少数民族特色村镇创建国家A级景区的通知》，明确从政策、资金、宣传等方面推动少数民族特色村镇与旅游产业深度融合发展。

（2）争取多方支持，促进共同发展。争取中央财政专项扶贫资金14399万元，比2016年增加30%，增长幅度为历年最大、规模创历史新高；争取省级财政安排2000万元资金支持少数民族特色村镇建设，33个特色村镇成功创建国家A级景区；争取国家民委和省政府加大对吉首大学支持力度，有关领导亲自深入吉首大学调研，召开省委共建座谈会，完善共建机制，加大支持力度。组织《湘西土家族苗族自治州民族古籍丛书》编写和《中国南方回族文化事业文史资料辑要》《中国南方回族谱牒选编》资料搜集整理，保护传承少数民族优秀传统文化。

（3）发力"庆典经济"，改善民生事业。坚持将民族自治地方和民族乡庆典活动转化为"庆典经济"的思路，协助湘西州争取支持资金9.2亿元、靖州县和芷江县分别争取1亿元，兴建了一批基础设施和民生项目。杜家毫书记率团出席湘西州60周年庆祝活动，杨光荣副省长率团出席靖州、芷江30周年庆祝活动。

（4）聚焦扶贫攻坚，增进群众福祉。完成第三届"最美少数民族特色村镇"评选，在促进精准扶贫、精准脱贫中产生良好效应。协同有关部门抓好武陵山片区脱贫攻坚突出问题整改，研究制订推进片区发展实施方案。国家民委主任巴特尔于2017年5月专程来湘调研片区发展与扶贫攻坚工作，对湖南片区扶贫攻坚和少数民族特色村镇建设工作给予充分肯定。重视联点扶贫，省民宗委主要领导多次深入扶贫点吉首市阳孟村、坪朗村调研，为阳孟村、坪朗村解决帮扶资金，为精准扶贫户制定稳固帮扶脱贫措施，助推两村早日脱贫，共享幸福美好新生活。

（四）坚持依法治理，稳步提升民族宗教工作法治化水平

（1）推进行政审批制度改革。进一步规范行政审批事项和公共服务事项流程，按照"互联网＋政务服务"要求适时挂网公开。对2000年以来的规范性文件进行清理，分别做出废止、修改、继续执行的处理。审慎开展行政许可审批，完成6项许可审批和有关出版物审读。

（2）依法依规解决突出问题。以宗教事务纳入全省综治考评为手段，狠抓各教突出问题整治，督促宗教活动场所建立健全财务制度，规范法物流通处及账目管理，建立防范借教敛财长效机制。协同有关部门开展专项调研，稳妥处理有关事件。以规范化管理和积极作用发挥为主旨，推动民间信仰工作创新发展。

（3）齐心协力维护和谐稳定。加强宗教领域安全稳定隐患排查，通过召开专题调研会、动员会、推进会以及省委领导带队现场督查、抽查等方式，排查各类隐患600多处，建立隐患问题台账，稳步推进治理，保持了民族宗教领域和谐稳定。

二 2018年展望

2018年，是贯彻落实党的十九大精神的开局之年，是决战决胜全面建成小康社会重要之年。湖南省民族宗教工作的总体思路是：以习近平新时代中国特色社会主义思想为引领，以贯彻落实党的十九大精神为主线，全面贯彻落实党的民族宗教政策，着力推动民族地区全面小康，促进各民族交往交流交融，着力引导宗教与社会主义社会相适应，解决宗教领域突出问题，开创民族团结进步及宗教和睦和顺事业新局面，为建设富饶美丽幸福的新湖南、实现中华民族伟大复兴中国梦做出新贡献。主要谋划如下工作。

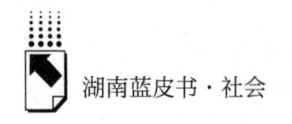

（一）以党的十九大精神为引领，增强做好新时代民族宗教工作的自信自觉

深入学习宣传贯彻党的十九大精神，推动习近平新时代中国特色社会主义思想深入人心，把少数民族和民族地区干部群众、宗教界人士和信教群众的思想行动统一到党的十九大精神上来，把智慧和力量凝聚到实现党的十九大确定的目标任务上来。组织系统学习、专题研讨，在全省民族宗教干部中组织开展习近平新时代民族宗教工作思想学习研讨培训活动，使全省民宗系统全面准确深刻地把握习近平新时代民族宗教工作思想的丰富内涵、基本要义和实践要求。与组织部门联合举办民族宗教工作干部研修班。在全省宗教团体、宗教活动场所和宗教界人士中掀起学习贯彻党的十九大精神的热潮，增强对党和政府的向心力。

（二）以各民族交往交流交融为主线，凝聚"中华民族一家亲，同心共筑中国梦"的强大合力

加强民族团结进步宣传教育。依托"民族政策法规宣传教育月"平台，开展"民族团结进步"主题征文活动和知识竞赛活动，营造维护民族团结的良好氛围。加强创建活动分类指导。以武陵山片区民族团结进步创建为重点，深入推进全省民族团结创建活动。加强对创建活动进高校、进省际边界县口子乡镇、进社区的指导，创新方式方法，力争打造创建活动品牌，适时召开高校民族团结进步现场推进会、全省民族团结进步创建经验交流会。创新推动城市民族工作。编印《湖南省少数民族流动人员服务指南》，构建流出地与流入地对接协作工作格局，推动建立健全市州、县市区少数民族流动人口服务工作站，为少数民族群众提供教育、卫生、社保、劳动就业、子女入学等方面的帮助，促进各民族和睦相处、和衷共济、和谐发展，铸牢中华民族共同体意识。办好少数民族运动会。协调省体育局及湘西州、龙山县组织办好2018年全省少数民族运动会。

（三）以全面建成小康为统揽，不断满足少数民族群众对美好生活的向往

推进专项规划。联合相关部门对《湖南省"十三五"少数民族事业发展规划》《湖南省少数民族特色村镇发展"十三五"规划》的实施情况进行中期评估、进行合理调整，形成贯彻实施规划的强大推动力。助推片区发展。推动实施《湖南省武陵山片区区域发展与扶贫攻坚"十三五"实施规划》，督促落实片区开发的政策措施，推动片区开发性金融扶贫和旅游扶贫，将片区建设成脱贫攻坚先导区、民族特色文化保护示范区、国际知名生态文化旅游区、重要生态安全保障区和跨省协作示范区，争取国家民委在湖南召开全国民族地区旅游减贫工作现场经验交流会。加强特色村镇建设。完善最美特色村镇的常态评审激励机制，开展第四届最美少数民族特色村镇评选；举办少数民族特色村镇建设现场推进会，推动互学互鉴和经验交流；制定民族客栈示范单位评审方案和操作流程，启动民族客栈示范单位的挂牌认定工作，以民族客栈发展促推乡村旅游和乡村振兴。做强民贸民品企业。择优申报"十三五"期间民贸民品企业，将创新能力强、吸纳劳动力能力强、能带动民族地区加快发展的龙头企业纳入民贸企业范围，给予政策支持。抓好"千家培育百家壮大"工程，培育壮大一批优秀民贸民品企业。继续打造"庆典经济"。做好麻阳苗族自治县30周年庆典工作，指导会同县炮团侗族乡、汉寿县毛家滩回维乡等12个民族乡逢十乡庆工作，以庆典活动带动当地基础设施和民生事业发展。

（四）以提升依法管理水平为突破口，推进民族宗教事务治理体系和治理能力现代化

广泛宣传法律法规。实施《民族宗教工作系统法治宣传教育第七个五年规划》，组织宗教界学习宣传贯彻新修订的《宗教事务条例》，强化法治理念，增强法律意识，提高依法办事、依法办教的自觉性。引导宗教界正确处理国法与教规的关系，增强国家意识、法律意识和公民意识。以社会主义

核心价值观为引领,组织开展同宗教界人士的交心谈心活动,指导宗教界开展读经讲经解经、神学思想研讨、和谐寺观教堂创建等活动,对教规教义做出符合时代进步要求的阐释,为构建中国特色宗教思想体系争做贡献。进一步规范和推进宗教界公益慈善活动,指导开展对外友好交往、宗教优秀传统文化研究传承,充分发挥其在促进经济社会发展中的积极作用。不断完善法规制度。召开新修订的《湖南省散居少数民族工作条例》颁布专题会议,组织起草《湖南省散居少数民族工作条例解读》,稳步推进民族区域自治地方研究制定单行条例。适时启动《湖南省宗教事务条例》修订调研。完善《湖南省民宗委行政许可工作制度》,按照"互联网+政务服务"的要求加强在线审批平台和窗口建设。加强突出问题治理。加强民族宗教领域意识形态工作,加大对利用宗教危害国家安全、宣扬极端主义进行恐怖活动行为的打击力度。密切关注和妥善应对互联网涉民族宗教舆情问题,抓早抓小,积极维护宗教领域和谐稳定。

(五)以健全制度机制为抓手,不断夯实民族宗教工作基础

建立健全"一单四制"制度。成立民族宗教领域安全稳定隐患"一单四制"常态化管理领导小组及办公室,动员和组织全省民宗系统加强对安全稳定隐患问题的排查治理,按照"一单四制"管理办法,对安全稳定问题实行常态化排查、动态化管理和根本性治理。建立健全基层工作网络。发挥省民族工作领导小组、省宗教工作领导小组的作用,推动市、县两级建立健全民族宗教工作领导小组或联席会议制度,强化县、乡、村三级工作网络,完善工作机构的执法主体资格。建立健全考核评价体系。推动将民族宗教工作纳入各级党政领导班子评价体系、纳入年度绩效考核内容、纳入综治考核指标,逐步形成民族宗教工作的考核评价体系,推动民族宗教工作创新发展。

B.20
2017年湖南省脱贫攻坚工作情况及2018年展望

湖南省扶贫开发办公室

党的十八大以来，湖南坚定贯彻党中央、国务院脱贫攻坚决策部署，认真落实习近平总书记系列重要讲话精神，坚持以脱贫攻坚统揽经济社会发展全局，以补齐全面建成小康社会短板为目标，凝心聚力、攻坚克难，深入推进精准扶贫、精准脱贫，取得历史性成效。

一 2017年湖南脱贫攻坚工作情况

2017年，全省上下深入贯彻中央和省委省政府决策部署，扎实推进脱贫攻坚，共减少农村建档立卡贫困人口139.5万人，2695个贫困村出列，超额完成年度减贫任务；12个贫困县通过省级脱贫摘帽核查验收，已进行摘帽公示；贫困地区农村居民人均可支配收入达到9268元，增幅高出全省平均水平2.3个百分点，脱贫攻坚成效显著。

（一）攻坚责任全面压实

一是高位推进持续加力。湖南省委、省政府把脱贫攻坚作为一项极为严肃、极其重大的政治任务，第一时间学习贯彻中央关于脱贫攻坚系列会议精神和重大部署，组织全省领导干部原原本本研读《习近平同志关于扶贫开发论述摘编》，强化"四个意识"，找准源头、把准方向，组织省直单位召开脱贫攻坚专题民主生活会。2017年，省委常委会会议、省政府常务会议分别研究脱贫攻坚工作7次、13次，召开扶贫开发领导小组会议3次、脱贫攻坚专题会议13次、全省性大会3次。省财政配套安排资金33.74亿元，较上年增长33.82%，进一步加大涉农资金整合使用力度，全省统筹整合下达到县资金达190亿元。二是严格落实"省负总责、市县抓落实"要求。出台了《脱贫攻坚责任制实施细则》《省级领导同志联系指导贫困县脱贫攻坚主要职责》《市县党政正职脱贫攻坚问责规定（试行）》《关于进一步加强行业扶贫工作的意见》等系列文件，构建"五级书记抓扶贫、全省上下促攻坚"的良好格局。三是扎实开展"三走访三签字"工作。省委书记杜家毫首倡并亲力推动此项工作，省委书记、省长一年中带头走访调研了所有贫困县，其他省级领导按照分工要求履职尽责，仅带队开展常态化督查就达80余次；14个市州委书记、市州长走访了914个重点贫困乡镇，123个县市区委书记、县市区长走访了6923个贫困村，共解决各类问题11000余个。四是建立常态化督查考核机制。强化考核督查，修订完善考核办法，实施最严格扶贫成效考核，对2016年度扶贫开发成效考核排名靠后的2个省辖市和8个县市区党政主职进行了约谈；建立常态化督查巡查机制，由36名省领导牵头、45个省直部门参与，统筹对49个贫困县开展定点定人常态化督查巡查，省委副书记、分管副省长定期调度情况；组建11支机动督查小分队，重点对贫困县开展明察暗访；开通"12317"扶贫监督举报电话，核查处置涉贫信访举报问题。认真落实习近平总书记对张家口扶贫领域突出问题重要批示精神，深入开展扶贫领域作风问题专项治理，倒逼各级各部门用心用脑做好精准扶贫工作。

（二）攻坚基础不断夯实

一是分解落实脱贫退出任务。2017年初，根据"十三五"脱贫攻坚规划和2016年减贫进展，科学安排、分解年度任务，层层签订责任状。落实时间服从质量要求，将13个贫困县脱贫摘帽时间推迟一年，得到汪洋副总理批示肯定。按照国务院扶贫办部署安排，进一步调整完善了"十三五"脱贫攻坚滚动规划和年度计划。二是加强建档立卡动态管理。出台建档立卡动态调整工作方案和动态管理办法，开展建档立卡集中清理。全省共纳入符合条件对象116.37万人，清退识别不准对象86.46万人，切实做到应出尽出、应进尽进。开展农村低保对象清理整顿，精准认定农村低保对象125.7万人（其中兜底对象24.7万人），并将符合条件的对象全部纳入了建档立卡范围。同时，狠抓建档立卡交叉检查中发现问题的整改，先后7次组织建档立卡数据清理工作，全面提升建档立卡数据质量。三是加强干部驻村帮扶工作。组织开展驻村帮扶和结对帮扶工作全面清查，建立工作队员召回制度，全省调整或召回工作不力的工作队员1279人，纪律处分168人。出台《省派驻村帮扶工作队管理办法》和《省派驻村帮扶工作队守则》，省市县三级对60万名驻村队员和结对帮扶责任人开展专题培训全覆盖。加大对非贫村的帮扶力度，向贫困人口100人以上的非贫困村派出工作队，全省向非贫困村派驻工作队11215支，增加帮扶责任人81310人。四是严格扶贫资金使用监管。修订完善《财政专项扶贫资金管理办法》，划定专项扶贫资金支出红线，完善资金项目公告公示制度。开展扶贫资金项目拉网式排查，加大清理结余结转资金力度，加快扶贫资金拨付进度，切实做到快用、快付，提升扶贫资金使用效益。五是建立稳定脱贫长效机制。修订完善《贫困退出验收方案》，进一步坚持标准和程序，杜绝"数字脱贫""虚假脱贫""被脱贫"。制定《关于巩固脱贫成果防止返贫工作的指导意见》，坚持脱贫攻坚和巩固脱贫成果"两手抓"，建立"回头看、回头帮"机制，明确"脱贫不脱政策、摘帽不摘监管"，全面核实2014~2016年已脱贫的352万贫困人口，将13.1万名错退对象重新标注并继续加大帮扶力度，将3.85万名返贫对象重新纳入并落实帮扶措施，对2016年摘帽的2个贫困县继续纳入一类县扶贫成效考核，确保有效提升脱贫质量。

（三）集中整改成效明显

2017年4月9日中央向湖南反馈脱贫攻坚问题和整改意见后，省委常委会、省政府常务会第一时间传达贯彻、研究部署。通过2个月的集中整改，各类个案问题于7月底前全面整改到位，涉及体制机制、政策落实等方面的问题，已纳为常态化工作、常抓不懈，全省脱贫攻坚基础工作和质量水平得到全面有效提升。国务院扶贫办刘永富主任对此给予充分肯定,指出"湖南高度重视整改工作,整改举措明确有力,面上问题全面整改,重点问题重点整改,总体符合中央关于问题整改的工作要求"。针对国务院巡查组反馈的4个方面问题,驰而不息抓好整改落实。针对基层迎检填表负担重的问题,下发《关于清理规范脱贫攻坚工作报表的通知》《关于切实解决湖南扶贫领域作风不实问题的通知》和《关于克服脱贫攻坚工作中形式主义的规定》,就严格控制新增报表、严把发文和会议关、减少督查巡查和考评等7个方面作出明确规定,切实减轻基层负担。针对教育、医疗扶贫政策落实不够的问题,及时完善相关政策措施,提高助学补助标准和医疗救助水平,加大督促力度,确保不漏一户地落实好政策。针对举债建房突出的问题,提高危房改造补贴标准,省财政配套跟进补助1万元以上,实施差异化补贴;加强对群众的教育引导,严控建房面积,严防建房攀比、举债建房。全年帮助12.97万贫困农户解决了住房安全问题,超额完成中央下达的年度目标任务。针对信访反映较多的问题,充分发挥"12317"举报电话作用,畅通群众信访渠道,着力抓好核实核查,及时将处理结果告知信访人,避免重复信访、重复举报。

(四)精准施策扎实推进

紧扣"两不愁、三保障",着力推进"五个一批",重点实施脱贫攻坚"七大行动"。发展特色产业,出台了《关于支持贫困地区发展产业扩大就业的若干政策》,明确10个方面的支持举措,推动贫困地区提升自我发展能力、做大做强县域经济,帮助贫困人口实现就近就业、长期就业。按照"四跟四走"路子,实施省级重点产业项目150余个,直接帮扶20余万贫困人口稳定增收;发挥经济组织带动引领作用,依托两个"百千万"工程,引导427家省级以上龙头企业建立617万亩产业扶贫基地,覆盖83万贫困农户;提质扩面金融扶贫,新增扶贫小额贷款70亿元,帮助17.8万贫困农户解决产业发展资金难题;在全国首创线上线下相结合的"电商扶贫特产专区",25个贫困县成功申报成为全国电子商务进农村综合示范县,电子商务交易额达600亿元以上。推进易地扶贫搬迁,按照"先定区域再定人"

的原则,精准确定搬迁对象,出台项目招投标"七条禁令",优化调整搬迁建设模式,对30户以上的统规统建集中安置项目,委托省建工集团统一进行EPC(设计、采购、施工)总承包,实行零利润管理,全年完成了35万人的搬迁任务。开展就业扶贫,在2016年探索"114"劳务协作模式的基础上,创建了全国首个贫困劳动力劳务协作市场,建立了贫困劳动力就业的"三张清单"(任务清单、稳岗清单、责任清单),通过线上线下联动、省内省外协同,全面扩大就业、稳定就业、提升就业,全年新增贫困劳动力转移就业15.6万人,人均年增收3万元以上。同时,开发河道清淤、环卫保洁等公益性岗位近10万个;建设"扶贫车间"700多家,帮助3万多名贫困群众实现家门口就业。强化教育扶贫,构建从学前教育到研究生教育的资助政策体系,全年共资助460万人次,实现贫困学生应助尽助;开展"三帮一"劝学行动,共劝返9968名辍学学生;推进"雨露计划",提高补助标准,帮助5万多名"两后生"接受职业学历教育;投入218.8亿元,全面改善贫困地区义务教育薄弱学校基本办学条件,开工和竣工率居全国前列;安排12亿元支持贫困县建设40所"芙蓉学校",优先招收建档立卡贫困学生。加强健康扶贫,实施"三个一批"行动计划,出台了"三提高、两补贴、一减免、一兜底"特惠政策,农村贫困人口住院费用城乡居民医保报销比例提高10%,大病住院政策范围内报销比例提高到90%,财政对参加城乡居民医保的个人缴费部分给予50%以上补贴,将农村贫困人口全部纳入了重特大疾病医疗救助范围,各地普遍实行了贫困人口就医"一站式"结算和"先诊疗后付费"。2017年共救治44.16万人,慢性病签约服务实现全覆盖,贫困人口全部纳入家庭医生签约服务范围。实施生态扶贫,安排到贫困地区的国家林业重点工程、科技推广等项目资金达22.52亿元;进一步提高生态公益林补助标准,将1.48万名贫困人口选聘为生态护林员,新增森林管护面积2000多万亩。强化兜底保障,将农村低保指导标准由2640元/年提高到3026元/年,实现"两线合一";完善医疗救助体系,成立农村建档立卡贫困人口医疗救助基金,开展大病住院医疗救助和特殊病种门诊就诊,优先在11个深度贫困县试点。

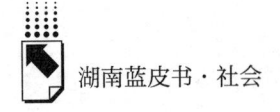

（五）加速补齐发展短板

针对贫困地区基础设施和公共服务相对滞后，大力推进"七大扶贫工程"。水利方面，加快推进全省贫困地区饮水安全项目建设，深入实施饮水安全巩固提升工程，全省共完成投资45.1亿元，解决了153万建档立卡贫困人口安全饮水问题。电力方面，2017年全年投资15.9亿元，改造1788个贫困村电网，帮助2000个贫困村建成村级光伏扶贫电站。交通方面，集中2年时间投入121亿元，解决3.6万个25户或100人以上自然村的道路硬化问题；51个贫困县新改建干线公路完工421.8公里，农村公路建设累计完工里程8643公里，建成农村客运招呼站626个。环境整治方面，以6923个贫困村为重点，安排贫困县农村环境综合整治专项资金3.6亿元，占资金总额68.8%；为11个贫困县安排土壤污染防治中央专项资金约1.4亿元，加大防治力度；安排9000多万元在贫困地区启动一批水污染治理项目，改善环境质量、促进生态文明建设。通信方面，以电信普遍服务试点工程为抓手，加快农村通信建设，目前全省贫困村光网通达率和4G网络有效覆盖率分别达到了83.6%、93.75%。文化方面，完成679个贫困地区村级综合文化服务中心示范点建设，创作出《十八洞村》等系列扶贫题材作品。乡村旅游方面，推进大湘西和大湘东13条旅游精品线路建设，覆盖531个旅游扶贫重点村实现脱贫致富，辐射带动全省1000个以上建档立卡贫困村脱贫。

（六）集中攻克深度贫困

以习近平总书记推进深度贫困地区脱贫攻坚的8点要求为遵循，结合湖南实际，以更集中的支持、更有效的举措、更有力的工作，攻克深度贫困地区这个贫中之贫、坚中之坚。一是实事求是确定深度贫困地区范围。在确定深度贫困地区上，坚持从实际出发，不搞"多多益善"，不搞区域平衡，防止争戴深度贫困的帽子。根据中央要求，结合本省实际，综合考虑贫困发生率、自然条件和经济发展水平等因素，确定了11个深度贫困县、549个深度贫困村。二是加大政策倾斜支持力度。中央出台《关于支持深度贫困地区脱贫攻坚的实施意见》后,湖南制订了《关于支持深度贫困地区脱贫攻坚的实施方案》,严格落实"三个新增",明确了财政、金融、项目、土地、易地扶贫搬迁、产业培育、生态扶贫、人才支持等10个方面的支持政策,着力解决因病致贫、因残致贫、饮水、住房、教育、就业、兜底、基础设施等8个方面的突出问题,并从组织领导、基础工作、党建保障、资金监管、激发内力、督查考核等6个方面做出了明确要求,集中力量攻克深度贫困堡垒,确保同步实现全面小康。2017年投入11个深度贫困县的财政扶贫资金达18.69亿元,交通、水利等一批重大项目布局深度贫困地区。三是以扶贫协作推动深度贫困地区脱贫。深入贯彻落实东西部扶贫协作座谈会议精神,支持指导湘西自治州与济南市加强对接,编制了《济南市扶贫协作湖南湘西州规划(2017~2020年)》,签订了"1+7+11"扶贫协作框架协议,2017年济南市和所辖区两级财政在湘西自治州共安排援助资金8200余万元,启动26个产业合作项目,双方派出17名干部交流挂职。继续组织长沙等7个经济较发达市对口帮扶湘西自治州7个县,直接投入财政援助资金2.5亿元,实施援建项目40多个。在4个经济百强县与4个贫困县开展"携手奔小康"行动的基础上,新增长沙市4个区与4个深度贫困县开展"携手奔小康"行动。

(七)广泛凝聚攻坚合力

一是强化整体联动。省人大常委会以监督贯彻《湖南省农村扶贫开发条例》为抓手,积极推进脱贫攻坚。省政协开展"助力脱贫攻坚,全面建成小康社会"五年行动计划,组织3万名政协委员投身"三个一"活动。省军区持续开展"我助老区奔小康2211工程"。各民主党派积极建言献策,同心参与脱贫攻坚。组织动员工青妇等群团组织,发挥自身优势履行扶贫责任。二是激发贫困群众内生动力。通过在主流媒体开辟专栏、开展脱贫攻坚示范村评选、群众性精神文明创建等,宣传脱贫攻坚成效和脱贫致富正面典型,引导贫困地区干部群众自力更生,靠辛勤劳动改变贫穷落后面貌。三是强化社会扶贫工作。率先开展"中国社会扶贫网"上线试点，贫困户注册数、爱心人士注册数、贫困需求发布数、对接成功率均居全国前列，2017年9月，全国"互联网+"社会扶贫工作现场会在湖南召开。深入推进"万企帮万村"，全省4574家民营企业精准对接5052个贫困村，辐射带动一批贫困人口增收脱贫。争取泛海控股集团4年捐赠2亿元，资助湖南4万名贫困大学新生就读。围绕"扶贫日"组织开展了"我想有个家""扶贫助学"等系列公益募捐活动，共募集资金10亿多元。四是推进抓党建促脱贫攻坚。在保持贫困县党政正职稳定的基础上，将13名优秀贫困县县委书记提拔担任市州领导班子成员并继续兼任贫困县县委书记；以村支两委换届为契机，把有责任担当、有较强本领、能带领群众脱贫致富的干部充实调整进村支两委；开展1536名乡镇党委书记、5254名贫困村党支部书记集中培训，强化村级运转经费保障，不断夯实基层基础，筑牢脱贫攻坚战斗堡垒。五是营造脱贫攻坚良好氛围。省委书记、省长连续四年在"扶贫日"撰写脱贫攻坚文章，号召全省上下凝心聚力推进脱贫攻坚。全省共编印脱贫攻坚到户政策口袋书、工作手册和到户政策告知书200多万份，连续2年开展"全省百名最美扶贫人物"评选，王新法同志被评为全国脱贫攻坚模范，向长江同志荣获2017年全国脱贫攻坚奋进奖；中央和省内主流媒体全年报道脱贫攻坚1.2万多篇。同时，加大关心关怀关爱力度，分期分批组织近两年来的脱贫攻坚先进模范人物到长沙体检，形成正向激励机制。

（八）积极创新体制机制

在过去创造"四跟四走"产业扶贫、"无抵押、无担保、基准利率"小额信贷、"4+1"贫困户危房改造等系列成功经验的基础上，积极创新体制机制，推进精准扶贫精准脱贫落地生效，形成了湖南的特色和亮点。

一是探索建立了主要领导干部"三走访、三签字"机制。为压实领导干部关键少数的责任，省委、省政府出台《关于全省党政主要领导干部带头开展脱贫攻坚"三走访、三签字"工作的通知》。一年中，各市州委书记、市州长走访了辖区内所有重点贫困乡镇，县市区委书记、县市区长走访了辖区内所有贫困村,共解决各类大小问题 11000 余个。同时明确:贫困户脱贫摘帽,由村支部书记、村主任共同签字负责;贫困村脱贫退出,由县市区委书记、县市区长签字负责;贫困县脱贫摘帽,由市州委书记、市州长签字,报省委书记、省长审定。二是探索建立了常态化联点督查机制。为加强对 49 个未摘帽贫困县的督导,省委、省政府出台了《脱贫攻坚常态化联点督查工作方案》,建立督查巡查问题直报机制和"一单四制"(任务清单、交办制、台账制、销号制、通报制)制度,由 36 位省级领导带队,组建 49 个常态化联点督查组,对 49 个贫困县开展定点定人的督查巡查,点对点地压实责任,以此倒逼作风转变,促进工作落实。三是探索建立了"互联网+社会扶贫"机制。根据国务院部署安排,在全国率先开展"中国社会扶贫网"上线试点,搭建捐赠者与受捐者双向互动和有效对接平台,贫困户注册数、爱心人士注册数、贫困需求发布数、对接成功率均居全国前列。9 月 28 日全国"互联网+社会扶贫"工作现场会在湖南召开,十多个省的同志来湖南学习考察。四是深化了劳务协作脱贫机制。2016 年,湖南开展劳务协作脱贫试点,创造了"114"劳务协作模式,得到了汪洋副总理的肯定。2017 年,进一步深化劳务协作脱贫工作,发挥各方力量,建立了贫困劳动力就业的"三张清单"(任务清单、稳岗清单、责任清单),通过线上线下联动、省内省外协同,全面扩大就业、稳定就业、提升就业。目前全省贫困劳动力总数 150.5 万人,有转移就业意愿的 76.1 万人,其中 70.7 万人已实现转移就业。2017 年新增贫困劳动力转移就业 15.6 万人,人均年增收 3 万元以上。五是探索建立了"互联网+监督"机制。充分运用互联网技术,围绕"钱从哪里来、花到哪里去、干了什么事、效果怎么样、有没有问题"这条主线,将各类民生资金特别是扶贫资金的拨付、发放和使用情况全面公开,实现对每笔资金从上至下、从部门到农户到个人到项目的全程监督,为扶贫监督插上了科技的翅膀。目前,省、市、县三级"互联网+监督"平台已正式上线运行,湖南省居民在平台的门户网站、移动 App 或微信公众号输入相关身份信息,便可实时查询和监督民生、扶贫资金使用和发放等情况。六是探索建立保险扶贫新机制。为有效防范意外伤害、自然灾害、大病重病、产业失败等风险，为贫困家庭创新开展"扶贫特惠保"。目前，已为629.85余万贫困人口投保贫困家庭综合保障保险、覆盖面达99.8%，20余万贫困人口投保借款人意外保险，33个县的26个农产品投保精准扶贫特色农业保险，有效降低了风险。

虽然过去一年全省脱贫攻坚工作总体推进较好，但也还存在一些不容忽视的困难和问题。一是脱贫攻坚任务仍然繁重。由于全省贫困基数大，无论是巩固脱贫成果防止返贫，还是帮助未脱贫对象实现脱贫，任务仍然艰巨。二是责任落实不够到位。少数地方领导干部脱贫攻坚责任还没有真正上肩，对所联系的乡村扶贫工作情况不熟，思路不清、办法不多。个别县直单位主要负责人对行业扶贫政策了解不深。三是工作推进不够平衡。贫困县与非贫困县、贫困村与非贫困村工作推进不平衡，少数村级组织软弱涣散，工作落实不到位，群众情绪疏导跟不上，存在"死角村""灯下黑"的情况。四是政策落实有差距。少数地方驻村帮扶和结对帮扶工作不够扎实，作风漂浮，存在图形式、挂虚名、走过场的现象，导致一些政策难以落到实处。如在产业扶贫当中，存在对象瞄准不够精准、利益联结不够紧密、帮扶方式简单、推进力度不大的现象；个别地方在易地扶贫搬迁、危房改造、教育扶贫、健康扶贫等到户政策上还有一些不够落实的情况。五是资金监管有待加强。有的地方涉农资金整合没有完全到位，资金管理不规范，项目推进和资金支出进度慢的问题比较突出，存在资金"趴账"现象。六是内生动力激发不够。少数地方贫困群众主动脱贫意识不强，仍然存在"等靠要"思想；部分贫困群众思想观念落后，文化素质偏低，缺乏创新发展意识，自我脱贫的能力不强。对此，务必坚持问题导向，保持攻坚定力，下足绣花功夫，认真予以解决。

二 2018年工作展望

2018年，是全面贯彻落实党的十九大精神的开局之年，是打好精准脱贫攻坚战的作风建设年。全省脱贫攻坚以习近平新时代中国特色社会主义思想为指导，认真落实中央的新决策新部署新要求，坚持稳中求进工作总基调，持续推进精准扶贫、精准脱贫，做好脱贫攻坚与实施乡村振兴战略的衔接，全年确保减少130万以上农村贫困人口，实现2200个左右贫困村脱贫出列、16个（工作争取18个）贫困县脱贫摘帽，坚决打好年度精准脱贫攻坚战。

第一，狠抓学习培训。习近平总书记、汪洋副总理反复强调，要加大干部培训力度，提高脱贫攻坚能力。2018年，国家层面将对省级领导干部开展脱贫攻坚专题轮训。湖南省计划4~5月对市、县党政领导开展轮训，进一步提高市县领导干部思想认识，培养研究攻坚问题、解决攻坚难题的能力；指导各地对驻村干部和乡村扶贫干部开展全覆盖轮训，进一步提高基层干部帮扶本领。

第二，狠抓重点工作。把提升脱贫质量摆在首位，全面落实脱贫攻坚各项政策，增强贫困群众的获得感。一是按照滚动计划要求，着力抓好18个贫困县的脱贫摘帽工作。同时，继续加强对2017年度5个国家贫困县脱贫摘帽工作督导，确保顺利通过3月以后的国家评估验收。二是全面落实支持深度贫困地区脱贫攻坚政策，瞄准老人病人残疾人等特定贫困群众精准帮扶，集中力量攻克坚中之坚、难中之难。三是突出抓好产业扶贫、就业帮扶、生态补偿，促进稳定增收，拟在6月召开产业扶贫工作现场推进会。四是坚持标准，突出抓好教育扶贫、健康扶贫、易地扶贫搬迁和危房改造，落实"三保障"要求。五是突出抓好农村低保、社会救助、临时救助，兜住民生底线。

第三，狠抓平衡推进。统筹推进面上脱贫攻坚，加大对非贫困县、非贫困村贫困人口的帮扶力度，促进工作平衡开展；改善生产生活条件，加大基础设施和公共服务建设力度，着力补齐贫困地区的发展短板。拟在5月召开面上县脱贫攻坚工作现场推进会。

第四，狠抓问题整改。坚持问题导向，针对中央向湖南反馈的系列问题，逐一梳理，制定整改任务清单和责任清单，拉条挂账，督促各地各部门举一反三、对症下药，深入抓好问题排查整改，全面推进脱贫攻坚责任落

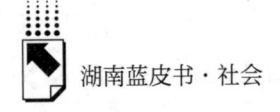

实、政策落实和工作落实，进一步夯实精准基础，强化资金监管，提升脱贫攻坚整体质量和水平。

第五，狠抓合力攻坚。深入推进东西部扶贫协作；充分发挥中国社会扶贫网平台作用，提升实效性和可持续性，帮助贫困对象解决实际困难。强化基层基础，更好地发挥基层党组织战斗堡垒作用和党员先锋模范作用，更好地发挥以党建促脱贫攻坚作用。加大内生动力培育力度，帮助贫困群众实现"精神脱贫"，提升发展生产和就业的能力。

第六，狠抓作风建设。深入开展扶贫领域腐败和作风问题专项整治，着力解决形式主义和违纪违规问题；持续开展"三走访、三签字"活动，发挥关键少数作用；强化督查考核，注重加强统筹减轻基层迎检、填表负担，把全面从严要求贯穿始终。

B.21
2017年湖南知识产权发展情况及2018年展望

段志雄*

2017年,在湖南省委、省政府坚强领导下,全省知识产权系统深入学习贯彻习近平新时代中国特色社会主义思想和党的十九大精神,坚决贯彻落实省委、省政府决策部署,加快推进知识产权强省建设,攻坚克难、开拓创新,圆满完成全年目标任务。

一 2017年湖南知识产权发展情况

2017年,全省专利申请量77934件,发明专利申请量31365件,同比增长27.8%和41.9%;专利授权量37916件,发明专利授权量7909件,同比增长9.6%和10.0%;有效发明专利量34774件,每万人有效发明专利拥有量5.09件。长株潭每万人有效发明专利拥有量18.62件。获得第十九届中国专利奖22项,其中金奖3项,连续两年获得全国20项金奖中的3项。专利行政执法案件立案4652件,结案4564件,同比增长28.6%和26.9%。接听"12330"热线电话3500多次,处理举报、投诉62起,实施维权援助143件次,入驻大型展会5次。专利质押融资额14.2亿元,同比增长114%。依法设立的专利代理机构78家,比上年增加19家。124人通过全国专利代理人考试,通过率居全国第五。湖南省知识产权研究院获评中国高校智库100强。制作出品国内首部知识产权专题纪录片《国之利器》,在湖

---

* 段志雄,湖南省知识产权局党组书记、局长。

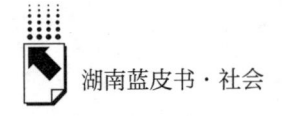

南、北京、上海、广东等省级卫视相继播出，获得业内普遍好评，在湖南卫视播出的收视率居同时段全国第四。

（一）专利创造量质齐升

开展知识产权密集型产业培育工作，印发了《湖南省知识产权密集型产业培育工作方案》。开展创新成果知识产权化促进工程，立项支持50个创新项目进行高价值专利及专利组合培育。组织开展了2017年湖南专利奖评选活动，评选出51个奖项。开展知识产权保护创新示范企业创建工作，拥有百件以上有效专利的企业超过100家。开展优秀专利申请文件评选活动，19家代理机构的2170件专利参加评选。长沙、郴州、张家界、湘西等市州进一步完善专利资助政策，加大专利资助力度。怀化、常德、郴州、长沙、张家界、邵阳6个市州的专利申请增长率超过全省平均增长率。

（二）转化运用成效明显

加强知识产权运营服务机构的培育，指导推进株洲市技术转移促进中心有限公司、省高等院校知识产权运营服务中心的建设，支持湘潭、邵阳建立知识产权交易中心，长沙市获批开展国家知识产权运营服务体系建设，株洲高新区筹建了国家轨道交通和新能源汽车知识产权运营中心。省知识产权交易中心促成58个项目转移转化，合同金额2.1亿元。加快建立并积极用好省重点产业知识产权运营基金，首期规模达1.5亿元，完成对首个项目2000万元的投资。长沙市重点产业知识产权运营基金正加紧设立，首期将募资1亿元。专利权质押融资工作首次纳入省政府对市州政府的绩效考核内容，撬动了更多各类资金投入专利产业化项目。利用专利产业化推动精准扶贫的专利扶贫实践在省局驻村帮扶点新生村取得成功，引进的油茶、紫薯种植和光伏发电等专利产业化项目全部落地，获得有关方面的肯定。衡阳、株洲、湘潭、常德、益阳、永州、怀化等市州加大了专利权质押融资工作，怀化市融资额破亿元，邵阳市实现零的突破。常德市所有县市区加入了市级风险补偿资金池，中小型科技型企业贷款风险补偿资金达3500万元。

（三）保护机制不断完善

加强了专利行政执法办案工作督查，举行了典型案例研讨会，市州、县市区专利行政执法办案能力得到提高，各市州、大部分县市区克服困难完成了年度执法办案任务。跨区域、跨部门执法协作取得可喜进展，与长沙海关建立了进出口环节专利保护协作机制，与长江经济带11省市建立了跨区域专利协作执法和联合执法机制，进一步加强了电商领域专利执法维权协作。开展知识产权保护示范园区创建工作，望城经开区、宁乡经开区等6个园区进入首批创建名单。制订了《湖南省知识产权维权援助三年行动计划》，与省高院联合出台了《关于建立知识产权纠纷诉调对接机制的意见》，建立包括专利、商标、版权纠纷的人民调解、行业调解、行政调解和司法调解"四调联动"知识产权纠纷多元化调解平台。进一步健全了省、市、县三级打击侵权假冒工作协调机构，加大了重点领域专项治理协调力度，加强了市州工作督导，娄底等地开展了打击侵权假冒工作联合执法行动。中国（长沙）知识产权保护中心已试运行。

（四）管理效能不断提升

省政府研究并出台了《关于加快推进知识产权强省建设的实施意见》（以下简称《实施意见》），明确了强省建设总体目标和重点任务，为强省建设指明了努力方向。省知识产权协调领导小组办公室组织研究制订了《实施意见》的贯彻落实方案，对强省建设具体任务进行细化分工。开展了知识产权战略十年评估工作，为进一步推进强省建设提供决策参考。长沙市作为全国6个知识产权综合管理改革试点市（区）之一，率先取得突破，完成了专利、商标、版权"三权合一"的知识产权综合管理改革试点工作。湘江新区作为知识产权综合管理改革省级试点地区，正在抓紧落地实施。市县层面的试点示范工作扎实推进，新增国家知识产权试点园区1家、示范企业2家、优势企业16家，新增国家级中小学知识产权教育试点学校1所，

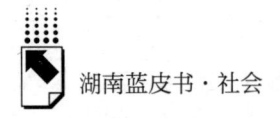

新增湖南省知识产权建设强县10家。邵阳等地加大了企业试点示范工作力度。岳阳等地将知识产权工作纳入了政府绩效考核。

（五）服务质量持续优化

开展专利信息传播和利用工作，为100家中小企业推送专利信息，为近30家企业开展专利导航、专利预警分析及知识产权分析评议工作。成立了湖南省知识产权服务联盟。举办培训班25期，培训3000余人次。高校知识产权远程教育平台共设子平台15个，选课近万人次。组织30人赴香港开展知识产权保护与运营研修。成功举办"知识产权走基层、服务经济万里行"活动，获得国家知识产权局肯定。选派了20名知识产权协理员进驻19家企业。举办泛珠三角区域知识产权联席会议暨"一带一路"知识产权高层论坛，签署了《"一带一路"背景下泛珠三角区域知识产权合作协议》。开展了知识产权宣传周、中国专利周等宣传活动，发布了2016年湖南省知识产权保护状况白皮书，各市州知识产权宣传活动丰富多彩。

在肯定成绩的同时，也要清醒看到，知识产权工作还存在不足，事业发展还存在一些不充分、不平衡的问题。一是区域发展、企业发展不平衡。长株潭有效发明专利量占全省的77.6%，特别是长沙的有效发明专利量占了全省的59.5%，区域发展极不平衡。企业发展也不平衡，中联、三一、中车时代电气、中冶长天等排名前十企业的有效发明专利达5142件，占全省3821家企业的24%。二是指标数据有不小差距。湖南万人有效发明专利拥有量5.09件，全国是9.8件；湖南的国家知识产权示范和优势企业65家、贯标认证企业44家、专利质押融资额14.2亿元，而支撑型强省的平均水平为92家、118家、30.6亿元。三是工作中还存在较多导致发展不充分的制约因素。全省知识产权管理机构、人员力量、财政投入的现状还不能满足现实需求；知识产权数量和质量与创新实力、产业发展要求不相匹配；专利行政执法力量薄弱、力度偏软、影响力和震慑力不够的问题仍然存在；现有转化交易服务机构作用发挥还不够，知识产权高端服务供给不足，运用效益还未充分显现等。

二 当前面临的形势

党的十九大高举中国特色社会主义伟大旗帜，做出中国特色社会主义进入了新时代等一系列重大论断，明确把习近平新时代中国特色社会主义思想确立为我们党必须长期坚持的指导思想，描绘了决胜全面建成小康社会、夺取新时代中国特色社会主义伟大胜利的宏伟蓝图。全国知识产权局局长会议高度概括了习近平新时代中国特色社会主义思想在知识产权领域的重要论述，提出了知识产权系统深入学习贯彻习近平新时代中国特色社会主义思想和党的十九大精神的具体要求。省第十一次党代会提出了创新引领开放崛起战略，做出了四大创新、五大开放行动、"芙蓉人才"计划的部署。省委经济工作会议明确2018年为"产业项目建设年"，突出抓好"五个100"。这些都是今后知识产权工作的遵循和指南，对工作提出了更高的要求。

（一）要准确把握新时代知识产权强省建设新使命

党的十九大报告开宗明义提出要不忘初心、牢记使命，强调把发展经济的着力点放在实体经济上，把坚持以人民为中心作为新时代坚持和发展中国特色社会主义的重要内容。不忘初心、牢记使命，对知识产权人而言，就是不能忘记知识产权制度设置的初衷。知识产权制度是市场经济的产物，知识产权是依附于经济实体的生产资料。我国的专利法、商标法、著作权法等知识产权相关法律法规均在第一条明确，要保护权利人的合法权益、激励创新创造，这是知识产权法律的立法宗旨。《中共中央国务院关于深化体制机制改革加快实施创新驱动发展战略的若干意见》明确提出，要让知识产权制度成为激励创新的基本保障，这是知识产权制度建立的初衷。坚持以人民为中心，体现在知识产权系统履职尽责上，就是要更加突出创新人才、发明人的关键地位。以发明人为重点的创新人群是知识产权的主要创造力量、权益保护的重点对象、转化运用的支撑环节、高端服务的需求源头，也应该是知识产权权益的法定分享者。要立足知识产权职能定位和专业优势，把服务创

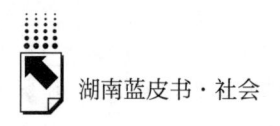

新、服务实体、服务发明人、服务"产业项目建设年"当作知识产权部门落实"不忘初心、牢记使命"的切入点和着力点。

（二）要牢牢盯准新时代知识产权强省建设新目标

党的十九大做出从全面建成小康社会到基本实现现代化、再到全面建成社会主义现代化强国的新时代中国特色社会主义发展的战略安排。全国知识产权局局长会议提出了分两步走建设知识产权强国的战略目标，明确2018年将启动知识产权强国建设纲要制定工作。省知识产权局必须按照省委、省政府的既定部署，狠抓落实，确保到2020年全省知识产权战略实施和支撑型知识产权强省建设的目标任务顺利完成。在此基础上，瞄准党的奋斗目标，对接知识产权强国建设的部署，立足湖南知识产权事业发展实际，担当起新时代赋予湖南知识产权战线的历史使命，力争到2035年，知识产权综合实力稳居全国第二梯队前列，让知识产权有效支撑全省经济社会发展；到21世纪中叶，知识产权综合实力进入全国第一梯队，让知识产权有效融入全省经济社会发展。

（三）要努力完成新时代知识产权强省建设新任务

党的十九大提出我国经济已由高速增长阶段转向高质量发展阶段的重大判断，强调要"倡导创新文化，强化知识产权创造、保护、运用"。杜家毫书记在全省科技奖励暨创新奖励大会上提出，"要始终加强知识产权保护，始终坚持打防并举、标本兼治，让湖南成为保护知识产权最好的省份之一"。全国知识产权局局长会议要求，努力实现知识产权事业发展的"五个转变"，即努力实现知识产权创造由多向优、由大到强转变，知识产权保护从不断加强到全面从严转变，知识产权运用从单一效益向综合效益转变，知识产权管理从多头分散向更高效能转变，知识产权国际合作交流从积极参与向主动作为转变。这些都是做好新时代全省知识产权工作的根本要求和主要任务。在知识产权创造方面，要实现数量布局、质量取胜，围绕创新成果，形成一大批高价值专利（组合）和各类知识产权，促进创新链、知识产权链和产业链的融合发展。在知识产权保护方面，要实现严保护、大保护、快保护、同保护，营造良好营商环境，让创新者有力，让侵权者难行。在知识产权运用方面，要促进知识产权价值实现，提升全省产业的知识产权竞争力。在知识产权服务方面，要提高高端服务的供给能力和水平，充分发挥知识产权服务业的事业支撑作用。

三 2018年展望

2018年，湖南省知识产权局将全面贯彻落实党的十九大精神，按照省委、省政府的决策部署，坚持"三抓三促"①，扎实做好年度知识产权工作5件实事，加快推进知识产权强省建设，进一步提升知识产权综合实力，有效服务创新引领开放崛起战略实施，为建设富饶美丽幸福新湖南做出新贡献。

（一）以扎实推进年度5件实事为着力点，逐步破解事业发展的瓶颈问题

（1）开展"五个100"专利服务年活动。围绕"五个100"，深入开展大调研活动，摸准需求，建立台账，明确责任，整合资源，精准服务项目建设和创新人才，促进专利工作融入湖南经济产业发展和科技创新大局。

（2）开展高校知识产权中心建设工作。采取政府引导、市场化运作方式，整合资源，建设一批各具特点的集运用、保护、管理于一体的高校知识产权中心，2018年遴选3个左右的高校开展试点，促进高校知识产权的转化运用。

（3）建立知识产权质押融资风险补偿资金池。采取政府主导、风险共担和市场化运作的方式，建立不低于2000万元的省级知识产权质押融资风险补偿资金池，引导各地各类资金投入知识产权转化运用中，进一步缓解科

---

① 抓服务，促专利量升质优；抓保护，促营商环境优化；抓运用，促产业创新发展。

技型企业融资难的问题。

（4）推进知识产权快速维权一体化建设。高标准建成湖南省知识产权纠纷调解中心，完善诉调对接机制，强化协同维权机制，构筑健全维权援助工作网络，实现快速维权、精准维权、有效维权，为创新引领开放崛起战略实施提供强有力的知识产权保护支撑。

（5）开展专利行政执法办案质量提升行动。建立专利调查分析师制度，选取2~3个市州开展工作试点，发挥技术专家对行政执法的专业支撑作用，提升办案效率及准确性。加大督查力度，提升执法队伍办案水平，加强电子商务领域专利行政执法以及新领域专利保护，切实满足市场主体的专利权益保护需求。

（二）以落实《实施意见》为着力点，统筹推进强省建设

（1）进一步形成强省建设合力。充分发挥省知识产权协调领导小组作用，加强对强省建设的组织领导、统筹协调和整体推进，制订知识产权强省建设年度推进计划，形成全省上下一盘棋、分头抓落实的工作格局。

（2）推进知识产权领域改革。巩固推广知识产权综合管理改革试点工作成果，积极承接国家下放的知识产权相关职能，充分发挥中国（长沙）知识产权保护中心的快速协同保护作用，推动专利快速审查、确权、维权一站式服务。在有条件的地区开展标准化案件口审庭及调解室建设试点工作。建立维权援助和举报投诉激励机制，设立湖南省知识产权保护专项奖。

（3）统筹区域知识产权工作。支持长沙市开展国家知识产权强市建设，推动有条件的市州积极开展国家级试点示范工作，深入开展湖南省知识产权建设强县的工作，推动市州、县市区知识产权工作高质量发展。

（三）以培育高价值专利为着力点，强化知识产权创造

（1）深入实施创新成果知识产权化促进工程。围绕重点科研项目，引导创新主体开展创新成果的专利布局，形成一批高价值专利组合，提高专利质量和布局水平。

（2）深入开展知识产权密集型产业培育工程。以密集型产业培育工作为抓手，以知识产权保护创新示范企业创建为重点，做好高价值专利培育工作。探索建立高价值专利评价标准，认定一批湖南的高价值专利。

（3）充分发挥激励导向作用。按照省政府促进地方真抓实干的要求，优化专利资助政策，将省级专利资助资金按照因素法分配给市州，各市州要发挥好专利资助资金的激励引导作用，有效遏制非正常专利申请。支持重点企业加强海外特别是"一带一路"沿线国家的知识产权布局，提高 PCT 申请数量。做好 2018 年度省专利奖评选和中国专利奖的申报推荐工作。

（四）以提升行政保护效果为着力点，强化知识产权保护

（1）加大专利行政执法力度。进一步落实严格专利保护的若干意见。改善专利行政执法基础条件，继续加强执法队伍建设，强化执法督导和培训，严厉打击群体性、重复性专利侵权假冒行为，查办一批有影响力的典型案例。

（2）保持打击侵权假冒高压态势。加大打击侵权假冒工作协调力度，做到早安排、勤督导、补短板、严考核，按照全国打假办安排部署，全面高质量完成全年工作任务，营造更加有利于发展的营商环境。

（3）强化知识产权维权援助工作。落实《湖南省知识产权维权援助三年行动计划》，加强市级分中心和重点产业园区、高新区工作站的建设，加强展会知识产权维权援助力度。

（五）以建立健全运营体系为着力点，强化知识产权运用

（1）完善知识产权运营平台建设。支持省知识产权交易中心建设，争取获得产权交易相关资质，在交易量、交易额上取得较大突破。以长沙市开展知识产权运营服务体系建设为契机，在知识产权运营体制机制、服务能力、模式创新等方面取得实质性进展，在全省形成示范带动效应。

（2）加强知识产权金融服务。加强知识产权质押融资工作，推广与贷

款、保险、财政风险补偿相配套的专利权质押融资新模式。发挥省重点产业知识产权运营基金和专利权质押融资的作用，吸引更多资金投入知识产权转移转化上来。

（3）提升企业、产业的知识产权竞争力。加强知识产权强企建设，深入推进国家知识产权示范企业和优势企业工作。支持省内外知识产权服务机构开展重点产业、企业专利导航、预警和运营工作。引导园区充分利用知识产权提高产业发展质量。推动企业、高校、科研机构知识产权贯标工作。

（六）以夯实基础为着力点，强化知识产权管理服务

（1）提升知识产权服务能力和质量。落实专利代理行业"十三五"规划，加大监管力度，加强代理人才培养，促进专利代理行业健康发展。建好代理行业管理平台，提高代理行业信息化管理水平。加强专利信息公共服务体系建设，促进专利信息的传播和利用。发挥知识产权服务联盟作用，整合优质服务资源，主动提供全方位、高水平的知识产权服务。

（2）加大知识产权人才培养和对外交流合作力度。开展《湖南省知识产权人才规划（2011~2020年）》实施情况的评估。落实《湖南省芙蓉人才计划》对知识产权人才的要求，大力培养知识产权高层次和实务人才。支持有条件的高校开展湖南省知识产权培训基地建设，支持高校加强知识产权学科建设和师资引进。加强知识产权业务培训，利用远程教育拓展社会化培训。继续开展企业知识产权协理员工作。加强知识产权对外交流与合作。

（3）实施知识产权文化建设工程。深入开展中小学知识产权教育试点工作。认真开展全国知识产权宣传周、中国专利周等活动，注重运用网络、微博、分布式媒体等现代信息传播方式，加强对政策法规、典型案例等的宣传报道。加强知识产权政务信息工作，提升各级领导的知识产权认知度。

B.22 2017年湖南妇女工作进展和成效

湖南省妇联

2017年，全省各级妇联认真贯彻习近平总书记系列重要讲话精神和中央、省委决策部署，以迎接学习宣传贯彻党的十九大为主线，以保持和增强政治性、先进性、群众性为目标，着力推进妇联改革和工作创新，着力做好服务大局、服务妇女各项工作，着力加强妇联组织党的建设，取得新的进展和成效。

一 强化政治引领，坚实党的妇女群众基础

（1）自觉用中央、省委重要精神武装头脑。深入学习贯彻党的十九大精神、习近平总书记关于党的群团工作和群团改革重要指示以及中央群团改革工作座谈会精神，贯彻落实省委书记杜家毫与省妇联领导班子座谈时的重要讲话精神。各级妇联采取多种形式学习，提高政治站位，树牢"四个意识"，切实增强贯彻落实的思想、政治和行动自觉。

（2）深入开展"巾帼心向党·喜迎十九大"主题活动。推出"砥砺奋进的五年——巾帼心向党·喜迎十九大"全媒体报道，充分展示过去五年全省妇女儿童事业发展成果、各行各业优秀女性典型事迹等，阅读量几百万人次。各地开展"巾帼心向党·扬帆新征程""巾帼展风姿·喜迎十九大"等主题活动，通过下基层巡讲、组织红歌音乐会、征集微视频等方式，引导广大妇女听党话、跟党走，以良好精神面貌迎接党的十九大胜利召开。

（3）迅速掀起学习宣传贯彻党的十九大精神热潮。下发认真学习宣传

贯彻党的十九大精神通知，按照学懂弄通做实要求，迅速抓好省妇联领导班子、机关干部和市州、县市区妇联主席专题学习。开展"百千万巾帼大宣讲"活动，省、市州妇联领导干部共宣讲410场，受众4.7万人。党的十九大代表姜欣赴基层宣讲25场，受众2万余人。推出新媒体产品，以群众喜闻乐见的方式宣传解读党的十九大精神，让大会精神深深扎根妇联干部妇女群众。

二 全面推进改革，提高妇联组织履职水平

（1）妇联组织改革取得重大进展。推动《湖南省妇联改革方案》出台，省妇联执委、常委中的知识女性和劳动妇女比例分别提升到18.9%和23.53%。调整机关内设机构，强化基层组织、家庭文明、新媒体建设等职能，指导基层妇联改革，长沙、株洲、衡阳、湘潭、常德、郴州、张家界、娄底等市州改革方案出台。全省乡镇（街道）妇联换届、村（社区）"会改联"全部完成，新增妇联执委47.33万名，基层妇联工作力量发展壮大。全省726个乡镇（街道）妇联完成区域化建设，探索党群共建共享工作模式。

（2）网上妇联工作持续抢占高地。建设"两网两微两端"全媒体平台，重点打造"湘妹子"、今日女报等移动端新媒体，粉丝近400万人。其中"湘妹子"粉丝51万人，在全国妇联系统、湖南省政务微信排名中稳居前列；今日女报微信号粉丝86万人，稳居湖南媒体微信排行首位。各级妇联开通官微官网118个，粉丝逾150万人。运用互联网手段创新工作方式，开展"寻找最美""家书抵万金"、首届女红艺术节3期直播活动，推出党的十九大、湘妹子抗洪救灾、八千湘女回娘家3次战役报道，引起社会强烈反响。各地妇联打造妇联网工作新亮点，株洲建立"她代表"微信工作室300多个，联系服务妇女2万余人。

（3）妇联干部队伍建设日臻完善。省妇联机关按照去"四化"、强"三性"要求，开展"两学一做"学习教育，落实双月下基层工作周等制度，

扎实开展"三联二访三帮"活动①,切实转变工作作风。建立基层联系点53个,下基层1050天,联系妇女1161人。坚持抓好妇联干部尤其是基层妇联队伍培训指导,组织44人赴河南参加党性教育、109人赴上海、内蒙古、浙江学习群团改革和维权工作先进经验、500人参加乡镇(街道)妇联主席培训、600多人参加业务能力培训。各级妇联采取"走出去""请上来""送下去"等方式,培训妇联干部5万人。

三 紧扣发展大局,助推城乡妇女建功立业

(1)实施巾帼脱贫行动。综合运用多种扶贫手段,指导督促各级妇联压实扶贫责任。发动妇联工作力量11.25万人,向近百万贫困户发放宣传资料158.48万份。开展脱贫技能培训476期,培训贫困妇女11.4万名。举办首届女红艺术节,创建全国和省级各类巾帼示范基地67个、巾帼扶贫车间11个,重点支持巾帼巧手创业就业孵化基地和湖湘女红文化展洽中心。各级妇联扶持手工龙头企业101个,创建脱贫基地107个,带动近10万名妇女就业。搭建网上展销平台,拓展贫困妇女产品销路。向定点扶贫村(隆回县涟塘村)聚焦发力,落实帮扶资金1200万元,全村人均年收入达4600元,实现整村脱贫。

(2)实施巾帼双创行动。推广巾帼创业帮扶贷经验,全省共发放妇女创业担保贷款8.05亿元,获贷妇女8437人,带动近13万名妇女创业就业。搭建"双创"服务平台,推荐手工艺人周佳霖参加首届中国妇女创新创业大赛,获"最佳创意奖";组织省女红协会参加全国"双创"活动周,获"优秀展览展示奖""最佳组织奖"。打造"凤网e家"家政服务平台,吸纳用户近20万、加盟企业44家,安排女性就业1万多人。举办全省

---

① "三联"即机关干部普遍建立基层工作联系点,固定联系一定数量的妇女群众,机关党支部"一对一"联系基层党支部;"二访"即访妇情、访民意,了解妇女群众的困难与需求;"三帮"即机关干部每人每年帮助基层妇联至少开展一项创新性工作、帮扶一名贫困妇女儿童,机关党支部每年帮助基层党支部办一件实事。

二届家政服务竞赛，规范行业发展。加强交流合作，输出200多名妇女参加全国性培训，提升发展能力；组织优秀女企业家参与湘加经贸洽谈，达成投资合作意向；首次面向"一带一路"国家留学生开展女红技艺暨SYB培训。

（3）实施巾帼建功行动。开展"巾帼心向党·建功新时代"主题创建活动，动员各行各业妇女立足岗位争先创优。创建全国巾帼文明岗71个、巾帼建功先进集体19个、巾帼建功标兵20人，发挥典型示范引领作用。启动全省巾帼建功创建活动，网络浏览量520万次，投票数225万人，妇女参与程度明显增强。发动各级妇联、妇女群众投身抗洪救灾，主动为党委政府分忧解难，涌现出李粤玲等先进典型。下拨专项经费100万元，募集现金物资1165.28万元，支持各级妇联抗洪救灾。全国人大常委会副委员长、全国妇联主席沈跃跃对湖南各级妇联在抗洪救灾中发挥的积极作用和高效发挥网上妇联作用予以高度肯定。

四 做实维权服务，优化妇女儿童发展环境

（1）推动妇女儿童发展规划实施。协助省政府召开全省第六次妇女儿童工作会议，总结"十二五"期间湖南妇女儿童事业成绩和经验，部署新一轮妇女儿童发展规划实施工作。指导推动各市州、县市区出台新一轮妇女儿童发展规划。各级妇儿工委完成新一轮妇女儿童发展规划宣讲会206场，营造实施两个规划良好氛围。确定40个县开展两个规划实施示范工作，探索建立示范工作长效机制。开发湖南省妇女儿童发展规划数据监测系统，为推动规划实施、政策出台提供依据。

（2）扎实做好基层维权服务指导。在全国率先下发《关于完善婚姻家庭纠纷预防和化解机制的意见》，建立市级婚调中心4个，县市区婚调委122个，乡镇（街道）婚调工作站810个，婚调队伍1995人，服务夫妻5.3万对，促和夫妻1万多对。探索实施辣妹子温馨驿家项目，在全省建立15个试点，为受暴对象提供庇护服务。将44个县市区纳为农村妇女土

地权益维护基层培训督导重点地区，引导农村妇女在土地确权颁证中主动申请登记加名。发挥"12338"热线作用，接待处理群众信访9569件次，办结率100%。推进"建设法治湖南·巾帼在行动"普法宣传活动，吸引75万名妇女参与。

（3）坚持为妇女儿童办实事好事。牵头实施农村适龄妇女"两癌"免费检查民生实事项目，投入中央和省级补助金7467.17万元，完成检查118万人，超出计划18万人；争取5089万元，救助贫困患者4889名。坚持开展"让爱留守·关爱农村留守儿童特别行动"，承接恒爱行动、儿童快乐家园等国内外项目，筹措资金461万元，帮扶儿童8990名。办结妇女法律援助案件124件，挽回经济损失300多万元。省妇女儿童活动中心开展艺术教育帮扶等活动，受惠学生2000多人次。省妇女儿童发展基金会募集资金4500万元，实施公益项目37个，打造慈善公益品牌。

五 发挥独特优势，抓好家庭家教家风建设

（1）弘扬优良家风。以"寻找最美"活动品牌为抓手，发动家庭成员积极参与各类家庭文明创建活动。举办"湘花烂漫'绣'美湖南"颁奖晚会，网络直播展示全省"最美家庭"，近30万人观看。湖南30户家庭获全国"最美家庭"、50户家庭获湖南"最美家庭"。推荐全国三八红旗手（集体）、全国道德模范、"感动湖南"人物，彰显优秀妇女在社会和家庭中的独特作用。在全国率先开展"家书抵万金"征集活动，举办好家风故事汇，500多万人次关注，172篇家书获奖，弘扬良好家风社风。

（2）加强家庭教育。出台《湖南省关于指导推进家庭教育的五年规划（2016~2020年）》，在全国率先提出"加强隔代家教指导服务工作"等内容，为全国人大家庭教育立法调研提供湖南经验。在全国率先出台湖南省《两型家庭》地方标准，填补国内空白。建设省级示范家庭教育社区（村）16个，开展公益讲座1万余场，惠及110多万个家庭。加强家庭教育理论研究，《儿童不同成长发展阶段的家庭教育研究》等3个课题被确定为全国

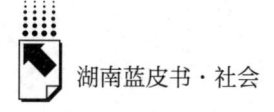

家庭教育"十三五"重点科研课题。

（3）深化家庭服务。立足儿童优先、惠及家庭原则，在全国率先开展"书香飘万家"家庭亲子阅读和亲子阅读夏令营活动，浓厚家庭书香氛围，培养儿童良好的阅读习惯。联合省直部门开展庆"六一"暨"舞蹈公益百校行""守护儿童安全·远离产品伤害""我的中国梦·童心向党"等主题活动16场，增强全社会关爱儿童、关注家庭的工作合力。

专题报告
Special Reports

·创新社会管理·

B.23 加强医保支付精细化管理助力医改
——基于湖南的实践*

邓微 陈云凡 范世明

国家采取统筹实施、协同推进医保体制改革、卫生体制改革与药品流通体制改革"三医联动"的方式大力度推进医改，我国医药卫生体制改革（以下简称"医改"）进入了加速期、攻坚总攻期。从"三医联动"视角研究医保支付精细化管理，对助力医改充分发挥作用，具有重要的现实意义。

一 湖南医保支付精细化改革的探索

根据国家医疗保险制度改革部署，湖南省在基本实现医疗保障城乡居民

---

* 课题组成员：邓微，中共湖南省委党校（湖南行政学院）原巡视员，二级教授；陈云凡，湖南师范大学副教授、博士；范世明，湖南女子学院讲师；居妮，硕士研究生。执笔人：邓微、陈云凡、范世明。

全覆盖后，改革重点逐步转至支付方式改革上。改革的探索是从以按项目付费为主向总额控制下以按病种付费为主的复合付费方式转变。湖南省医保支付方式改革经历了一个曲折过程。

第一阶段：以"按项目付费"为主的支付方式阶段（2010年前）。在该阶段"按项目付费"是主要方式，同时兼有"按单病种付费""按人次平均付费"。"按项目付费"的结算方式对定点医院医疗行为难以形成有效的约束，过度医疗、转嫁医疗费、分解住院等浪费和套空医保基金现象普遍，进而造成了医疗费用快速增长、住院率居高不下、基金运行风险加大状况。

第二阶段：以"总额控制"为主的支付方式探索阶段（2011~2014年）。针对"按项目付费"管理失灵导致的医疗保险费用失控的情况，湖南各地区相继采取了以控费为目的的总额控制管理方式，如株洲在2010年采用总额控制下的对非单病种和单病种费用分别进行总额控制。岳阳市将定点医院分成四大类，分别采用不同的付费方式实现总额控制。邵阳市的做法是严格按医疗服务协议按月同医院结算费用。总额控制支付方式虽然在一定程度上保持了基金的稳定性，但是也产生了一系列问题：（1）参保者的利益容易被损害。株洲市出现了医疗费用虚增、推诿参保病人、服务量减少、个人医疗负担增加等损害参保者利益的现象。（2）医保支付机构管理成本增加。在总额控制前提下，医疗保险支付机构除要对报销单据进行抽查审核之外，还需与各家医院谈判协议总控费用指标和建立防止损害参保者利益的各种制度，这无疑增加了医保支付机构的管理成本。（3）医保与医院之间矛盾日增。在简单的总额控制下，医保与医院之间经常为了控费指标等问题产生矛盾。

第三阶段：总额控制下以"按病种付费"为主的复合支付方式探索阶段（2015年至今）。针对"总额控制"中出现的控费与质量等问题，湖南省各地区启动了对医疗保险支付方式精细化改革。与之前简单粗放的总额指标分配不同的是，该阶段探索建立一个科学的客观的总额指标分配方案和监测体系。在控制过度医疗费用支出方面，2015年9月，岳阳市引入医保

"第三方评审服务",长沙市在2015年启动总控付费方式改革,该方案按照"以收定支、收支平衡、略有结余、公开透明"的方针,建立以病种分值为核心,以"总量控制、额度分配、月度预拨、年度决算"为结算办法的医保总控体系。

二 湖南医保支付精细化改革主要措施

围绕改革目标,湖南省医疗改革从预算约束下医疗资源使用效率最大化的角度出发,重点立足控费、监控和激励三个方面进行相应的精细化制度设计。

(一)注重理念设计,建立规范、公正和复合的支付方式

一是强调规范统一。标准化建设是医保支付方式改革的基础,湖南省各地都出台了相应的规章制度。湖南省一些地区对病种统计进行了规范,长沙地区规定协议医疗机构必须按照疾病诊断标准进行规范诊断,按照《国际疾病分类》(ICD-10)书写疾病名称,确保疾病诊断科学合理,疾病名称准确规范。二是强调公开公正。公开公正是提高医保支付方式是否能取得多主体共识的基础。湖南省医保支付方式改革强调了公开公正原则,长沙市对于各级医院的预算和决算都进行了公示。湘潭在对病历评审采取严格回避原则,其具体做法是三级以下医院的病历由三级医院的专家评审,三级医院的病历则由长沙或邻近市、州聘请的专家评审。另外,开展评审时,专家不用去被评审的医疗机构,而是集中在医保局开展工作。三是强调复合支付。医保支付采取多种支付方式,如长沙地区对于医疗技术比较成熟的病种实行按病种分值付费,而对于病情比较复杂的疑难杂症依然采取的是按项目付费。岳阳市普通门诊统筹采取年度限额支付,特殊门诊结算按照不同病种,采取月度限额或者年度限额结算,部分危重病种甚至不设置报销上限。住院结算根据不同特点的医疗结构,采取不同的结算方式。大型综合性医疗机构采取的是总额控制下按项目付费结算,专科

医院采取单病种包干结算，普通医疗机构采取按人均定额结算，康复医院采取按床日结算。

（二）完善医疗费用控制机制，强化"医保—医院—病种"的预算约束

湖南省的控费主要从三个层面加强预算约束管理。

第一层面加强医疗保险基金总支出年度预算约束。按照"以收定支、收支平衡、略有结余"的原则编制收支预算。医保机构每年按照一定比例从医疗保险基金收入提取风险准备金，剩余作为医疗保险基金年度总支付额，不编制当年赤字预算，也不编制基金历年累计结余赤字预算。截至2016年，湖南省各地区的医疗保险基金都采取了总额控制，加强了年度地区医疗保险基金预算约束。

第二层面加强医院医疗保险报销年度预算约束。医院医疗保险年度预算约束基本上划分为两类：一类是以历年数据为基础的直分法。坚持把确保基金收支平衡作为首要原则。年初制定统筹区医疗保险基金预算，预算首先在收入总量中扣除"后备风险金"，然后综合上年度各项指标考核情况，将预算医疗总费用定额分配到各定点医院。株洲、岳阳、邵阳等地区都采取这种方法。另一类是以病种分值为核心的点数法。长沙市率先采取该方法，在2016年，长沙市出台《长沙市基本医疗保险付费总额控制方案》《长沙市医疗保险病种分值表》，明确提出实行总额控制下的按病种付费。根据 ICD－10 将全部疾病初步划分为非手术分值和手术分值两个分值种类共计 805 个病种。每年各医院的年终决算额由三个公式计算。

第三层面加强病种的医疗保险报销费用年度预算约束。在坚持"同城同病同价"的基本原则下，以各医院治疗的平均费用作为该病种的报销基准。湖南省较多地区总额控制主要在医保和医院层面。长沙是较早建立病种预算约束的地区，长沙的具体做法是将病种转化为分值，手术分值的标准化是以该病种治疗的平均统筹支付费用为标准的，以治疗费用的平均值为标准基本上建立对病种治疗的预算约束。

（三）推行智能监控机制，探索"全面审核—全程监测—结果控制"的管理方式

为规范医生行为，抑制过度医疗，湖南省引入智能监测平台，实现了以下三个转变。

一是从部分审核向全面审核转变。鉴于人力限制，传统的医疗保险经费审查采取的是抽查。引入智能监测平台后，利用智能技术对所有的病例进行普查。医保智能审核基本原理是基于强大的医药学临床知识库，依据数字化的审核规则，通过信息化的审核引擎对医疗费用明细进行自动、快速、标准、规范、逐单、逐项的审核。审核依据是医保政策，医保药品、诊疗、材料三大目录以及自定义规则。智能审核信息系统通过全面、准确的数据分析，提供违反规则的准确信息，为违规扣款、医保稽查、问题矫正等提供依据。株洲、衡阳、岳阳等地都利用智能监测进行普查。

二是从事后纠正向事前提示、事中监督转变。岳阳地区实行的智能审核包括三个层次：第一层次提供事前提示预警服务。岳阳市采取智能审核事前提示服务方式，将智能审核的起点前移到医生工作平台，医生在行医过程中若出现违规行为，系统便自动弹出对话窗口给予警示，并告知违规原因，预防了医生不规范诊疗行为，由此减少违规扣款的发生。第二层次提供事中结算费用智能审核。通过审核引擎自动运算，对医疗费用数据进行逐一检查，实现多角度、全面审核。第三层次提供事后费用反馈。第三方中心对审核结果做分析汇报，通过智能审核准确反馈医疗保险基金运行情况、就医病人医疗费用构成、使用的药品及诊疗项目、各医疗机构医疗费用增长、各病种发病率及费用增长情况等，为医保处加强对医院监管提供线索，为规范医疗服务、收费、支付、理赔等提出合理化建议。

三是从过程控制向结果控制转变。智能监控是利用智能平台对医生行为进行规范，在某种程度上是对医保支付机构审核功能强化。这种过程控制不可避免地对医生的治疗行为进行了不同程度的干预，也受到了一些医生抵制。长沙地区另辟蹊径，在智能平台的引入方面，更多地强调结果控制，利

用基于同城同病同价付费原则建立的利益机制激励各医院自主加强智能监控管理。如湘雅附二医院、长沙市第一人民医院都自主引入了智能监测技术，并根据自身治疗技术特点进行了本院化改造。由医院主动引入智能监控技术，既有利于减少信息不对称，也降低了沟通成本。

（四）建立利益机制，激励"医院—医生"控费与保质并重

为促进医疗保险资源效率最大化，湖南省一些地区探索建立一些激励性机制，以促进医院与医生主动控费，积极保障医疗服务质量。

一是探索建立激励医院提高医疗质量的年度考核系数。如长沙以再入院率、次均住院医疗费用增长率及实际报销比例作为考核指标。考核指标与年度病种分值总分挂钩，与医疗机构的年度决算金额直接挂钩，提升了医疗机构的服务品质，合理控制了医疗费用，降低了参保人员自付金额。株洲市制定了个人平均自付比例、转院率、满意率、平均住院天数、均次住院费用、甲类药品占药品总费用的比例和返院率等七项考核指标，按月、季和年度分别对各医院的每项指标设定控制标准进行考核。对于考核指标超过控制标准的，将从该医院年度定额医疗费用中扣减相应费用。

二是探索建立激励医院主动加强成本管理的"结余留用，超支不补"的结算方案。株洲市建立年度内定点医院实际发生医疗费小于其年度定额医疗费70%的，按其实际发生医疗费结算，结余部分列入年度预算扣除；年度实际发生医疗费在其年度定额医疗费70%~100%的，按其定额医疗费结算，结余部分奖励给医院；年度实际发生医疗费大于其年度定额医疗费的，超额部分不予结算。长沙采用按病种分值为核心的总额控制结算方案：地区医疗保险经费总支出是相对固定的；病种的治疗费和各级医院医疗保险报销费用是相对的。所在地区每年病种的治疗费用标准参照该地区各级医院治疗费用的平均值，超过平均值的部分由医院承担，低于平均值的部分按平均值报销，这就充分调动医院的成本管理。

三是探索建立激励医院分级诊疗的病种费用核算方式。长沙为促进分级诊疗合理配置医疗卫生资源，采取两项措施：一项是病种平均分值根据病例

在医院分布比例计算。长沙805个病种其中有626个病种其分值采取的是三级医院数据。有151个病种因一级医院出院人次占病种总出院人次的50%以上，所以分值采用的是一级医院数据，有28个病种因二级医院出院占病种总出院人次的50%以上，所以分值采用的是二级医院数据。另一项是设计病种治疗的难度系数。针对疾病治疗中存在的技术水平方式差异、病情复杂程度及服务量不一的情况，对照病种设置了难度系数（限二级以上协议医疗机构申报）。对超过该病种在二级以上协议医疗机构当月平均基金支出1.5倍以上的病例可申报难度系数。病例申请难度系数越高，最后获得的医疗保险报销金额越高。小病如果不进行分级诊疗，在大医院治疗，大医院可能就会亏本。

四是探索建立激励医生进行医疗技术创新的单列病例管理。针对三级医院医疗技术水平较高、医疗设备先进、收治重症和疑难杂症患者较多、医疗费用相对较高的实际情况，实行单列病例管理，按项目付费，并在单列病例的基金支出科目额度中列支。这样最大限度地保证参保人员合理的医疗需求，激励医生进行技术创新。

三 湖南医保支付精细化改革的实效

（一）促进医保基金平稳运行

1. 医保基金总支出基本上实现总体平衡

湖南省以总额控制为主的医疗保险支付方式改革在基金收支平衡方面基本上达到预定的目标。如长沙市实施总控付费方式改革后，2016年市本级医保基金支出增速明显放缓，职工和居民医保基金支出增长率均在4%左右，其中，职工医保基金支出增速较上年度同期增速下降11.54个百分点，居民医保基金支出增速较上年度同期增速下降22.64个百分点；职工医保基金当期收支实现首次平衡，略有结余。岳阳市在2015年引入第三方评审平台之后，当年医疗保险基金实现基本平衡。

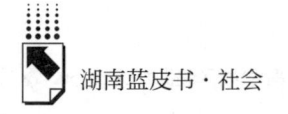

2. 医疗费用和人次增长得到合理控制

实现医疗保险精细化管理之后，在一定程度上抑制过度医疗和医疗深化行为，各地住院病人医疗费用和人次基本上处于合理范围。如长沙在实现按病种分值为核心的总额控制支付方式改革后，医疗保险报销人次和金额增幅都得到控制，增速减缓。城镇职工医疗保险从2014年到2015年，报销人次增幅为17.92%，报销金额增幅为17.55%。在改革后，从2015年到2016年，报销人次增幅为2.57%，报销金额增幅为7.24%。城镇居民医疗保险从2014年到2015年，报销人次增幅为20.12%，报销金额增幅为28.11%。在改革后，2015~2016年，报销人次增幅为8.94%，报销金额增幅为7.89%。改革以后，医院保险报销人次与金额增速明显减缓，趋于合理。

（二）推动医院精细化管理

1. 推动医院主动控费，加强成本控制

总额控制付费方式，使医院成本控制意识得以有效强化。医疗机构从自身医疗服务成本上进行主动控费，在保证医疗质量与效率的基础上，倾向使用性价比更高的药品与耗材，有效控制了成本。同时在一定程度上降低了医保经办机构监控成本，节省卫生医疗支出。如：湘雅附二利用医院信息平台，将805个病种嵌入HIS系统，并设置了控费预警；长沙市一医院将成本核算作为重中之重，并实行主管医师责任制；此外，全面深入的政策宣传培训和及时有效的数据分析也是这两家医院实现有效控费的共同点所在。总控付费方式在源头上控制医疗成本，提升医疗质量，医疗费用增幅明显放缓，推动着医院的精细化管理。

2. 推动分级诊疗，提高医疗资源使用效率

医保总控付费方式实施"同城同病同价格"，在一定程度上促进分级诊疗。大型三级医疗机构在床位数量固定的情况下，更倾向于收治重病患者，主动有意识地将普通常见病向下级医院分流，有效推动医院病患分流以及医疗资源的合理配置。以湘雅附二为例，2015年收治高血压Ⅲ337人、冠状动脉粥样硬化性心脏病728人、慢性阻塞性肺疾病90人；在改革之后，2016年收治高血压Ⅲ95人、冠状动脉粥样硬化性心脏病194人、慢性阻塞性肺疾病14人。改革后，湘雅等医院倾向于接受难度系数高的病例，并有意识向下分诊。

第三方服务审核系统可针对参保人各类诊疗数据和健康信息建立客观公正的评价指标和评价模型，实现评价数据库的动态化管理，为筛选医疗服务机构和医保医师奠定基础，为分级诊疗提供科学依据，从而实现医疗市场资源的高效配置。医疗资源的合理下沉，能够有效推动医疗服务重心的下移，更加明确各级医疗机构的定位，引导病患不同层次、不同类型的合理分流，从而避免医疗资源的浪费。

3. 推动医院绩效管理，引导医生合理治疗

在医疗保险基金精细化管理推动下，湖南省各地区各级医院也加强精细化管理，医院将控费额度层层分解，并将相应的指标纳入医生绩效考核管理之中。如岳阳市医院将过度医疗纳入医生绩效考核指标，规范医生治疗行为。岳阳市各级医院将因医生过度治疗导致的损失金额，纳入对医生绩效工资评定标准中。

长沙的考核指标与年度病种分值总分挂钩，直接关系医疗机构的年度决算金额，有效促使医疗机构提升服务品质，合理控制医疗费用，降低参保人员自付金额。通过绩效管理，有奖有罚，以此方式来推动医院各项基础管理工作，不断激励医院管理水平的提升，也不断激励医生职业水平的提升。

（三）呼唤医药配套改革

1. 药品金额占医疗费用总额比例依然偏高

2016年岳阳第三方审核发现，药品金额占总金额比例为40.67%，药品医保金额占医保支付总金额比例为54.16%，药品扣款金额占扣款金额比例为48.92%。可见，医药占用报销比例之高，总额控制复合付费方式迫切需要加强医药配套改革，加强"三医"联动效果。

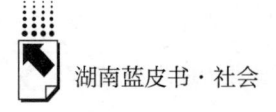

2. 药品定价不同程度存在垄断行为

药品生产企业的垄断主要基于政府准入与专利保护。我国对药品生产实行准入制，准入制本身容易产生垄断行为。现有的两项政策对于药企定价的垄断行为无疑具有推波助澜作用，一项是实现零差价政策本质降低了购买方医院的议价能力。另一项是药品自主定价使药企容易为追求垄断利润进行垄断定价、差别定价以及共谋。从查处的案件看，某一稀缺的药品原料或药品非常容易出现共谋行为，这些共谋行为从纵横联合抵制到价格协同、从货源供应源头的控制到终极消费涨价获利。专利保护主要是国外药商利用专利进行垄断。目前我国三甲医院使用的药品近五成为外资品牌，进口药占到了国内市场的一半以上。外资药企垄断药品市场的"法宝"是专利。许多"进口药"是中国原料、中国生产、中国包装，其在专利保护期内的药品价格高出"中国制造"同类药的4～5倍。药品的定价机制不合理，导致药品供不应求，药品价格虚高，最终造成药品医保报销金额增多，不利于发挥医保支付的杠杆作用。因此，在"三医"联动的大背景下，发挥医保支付杠杆作用迫切呼吁医药的配套改革。

四 医保支付助力医改的结构性矛盾分析

由于本调研课题基于"三医联动"的视角，因而，课题组在研究医保支付助力医改的问题分析和对策研究中，注重医保支付助力医改"三医联动"的追因和对策思考。

（一）职工基本医疗保险制度供给带来的结构性矛盾

职工基本医疗保险是我国医疗保险制度体系中重要的组成部分。职工医保设立之初的筹资体制规定，退休人员不缴纳医保金，但享受职工医保待遇。我国于2010年通过的《社会保险法》明确规定："参加职工基本医疗保险的个人，达到法定退休年龄时累计缴费达到国家规定年限的，退休后不再缴纳基本医疗保险费，按照国家规定享受基本医疗保险待遇。"

在目前的制度运行中，医保基金收入与支出矛盾突出，已经成为全国各地的普遍现象，湖南省亦如此。究其问题主要有：一为参保人与医保的博弈。由于现在的医保报销政策，设置的住院费用报销比例比门诊高，参保人在治病的过程中，为减少个人和家庭的支出，往往千方百计住院治疗，由此"蚕食"医保基金。二为医疗与医保的博弈。"以药养医"医疗体制、医疗行为市场化，给了医疗机构和医生增加收入的动力，为此，与患小病的病人合谋采取"挂床"治疗、开大药方、小病大治，造成了医保基金的大量浪费和流失。三为医保支付管理不够科学严谨。虽然，在医保制度建立以后，医保部门不断改革医保支付方式，但是，由于管理方式尚未科学化、精细化，医保基金的支付依然存在不少问题。四为医保制度本身的结构性问题，即退休人员不缴纳医保费用但享受医保待遇的问题。

无须赘言，上述问题中的第四个问题是医保制度本身的缺陷，无法通过改革医疗体制、改革医保支付方式得到解决。

官方统计数据显示，2016年底，全国享受职工基本医疗保险的职工28893万人，其中在职保职工（即实际缴纳医保金的）21362万人，参保退休人员7531万人，在职与退休比为3.5∶1。湖南省株洲市、岳阳市、邵阳市均反映医保基金支付压力增大的主要原因是老年人口医保支出占比加大，退休人员占住院总人数比例超过60%，其个人账户和使用医保基金占基金支付总额的60%~70%。

（二）公立医院改革目标实现与医保基金供给的结构性矛盾

1. 公立医院回归公益改革难题对医保支付的影响

我国医疗卫生体制改革以公立医院为突破口，改革的目标为让公立医院回归公益。其第一板斧是破除"以药养医"筹资体制。有数据显示，长期以来，在我国公立医院的支出中，政府财政投入比重很低，财政拨款与医院提供公共医疗服务所需资金之间相差悬殊。公立医院药品收入占到医院整体收入的60%~70%。

我国"十二五"期间深化医药卫生体制改革的第一大任务即全面取消

"以药补医",理顺补偿机制。为破除"以药养医"问题,政府出台了一系列的文件、政策促进"医药分开"。但至今国家财政对公立医院的投入占公立医院的总支出比依然很低,而且还呈下降趋势,2014年财政投入占公立医院比重仅为3.55%(见表1)。湖南省医疗卫生总支出占财政总支出比重虽然处于增势,但比例还是偏低(见表2)。

表1 国家财政对公立医院的投入明细表

单位:万元,%

年份	财政总投入	公立医院总支出	所占比
2010	361861.51	5714153.38	6.33
2011	386240.68	6507265.19	5.94
2012	369096.96	7193409.47	5.13
2013	371340.76	8763725.51	4.24
2014	361880.43	10192804.51	3.55

资料来源:中华人民共和国国家卫生和计划生育委员会统计数据。

表2 湖南省医疗卫生财政支出明细表

单位:亿元,%

年份	财政总支出	医疗卫生支出	所占比
2008	1765.2	87.6	4.96
2009	2150.7	146.2	6.80
2010	2702.5	179.2	6.63
2011	3465.8	255.2	7.36
2012	4085.9	293.5	7.18
2013	4635.5	335.1	7.23
2014	5024.5	414.2	8.24
2015	5684.5	488.0	8.50

资料来源:湖南财政网预决算报告。

医保在医药卫生体制中的定位是代表参保人利益的医疗服务购买方和第三方付费方,而公立医院是医疗服务的提供方,医保与公立医院之间不存在行政关系,二者之间是针对医疗服务的市场交易关系,但是在破除"以药养医"之后，政府补贴没有到位的情况下，医保依然是公立医院重要的"成本补偿渠道"。

2. 医生在医院收入指标的压力和自身利益驱动力下的行为失范

在公立医院回归公立，破除"以药养医"改革后经费补偿渠道并不通畅的情况下，医院大多采取分解收入计划指标的方式，给各科室甚至具体到人下达收入任务指标。此外我国进入市场经济以后，公立医院对医务人员一直执行事业单位统一的工资制度、工资政策和工资标准，在新形势下实际上已难以调动医务人员积极性，增加收入，提高自己的收入水平成为自身利益的驱动力。医生在医院收入指标的压力和自身利益驱动力下，开大药方、小病大治、吃药品和辅助医疗器材回扣成了公开的秘密。而这些行为增加的医疗费用大多是由医保基金买单的。

（三）在"三医"中医药体制改革的滞后带来的结构性矛盾

1. 药价虚高痼疾屡治不愈

药品价格虚高是在医疗体制改革中备受诟病的痼疾。目前，我国药品售价一般情况下的比例：中成药出厂价格一般为零售价格的20%～25%，化学药品为10%～20%，极个别在10%以下，药品的零售价格一般是出厂价格的4～10倍，甚至更高。

探究药品价格虚高的原因，一是"以药养医"的药品价格管理体制。二是医药生产企业给医院的高额回扣。三是医生的大药方。四是医药流通企业高销售费用。医药流通行业集中度低、产能过剩、存在无序竞争，推高了药价（见表3）。

表3 医药物流行业经营效益情况

单位：%

经营效益	美国	中国	湖南省
毛利率	4.5	6.45	6.7
费用率	2.9	5.16	5.3
净利润率	1.6	1.29	1.0

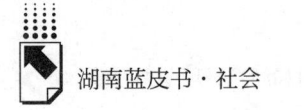

1996年以来，我国医药行业经历了32次整体性的强制降价，但均以效果不佳而告终，药价虚高成了屡治不愈的痼疾。

2. 部分急、抢救、用量小药品和廉价常用药品价格上涨问题突出

在调研中我们了解到，在现有药品集中招标采购机制下，部分急、抢救药品、部分廉价常用药品、部分专科用量小的品种不能供给和乱涨价的问题比较突出。

一是抢救类药品大幅度涨价。例如用于治疗急性低血压的抢救药品重酒石酸间羟胺，由6.7元/支涨至45元/支，上涨了7倍。心脏手术预防出血的鱼精蛋白注射液，价格由原来10.20元/支的中标价涨到48.92元/支，上涨了近5倍。

二是一些急救药品长期得不到供应。一些常用急救药品如肾上腺素注射液、去甲肾上腺素注射液、葡萄糖酸钙注射液等，都存在市场供应不足问题。不少常用廉价药品类，或者"降价死"，或者企业停止生产该药品，但"换个马甲"（换个药名）生产提价。

三是专科用量小的品种长期缺货。急、抢救药短缺现象比较普遍，从2015年起呈现缺货状态的药品有5种；从2016年起呈现缺货状态的药品有28种；从2017年起呈现缺货状态的药品有51种。

四是一些基药销售价格大大高于中标价格。药品定价存在一定的垄断行为，已经影响了药品价格和供给。湖南省基本药品中中标药品超出中标价供货有53种，其中涨幅最大的是碘解磷定，从标价13.50元涨至490元，价格涨了30多倍。

五 发挥好医保支付助力医改作用的对策建议

（一）从顶层完善医保制度缓解制度造成的结构性矛盾

1. 顶层设计：修正职工基本医保法律规定

修改医保规定的退休人员不缴纳医保金的制度性缺陷，消除医保基金入

与出的结构性矛盾,缓解医保基金收不抵支问题的最关键环节。

遵循法律制度规定是行为的原则,但是当某项法律规定本身存在不足或不适应社会现实要求的时候,法律是应该修改的。社会保险的本质是保险,其基本特点:一是参保者承担缴费义务,享受保障权利,权利与义务相等;二是作为社会保险具有互济性。我国的基本医疗保险基金的运行要求以年度为周期,按照"以收定支、收支平衡、略有结余"运行。财政部等三部委2016年底下发《关于加强基本医疗保险基金预算管理,发挥医疗保险基金控费作用的意见》,再次强调"严格按照'以收定支、收支平衡、略有结余'的原则编制收支预算。原则上不应编制当年赤字预算,不得编制基金历年累计结余赤字预算"。

为确保中央对基本医保制度运行要求的落实、为缓解目前职工医保基金入不敷出的矛盾、为维护缴纳保险费用的参保人的权益,使医保支付更好地发挥助力医改的作用,课题组建议:国家从职工基本医疗保险制度顶层设计上修改规定,或不再将不缴纳医保费用的退休人员作为职工医保对象;或者将其继续作为医保对象则对其医保金来源做特殊的政策规定。

2. 历史责任:政府承担社会转型所必需的老职工基本医保供给

城镇职工基本养老保险制度采取"老人老办法、新人新制度、中人逐步过渡",制度规定:"已经离退休的参保人员属于'老人',他们仍然按照国家原来的规定发给基本养老金,同时随基本养老金调整而增加养老保险待遇。"这种过渡性制度规定既体现了政府对历史责任的担当,又维护了老职工的利益,减轻了改革转型期的阵痛。课题组认为医疗保险也应该采取类似于养老保险制度规定的过渡方式。由于基本医疗保险基金运行是当年度保持以收定支、收支平衡,所以在医疗保险制度中的"老人"的医疗保险缴费应该由公共财政承担。而对"新人"退休后可以考虑向个人缴费方式过渡,或退休职工向居民基本医保系列平移。

(二)加强医保与医疗、医药的同步改革与路径协调

1. 正确定位医保支付与公立医院回归公益

医保基金是医保经办部门为医疗保险参保人代理的资金,参保人具有所

有者权益，并非财政资金。医保基金不应该成为公立医院经费缺口补偿的渠道，公立医院只能通过提供医疗服务获取回报。

我国基本医保已经覆盖全民，医保已成为医疗服务最大的付费方。医保通过供方医疗服务价格和质量选择购买医疗服务，不以医疗机构是公立的还是民办的标准选择。

公立医院改革目标是"公立医院回归公益"，决定了其不是企业性质的经济组织，其不是为营利而设立和运行的，其承担公益性职责运行费用的相当部分应当由公共财政承担，医保支付的费用当然是其收入的一个重要组成部分，但这个部分只能由其用服务质量和信誉获得更多的医保人群的医疗服务量决定，而不是由其经费缺口的大小决定。

2. 探索推动医、药分开支付方式

真正实现"医药分开"，课题组的思路是推动医院医药处方外流，即医生和医院医药处方的药品在社会药房购买，医保经办部门只根据医疗机构提供的医疗服务量进行医保支付；同时，医保经办机构直接与医药销售方谈判，确定药品支付标准和支付价格，按照药品用量进行药品医保支付。通过医保支付方式的结构性改革，真正实现操作程序上的医药分开，从而撼动公立医院通过药品"逐利"动机，阻止药品制造和流通各环节的加价行为，通过医药分开、总量平衡、结构平移、取消药品加成治愈药价虚高痼疾。

3. 构建药品供给良性机制

一是加强药品生产流通过程的市场监控防止药价虚高。通过维护药品生产和流通秩序的政策供给，维护市场竞争的良性机制，通过市场竞争淘汰过剩和落后产能，实现药品生产供给侧改革，优化药品制造产业和药品流通行业格局。从源头上加强药品价格形成的市场监控管理，同时在药品原料、药品出厂、药品流通全环节监控，建立保障药品价格合理形成的刚性机制，保证药品价格形成的合理性，从根本上防止药品价格虚高。

二是进一步规范政府招标行为。一要通过招标工作机构的专业水平，按照市场规律办事，不能在招标中违背药品价格形成规律，用行政力迫使药企为中标对药品"被降价"，其后又在药品供应中涨价。二要在定价科学实现招标后，形成对中标药企按质、按量、按时、按招标价格规范全过程的监管、监控，保证药品招标目的的实现。三要加强招标工作部门及其员工的行为自律，在治理打击药商商业贿赂的同时杜绝自身的"套利"行为。

三是对特种药品、临床病例少需求量低但用来急救、救命的，因成本高、利润低造成市场失灵的药品，由政府直接通过国有制药企业生产，或通过政府购买服务定点生产，确保这些药品的供应。

（三）完善医保精细化支付方式助力医改

1. 用医保精细化支付方式助推医院加强医疗行为的规范化管理

2017年6月28日，国务院办公厅发布《国务院办公厅关于进一步深化基本医疗保险支付方式改革的指导意见》，要求从2017年起，进一步加强医保基金预算管理，全面推行以按病种付费为主的多元复合式医保支付方式。

在社会调查过程中，我们感到长沙市于2015年启动的"以病种分值为核心的总额控制体系"的医保付费方式改革值得推介。2016年2月，长沙市财政、卫计、发改委联合出台了《长沙市基本医疗保险付费总额控制方案》《长沙市医疗保险病种分值表》两个文件，病种分值表确定了742个病种分值。长沙市按照两个文件实施以病种分值为核心的总控付费方式，根据年度医保基金的实际收入，以收定支，在费用总控的前提下对协议医疗机构实行弹性控费管理。该方案实施一年多来，取得了积极的经济和社会效果。在调查研究中，调查组接触的长沙市政府、人社部门、卫计委、病患者、大部分医疗机构，均对这种医保支付方式表示赞赏认可。

课题组建议推介长沙市这种以病种分值为核心、在费用总控的前提下对协议医疗机构实行弹性控费管理的医保精细化支付路径，注意发挥好医保精细化支付方式助推医改的作用。

2. 用医保精细化支付方式助推医疗分级诊疗格局形成

一是医保以病种分值付费为核心的付费方式，引导大医院向下转诊患者助推分级诊疗。医保以病种分值付费为核心的精细化付费方式，通过病种分值付费实现"同城同病同价格"，从而激发医疗机构注重发挥自己的医疗技术能力优势选择服务人群，引导省市医院向下转诊符合转诊要求的慢性病、常见病、多发病患者，主动承担对急危重症和疑难复杂疾病患者的诊疗服务。形成规范行为、控制成本、合理收治和转诊患者的内生动力，大型三级医院在床位数量固定的情况下，为获得更多分值而更倾向于收治重病患者，主动有意识地将普通、常见病患者向下级医院分流，引导医疗资源合理配置和患者有序就医，促进分级诊疗，保证基层医疗卫生机构健康发展，为形成分级诊疗科学格局提供持续的制度性助推力。

二是通过医保差异化的支付比例，引导患者到基层就诊助推分级诊疗。制定向基层医疗机构倾斜的医保支付政策，比如低于大医院的住院门槛费、大医院住院病人转诊到基层医院少收或免收门槛费、高于大医院的报销比例，用医保支付的利益杠杆，引导患者到基层就诊，构建基层首诊、急慢分治、双向转诊的分级诊疗模式。

（四）加快医保支付第三方智能监控步履，助推医疗改革

医疗服务监控工作是世界性难题，各国都在探索运用大数据技术来进行医疗服务监控。2015年6月，人力资源和社会保障部发布《全面推进基本医疗保险医疗服务智能监控的通知》，决定全面推进基本医疗保险医疗服务智能监控（以下简称智能监控）工作，更好地维护参保人员利益，保障基金安全，实现医疗保险可持续发展。目标任务为以业务需求为导向、信息系统建设为基础，用两年左右时间，在全国所有统筹地区普遍开展智能监控工作，逐步实现对门诊、住院、购药等各类医疗服务行为的全面、及时、高效监控。

智能监控系统建设工作已在全国范围内广泛开展，截至2016年9月，全国32个省级行政区（含新疆生产建设兵团）的275个统筹区已开展医疗服务智能监控工作，占全部381个统筹地区的72.2%；其中有13个省份已实现全覆盖。但是医保智能监控在地方开展的进度不一，所以课题组建议在扩大智能监控覆盖面和完善已使用智能监控体系的过程中，注重以下几点。

一是注重深度挖掘数据。建立全方位的审核监控体系，从微观、中观和

宏观三个层面加强对医疗机构的服务和管理。二是注重本地化建设。根据本市药品使用特点、诊疗行为发展趋势，结合国家关于辅助用药、中成药注射剂监控体系，建立本地化的监控指标，定期向社会公布药品、诊疗行为使用情况，形成威慑力，进一步规范诊疗和用药行为，促进医疗机构提高医疗质量。三是注重监控全面性。监控对象应包括定点医疗机构、定点零售药店、为参保人员提供医疗服务的医务人员（简称医保医生）和参保人员，并实现对门诊、住院、药店购药等全方位监控，综合运用监控规则，密切跟踪监控指标，发现疑似违规行为，进而查实和处理违规行为。

B.24
湖南省社会信用建设的现状评价与完善对策研究

刘丹 彭澎 牛磊*

近年来，随着党中央、国务院将社会信用体系建设作为深化改革的重要任务着力部署推进，湖南省出台了《湖南省社会信用体系建设规划（2015～2020年）》，要求到2020年建立符合国际惯例、国内领先、体现湖南特色、法制健全、监管有力、分工明确、竞争有序、运行安全、功能齐全、服务高效的社会信用体系框架和运行机制，并将建立完善守信联合激励和失信联合惩戒制度、加快社会信用体系建设作为信用体系建设的关键制度和核心机制大力推进，在制度建设、组织领导、推进措施、保障机制等方面取得了明显成效。

一 湖南省社会信用建设的基本情况

1. 注重顶层设计，出台了一系列信用联合奖惩的规章制度

湖南于2017年3月出台了《关于建立完善守信联合激励和失信联合惩戒制度 加快推进社会诚信建设的实施意见》（以下称《实施意见》）。《实施意见》对湖南守信联合激励和失信联合惩戒的总体要求、重点任务和保障措施等进行了系统规范，并确定了各项任务的责任单位，确立了到2017

---

* 刘丹，中共湖南省委党校副校长、湖南行政学院副院长、教授；彭澎，中共湖南省委党校、湖南行政学院法学部副主任、教授、法学博士；牛磊，中共湖南省委党校公共管理教研部副教授、博士。

年底，初步建立覆盖全省企业、社会组织、机关事业单位的社会信用体系框架和运行机制，基本建成比较完善的信用信息记录、整合和应用机制，为信用联合奖惩打下坚实基础等近期工作目标，以及到2020年底，守信联合激励和失信联合惩戒机制全面有效运行、全社会守信践诺意识显著增强，以信用为核心的社会治理监管机制基本建立的最终目标，为全省信用联合奖惩机制的形成提供了法律依据和制度性保障。同时，湖南先后制定并出台了《湖南省诚信示范企业创建实施意见（暂行）》《湖南省企业失信行为联合惩戒暂行办法》《关于对重大税收违法案件当事人实施联合惩戒措施的合作备忘录》《湖南省"构建诚信、惩戒失信"合作备忘录》《关于对违法失信上市公司相关责任主体实施联合惩戒的合作备忘录》《湖南省加快推进失信被执行人信用监督、警示和惩戒机制建设的实施意见》《湖南省在行政管理事项中使用信用记录和信用报告等信用产品的实施方案》等36个相关制度和文件，并在节能监察、交通运输、环境保护、交通管理等领域出台了专项细则，从制度层面初步构建起"一处失信，处处受限"的信用奖惩联动规范体系。

2. 强化工作职责，明确了信用体系建设领导机构和相关部门工作职责

湖南不断强化省政府及有关部门改革政策"第一解读人和责任人"职责，成立了由常务副省长担任组长的省社会信用体系建设领导小组，出台了《湖南省社会信用体系建设领导小组工作制度》，对领导小组的主要职能、工作规则、工作机构和职责、工作要求进行了全面规范；确定了61家社会信用体系建设领导小组成员单位，明确了成员单位的职责权限；确定了省发改委和中国人民银行长沙市中心支行作为牵头单位的主要职责；建立了领导小组成员、报送单位联络员、平台技术负责人、市州信用办负责同志等多层级定期会商制度；部分行业或重点领域信用体系建设领导机构也相继成立，纵横联动、分工明确、协调高效的组织领导体系初步建立。

3. 坚持奖惩结合，完善了褒扬诚信惩戒失信的行为机制

湖南坚持将守信褒扬激励和失信约束惩戒结合起来，广泛采用行政性奖惩、市场性奖惩、社会性奖惩和司法性奖惩等方式，完善信用联合奖惩的行为机制。在激励诚信方面，确立了选树推介诚信典型、实行行政审批便利、

优先提供公共服务便利、优化诚信示范企业行政监管安排、降低市场交易成本等政策措施。在约束惩戒失信行为方面，确定了对重点领域的严重失信行为实施联合惩戒、依法依规加强对失信行为的行政性、市场性、行业性和社会性约束与惩戒、完善个人信用记录推动联合惩戒措施落实到人的政策措施。这些措施目前在湖南工商、税务、质检等领域正逐步得到实施和运用。比如，湖南对纳税黑名单企业在企业债券发行、关税配额分配、税收稽查评估等方面实施了联合惩戒，对诚信纳税企业推行"信易贷"，把纳税信用转化为银行信用，截至2016年底，全省受益企业达到700多户。如省高院定期将"失信被执行人名单信息"向相关单位推送，使"老赖"在从事特定行业或者项目、享受政府支持或者补贴、担任国企高管等任职资格、获得准入资格、获得荣誉和授信、进行特殊市场交易、进行高消费和出入境等多方面受到限制，对失信被执行人形成了极大的震慑。

4. 优化平台建设，实现了信用信息在一定范围内的归集共享

在过去"三库一网一平台"信用信息体系基础上，湖南以信用信息数据库为依托，以"信用湖南"网站为平台，整合全省各行业部门和各市州信用信息，建设了新的省级信用信息共享交换平台。截至目前，省级平台共归集全省14个市州、公安、工商、税务、金融、司法等40余家成员单位2100万条信用信息，6194个数据项，形成了湖南信用信息数据库。"信用湖南"网站建设完成并提供信用信息展现和信用信息查询。截至目前，"信用湖南"网站访问量总计达到800余万人次，最大单日访问量2.9万人次，最大单日搜索量3684人次，较好地实施了信用信息公示、查询功能，为守信联合激励和失信联合惩戒提供了重要的信息依据和数据支撑。同时，通过省级信用信息共享交换平台在省社会信用体系建设领导小组成员单位之间实现了共享，如省工商部门与省国税、质检等5部门签订企业信息交换协议，每月共享数据超过30万条，为其堵住税收征管漏洞、确保完成税收任务发挥了重要作用。

5. 强化推进措施，逐步落实各项机制建设任务

为推动守信联合激励和失信联合惩戒机制建设任务实施落地，湖南强化

了各项推进措施。一是吃透文件强责任，及时组织成员单位认真学习中央文件，吃透上级文件精神，领会具体工作要求，明确改革的总体目标和发展方向。二是着眼全局抓统筹，一方面，及时出台全省性制度建设实施意见和方案，明确信用联合奖惩制度建设的路线图、任务书、时间表和责任制，将任务分解到每一级政府和每一个牵头单位；另一方面，着力推动信用信息在个人、政府机关、事业单位和社会组织之间的共享和信用联合奖惩。目前，湖南税务、工程建设、环保、食药监等领域的红黑名单制度已经建立，"16 + 3"即16个领域的联合惩戒备忘录、3个领域的联合奖励备忘录的备忘录体系已经形成。三是突出问题抓重点，聚焦当前危害公共利益和公共安全、人民群众反映强烈、对经济社会发展造成重大负面影响的重点领域失信问题，重点完善对严重损害人民群众身体健康和生命安全、严重破坏市场公平竞争秩序和社会正常秩序、拒不履行法定义务严重影响司法和行政机关公信力等三类行为的联合惩戒措施。四是示范带动抓典型，在常德、资兴、浏阳等地开展信用建设综合示范试点基础上，组织开展了国家信用城市创建工作，还在政府采购、公共资源交易、企业债券等重点行业领域信用信息运用示范工程，支持和鼓励地方政府进行制度创新，逐步将守信联合激励和失信联合惩戒机制推广到经济社会各领域。

6. 完善保障机制，形成了信用联合惩戒的社会合力

在组织实施方面，湖南各地区、各有关部门把实施守信联合激励和失信联合惩戒作为推进社会信用体系的重要举措，认真贯彻落实并制订具体工作方案，在组织领导、工作机构、人员编制、项目经费等方面强化了保障；在宣传教育方面，建立奖惩典型案例报送制度，组织开展"价格诚信示范单位"推选活动，充分利用各类媒体，重点在质量、价格、商务等领域，以及广大青少年群体中开展宣教活动。据有关部门不完全统计，全省240家市级以上新闻媒体参与刊播公益广告，全省印发张贴宣传挂图5万余套，许多大专院校和中小学举办了诚信知识培训和信用课堂，使诚信价值深入人心。在督查考核方面，实施了信用信息报送归集月通报制度，强化了各地区和部门信息及时准确报送的责任；建立了信用信息运用考核机制，目前已促成

30多个部门在日常工作中运用信用记录；开展了社会信用体系建设专项督查，督查结果获得了省委常委批示。

二 湖南省社会信用建设的突出亮点

1. 部分制度建设与机制创新引领全国

湖南社会信用体系起步早，起点高，一度走在全国前列。早在2004年，湖南就成立了湖南省社会信用体系建设领导小组，27个省政府组成部门成为成员单位。2005年，省政府出台了《湖南省社会信用体系建设规划》和《湖南省信用信息管理办法》，该年底以"三库一网一平台"为依托的湖南省信用信息系统正式开通。2006年《湖南省信用信息分级查询目录》出台。2007年政府办公厅《关于加快建立守信激励和失信惩戒机制有关事项的通知》下发。2009年，湖南省人大制定《关于大力推进社会信用建设的决议》，成为我国第一个省级立法机构专门就社会信用建设问题出台的地方性法规。曾经创造了享誉全国的信用体系建设"湖南模式"。

近年来，湖南加快了守信联合激励和失信联合惩戒制度建设和机制创新，特别是国务院《关于建立完善守信联合激励和失信联合惩戒制度 加快推进社会诚信建设的指导意见》印发以后，湖南以最快的速度出台了《实施意见》，确立了到2020年守信联合激励和失信联合惩戒全面有效运行的目标，将省社会信用体系建设领导小组成员单位扩大至61家，并出台30多项规章制度，初步构建起了具有湖南特色的信用联合奖惩制度框架体系，并重点在环境保护、税收管理、交通运输、节能监察、失信被执行人、上市企业失信主体等方面探索实施信用联合奖惩，在税务、安全生产、环保、文化、质检等领域出台红黑名单制度，重点在行政管理、司法、融资授信等领域探索联合激励创新、联合惩戒扩围。并率先在食品药品、产品质量、招标投标、资质确认、评优评先、政府采购和项目审查等行政管理中实施联合奖惩。税务系统积极开发"税易贷""税收贷"等银税互动产品，化信用资源为信贷资源。司法领域，法院系统通过联合惩戒备忘录，联动惩戒失信被执行人，截至2017年底，全省发布失信被执行人信息7.4万条。在联合奖惩制度构建、机制完善和措施跟进方面进行了大胆探索和创新，形成了湖南特色和湖南经验。

2. 平台建设和信息公开共享力度空前加强

湖南高度重视信用信息归集共享及其平台建设，很早就建成了较高水准的"三库一网一平台"的信用信息体系。"三库"即以信贷服务为重点的中国人民银行系统的企业和个人信用信息数据库、以市场监管为重点的工商系统的企业信用信息基础数据库和以身份证系统为依托的人口基础信息数据库；"一网"即通过互联网实现信用信息公开的"湖南信用网"；"一平台"即湖南省电子政务外网数据交换平台。归集了大量的公民个人和企业法人在注册、经营、招投标、贷款、融资、上市等各方面的信用数据。近年来，为更好地归集、整合和交换全省信用信息，湖南投入大量资金，将原来的"三库一网一平台"转换为新的"一库一网一平台"，以省信用信息数据库为基础，以"信用湖南"网站为依托，以省级信用信息共享平台为保障，对各市州和所有成员单位的涉企信用信息进行归集、公开和查询，并在各成员单位间实现了共享。湖南还制定了《行政许可和行政处罚等信用信息公示数据标准》，要求省内所有行政许可、行政处罚等信用信息必须在7个工作日内实现上网"双公开"，平台建设和信息公开、共享力度空前。

3. 企业等市场主体诚信建设成效明显走在前列

在个人诚信、企业诚信和政务诚信几大体系建设中，湖南企业等市场主体诚信建设力度很大，发展较快，作用更明显。2006年，湖南成立了负责全省企业信息资源整合和开发利用的湖南企业信息管理局，建设了湖南省企业信用信息基础数据库和湖南信用网，归集了涉及企业市场准入登记、行政许可、资质认定、产品质量、税费缴纳、债务偿还、合同履行、行政处罚、司法裁判、奖励表彰等信息，并大力推动信息披露，为企业个人、社团组织和政府部门提供了大量信息查询服务。截至2016年底，数据库归集全省117.5万户企业、459.5万户个体工商户的1433万条信用信息，披露46500条市场主体违法记录，湖南信用网的访问量达到4132万人次，数据查询量达到3238人次。省工商局还与国税、质检等5部门签订了信息交换协议，与省国税、地税、质检、统计、食药监、民政、科技、国土、法院、公安等10个单位实现了企业信用信息共享，深化信用信息和信用产品的应用，有力推动了对市场主体的信用联合奖惩。同时，中国人民银行围绕金融信用信息数据库这一基础，重点在金融领域征信、中小企业信用体系建设、农村信用体系建设和征信市场管理和发展方面发力，实现了信贷领域信用信息的整合共享和信用奖惩的全面覆盖，有力推动了湖南市场信用体系的建设和发展。

三 湖南省社会信用建设存在的问题与困难

由于国务院部署建立完善守信联合激励和失信联合惩戒制度的时间还不长，湖南信用联合奖惩机制建设还处于起步和初创阶段，所以，要按照中央要求从更大维度、更深层次、更广范围推动构建守信联合激励和失信联合惩戒大格局，把各项改革任务落到实处，当前还面临不少困难和问题，值得省委、省政府和相关部门高度关注和重视。

（一）顶层设计中的困难和问题

（1）对政务诚信建设重视不够、湖南地方特色不鲜明、体制和机制创新不突出

一是目前湖南信用联合奖惩制度建设完成较好的主要是商务和市场诚信以及银行金融征信这一块，相比之下，政务诚信以及个人诚信、社会诚信方面的制度建设重视不够，特别是在诚信建设中处于关键地位的政务诚信，目前还没有省级层面的制度安排，需要尽快制定相关规定，明确政府在诚信体系建设中的特殊地位和责任，并通过政府诚信建设带动其他领域的信用建设。二是湖南自2004年以来，社会信用体系建设已经形成了基本的体系格局，成为建设信用联合奖惩机制的特色资源和雄厚基础，但是当前对这些资源优势的利用还不够，没有完全体现湖南地方的鲜明特色。三是在涉及信用信息归集、共享和运用等方面，以及一些具体的行业细则方面，还没有进一

步完善和细化,体制和机制创新不突出。

(2) 国家信用统一立法的缺失给地方制度建设带来一定困难和影响

我国至今没有一部全国性的社会信用建设法律法规,信用联合奖惩制度建设的法律依据也只是国务院的指导性意见,立法层级不高,法律约束力有限,对全国统一的信用联合奖惩机制的建立带来较大影响。比如,在信用信息的记录、归集、分类和管理方面缺乏统一的标准和规范,导致信用记录归集不及时、不规范、不完整,报送的信息千差万别,有效性大打折扣。又如,信用信息仍然存在部门分割现象,信息拥有者有的不愿、有的不会、有的不能将自己拥有的信息与其他部门分享,而对于实行垂直管理的部门,地方政府往往无法干预或者统筹这些信息。还有,如何处理好信用信息归集共享和保护公民个人隐私、法人和其他社会组织的商业秘密以及国家机密之间的关系,厘清它们之间的界限,也是一个法律上的难题。实际中遇到的一个案例是,按照省信用办"数据报送清单"的要求,省公安厅需要报送"车辆登记信息""驾驶证信息""道路交通事故信息""行政处罚信息""行政许可信息"五类信用信息,但由于机动车、驾驶人信息涉及个人隐私或警务秘密,公安部明文规定这些信息不能直接对外提供全量或者批量数据,只能以核查或者比对的方式提供信息服务,从而为此类信息的共享和应用带来困难。这样的情况,在中国人民银行信用信息实现共享方面同样存在。

(3) 湖南《实施意见》以及相关制度建设也存在效力层次低,内容不够具体、科学和完备的问题

效力层次低,导致信用联合奖惩机制建设的统筹性、权威性受到一定影响,内容的不具体、不完善,也使顶层设计的科学性和实施效果打了折扣。一是任务细化不到位,每个部门、每个地方在信用联合奖惩机制建设中应承担哪些任务,应当如何完成,应当在什么时间内完成,都不是十分具体和清晰,有的缺乏刚性要求和强制性约束;二是完成任务的时间表不够清晰,虽然设定了2017年和2020年两个阶段性目标,但要实现这两个阶段性目标每年要完成哪些任务,达到什么状态,实现什么目标,缺乏明确具体的时间进度安排;三是责任不明确,任务有没有完成缺乏验收标准,没有完成也缺乏

监督考核和责任追究措施和手段，导致部分单位和地方行动不够积极和主动，各地各部门之间发展不平衡，有的单位和地方甚至还没有动起来；四是个别决策还不够科学，如在信息平台建设方面，就存在重复建设以及新建平台与原有平台如何整合的问题。

调查数据显示，认为"顶层设计不够科学或政策不配套"的受访领导干部达到了被调查对象的63.1%，排在所列问题的第二位，说明这个问题值得大家高度关注（见图1）。

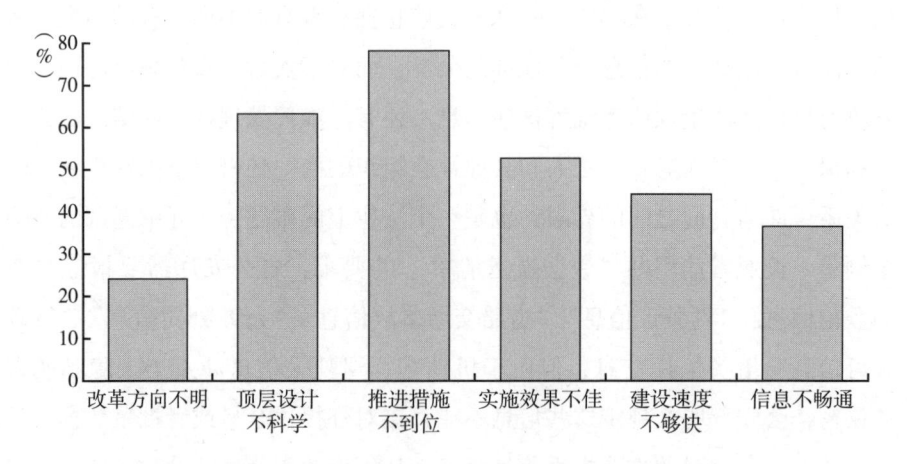

图1 领导干部关于社会信用建设存在问题的问卷调查结果

（二）协同推进中的困难和问题

（1）组织领导力量需要进一步加强

当前湖南信用联合奖惩机制建设的组织架构方面存在一些不足。一是在省级层面，目前实行的双牵头体制，由于组织体制建立时间短，磨合时间不长，难免存在相互之间责任不明、协调不充分、合力形成不足等问题，特别是省发改委作为主要牵头单位和信用办所设单位，组织协调任务极其繁重和艰巨，但具体承担这项任务的财政金融处，不仅其原有职能与信用体系建设关联度不大，而且人手奇缺，存在人员紧张、力量单薄、专项经费缺乏等问题，制约了其职能作用的发挥，而另一牵头单位中国人民银行长沙中心支行因为相对独立，有时难以对其他政府部门进行有效的组织和协调。二是各级政府和相关部门普遍缺乏负责信用建设工作的专门机构和专职人员，工作人员流动性大，缺乏必要的培训和专业技能，素质和能力不能适应工作任务要求，影响了工作质量和工作效率。三是有些机构设置不尽合理，如省公民信息管理局作为负责湖南公民个人基本信息归集和管理的重要机构，一直由省公安厅代管，实际与省公安厅人口与出入境管理局合署办公，性质地位尴尬，职能作用不能很好发挥。

（2）信用信息、平台有待进一步整合

信用信息是信用联合奖惩机制建设的基础。目前，湖南在信用信息归集整合和综合运用方面都存在一些问题。第一，在信用信息归集整合方面，由于湖南征信市场不够发达，征信机构和信用评级机构成立时间短、规模小、人才匮乏，所以信息来源比较单一，主要来自政府部门的信息，而政府部门由于思想认识、法律障碍、利益约束或技术限制等多方面的原因，存在信息归集的数量不够多、内容不够全面完整、质量不够高、时间上不及时等问题，一些应该归集的信息没有归集，常态化、可考核的信息归集共享机制还没有完全建立，特别是个人信息的归集明显不足，不能满足社会诚信建设的需要。第二，在信用信息的运用方面，目前备忘录制度还没有全面落实，运用信用信息进行联合奖惩的范围还十分有限，红黑名单的推送公示也不是十分及时和充分，特别是联合奖惩措施还没有嵌入政府部门行政审批和公共服务的流程中，渗透到重点领域的监管和服务环节中。第三，在平台建设方面，目前原有的"三库一网一平台"还有部分在继续运行并发挥了很好的作用，需要与新建平台更好地对接和整合，有的部门信息平台已与省信用信息共享交换平台对接，但相关后台功能还不够完善，信息报送过程比较烦琐，无法实现数据在部门网站和"信用湖南"网站的同步上传，增加了工作环节和工作量，影响了信息归集的速度和效率。

（3）协调推进机制有待进一步优化

湖南社会信用体系建设领导小组成员单位多、所涉范围广，统筹协调和统一推进有一定的难度。特别是近年来，有的部门领导小组的协调工作机制不健全、沟通渠道不畅通、议事协调能力不足等问题较为明显，有的地方还没有形成强有力的工作抓手，存在手段疲软、方法不足的问题，各方面统筹联动不够，信用联合奖惩的合力还没有完全形成。同时，部门之间推进信用机制建设的力度不够平衡，影响到湖南信用建设的统一进程。湖南省工商局、湖南省公安厅和中国人民银行长沙中心支行启动信用建设时间较早，投入较多，内容较为完整，体系较为健全，对于建立全省统一的信用联合奖惩机制建设所发挥的推进作用更大。有的单位和部门推进信用建设明显不够，如信用信息数据库建设较晚、内容不够完整等方面，甚至有的部门和单位最基本的信息化建设都处于比较低的运行水平，无法满足信用联合奖惩机制建设的基本需要。

（4）督查考核机制有待进一步完善

牵头单位过去较多使用专项督查、自查和通报等形式来推进湖南社会信用体系建设工作，但是效果不佳，发挥的作用十分有限，包括建设任务调度推进会议、调研督导活动以及对建设情况开展统计分析、原因分析和对策研讨等督查落实机制还没有完全建立起来。湖南信用联合奖惩机制建设的考核问责办法没有制定，尽管已经于2017年将各省直单位报送信用信息纳入了单位年度绩效考核的指标，但是考核所占的分值很小，考核问责的"指挥棒"作用还没有完全发挥。

（三）基层落实中的困难和问题

（1）思想认识有偏差

有的地方、部门和单位信用意识淡薄，认为信用体系建设与自身无关；有的认为信用体系建设投入大、周期长、见效慢、劳力伤财，增加负担；有的认为信用信息是本地或本部门的独有资源，不想信息共享、不愿信息共享，存在地方和部门利益保护倾向。

（2）责任分解不到位

《实施意见》已经将责任分解到省直各部门和单位，但是各市州和县市区的责任层层分解机制需要具体细化，各市州都已成立社会信用体系建设领导小组，但是有的市州和县市区的具体实施方案还没有完全制订出来。

(3) 工作落实不到位

有的地方、部门和单位信用信息记录建设滞后，信息归集共享滞后，信息应用滞后。有的信用信息记录还存在不规范、不全面、不及时的问题，信息共享难度大；有的数据报送不达标、不更新，核心信息数据不能实现共享；地方和行业领域应用意识不浓、应用机制不全、应用范围不广。

(4) 任务完成不全面

有的地方、部门和单位信用信息记录、征集、归集和共享不到位，典型案例推介不到位，红黑名单制度建设不到位，机制建设的基础还不坚实。有的对失信行为的行业性约束和惩戒不到位，对失信行为的社会性约束和惩戒不到位，机制建设的范围还不全面。有的信用联合奖惩的触发反馈机制建设不到位，信用联合惩戒的行业协同和跨地区联动不到位，信用修复机制建设不到位，信用主体权益保护机制建设不到位，机制建设的制度还不完整。

（四）群众反映强烈的热点难点问题

(1) 对政务诚信建设进展情况不是十分满意

《实施意见》强调要建立包括机关事业单位在内的社会信用体系框架和运行机制，但是没有设置机关事业单位信用体系建设的具体内容，也没有就政务诚信问题出台专门文件，导致政务诚信建设相对落后，人民群众对此显然不是十分满意。对公众进行的问卷调查结果显示，群众对政务诚信的关注度排在第一位，占到被调查民众的76.82%（见图2）。

(2) 对惩治"老赖"、建设司法诚信充满期待

法院判决执行不力，一直是人民群众意见较大和反映比较集中和强烈的一个问题。随着法院系统公布失信被执行人名单并对其加大监督、警示和惩戒力度，使失信被执行人和社会都受到了很大的震动。但目前湖南对失信执行人进行联合惩戒的措施，除在乘坐飞机火车、出国出境等方面执行比较到位外，其他还有许多措施还没有得到真正落实，特别是一些政府部门拒不履

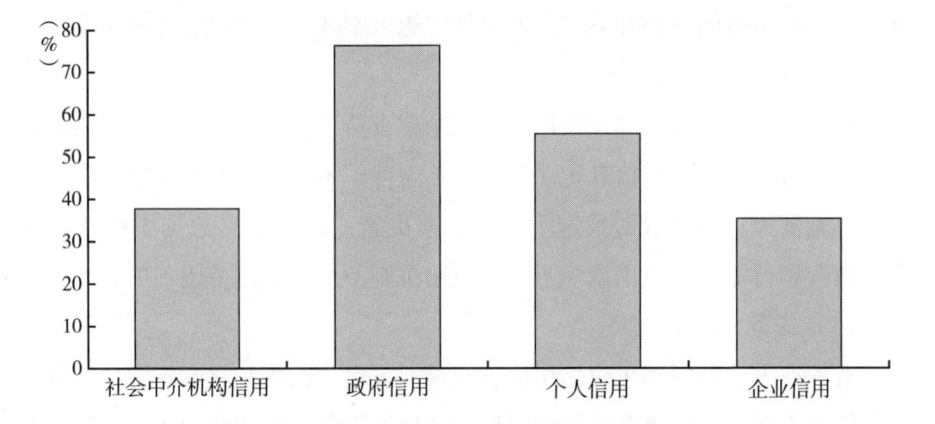

图2　公众最关心的社会信用建设问题问卷调查结果

行生效判决，却没有受到应有的限制和制约，在一定程度上削弱了群众对司法诚信建设的信任。

（3）群众对直接关系其切身利益的环境保护、食品药品安全、交通秩序、产品质量、市场秩序等领域存在的失信问题反应比较强烈，对这些领域的信用建设效果满意度还不高

由于湖南在信用建设方面对公众的宣传教育还不够，一些政策文件进行解读和宣传不足，公众在信用建设中的参与度不高，再加上湖南信用联合奖惩机制建设尚处于起步阶段，存在许多问题和不足，信息归集共享不充分，联合奖惩的力度还不够大，范围还不够广，影响还不够大，守信联合激励和失信修复机制还不完善，导致人民群众对社会信用建设关注度不高，满意率和获得感还比较低。当前，人民群众对危害公共利益和公共安全、对经济社会发展造成重大负面影响的环境保护、食品药品安全、交通秩序、产品质量、市场秩序、商业欺诈、制假售假、偷逃骗税、虚报冒领等重点领域失信问题反映强烈。调查数据显示，在群众对湖南企业和个人信用记录、更新和公示建设情况的总体感受中，"不满意"和"很不满意"占到了26.3%（见图3）。而在对是否能够感受到社会诚信建设带来的变化并从中受益的问卷中，回答"无明显感受并收益"的占到了将近一半（见图4）。

湖南省社会信用建设的现状评价与完善对策研究

您对湖南省企业和个人信用记录、更新和
公示建设的总体感觉?
答题人数479

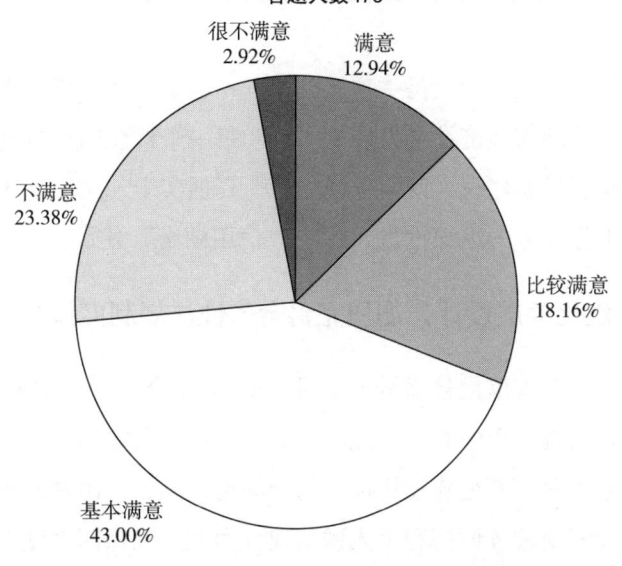

- 很不满意 2.92%
- 满意 12.94%
- 不满意 23.38%
- 比较满意 18.16%
- 基本满意 43.00%

图3　公众对信用记录、更新和公示建设的总体感觉

您及您身边的人是否能够感受到社会诚信
建设带来的变化并从中受益?
答题人数479

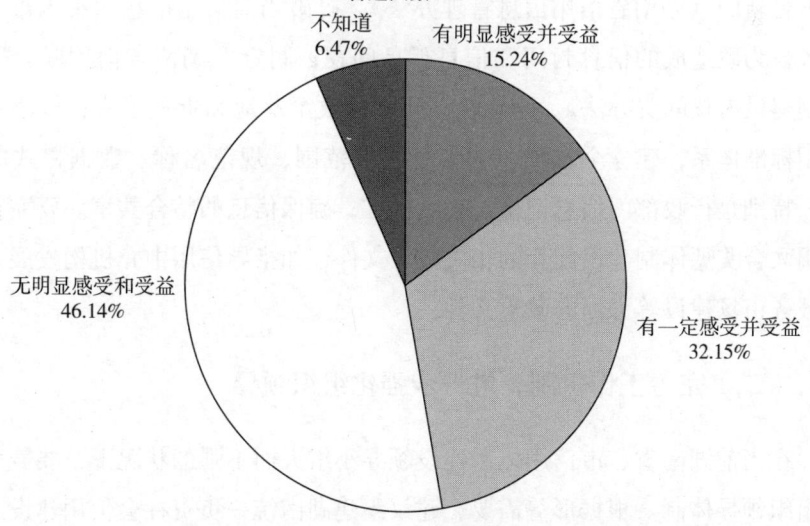

- 不知道 6.47%
- 有明显感受并受益 15.24%
- 无明显感受和受益 46.14%
- 有一定感受并受益 32.15%

图4　公众对社会诚信建设获得感的问卷调查结果

四 湖南省社会信用建设的完善对策建议

信用联合奖惩机制建设是一项基础工程，也是一项系统工程，更是一项灵魂工程，事关湖南经济社会发展的大局和每一个群众的切身利益。推进湖南信用联合奖惩机制建设，既要立说立行、真抓实干，又要久久为功，持续性地把各项工作任务向纵深推进，加快"信用湖南"建设。

（一）优化顶层设计，加快完善全省性法规制度体系

进一步完善湖南信用体系建设特别是信用联合奖惩机制建设的顶层设计，关键是要认真领会中央关于此项改革的原则、目标和任务，坚持正确方向，强化问题导向，遵循建设规律，切合湖南实际，突出基础重点。要根据中央要求加大湖南政务诚信和个人诚信建设力度，确保四大诚信体系建设均衡发展。要回应社会关切突出建设重点，抓住当前危害公共利益和公共安全、人民群众反映强烈、对经济社会发展造成重大负面影响的重点领域失信问题，推进失信联合惩戒。要加快完善全省性的信用法规体系建设，建议修改出台新的《湖南省信用信息管理办法》，打破当前信用信息归集困难，部门各自为政造成的信息封闭和信息孤岛问题；制定《湖南省信用联合奖惩机制建设考核问责办法》，强化机制建设的政策落地和责任落实；修改完善信用标准体系，建立全省统一的信息指标范围、规范名称、数据格式等标准，特别是行政部门信息记录、公示标准，确保信息的整合共享。要完善与信用联合奖惩体制建设配套的相关政策文件，如指导信用中介机构发展、信用服务市场建设等方面的政策文件。

（二）完善工作机制，进一步强化组织领导

在当前湖南省、市信用体系建设领导小组大而不强的状况下，要着力优化组织领导体制。根据形势需要，建议组建湖南统一负责社会信用建设工作的专门机构，这个机构可以在收回公民信息管理局管理权的基础上改造，也

可以在省发改委下另行设立，配备足够专业化的工作人员，形成规范化的职能和工作机制，常态化地开展工作。各市州和部门，也要强化信用体系建设的组织领导机构和工作机构，配备必要的工作人员和技术人员，提高组织协调地方和部门信用建设的能力。要进一步完善全省信用体系建设的组织体系，健全工作制度，畅通沟通交流机制，补足议事协调能力，提高资金保障水平，加大对信用奖惩设施的建设投入。强化政府部门特别是牵头部门、责任部门的思想认识和工作责任心，提高协同配合、开放合作能力水平。加强对市州和行业部门指导督促工作，切实解决在信用体系和信用联合奖惩机制建设中各自为政、组织松散问题。

（三）加大统筹力度，提高社会协同能力

一要加大全省信用信息归集统筹力度。要不断完善、更新数据报送清单，明确信息报送的主体及其责任，规范信息报送的标准和程序，实现信用信息的规范化记录和电子化储存。要健全信用信息记录、报送、归集制度和信息更正、异议处理等质量保障制度，进一步提高信用信息记录的完整性、规范性、准确性和时效性。要继续深化重点领域信用记录建设，特别是工商、税务等领域的信用记录，完善行业信用记录和从业人员信用档案。二要加大全省信息交换平台建设统筹力度。要加大投入力度，加快完善省市信用信息共享交换平台，确保14个市州信息平台全部建成运行。鼓励有条件的市州建立本地信用信息共享交换平台，加快推进行业信用信息的整合。强化省级平台与市州、行业平台的互联互通，构建覆盖全省各行各业的信用信息共享交换网络体系。进一步规范信息报送的内容、拓展信息报送大类、更好发挥省级信用信息共享交换平台在共享查询、公示公开、联合奖惩中的核心作用。三要加大全省信息互通共享的统筹力度，统一技术标准，强化责任，彻底打破部门与部门之间、行业与行业之间、行业与部门之间的信息壁垒和信息分散、封闭、孤立的局面，实现信用信息在全省范围内依法互通和共享。四要加大不同建设主体的统筹力度，充分发挥政府、企业、市场、社会的作用，激发政府、市场、社会各自潜力，

形成政府、市场与社会联动的强大合力，更加有力地推动社会诚信建设的发展。

（四）突出重点环节，强化联合奖惩措施落地

一是突出红黑名单制度，不断扩大联合奖惩的范围。要将红黑名单制度从现在的税务、环保、食药监、工程建设等领域扩大到更多领域，逐步实现全覆盖、无死角，在社会形成守信光荣得利、失信可耻受限的导向。二是突出联合奖惩备忘录，实现信用奖惩的部门联动。要通过不断建立完善合作备忘录的形式，扩大联合奖惩的领域和范围，实现对更多守信主体或失信行为的联合奖惩。三是强化奖惩措施，确保联合奖惩生根落地。要积极将联合奖惩措施嵌入政府部门行政审批、公共服务流程，渗透重点领域的监管服务环节，实现联合奖惩不断扩围、联合激励不断创新。要回应社会关切，重点推动交通管理、环境保护、食品药品等领域的联合惩戒。要鼓励有意愿的行业制定和参与联合惩戒，鼓励市州开展联合奖惩探索。要在"税易贷"的基础上，探索各部门合作和各种形式的守信激励方法，为守信企业在银行贷款、行政审批、发行债券等方面开辟绿色通道，实行"诚信免检"。四是强化督查考核，确保建设责任落实到位。要对社会信用建设和信用联合奖惩机制建设的推进、完成情况和实际效果加强跟踪管理和督查管理，通过定期检查、适时通报、专项督察、责任追究等方式，强化责任落实。要加大绩效考核和评估力度，将信用联合奖惩机制建设和社会信用建设成效作为绩效考核的重要内容，增加考核的比重，强化考核效果。要适时开展分领域、分行业和分部门的绩效考核评估，及时发现问题和不足，不断推动建设任务深入发展。

（五）发展社会征信机构，培育壮大信用服务市场

现代社会，信用和信用信息是巨大的社会资源和财富，而繁荣的信息服务市场是社会信用建设的润滑剂。针对湖南目前信用机构不强、信用信息来源单一而且有限、信用服务市场较弱的短板，急需在摸清信用服务机构和信

用服务市场当前实际状况的基础上，研究制定促进信用服务机构和市场发展的政策措施，加强信用服务机构和人员的监督管理，探索开展信用服务机构及其从业人员的信用信息记录、归集和共享工作，研究出台信用服务标准和规范，指导和促进信用服务机构和市场健康发展，并尽快培育1~2家甚至更多高水平的本土信用评级机构。

（六）强化诚信宣传教育，建设有特色的湖湘诚信文化体系

诚信文化是社会主义核心价值观的重要内容，是社会诚信体系建设的基础。湖南要以千年湖湘文化传统为基础，以诚实守信传统美德为内核，立足诚信体系建设的内涵和外延，创新诚信宣传教育的方式方法，多措并举建设具有湖南特色的诚信文化体系，夯实失信处处受限、守信处处受益制度运行的社会基础，营造守信光荣、失信可耻的良好社会氛围和社会风尚。

B.25
共享单车需要"共想共治"

——关于长沙共享单车规范发展的调查与思考

长沙市人民政府研究室

共享单车是"互联网+"背景下城市慢行交通的新模式,是共享经济的新形态,在全国范围内受到热捧。2016年底开始,自带"网红"气质的共享单车在长沙迅速流行,受到广大市民的欢迎。

一 长沙共享单车发展的基本情况和突出问题

共享单车投放长沙以来,作为打通市民出行"最后一公里"的低碳利器,短短几个月的发展风生水起,呈现以下三个鲜明特征。

一是发展非常迅猛。目前长沙已聚集摩拜、ofo、永安行、酷骑、优拜、哈罗等共享单车品牌,投放单车已超过10万辆,其中ofo累计认证用户超过30万,酷骑注册用户超过15万,根据各企业2017年投放计划,预计年底长沙将拥有共享单车25万辆。

二是单车使用率高。目前长沙共享单车车均单(每辆车每天的订单)6~8次不等,ofo公司平均每天超过10万订单。调查显示,85.6%的被访者使用过共享单车,46.2%的被访者每周使用频率超过2次以上,20.7%的被访者几乎每天使用。

三是"两型"效果明显。以摩拜单车为例,目前在长沙投放3万辆,市民骑行距离累计超过1200万公里,为城市减少碳排放1800吨,相当于6000辆小汽车少跑1个月、在市区多种植3600棵树。

然而,共享单车在方便出行的同时,也暴露出一些问题,特别是随着它的继续投放,一些潜在的问题也逐步凸显,给城市治理提出了全新的命题。当前长沙共享单车发展存在的主要问题有以下几方面。

一是随意停放比较普遍。共享单车为市民出行提供便利,但也因其随时取用和"无桩"停车,引发各类无序停放、乱占道、随意丢弃等现象,影响了市容市貌和公共秩序,尤其周末和节假日,停放无序的共享单车经常导致景区周边公共资源被挤占。

二是安全隐患比较明显。一方面,共享单车顺应了广大市民便捷出行、绿色出行的公共出行需要,成为道路交通出行产品供给侧改革的典型案例;另一方面,由于共享单车在长沙还是新生事物,暂时还没有出台专门的管理意见、形成有效的管理经验,比如承租人押金安全、骑行过程中的安全隐患、发生事故的赔偿问题(很多公司尚未进行骑行安全保险)等有待进一步完善,也给公共交通安全带来较明显的隐患,亟待规范。

三是单车破损比较严重。目前长沙共享单车的二维码、车牌、车锁等零部件被损坏的情况比较普遍,甚至还存在故意拆卸车辆部件自用、私自上锁等行为。调查显示,酷骑公司投放的共享单车在长沙的破损率达30%,而在北上广深的破损率仅为10%左右,考验着市民素质和企业管理者的水平。

四是自行车道相对缺乏。随着机动车数量的急剧增加,城区许多道路"优化"后没了非机动车道,自行车要么与机动车争道抢行,要么在人行道艰难穿行;一些路段即使有非机动车道,在交通繁忙路段、时段,由于拥堵,不少机动车"借用"自行车道行驶或超车,主城区骑行自行车更是困难且险象环生。

二 国内外发展共享单车的基本做法及有效经验

(一)共享单车在国外

国外的共享单车发展较早,现阶段我国共享单车面临不少问题和挑战,

世界各地的解决办法值得我们学习借鉴。

（1）巴黎的国家营运模式。巴黎共享单车项目创建于2007年，建立了公共自行车租赁系统，由市政府委托公益项目管理公司负责构建，是为城市赚取持续稳定收益的公共交通项目，每年的利润可以达到2000万欧元。其定价较低廉，成人年费仅收取29欧元，相比于其他欧美国家和地区，其单车租赁价格算是非常低的。

（2）纽约的三方共建模式。纽约共享单车（Citi Bike）是由政府、企业和银行三方于2011年共同创建的，具体的方式是纽约市政府与Alta Bicycle Share公司共同合作、花旗银行提供赞助。在遇到成长期的烦恼后，运营公司被市政府更换成Motivate公司，并改进了之前项目应用的软件技术系统，并在曼哈顿等黄金地段新建139个驻车站，用以满足用户的各种需求。

（3）伦敦的高速骑行模式。英国伦敦的公共自行车项目（Santander Cycles）充分借鉴了法国巴黎的公共自行车租赁系统设计。伦敦市中心主要区域网状布点，共设有自行车停放站400多个、停靠自行车6000多辆。每日2英镑的租车费用，前面30分钟是免费使用的。目前伦敦市政府已经开始完备的自行车专用车道建设，制订了"自行车高速公路"计划，在高速公路上专门设置自行车专用车道，方便大众骑车旅行。

（4）巴塞罗那政府补贴模式。作为自行车友好城市之一，巴塞罗那大部分区域实现共享单车（Bicing）停靠点覆盖，拥有18万以上的注册用户，约占城市人口的11%。为避免用车高峰期时段车辆分配不均、车辆损坏现象较多等问题，政府加大对Bicing系统的补贴力度，运用卡车调配运输自行车，缓解共享单车分布不均。

（二）国内发展共享单车的主要经验

面对初生的行业管理，一个重要的平衡点就是，既要规范又要保持新业态发展。全国各地已有很多地方就共享单车进行了积极探索，形成了一定的经验，值得长沙借鉴。主要做法如下。

一是依靠制度破解难题。国内主要城市非常注重加强制度建设，出台鼓励引导共享单车规范发展的指导意见和管理规则，对政府规范管理、企业规范运营和市民规范使用做出了具体规定，让共享单车在规范中发展，在发展中规范（见表1）。比如北上广深明确交通委牵头管理，济南明确停车管理办公室牵头负责，并分别明确牵头部门和各相关职能部门具体职责，形成管理合力。

表1　部分城市出台的共享单车政策文件

城市	时间	规范性文件
北京	2017年4月	《北京市鼓励规范发展共享自行车的指导意见》
上海	2017年4月	《上海市规范发展共享自行车指导意见（试行）》
深圳	2017年4月	《关于鼓励规范互联网自行车发展的若干意见》
济南	2017年2月	《济南市关于鼓励规范发展互联网单车的若干意见》《济南市关于互联网单车运营企业准入要求》《济南市中心城区共享单车停放技术导则》
成都	2017年3月	《成都市关于鼓励共享单车发展的试行意见》

二是着力保障用户安全。相关城市非常注重用户的资金安全、信息安全、车辆安全和骑行安全，做出了重点规范。资金方面，加强了押金安全监管，设立了专门账户，积极引入第三方机构参与（见表2）。信息方面，很多城市加强了个人信息规范管理，要求企业所采集的用户身份、联系方式等

表2　部分城市对共享单车押金的管理措施

城市	押金管理主要措施
北京	收取用户押金的投放运营企业，必须在北京市开设资金专款专用账户；必须公示押金退还时限，并及时退还用户资金；由中国人民银行营业管理部具体负责共享单车企业资金专用账户的监管，并加强管理和用户资金风险防控；投放运营企业退出市场前，必须向社会公示，并退还用户押金。
上海	运营机构须出具用户押金使用报告，委托给有资质的金融机构监管押金，并主动接受管理机构及社会各界的监督。预付金和押金的退回时效不能超过7天。
天津	收取用户押金的企业应在金融机构设立押金专用账户，与金融机构签订资金使用和偿付专项账户的监管协议并主动接受监管；用户押金不得挪作他用；须按约定及时退还。

信息在中国境内存储使用，严禁擅自公开、泄露或提供给他人，保护了使用者的合法权益。车辆方面，出台了具体的配置标准，确保了用户骑行安全需求（见表3）。骑行方面，规定了用户的年龄要求，如北京、上海、深圳等地硬性规定"12岁以下儿童不得使用共享单车"；同时为避免安全隐患，各地鼓励投放企业为车辆用户购买保险，如人身意外伤害险和第三者责任保险等，要求企业积极协助办理保险理赔，故按照公安交通管理部门交通事故认定结果承担相应责任。

表3 部分城市对共享单车车辆质量的保障措施

城市	车辆质量管理措施
北京	要求定期检查车辆，及时淘汰质量不达标的车辆。投放车辆必须满足安全骑行的要求，保证车辆各项状态良好。投放车辆必须符合国家、行业标准并配备卫星定位装置。
上海	投入运营车辆的完好率达95%以上，发生故障的运营车辆必须在48小时以内拖离故障现场，以不低于投入车辆总数5‰的比例配备车辆维护员。
深圳	投放车辆必须符合国家、行业技术标准，性能安全稳定，在投放前要将车辆产品质量、技术检测合格报告上报市公安机关、交管部门备案。

三是加强乱停乱放整治。各地将规范管理放在突出位置，突出乱停乱放问题整治。注重发挥大数据的作用，提高科学管理能力。如济南市在大数据分析的基础上科学设置停车点，由市主管部门与各区联动，直达街道办事处，对停车区域合理布点，既要求进入社区，也要兼顾郊区和城乡接合部；北京市要求优化共享单车停放区设置，鼓励运营企业依托电子地图等载体，将可停放区和禁停区在手机App上进行标注，引导用户自觉将自行车还至停放区。注重推行网格化管理的运用，提高精细化管理水平。如上海推行网格化管理，一旦车辆停放过量、超出管控能力，负责这一区域的网格管理员将主动联系相关投放企业，请求加派人手协助车辆停放秩序维护。同时，注重加强信用评价体系建设，建立用户信用评价制度，将违规违约停放的用户列入企业黑名单，接受管理部门的处罚，并共同限制其使用。

三 长沙进一步规范发展共享单车的对策建议

针对共享单车现状，长沙宜立足于方便市民出行和提升城市品质两大基本点，既加快发展，又规范管理。建议借鉴上海、深圳、济南等地经验，从强化政府规范管理、约束企业规范运行以及引导市民规范使用三个方面着力，重点实施六大举措。

（1）明确主管部门，形成共治合力。明确由市交通局牵头负责，加快整合各方资源，实行常态化、规范化管理，特别是明确国土、规划、交警、城管、金融、停车办、各区县（市）政府及市场监管等相关部门的职能和分工，形成共享单车发展最大合力。

（2）制定专门政策，制度化解难题。以长沙市政府名义尽快出台指导意见、管理办法、实施细则等，按照鼓励、规范、发展的总体原则和"市级统筹、属地管理、企业主责、规范有序"的基本思路，把共享单车纳入城市网格化治理体系，用制度破解管理难等瓶颈制约。特别是要加强整体规划，综合考虑骑行安全和停放秩序、道路通行、公共服务等因素，实行市级统筹、区县编制发展规划，确保共享单车投放规模与承载能力、出行需求和管理水平相匹配。

（3）加强基础配套，合理布点停车。强化共享单车配套，改善骑行条件，特别是优化设置自行车停放区，根据骑行大数据、市民集中度和骑行习惯对停车区域进行合理布点，预留停放区，推荐停车点。同时，考虑逐步恢复主城区道路的非机动车道，助推"快乐骑行"。由市主管部门建立统一的监管平台实现信息共享，加强与各区联动，将布点直达街道，既要在主要公共交通枢纽周边、大型商业网点附近、交通流量较大的主干道布点，又要在用户经常停放但没有停放区的区域布点，既深入街道社区，解决群众出行"最后一公里"问题，又考虑兼顾城乡接合部与城市郊区。

（4）治理乱停乱放，引导文明骑行。多渠道公布已经规划好的共享单车停放区，引导规范停放、规范使用。支持鼓励企业借助电子地图等将停放区和禁停区在手机客户端标注，引导用户自觉将共享单车还至停放区。对违规停放车辆及时清理，对违规停放行为由交通、公安交警、城管部门依法进行处罚。按照《治安管理处罚法》规定，加大对恶意损坏、毁弃、偷盗车辆，以个人非法占用为目的，将车辆另行加锁换锁、转移至非公共区域停放等行为的处罚力度。完善用户信用评价制度，将不规范使用共享单车行为纳入个人信用记录，支持企业对用户不良行为采取扣减信用积分、提高车辆使用收费标准、列入企业黑名单限制使用等。同时，明确承租市民责任，引导自觉遵守相关法律规范及服务协议约定，做到有序停放、文明用车、安全骑行。

（5）强化服务监管，规范企业行为。严格服务市场准入，从管理、技术、运维、服务和产品质量等方面对有意向进驻长沙的共享单车企业进行严格审核。严格车辆配置，确保符合国家、行业技术标准并配套安装卫星定位装置的车辆投放运行市场，满足安全骑行要求，实现企业信息与交通主管部门监管平台有效对接。严格单车日常维护，企业定期对营运车辆进行检查，保证车辆技术状态良好，特别是配备与车辆投放规模相匹配的管理人员（比如借鉴上海经验，按照车辆总数5‰以上的比例配备车辆维护人员），做好管理、调度、清洁、维修、回收等相关工作，提升线上、线下服务能力。建立投诉服务制度，及时处理各类投诉。

（6）创新运营机制，保障用户安全。实行用户实名注册，规定骑行自行车必须年满12周岁。加强企业资金专用账户管理，明确并公示押金、余额等资金的监管方式、使用途径和退还流程，强化金融监管，确保用户资金安全（比如深圳设立押金专用账户，接受第三方监管，保证专款专用）。健全企业退出机制，对经营不善或出现重大安全隐患的企业，实行一次黄牌警告、两次退出市场；向社会公示退出运营企业，并要求退还用户押金，回收所有车辆。强化安全骑行保险，鼓励运营企业为用户购买人身意外伤害险及第三者责任保险，积极主动地协助办理保险理赔。

B.26
加强后续管理　保障租住需求

——关于长沙市公共租赁住房管理工作的调研与思考

长沙市公共租赁住房管理课题组*

能否真正做到使保障对象"住得进、住得起、住得有尊严",并建立有效的退出机制,是提升公共租赁住房管理水平的重要课题,也是关系民生福祉的大事。

一　长沙公租房管理的现状与特点

近年来,在市委、市政府正确领导下,长沙市紧紧抓住中央大力发展保障性安居工程的政策机遇,将建设公租房作为改善民生福祉、提升城市品质的重要内容,积极推进建设、强化管理,公租房成为解决城市住房困难家庭"住有所居"难题的重大动力。

(一)公租房源初具规模

目前,长沙市本级共有已交付使用政府产权类公共租赁住房小区20个,共12517套,总建筑面积58.74万平方米;已配租入住11718套,入住率达93.6%。在建公租房小区4个(八方小区二期F2栋雇员公寓、金溪湾小区二期、粟塘小区、万家园),共4059套,总建筑面积21.01万平方米。2011年至2017年10月底,累计收取公租房租金2900多万元(见表1)。

---

* 长沙市公共租赁住房管理课题组成员:唐曙光、王德志、苏自立、唐承燕、盛利、李柏松。

表1　长沙市已交付使用公共租赁住房基本情况一览

序号	小区名称	所在区域	套数（套）	面积（万平方米）	入住率（%）	租金水平（元/平方米·月）
1	合鑫苑	芙蓉区	619	2.94	92.2	6
2	天凯南苑	天心区	68	0.32	98.6	6
3	天悦鑫苑		297	1.54	99.4	8
4	金麓西岸	岳麓区	92	0.46	98.9	6
5	桔洲新苑		102	0.48	96	4
6	麓谷锦和		624	3.02	98.7	4~6
7	新诚小区		450	1.97	99.1	4
8	诚兴园		600	2.96	99.2	6~8
9	谷山乐园		1008	4.69	99.4	4~6
10	山水新苑		192	0.91	99.5	4
11	金溪湾		306	1.53	77.4	6
12	谷山庭院		783	3.48	96.8	6
13	福润园	开福区	395	1.95	94.4	8
14	福泽园		322	1.65	75.8	8
15	楠熙筱苑		752	3.52	69.9	6
16	鄱阳小区	雨花区	494	2.01	97.9	4
17	凤凰苑		335	1.49	86	6~8
18	凤凰佳园		812	4.16	99.6	8
19	粟塘小区		3903	17.98	96.3	4~6
20	天凯东苑		363	1.68	97	6
合计			12517	58.74	93.6	6

注：低收入家庭租金标准为1元/平方米·月。

（二）运行管理总体规范

2011年政府机构改革将住房保障部门单列出来，按照职能职责负责对公租房进行管理，形成了市、区两级住房保障部门上下联动的工作格局。在业务管理模式上，由长沙市住房保障局统一将房源分配给区，委托各区局进行后续管理。各区结合自身实际，采取区局自管、购买后续管理服务等方式实行灵活管理，如芙蓉区实行房管员分片包干制度，天心区、开福区、雨花区、岳麓区通过服务外包实施后续管理。在物业服务模式上，全市20个公租房小区均实行规范的市场化物业管理,其中17个小区为公租房、经适房、商品房混合式小区,均为开发商指定的前期物业公司;3个小区1247套为纯政府产权公租房小区,由政府采购物业公司。在维修服务模式上,从2016年开始,长沙将公租房维修改造资金纳入财政预算,并通过政府采购选定了三家维修公司、两家电梯公司,制定下发《公共租赁住房维修管理办法》,有效促进维修改造专业化、规范化。

(三)制度措施严格有效

公租房后续管理一直是全国性难题。长沙在管理实践中,紧紧围绕"四率"(分配入住率、租金收缴率、违规整改率、群众满意率)来开展工作。一是抓分配入住,确保公平公正。制定《公共租赁住房后续管理实施细则》,明确房源管理、配租管理、退出管理等环节的具体操作流程。构建公租房智能管理系统并投入运行,推行网上配租、公开选房,做到程序规范、操作简便、信息公开、结果公正。坚持从需求端发力创新定向配租办法,为1600多户市政、环卫工人、公交司机、基层教师等住房困难群体提供公租房保障。二是抓违规整改,确保规范有序。坚持市、区两级联动,实行专项整治与强制腾退相结合开展违规整改工作。从2014年起,先后在凤凰苑、凤凰佳园开展专项整治行动,严厉打击转租转借、擅自装修、私搭乱建等违规行为50多起。2016年出台《关于启动法律诉讼程序腾退公共租赁住房有关工作的通知》,依法启动司法程序,对32户违规承租对象提起民事诉讼。三是抓收缴服务,确保快捷便民。2014年,市住房保障部门会同财政部门与银行签订合同,推行公租房租金上户POS机收缴办法,在内五区均配置专门设备,既简化了工作手续,方便了保障对象,也规避了资金管理风险。2017年10月开始,又新增微信扫码、支付宝等支付方式,进一步提升租金收缴的服务便捷性。四是抓管理提质,确保和谐稳定。有效发挥属地部门和社区牵头抓总、统筹协调作用,推行住房保障网格化属地管理。大力开展公租房小区文化建设,形成居家养老、志愿服务、微爱心动、居民自治等形式多样的文化建设载体。扎实推进公租房管理示范小区创建工作,近

5年来市本级共有10个小区被评为示范小区,群众满意度稳步提升。大力推进公租房小区提质改造,从2017年起,市财政每年安排专项资金6000万元用于公租房小区设施完善提质,目前岳麓区新诚小区、谷山乐园、雨花区天凯东苑小区、鄱阳小区4个公租房小区提质改造正加速推进。

二 长沙公租房管理存在的问题与不足

长沙公租房历经2011~2015年的建设高峰期后,已具有较大存量规模,后期管理成为必须高度关注的重大问题。从调研情况看,当前全市公租房管理中的突出问题集中在以下六个方面。

一是跨区安置、人户分离导致属地管理不顺。目前,长沙市已建交付使用及在建公租房共16576套,公租房分布极不均衡,岳麓区、雨花区占全市房源总数的85.2%,其中岳麓区10个公租房小区5204套,占全市房源的31.4%,雨花区6个公租房小区8919套,占全市房源的53.8%。基于房源现状,芙蓉区、天心区、开福区只能将保障对象跨区安置到岳麓区、雨花区,而保障对象的户口又无法一同迁入入住地,加之属地政府也不愿接管这一情况复杂、矛盾突出的弱势群体,导致保障对象社保、子女受教育权利等公共服务无法有效兑现,给公租房后续管理带来极大难度。

二是质量欠佳、配套不全导致安全隐患较多。自2011年大规模推进保障性安居工程以来,由于上级确定年度任务相对较迟,为完成建设任务赶进度,加之受建设资金所限,重建设进度、轻建设质量的现象普遍存在。目前全市公租房外墙渗水、外墙开裂、屋顶漏水、地下管网老化等质量问题开始显现。同时,公租房整体设计不够合理,公共配套不够齐全,设施设备功能提前老化等问题较为突出,如阳台防护栏生锈脱落、电梯使用频率过高发生连续性故障、大多数小区消防设施无法正常使用、公共电路老化发生火情等,既影响了保障对象的居住质量,也带来极大安全隐患。

三是力量分散、交叉管理导致工作效率不高。目前全市有四批力量在参与公租房管理:户籍区住保局购买服务的后续管理队伍负责本户籍区保障对象的管理，属地区住保局负责公租房小区安全管理和维修管理，物业服务公司负责公租房小区物业管理，属地社区负责部分社会管理及社会保障。但具体管理中，户籍区政府与属地区政府的协作联动不强；且由于大多数公租房小区不是纯政府产权，物业公司绝大部分为开发建设单位指定的前期物业公司，即使物业公司履约不严、服务不优，市住房保障服务局也无法有效制约。力量分散、交叉管理，导致责任落实不到位、执行力大打折扣、工作效率不高。

四是执法无力、缺乏手段导致退出难以落实。一方面，我国暂时没有专门的公租房管理法律法规，仅有两部部门规章作依据，地方政策法规也相对缺失；另一方面，住房保障部门没有专门的执法队伍，对于已不符合条件的承租对象，只能履行约谈、下发整改通知、取消资格、下发退房通知等工作程序，如果对方拒不腾退房屋，住房保障部门无权采取强制腾房措施，只能申请人民法院强制执行。但往往诉讼周期较长、程序较复杂，难以大量、长期实施，这就导致了大批达到腾房条件的承租对象不及时腾房却难以有效强制执行，而达到承租条件的承租对象却租不到房。据统计，当前全市共有690户承租对象达到腾房条件但没有腾房，时间最长的达5年。

五是信息不全、共享不畅导致动态监管乏力。目前公租房管理尚未建立有效的协作联动机制，信息共享系统和诚信系统建设相对滞后，数据分散在各个职能部门，成为"信息孤岛"，不能有效共享共用。特别是保障对象的个人信息时时处于动态变化中，而信息变更大部分靠承租对象自觉上报，个人诚信申报基本无法实现；在核验承租对象相关信息时，主要依靠住房保障部门"单兵作战"，导致无法实时更新掌握保障对象的收入、房产、购车、工商、金融、公积金等信息，难以实现有效的动态监管。

六是制度设计不足、欠缺兜底导致运营压力增大。公租房小区承租对象以低保户、"两牢"释放人员、吸毒人员、残疾人员、孤寡老人居多。截至目前，全市公租房保障对象中有低保户3500多户，根据市本级2016年保障性安居工程跟踪审计，其中有1934户低保对象欠租242.9万元。而现有制度设计中，对低保户等确无能力交费的保障对象没有出台兜底保障政策，导致公租房小区物业服务费收缴十分困难,平均收取率不到60%,历年累计欠收物业费557万元。欠交的费用越积越多,既给物业运营管理带来巨大压力,混合式小区物业公司都想甩掉公租房这个"包袱";也造成不良的社会影响,导致所在社区保障压力和管理维稳压力巨大,比普通社区需投入更多人力、物力和财力,在目前没有安排专项经费保障社区开展该项工作的情况下,影响工作积极性。

三 加强全市公租房管理的对策建议

加强公租房管理中的突出问题,应坚持持续提高政府保障能力、保障水平与有效约束承租对象租住行为并重,全面构建职责分明、权责一致、运行规范、执法高效的公租房管理体制机制。

一是推进属地化管理,落实主体责任。由于公租房小区的承租对象具有收入低、能力弱、需要扶持、对公租房是"家"认同难、归属感不强、又过于集中等特殊性,对社会管理和社区服务的要求更高,特别是全市有很大部分承租对象为拆迁安置对象,更容易因政策宣传不到位等原因对政府充满怨言,因此,各相关单位要充分认识到,公共租赁住房小区的后期运营管理不是住房保障部门一家的事情,而是政府及各相关单位的共同责任。全面落实各区政府公租房属地管理的主体责任,实现管人、管房相统一,是实现社会和谐稳定、全面进入小康的基础性条件,也是加强全市公租房管理的必然要求。要由市住房保障部门牵头,就保障对象享受户口随迁、就近入学、就地社保等基本公共服务出台相关实施办法、操作细则等,并明确职能职责;各区政府属地负责,市各部门相互协同,落实各项管理措施。明确属地区人民政府的统筹职能,组织住房保障、公安、城管、法院等部门,就保障对象不按要求腾房、违规改造等非法行为进行常态化执法,有效维护公租房政策的严肃性和公租房小区的和谐稳定。

二是推进市场化运营,提升服务水平。由市住房保障服务局、市住建委牵头,对现有公租房小区物业公司进行全面清查,分类完善续签、解聘、重签等手续。由市住房保障服务局牵头，统筹整合现有资源，分河东片区、河西片区，采购两家公租房后续管理服务外包公司，负责全市公租房市场化、专业化后续管理。由市住房保障服务局牵头，就公租房市场化运营管理出台专门的规则、标准等，同时对各物业公司的日常管理进行常态化监督，并制定优胜劣汰机制，切实有效为承租对象提供优质高效的服务。

三是推进分档化补贴，形成梯度保障。转变公租房保障方式，实行实物保障与租赁补贴并举，推进公租房保障货币化。扩大保障范围、提高保障标准，将原有只针对低保、低收入家庭的租赁补贴政策［无房户160元/（月·人），住房困难户80元/（月·人）］拓展到中等偏下收入家庭，并改为以保障人口与保障面积相结合的方式制定租赁补贴标准，即低保家庭、低收入家庭、中等偏下收入家庭租房补贴分别为25元、20元、15元/（月·平方米），人均保障面积为15平方米。每户每月补贴金额不足300元的，补足至300元。根据收入和公租房所处位置及配套条件划分实物配租租金标准，以更合理的梯度租金标准促进公正性，维持低保家庭（月收入1010元以下）公租房租金1元/（月·平方米）的标准不变（根据社区、物业和属地区住保局鉴定，可以向市政府申请减免租金），低收入家庭（月收入1010~1893元）公租房租金提高至2元/（月·平方米）［现为1元/（月·平方米）］、中等偏下收入家庭（月收入2524元）公租房租金标准为4~10元/（月·平方米）。

四是推进信息化建设，打造智慧公租。充分利用"政府云"平台，运用"互联网+"、大数据等技术手段，尽快将公安、卫计、房产、人社等相关单位的信息实现数据共享，使住房保障部门能够方便快捷地查询到社保、工商、税务、车管、公积金、不动产登记等部门的数据，更好确认承租对象资格。加快公租房智能管理系统建设，全面实现网上公开选房、巡查检查、网上审批等功能。加快实现住房保障部门与其他单位的数据互动，相关部门要将承租对象的现实情况作为前置限制，杜绝享受住房保障政策的同时购房、购车等违规行为发生。

五是推进品质化改造，实现提质提档。全面推进公租房小区提质改造工

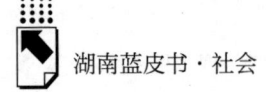

作，计划用5年时间完成20个公租房小区的提质改造，2017年铺开提质改造的4个小区正在抓紧推进，2018年将再启动4个小区的提质改造。重点针对各小区的公共配套设施、服务设施设备、生活环境设施等进行提质改造，消除安全隐患，改善居住条件。推行公租房小区智能化门禁和信息系统建设，以技术手段解决租金收缴、违规整改和强制腾退问题。

六是推进制度化支撑，加大扶持力度。出台对低保等特殊群体提供兜底保障的相关政策，由社区、街道、区住保部门对保障对象中低保等特别困难的群体予以严格核实，将符合条件的对象上报市局核查后报市政府批准，由市政府对特困对象的租金进行直接减免和物业费代交。明确按照60元/户（保障家庭）/年的标准对社区工作经费进行补助，相关经费由市财政统筹解决。

B.27
文化自信　科技支撑
——长沙市文化与科技协调创新体系的对策研究

傅晓华　傅泽鼎*

习近平在党的十九大报告中提出，要坚定文化自信，推动社会主义文化繁荣兴盛。建设社会主义文化强国。文化科技融合是新时代我国推动社会文明进步的主要政策抓手，湖南是我国文化大省，自古有"惟楚有才，于斯为盛"之美誉，还有特色的船山文化、梅文化等。湖南全面对接国家"互联网+"战略，全面创新文化科技融合的"湖南湘军"等新型业态，使文化科技融合产业发展形成"双轮驱动"；文化与科技融合是党的十九大报告中国家完善文化要素市场建设的核心政策，为文化与科技融合提供了顶层设计，必然催生其协同发展的强劲动力。科技进步是文化繁荣的"发动机"，优秀文化是科技创新发展的"灵魂"。推进文化与科技融合，建立科技文化协调创新体系是加快"要素驱动"向"创新驱动"转变的必然要求，是建设国际文化名城的重要途径，是率先建成"全面小康、两型引领、秀美幸福之市"的有效举措。为此，我们通过开展走访调查、开座谈会、查阅文献、对比考察等形式，以长沙市文化与科技融合为例，对长沙市文化科技融合现状做了分析与研究，结合国内外成功经验，提出了建立湖南科技文化创新体系的对策建议。

一　长沙市科技文化协调创新体系的基础和优势

1. 科技优势明显

一是科技投入不断加大。长沙市从2008年至2012年，市财政预算内用

---

* 傅晓华，中南林业科技大学马克思主义学院生态文化与环境政策研究所负责人、教授；傅泽鼎，河海大学教授。

于科技的投入为58.6亿元，年均增幅22.1%，2017年用于科技投入43亿元，估计2018年达到46亿元，撬动社会科技投入达300多亿元；2016年，湖南获得国家基金项目1101项，直接经费5亿余元。其中中南大学2亿元，湖南大学近8000万元，国防科技大学4000多万元；长沙理工大学是目前省属高校唯一超过2000万元经费的依托单位，经费超过千万元级的还有湖南师范大学、湘潭大学、湖南农业大学、湖南科技大学、湖南中医药大学、南华大学。超过20项的除上述单位之外还有中南林业科技大学、吉首大学、中科院亚热带所。2017年全社会研发投入占地区生产总值的2.25%。二是科技创新平台日益完善。党的十八大以来，湖南省科技战线主动适应新常态，优化科技创新供给机制，不断释放科技第一生产力潜能，抓住科技创新的"金钥匙""牛鼻子"作用。湖南省创新综合实力由2012年的全国第15位上升到第11位，科技进步贡献率由52.3%提高到55%，创造了全国瞩目的"自主创新长株潭现象"。三是科技创新成果日益增多，科技产值增加迅速。2017年，湖南高新技术产业同比增长16%，高出GDP增速8.1个百分点，实现增加值6859.2亿元；高新技术企业同比增长21.7%，总数达2212家；12项科技成果获国家科学技术奖励；超级杂交稻再创世界最高纪录，百亩片平均亩产1088公斤；长株潭每万人发明专利达13件（湖南省每万人发明专利拥有量4.11件）；新增3家国家级科技企业孵化器……实现了"十三五"的良好开局。

2. 文化产业全国有名

一是主体较强。从省一级来看，湖南卫视、中南传媒是全国同行业的佼佼者。这个问题长沙市最有说服力，2016年，长沙广电集团经营收入达11.7亿元，净利润1.52亿元；长沙晚报产业经营逆势上扬。在全国同行广告平均下滑30%的大环境下，实现营收增长18.3%，利润增长50%。长沙拥有上市文化企业拓维信息、天舟文化、北纬国际，其中，拓维信息是全国"十大最具影响力文化产业示范基地"，荣获第三届"全国文化企业30强"，天舟文化是中国创业板上市公司价值20强，北纬国际为中南地区文化企业进入美国股市"第一股"；有"华文数据库"之称的青苹果，被商务部授予

"中国服务外包成长型企业100强"荣誉称号;有"追梦中国红"美誉的大红陶瓷,荣获"中国文化品牌价值排行榜"前十名。二是增速较快。如今,省会长沙规划建成了长沙新广电中心、梅溪湖国际会展中心等17个投资过5亿元的重点文化创意产业项目。天心文化产业园是"国家级文化产业园",成为长沙文化产业的龙头。2010年起,长沙市建立文化创意产业项目库,每年文化项目投资近200亿元,文化产业增加值每年保持了20%左右的增幅。2016年,长沙市共有从事文化产业活动的法人单位5100多家,从业人员达十万之众,实现文化产业总产值近1500亿元,逐步成为名副其实的支柱产业。三是品牌较响。长沙歌厅演艺享誉全国,是外地人到长沙必点的"文化大餐";从"快男""超女"到"我是歌手"等打造了一系列名牌娱乐节目;长沙市广电中心推出一系列优秀电视作品,从《雍正王朝》到《走向共和》、从《恰同学少年》到《黎明前的暗战》等成为全国热播节目;湖南教育电视台推出的《社会主义有点"潮"》(2016~2017年)享誉全国;长沙图书交易会已举办25届,是"全国三大书市"之一。2016年底,长沙动漫游戏企业达60家,动漫工作室350多家,动漫原创人员近3万人,动漫产业总产值约为70亿元,全国排名第四位(2012年第三位,原因多样,后面分析),总体实力强大。四是活力较足。长沙实施文化体制改革,全面完成了文化市场综合执法改革、国有文艺院团体制改革、电影发行放映单位转企改制、非时政类报刊出版单位改革、有线电视网络整合等文化体制改革重点任务。2012年起,长沙市文化产业引导资金随财政收入的增加而逐年增加,并健全了各级公共文化服务体系。长沙被评为"全国文化体制改革工作先进地区"、长沙市文化市场综合执法局被评为"全国文化体制改革先进单位"。

3. 科技文化融合初具规模

一是组织引导有力。长沙明确了省市共建、长沙市为主的"文化与科技融合"组织领导体系,省委宣传部、省科技厅、长沙市人民政府共同负责基地建设与发展,长沙市委、市政府成立了以省委常委、市委书记为顾问,市长为组长,市委常委、宣传部部长和分管科技的副市长为副组长的建设领导小组，办公室设在市科技局，形成了建设合力。为促进文化大发展大繁荣，长沙市出台了《长沙国家文化和科技融合示范基地建设方案》《关于推进国际文化名城建设的意见》《关于执行文化体制改革发展若干政策的实施意见》《长沙市加强公共文化服务体系建设实施方案》、长沙市《"十三五"文化发展规划》《长沙市"十三五"科技发展规划》等政策性文件。二是科技支撑作用明显。"十一五"以来，长沙市组织实施了一批重大、重点项目，文化创意产业与科技支撑能力的融合度明显提高。国防科大、中南大学、湖南大学、湖南师范大学等高校致力于文化教育与科技大融合，拓维信息、天闻数媒、宏梦卡通、山猫卡通等一批骨干企业致力于文化和科技融合发展，它们承担或共同承担了国家科技部863计划项目、国家文化部手机动漫公共服务平台及国家发改委现代服务业引导资金项目等国家级项目共百余项。三是基地建设得到加强。近年来，国家级别的各类文化和科技产业基地如数字媒体、动漫游戏等相继在长沙国家高新技术产业开发区揭牌。在两大动漫基地的支撑下，长沙已建有三个公共技术服务平台。作为"文化湘军"的领头羊，湖南广电将媒体、文化旅游、数字电视等糅合在一起，形成新数字广电服务平台。"金鹰影视文化城"成为湖南广播影视产业的重要基地。近两年"中南国家数字出版基地""国家广告产业园"相继在长沙天心区落户，推动新技术、新业态背景下传统出版产业和广告产业的繁荣发展。湖南工业设计创新平台为促进湖南制造业从制造向设计创新跨越发展，做出了杰出的贡献。

二 文化与科技协调创新的主要障碍分析

1. 平台有待完善

文化与科技融合的中介服务机构数量不够、专业素质有待提升；投融资体系和公共技术服务机构不规范不健全，文化科技创新成果的发布和产权交易的渠道不畅。文化与科技融合的产业大多是智慧型产业，时效性与创新性强，研发、推广成本高，固定资产要求不高，因而表现出易于流动，难于抵押贷款，如果没有为科技文化产品作强劲支撑的投资基金，就很难成功。如湖南蓝猫全网教育公司曾辉煌一时，闻名全国，也创建了一个产业园，但是近几年上海、北京、杭州、深圳、苏州和广州等城市的动漫产业快速发展，蓝猫先后被《喜羊羊与灰太狼》《熊出没》等品牌超越，蓝猫产业园内不再是一个产业群，主体力量已被外省挖走，转移到了浙江、江西、陕西等地，只留下一个品牌在长沙，基地被一个民办学校租用。

2. 程度有待加深

长沙市文化产业里国有资本占比较大，外资和社会资本的比重相对较小，影响了文化科技产业发展的规模与速度。传统的科研管理体制导致科研活动与现实需求脱节，文化科技产品的市场转化率不高。如苏绣早已实行机绣，批量生产，质优价廉销路广；湘绣还是手工劳动，效率低、价格高，难以做大做强。长沙沙坪是湘绣基地，基本上是民营企业在进行作坊式生产，单打独斗，科技含量小，难以发展壮大。

3. 复合型人才不足

虽然长沙文化产业起步较早，但由于2007年后（特别是2011年"两会"之后），文化产业已经成为各省市各级政府高度重视的产业，成为政府经济工作的重要组成部分，各地加大招商引资，把文化产业列入了政府重点工程的工作日程。北上广深及沿海大城市凭借其雄厚的经济实力和灵活的经营机制，纷纷来长沙抢挖人才而导致文化科技复合型人才流失严重。加上长沙在对外人才引进方面重视程度还不够，人才保障机制及举措也相对较少。2016年，长沙市共有从事文化产业活动的单位达6万家有余，从业人员有60多万人，80%的为非正式编制工作人员。而上海文化产业从业人员为68万人之多，其中52.8%的为正式编制人员。天津文化产业从业人员为16万人，54.5%的为正式编制人员。长沙市文化科技领军人才和创新团队与其他大城市相比存在一定的差距，成为制约文化科技产业发展的瓶颈。

4. 服务有待加强

文化与科技融合发展的认识不到位，导致技术链与资金链脱节、人才链与信息链不匹配、服务链和政策链的不完整。我们走访的长沙市多家党政部门的相关单位，懂文化与科技协调创新的业务干部不多，造成服务脱节，主管部门以"落实"文化和科技的相关政策为主要目标，既不了解也没有兴趣，更不要说出台结合本地实际的创新性举措。我们走访的科技产业园，对辖区内的科技文化企业状况、对科技文化的相关知识等了解不多，更不要说贴心服务了。现有文化科技产业园，科技含量高的大型文化企业和大型文化项目不多，有勉强凑合的概念。民间资本不能享有"国民待遇"，评选"先进企业"，引进、培养领军人才等政策方面，民营科技企业被边缘化。

三 健全科技文化协调创新体系的对策和建议

1. 健全工作机制

一是加强政策引导。协商解决文化和科技融合工作的脱节问题，推行文化和科技协同发展的工作部门联席会议制度，定期召开文化和科技融合创新工作大会，出台《长沙市文化与科技协同振兴计划（2018~2025年）》等指导性文件。出台财政税收、人才计划、国土规划、工商管理等方面优惠政策，营造支持文化和科技相融合的产业发展环境。二是加大财政投入。市财政安排文化与科技融合产业发展专项资金，以奖励、补助、贴息等办法支持文化科技产业发展。奖励新创办的文化科技企业，按所得税地方留成部分（3~5年交纳的）等额标准奖励；对新创建的文化产业示范园区，按照市级、省级、国家级对应等级分别一次性给予50万元、100万元、200万元的奖励；对国家批建的企业技术中心（含重点实验室、工程中心），一次性补助500万元；对获批战略联盟的牵头企业，市级、省级、国家级分别奖励100万元、500万元、1000万元。三是优先要素供给。对新引进国内外著名文化企业（重点项目）、对本土符合条件的文化与科技深度融合重点项目，优先供给土地，依法采用政府划拨和租赁方式，也可以根据市场出让、作价出资的方式，并给予不同程度的奖励或补助。为文化与科技融合的中小企业给予融资支持，对投资中小高新文化与科技融合企业的风投机构，其投资额可抵扣一定税款。

2. 实施项目带动

一是精心建设重点项目。建立健全项目联点帮扶制度，协调解决推进过程中出现的重大问题。加快建设"读书之城"，建设数字图书馆和数字出版产业；实施民族文化科技保护工程，打造一批湖湘文化特色的文化精品，建设"文化科技之城"；推进"教育云""家具设计之都""三网融合"示范工程；发展动漫游戏产业，建设"创意之城"。二是大力招引大型项目。举办"湖湘文化"发展论坛"引进来"，组织本地企业参加国内外重点文化展会"走出去"；精心包装推介一批招商项目，前往京、沪、深、杭等地举办招商洽谈会，吸引投资。三是精选储备重点项目。以文化项目的科技含量等为导向，策划并推出2018～2025年重点文化产业项目。改造提升湘绣艺术等传统文化产业，增强科技含量。

3. 加强园区建设

一是构建"一基地五园区"产业布局。促进文化与科技融合，必须唱好"企业主体、产业平台"的资源集聚优势，提升融合效率。按照"一区一特"原则，完善"五园"建设。高标准建设具有国内领先水平与国际先进水平的平台，将麓谷动漫产业园、金鹰影视文化城、中南国家数字出版基地打造成国家品牌；将岳麓山文化创意产业园建成湖南创意设计中心和科技文化成果转化基地；将长沙天心国家文化产业园打造成全国最大的出版物发行集散地、最规范的创意产业基地。二是引导重点文化企业进园区。高规格建设园区基础设施，提升园区服务的硬环境和软环境。培育和孵化文化和科技融合企业，促进产业集群化发展。以"五园区"为载体，培育一批核心竞争力强的文化企业（集团）。

4. 完善服务平台

一是完善公共技术平台。建设基地云数据服务中心，为各个企业提供数据存储、数据服务的云端访问平台，促进信息共享。加快资源整合，打造技术先进、服务高效、成本较廉的共性技术服务平台，加强共性技术、关键技术、核心技术的攻关和应用推广。支持产学研金发展战略联盟，运用高新技术创新文化生产方式，培育新的文化业态。二是完善投融资服务平台。由市、县（区、市）两级政府、园区、民营资本共同入股成立"文化科技融合产业发展专项基金"，支持科技型文化企业发展。出台金融机构支持文化创意产业发展政策。举办"银政企"对接会，实行文化无形资产质押担保制度，畅通"绿色贷款通道"，推动企业上市融资。三是完善专家服务指导平台。成立文化和科技融合工作专家委员会提供决策参谋和咨询；建立健全文化和科技融合统计指标体系，由文化和科技融合工作专家委员会组织开展对文化产业的统计分析和绩效评价，提出指导意见。

5. 坚持因地制宜

一是注重消费促进模式。根据当代中青年消费群体特点，推出新兴文化业态。根据信息时代企业需求，推动时尚文化与电子科技的体验消费。二是重视产业链延伸模式。利用数字技术延伸文化业态，使文化产业向立体式、联动性发展。三是突出技术引导模式。推进广播电视有线网络的数字化转换和双向改造；发展5G网络、4D等电影电视。运用高新技术培育新兴文化业态，大力发展新兴媒体，运用高新技术增强文化产品吸引力。

6. 突出人才支撑

一是健全并落实人才制度。建立长沙文化创意产业人才引进储备优秀人才信息库，建立健全高素质人才需求预测申报、信息发布、重点推荐、日常联系等一整套人才引进、培养、选拔、激励、创业发展和保障等制度体系，吸引高层次人才来长沙创业就业。二是加强人才培育和使用。将文化创意产业的人才引进纳入长沙创新型城市建设引智工程，引进一批海外高层次人才、优秀学术技术带头人。选拔有潜力的中青年文化创意、科技创新人才赴国内外研修、考察或赴高等学府深造，造就一批高级文化创意经营人才、文化创意经纪人才以及具有文化与科技融合创新能力的复合型人才。三是完善人才激励机制。保护知识产权，支持鼓励管理、技术等生产要素参与收益分配。每年评选、重奖有突出贡献的文化产业经营、管理、艺术创作和工程人员，形成良好的创业环境，以事业留人、以政策留人、以感情留人，发挥人才的创造潜能。

B.28
让孩子们都能就近上好幼儿园
——长沙市小区配套幼儿园普惠发展的调查与思考

王德志*

学前教育是国民教育体系的重要组成部分，是当前全社会关注的焦点。特别是近年来，小区配套幼儿园已成为长沙城区儿童就近入园、完成学前教育的主要途径，推进小区配套幼儿园普惠发展，让孩子们都能就近上"质优价惠"的幼儿园，越来越成为建设儿童友好型城市、打造人民满意教育的紧迫现实和必然要求。为着力研究破解小区配套幼儿园建设、移交、开办难题，全面推进普惠发展，长沙市政府研究室与市教育局组成联合课题组深入高新区和9个区县（市）进行了专题调研，并撰写调研报告。

一 当前全市小区配套幼儿园普惠发展情况不容乐观

近年来，长沙市将推动学前教育普及普惠发展作为工作重点，取得了较好成效，有效缓解了"入园难、入园贵"。截至2016年底，全市共有注册幼儿园1624所，其中公办幼儿园384所、普惠性民办幼儿园723所，公办和普惠性民办幼儿园占比达68.2%；在园幼儿26.7万人，学前三年毛入学率达92.3%，其中公办和普惠性民办在园幼儿占全市幼儿总数的65.38%。但与此同时，全市幼儿园可持续发展的隐忧也比较明显，特别是小区配套幼儿园普惠发展的情况不容乐观，突出表现在以下三个方面。

一是小区配套幼儿园建设开办状况亟待改善。全市住宅小区配套幼儿园

---

* 王德志，长沙市人民政府研究室党组书记、主任。

加快发展大致可以分为四个阶段：第一阶段，1993年8月26日到1997年6月30日，以《关于城区中小学幼儿园规划建设和用地的暂行规定》为标志，要求"配套的幼儿园建设必须与建设项目同时规划、同时设计、同时施工。幼儿园建设费用纳入综合开发费，由开发单位兴建，验收后其产权和有关资料移交市教育行政主管部门"。第二阶段，截至2010年11月21日，以《城市中小学校幼儿园规划建设管理条例》为标志，要求新区开发和旧区改建时，每4000名居民以上住宅区应按标准规划配置小学、幼儿园，并与主体工程同时设计、同时施工，同时验收。第三阶段，2010年11月21日到2014年1月23日，以国务院下发《关于当前发展学前教育的若干意见》为标志，要求小区配套幼儿园作为公共教育资源由当地政府统筹安排，举办公办幼儿园或委托举办普惠性民办幼儿园。第四阶段，2014年1月23日之后，以《关于进一步加快学前教育发展的补充意见》（长政发〔2013〕34号）和《关于城镇小区配套幼儿园建设用地划拨及产权移交的实施办法》（长政办函〔2014〕167号）为标志，对根据《长沙市城市中小学校幼儿园规划建设管理条例》审查总图的配套幼儿园坚持按政策全部收回，举办公办或普惠性民办幼儿园。截至2016年底，全市批建小区配套幼儿园467所，其中建成324所，在建48所，暂未建设95所，建成率69.4%，尤其是个别区的建成率仅为42.7%。已建成的小区配套幼儿园中，已开办273所，开办率分别占批建小区配套幼儿园和已建成小区配套幼儿园的58.5%和84.3%（见表1）。小区配套幼儿园建成率和开办率低，让学前教育学位供给压力较大。特别是近年来长沙人口快速增长，2016年长沙是全国5个人口净增量超过20万人的城市之一，增长2.9%，增幅为近年来最高，年末长沙市常住人口764万，市区总人口达411万，实有人口总量突破1000万大关，公办和幼儿园普惠性发展难以满足群众需求，幼儿园平均班额逐年增加，由2012年的25.88人/班增加到2016年的29.64人/班，即将突破教育部颁布的幼儿园每班30人的班额标准，最大班额达到51人/班（表2、图1）。据2016年长沙市民盟调查预测，未来五年，长沙市3~6岁儿童年增长率约为9%，增加约16.7万人；再加上"实体经济30条""人才22条""科技创新

1+4"以及打造内陆开放高地等系列创新创业和扩大开放的新政推行,适龄入园幼儿将更加激增。而按照实现教育基本现代化要求的学前三年毛入园率达94%的目标测算,幼儿园学位缺口15.7万余个,根据"班均30人、园均6个班"标准计算,需增加幼儿园697所。"上得起园、上得好园"成为急需。

表1 截至2016年全市小区配套幼儿园建设及开办情况

单位:所,%

区域\幼儿园	配套幼儿园总数	已建成	已开办	在建	建成率	开办率
芙蓉区	28	23	20	5	82.1	71.4
天心区	50	41	35	2	82.0	70.0
岳麓区	103	44	29	15	42.7	28.2
开福区	54	42	36	3	77.8	66.7
雨花区	74	58	49	0	78.4	66.2
高新区	26	17	11	7	65.4	42.3
望城区	51	32	30	4	62.7	58.8
长沙县	44	33	33	11	75.0	75.0
浏阳市	7	6	4	1	85.7	57.1
宁乡市	30	28	26	0	93.3	86.7
全 市	467	324	273	48	69.4	58.5

表2 2012~2016年全市幼儿园平均班额发展变化情况

单位:所,个,人

年度	园所数量	班级数	在园人数
2012	1325	7924	205063
2013	1345	8112	215706
2014	1424	8423	232802
2015	1512	8730	255456
2016	1624	9021	267419

二是小区配套幼儿园建成移交难题亟待破解。目前,全市小区配套幼儿园不仅建设开办较少,而且移交率也非常低。据统计,全市已建成的324所小区配套幼儿园中,开发商向属地教育行政部门移交72所,尚有252所未移交,移交占比仅有22.2%。其中望城区、长沙县、浏阳市、宁乡市已建

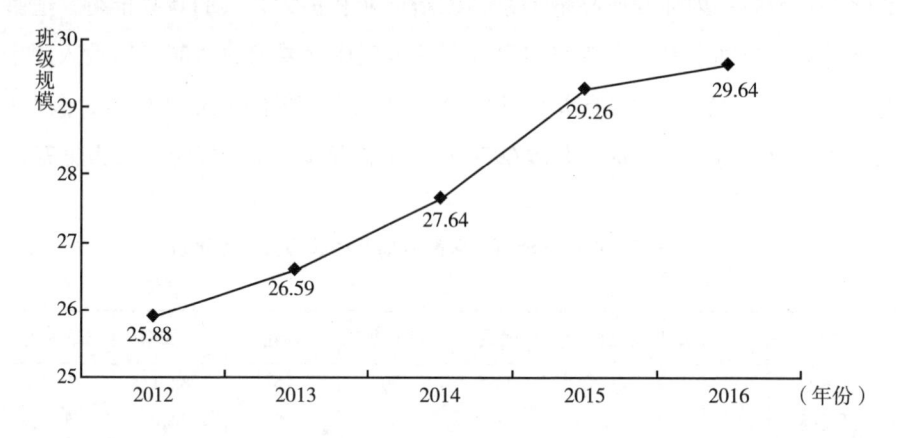

图1　2012～2016年全市幼儿园平均班级规模变化情况

成幼儿园均未移交，开福区、雨花区、天心区分别移交11.9%、17.2%、21.9%，移交率最高的岳麓区也只有65.9%。正在建设和暂未建设的143所小区配套幼儿园中，只有68所与属地教育主管部门签订移交协议，约为47.6%。其中望城区、长沙县、浏阳市、宁乡市四个区县（市）的在建和未建小区配套幼儿园均未签订移交协议（见表3）。

表3　近十年来长沙市小区配套幼儿园移交情况统计

单位：所

区域 \ 项目	已建成	建成并移交	建成未移交	在建和未建的配套幼儿园签订移交协议
芙蓉区	23	11	12	5
天心区	41	9	32	9
岳麓区	44	29	15	36
开福区	42	5	37	10
雨花区	58	10	48	5
高新区	17	8	9	3
望城区	32	0	32	0
长沙县	33	0	33	0
浏阳市	6	0	6	0
宁乡市	28	0	28	0
全　市	324	72	252	68

三是小区配套幼儿园公办普惠发展亟待扩面。当前，全市小区配套幼儿园不仅移交率低，而且已建成开办的幼儿园中公办和普惠性幼儿园不多。2010年11月以来，已开办的273所小区配套幼儿园中，公办幼儿园29所，普惠性民办幼儿园66所，公办和普惠性民办幼儿园的占比为34.8%（表4），低于目前全市公办和普惠性幼儿园总体水平33个百分点，与市委、市政府提出的"到2020年，公办和普惠性民办幼儿园占到全市幼儿园总数的80%"目标任务相距甚远。尤其是当前民办幼儿园的收费已全面放开，由行政许可改为备案，属典型的市场行为，其收费标准比公办和普惠幼儿园普遍高1000元/月以上，个别民办幼儿园的收费更是高出很多（有的达6380元/月），广大市民难以接受和承担，让提高全市小区配套幼儿园的公办普惠发展更加迫在眉睫。

表4 全市小区配套幼儿园普惠情况统计

单位：所

区域\幼儿园	已开办	已办公办园	已办普惠性民办园	已办非普惠性民办园
芙蓉区	20	7	5	8
天心区	35	4	8	23
岳麓区	29	11	18	0
开福区	36	3	3	30
雨花区	49	1	21	27
高新区	11	3	3	5
望城区	30	0	2	28
长沙县	33	0	3	30
浏阳市	4	0	0	4
宁乡市	26	0	3	23
全　市	273	29	66	178

二 影响小区配套幼儿园普惠发展的原因分析

从当前对学前教育的更高要求和新形势下市民对"好入园、入好园"

的迫切期盼考量，全市小区配套幼儿园建设办学工作依然面临着诸多瓶颈，制约其公办普惠发展的主要原因在以下几方面。

（1）社会认识难以统一

小区配套幼儿园是保障幼儿就近上学的民生工程，但各社会主体还未真正认识到其普惠发展的极端重要性。一是重视程度不够。当前，就小区配套幼儿园建设发展，中央、省、市都有相关政策文件指导，但有的区县（市）认为当前全市对义务教育的财政投入已比较多，财政对城市建设、经济发展等方面的支持压力过大，如果继续以加大财政投入去支持幼儿园建设，势必会增加财政负担，认为学前教育应以市场调控为主，小区配套的幼儿园应以民办为主体。二是民办普惠不积极。一方面，民办幼儿园收费实行市场调节、自主确定，非普惠性民办幼儿园移交后转为普惠性民办幼儿园，办学收益受到影响，因而转向普惠性发展的意愿不强烈。另一方面，小区配套幼儿园若回收举办公办幼儿园，则政府投入的压力过大，同时机构设置和编制配备也有困难，特别是教师配置，采取统筹调剂办法，势必挤占中小学教师编制，在一定程度上导致编外教师的快速增长。三是各方需求难调。一方面，民办幼儿园收费较高，加重了幼儿家庭的生活负担，绝大多数市民迫切希望政府落实国发〔2010〕41号文件精神，将小区配套幼儿园办成公办或普惠性幼儿园。另一方面，也有人认为公办和民办普惠性幼儿园，不能满足市民对学前教育多样化、高层次的需求，幼儿园发展可以交给市场。

（2）顶层设计有待完善

小区配套幼儿园作为重要的公共教育资源，其规划建设本应纳入城镇公共设施建设规划，但目前顶层设计还不完善。一是控规相对缺失。根据《湖南省中小学校幼儿园规划建设条例》规定："县级以上人民政府应当加强本行政区域内幼儿园规划和建设工作，将其纳入国民经济和社会发展规划、土地利用总体规划和城乡规划；设区的市、县（市）人民政府规划部门应当会同教育部门组织编制幼儿园布局专项规划。"但目前全市小区配套幼儿园建设用地控规缺失，亦没有出台真正意义上的幼儿园建设专项规划，导致幼儿园建设用地等缺乏刚性保障。二是产权规定不清。目前，《物权法》没有对小区配套幼儿园产权归属进行明确，《国土建设用地使用权转让合同》亦没有对配套幼儿园进行产权界定，没有明确"幼儿园作为配套项目建成后无偿移交给政府"的条款，导致产权归属争议不断。业主认为，配套幼儿园建设已计入楼盘开发成本并在购房时分摊，其产权应该归全体业主所有。开发商则认为，幼儿园建设用地是通过国土出让方式获得，按照"谁投资谁受益"原则，产权和租金应该归开发商或者开发商委托的物业。产权不清导致小区配套幼儿园移交困难，甚至已有60所幼儿园产权（占已建成小区配套幼儿园总数的18.52%）被开发商转让（见表5），情况复杂，回收难度更大。三是具体细则滞后。比较突出的是，划拨用地缺乏细则，目前全市92%以上的小区配套幼儿园建设用地为出让取得，部分开发商要求退还出让地价后才可移交，但相关部门还没有制定小区配套幼儿园建设用地划拨的操作细则，导致新摘牌用地的楼盘配套幼儿园建设用地尚未完全执行划拨办法；分类管理不健全，根据新修订的《民办教育促进法》，须对民办幼儿园进行分类登记，并在税费优惠、用地、收费等方面实行差别化扶持，但目前全市还没有出台操作细则，一定程度上影响了民办普惠的积极性。

表5 长沙小区配套幼儿园权属情况统计

单位：所，%

区域\权属	已建成	已收回	回收占比	暂属开发商	已转让	集体所有或单位附属
芙蓉区	23	11	47.8	10	2	0
天心区	41	9	22.0	21	10	1
岳麓区	44	29	65.9	12	0	3
开福区	42	5	11.9	33	3	1
雨花区	58	10	17.2	43	4	1
高新区	17	8	47.1	4	5	0
望城区	32	0	0.0	28	4	0
长沙县	33	0	0.0	22	9	2
浏阳市	6	0	0.0	4	2	0
宁乡市	28	0	0.0	7	21	0
全市	324	72	22.2	184	60	8

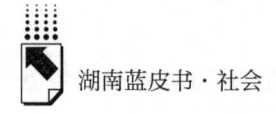

(3) 制度刚性执行不够

当前小区配套幼儿园建设办学存在瓶颈，与相关政策未能有效执行有很大关系。一是强制回收抓手欠缺。由于全市小区配套幼儿园建设用地基本为出让地，因此2014年1月23日起实施的长政发〔2013〕34号文件规定：对已建成并投入使用的小区配套幼儿园，区县（市）政府要分期分批协商回收，用于举办公办或普惠性民办幼儿园。规定中的"协商回收"不具有强制性，且按照"法不溯及既往"的法治原则，无法强制回收该文件实施之前已批的配套幼儿园。二是强制普惠难以实施。对于2014年1月23日之前批建的小区配套幼儿园，有的开发商不愿移交，声称将会办成普惠性民办幼儿园，但事后却没有落实相关政策要求。由于当前民办学校收费实行备案管理制度，因而教育部门不能采取收费审批办法强制其开办普惠性民办园。三是税费减免未执行到位。新修订的《民办教育促进法》对民办幼儿园税费减免做了明确规定，全市《关于城镇小区配套幼儿园建设用地划拨及产权移交的实施办法》也要求对配套幼儿园应按照相关政策给予相应税费减免（长政办函〔2014〕167号），但目前相关政策没有落实到位，制约了已建幼儿园的开办。

(4) 投入力度仍需加强

学前教育作为国民教育的重要组成部分，是重要的公共服务产品，促进学前教育公益普惠发展离不开强大的财政支持，而全市在学前教育方面的扶持力度还有待加强。一是资金投入不多。全市财政性学前教育投入增长幅度不大，其在教育总经费中的占比五年只提高1.98个百分点，占GDP的比重五年只提高0.033个百分点。2016年，长沙学前教育财政性投资为6.87亿元，占全市GDP的比重为0.074%，占教育总经费（财政性教育总投资159.79亿元）的4.3%，与先进城市有一定差距（见表6）。二是师资保障不优。当前幼儿教师待遇水平不高、社会保障相对欠缺，估算平均只有3万~4万元/人·年，很大程度上是学校自筹，导致幼师队伍的流动性很大，职业规划缺乏、系统培训不够、专业素养参差不齐，师资结构难以优化，影响了学前教育优质发展。三是运营补助不高。当前，全市普惠性民办幼儿园前期投入较大、运行成本较高而补助标准偏低。《长沙市人民政府关于进一步加快学前教育发展的补充意见》虽明确各级政府要设立专项补助资金用于支持普惠性民办幼儿园的发展,但远不能满足发展要求。据统计,长沙市年租金超过50万元的配套幼儿园就有70所,占已开办民办幼儿园的25.6%,运营成本最高已达112万元,但是条件最好的一级普惠性民办幼儿园每年补助一般为20余万元,且补助标准不一、方式单一,影响了民办幼儿园办普惠的积极性。

表6 长沙市财政性学前教育投入情况统计

单位:亿元,%

年份	GDP	教育总经费	学前教育投入	学前教育/GDP	教育总经费占比
2016	9250.00	159.79	6.87	0.074	4.30
2015	8510.13	148.04	3.66	0.043	2.47
2014	7824.81	127.44	2.48	0.032	1.95
2013	7153.13	121.56	2.95	0.041	2.43
2012	6399.91	112.90	2.62	0.041	2.32

三 加快小区配套幼儿园普惠发展的对策建议

加快小区配套幼儿园发展,应按照建设儿童友好型城市要求,有效化解小区配套幼儿园规划、建设、移交、开办、运营等过程中的突出问题,完善"广覆盖、保基本、多形式、有质量"的学前教育公共服务体系,让孩子们真正"有园上""好上园""上好园"。

对策一:着力完善顶层设计。进一步深化对幼儿教育基础性、普惠性作用的认识,坚持优先发展、超前发展,健全小区配套幼儿园发展的系列政策举措。一是制定小区配套幼儿园规划。按照《长沙市"十三五"教育事业发展规划》《长沙市第二期学前教育行动计划(2016~2020年)》《长沙市人民政府关于进一步加快学前教育发展的若干意见》,结合城市发展建设进程,坚持适度超前原则,出台小区配套幼儿园专项规划,保障配套幼儿园与新建住宅小区同步规划、同步建设、同步验收和同步交付使用。二是制订小区幼儿园移交接收行动计划。按照城市开发建设步伐，重点就集中连片新开发住宅小区配套建设的幼儿园制定出台接收规划，做到建设有规划、接收有计划。高度关注重点片区住宅小区的幼儿园配套建设，做到提前掌握建设进度、规划接收工作、铺开运营管理，确保建成一个、接收一个、投入运营一个。三是完善小区幼儿园配建移交政策。制定小区配套幼儿园建设用地划拨操作细则并在新出让用地中执行，将幼儿园配套建设和无偿移交作为强制性条件在土地招拍挂公告中公示，强化建设用地和移交制度保障。规划新建小区时，预留幼儿园配套建设用地，书面征求教育部门意见。同时，研究出台小区配建幼儿园回收具体办法，明确回收举措，强化执行刚性。对于开发商通过出让方式取得的幼儿园建设用地，无偿移交后原缴纳的土地价款可进行抵扣，小区配套幼儿园回收后由区县（市）教育部门作为产权人，住建、国土等部门协助办好产权登记和国土使用权证。

对策二：分类解决移交难题。针对因历史原因没有移交给当地教育主管部门的小区配套幼儿园，按照有关政策划分时间节点，出台具体办法举措，刚性执行移交办法，依法依规分类解决。一是对2010年11月21日国务院下发《关于当前发展学前教育的若干意见》之前审查总图的配套幼儿园，坚持尊重历史，由各区县（市）政府统筹协调相关职能部门及社区、小区业主委员会，根据办园条件，比照相应普惠性幼儿园收费标准，降低对小区业主子女的收费，并逐步实现普惠办园。二是对2010年11月21日至2014年1月23日已审查总图的配套幼儿园，采取配套幼儿园建筑面积不计入配套楼盘容积率等办法协商回收，由建设单位将配套幼儿园移交给当地教育部门，举办公办幼儿园或组织竞标举办普惠性民办幼儿园。难以协商收回的，采取提高财政补助标准、免费培训师资、实行居民用水用电价格等办法降低办园成本，同时引导建设单位减免租金，物业管理方降低或免除费用，办园方降低幼儿入园收费标准，确保在2020年前逐步办成普惠性民办幼儿园。三是对2014年1月23日审查总图之后的配套幼儿园，坚持按政策全部收回，举办公办或普惠性民办幼儿园。已签订移交协议的，由各区县（市）

政府在配套楼盘投入使用时举办公办幼儿园或普惠性民办幼儿园；未签订移交协议的，各区县（市）政府要及时与开发建设单位签订协议，竣工验收后收回。

对策三：坚决落实监管举措。将小区配套幼儿园工作纳入对各相关单位的绩效考评，由各级教育部门牵头，住建、国土、规划、财政、税务等部门参与，全面掌握全市重点小区配套幼儿园的建设单位、建成时间、占地面积、建筑面积、规划班数、是否移交、是否运营等情况，建立专门的数据库和管理台账，出台有针对性的办法举措，加强对住宅小区配套建设幼儿园的动态监督管理，确保配套幼儿园与住宅小区同步规划、立项、建设和竣工移交。一是对应建未建的，要督促限期开工建设，完成补建任务，并无偿移交区县（市）教育行政部门。如过期仍未完成建设任务或未按要求建设，规划部门不予办理该项目的建设工程规划许可证，建设部门不予办理该项目的建设工程规划许可证，国土部门不予办理该项目的土地证，房管部门不予办理该项目的售房许可和房屋产权证书，物价部门不予办理该项目的价格备案手续。对确不具备配套幼儿园建设条件、无法补建的住宅小区，由规划、教育、财政部门按应建规模和标准测算幼儿园建设费用，督促开发商如数缴纳，专门用于异地重建。二是对已建未交的，依法不予办理该住宅项目房屋出售手续，并将开发单位列入建筑开发不诚信单位名单，限制其进行土地竞买或禁止进入区域内建筑市场。对已经改变性质和用途的，由区县（市）政府限期收回，如拒不配合移交将由主管部门依法处理。三是对已交未用的，由各区县（市）政府组织进行清查和回收，回收后按幼儿园办园要求予以开放，方便小区适龄儿童就近入园。如擅自出售、转让、租赁和改变用途的，必须限期整改、依法严肃处理。

对策四：切实形成发展合力。有效调动各单位积极性、主动性，齐心协力推进小区配套幼儿园工作。一是有效拓展资金来源。建立稳定的学前教育经费增长机制。将幼儿园的无偿配建、无偿移交作为土地使用权拍卖的强制性条件予以执行，督促房地产开发企业优先落实幼儿园配建资金。完善普惠性民办幼儿园扶持办法，提高补助标准，采取"以奖代补"等形式，鼓励支持企事业单位、民间资本、街道社区等共建普惠性幼儿园。科学核定幼儿园运行成本，完善普惠性幼儿园生均财政拨款政策并逐步提高标准。二是优先保障建设需求。将配套幼儿园用地一并纳入新建居住区和旧城改造居住小区立项审批，符合划拨条件的按划拨方式供应。配套幼儿园建设涉及的行政事业性收费、政府性基金、建设报建费用和经营服务性收费等，按相关规定予以优惠。减免配套幼儿园移交税费、物业管理费，落实小区配套幼儿园用水用电用气优惠政策。按国家幼儿园建设规范建好幼儿园，并根据幼儿身心发展特点、学前教育规律、保教活动需求配齐配好各类保教设施。三是重点倾斜师资配备。增加幼儿园公办教师编制总额，形成补充机制，参照中小学教师招聘录用办法，每年面向社会公开招聘一批幼师充实师资力量。将幼儿教师培训纳入中小学教师继续教育规划，加强幼儿教师培养培训。提高幼儿教师待遇，确保幼儿园教师工资不低于辖区内小学教师工资水平，在评先评优、职务评聘、培训进修等方面与小学教师享受同等待遇。

对策五：有效规范管理运营。加强小区配套幼儿园的日常管理，提升服务运营品质，让适龄儿童都能就近入园、快乐成长。一是坚持集团化办园。发挥公办示范幼儿园的龙头带动、辐射引领作用，采取合作办园、举办分园、对口帮扶等集团化办园模式，鼓励公办示范幼儿园向小区配套幼儿园输送管理力量、优秀教师和办园经验等，实现人、财、物等要素代管办法，带动小区配套幼儿园加快发展、整体提升。二是坚持规范化办园。公办幼儿园要按照规定程序调整保育收费标准，普惠性民办园收费实行备案审批制度，严禁通过低收费恶性争抢生源。遵循幼儿的年龄特点和身心发展规律，科学制订并实施保教工作计划，坚决杜绝幼儿教育"小学化"倾向。高度重视、认真抓好幼儿园房屋、消防、饮食、卫生等安全工作，确保人身安全。切实抓好省、市级示范幼儿园评选工作，引领全市幼儿园规范化发展。三是坚持普惠化办园。完善办园成本合理分担机制，逐步形成由政府、企业和幼儿家长共同承担幼儿教育成本的模式。对于个别公办园比较集中的区域，通过减免租金、低价出租、专任教师补助、生均经费补助、设施添置补助等方式由政府购买服务，降低幼儿园运行成本、收费标准，向老百姓"让利"。

·精准脱贫·

B.29
湖南易地扶贫搬迁政策及其执行研究

许源源 熊瑛[*]

一 引言

易地扶贫搬迁是国家精准扶贫战略的重要组成部分，也是实现全面建成小康社会的重要举措。自2001年全国范围内组织实施易地扶贫搬迁工作以来，大量生活在环境恶劣地区的贫困农民被妥善搬迁安置，其住房、各类配套基础设施和公共服务设施都大为改善，成效明显。但易地扶贫搬迁工作仍然面临严峻挑战：一方面，待搬迁人口数量庞大、贫困程度更深；另一方面，政策实施过程中出现了诸多不容回避的问题。作为国家的重要政策实践，整个移民搬迁工作都离不开宏观政策的指导，但政策预期目标的实现受到政策内容和政策执行的影响，从这两个方面展开研究，能较为全面地把握易地扶贫搬迁工作。

湖南三面环山，地形以山地丘陵为主，东、西部分别有罗霄山区、武陵山区两大集中连片特困地区，生活在深山、高寒等地区的贫困人口数量较多，易地扶贫搬迁任务较为繁重。从政策及其执行过程视角展开分析，整体把握政策的落实情况，揭示其中的问题并找出优化路径，能为湖南易地扶贫搬迁政策的完善和调整提供切实可靠的依据，对推动湖南省新一轮易地扶贫搬迁工作的深入开展、加快脱贫攻坚进程有着重要意义。

---

[*] 许源源，中南大学公共管理学院教授、博士、博士生导师，研究方向为贫困治理、地方治理；
熊瑛，中南大学公共管理学院硕士研究生，研究方向为贫困治理。

二 文献述评

当前学界对易地扶贫搬迁政策的研究较为丰富。胡勇总结道,现有易地扶贫相关政策包括财政补助、土地分配、户籍管理、税费优惠、培训、投资、信贷和产业等多方面政策,较为全面①。王宏新等指出国家层面易地扶贫搬迁政策的演进特征是,从集中于民生保障和财政金融两方面发展到涵盖工程项目监管、管理体制、土地政策、扶贫搬迁机制创新等多个维度,整个政策体系在逐步发展完备,但也存在生态环境建设政策在资金投入、考核指标等方面约束力不强,组织实施主体不明确等问题②。郑瑞强等通过研究发现现行扶贫移民惠农政策多出自不同部门,且各政策在目的、性质、工作对象和手段及资金来源等方面存在差异,政策间存在衔接缝隙和对接落差,规模效应不强、整体功效较低③。李博、左停通过调研发现,扶贫移民政策制定时未充分考虑各地区的发展能力、经济水平,致使政策对贫困人口识别、管理不够精准,为此在政策制定完善过程中一方面要加强各制度之间的衔接、对接,保证政策的整体性;另一方面,要充分考虑到各个地区的特殊情况,制定有针对性、弹性的帮扶政策,并充分发挥地方在扶贫攻坚中的自主性④。

通过政策的执行可以详细考察易地扶贫搬迁工作的实际效果。有学者从组织扶贫移民的机构⑤、扶贫移民的过程⑥等方面分析扶贫移民政策执行情

---

① 胡勇:《进一步完善我国易地搬迁扶贫政策》,《宏观经济管理》2009年第1期。
② 王宏新、付甜、张文杰:《中国易地扶贫搬迁政策的演进特征——基于政策文本量化分析》,《国家行政学院学报》2017年第3期。
③ 郑瑞强、王英、张春美:《扶贫移民适应期生计风险、扶持资源承接与政策优化》,《华中农业大学学报》(社会科学版)2015年第4期。
④ 李博、左停:《遭遇搬迁:精准扶贫视角下扶贫移民搬迁政策执行逻辑的探讨——以陕南王村为例》,《中国农业大学学报》(社会科学版)2016年第2期。
⑤ 郑瑞强:《我国西部生态脆弱地区移民工作方式探讨——生态环境保护与扶贫双重目标的移民政策与实践》,《人民长江》2011年第5期。
⑥ 何得桂、党国英:《秦巴山集中连片特困地区大规模避灾移民搬迁政策效应提升研究——以陕南为例》,《西北人口》2015年第6期。

况，发现政策减贫效果明显。但何得桂等指出陕南地区易地扶贫搬迁中出现了"搬富不搬穷""见户不见人""四移四不移""背皮"搬迁等现象，削弱了政策公信力与预期效果。对此提出应不断提升政策的执行力①。郑瑞强等发现扶贫实践中受到扶贫服务主体单一且管控水平限制，扶贫政策出现异化②。陈坚指出，易地扶贫搬迁中执行人员能力不足、执行机构和职能部门沟通协调欠缺，导致贫困治理的不精准和碎片化，严重影响了工作效率，故应加强对政策执行人员的培训力度，并且建立多部门参与的扶贫联动机制③。

政策实践环境影响易地扶贫搬迁政策的实施效果。资金方面，学者们指出目前易地扶贫搬迁的国家专项补助资金仍偏低，地方财政困难的地区，配套资金难以落实，项目资金整合有难度，影响了搬迁工作的顺利开展④，因此建议多方筹资，并将以工代赈和整村推进等各项资金整合到易地扶贫搬迁工程中⑤。土地方面，白南生等认为可开垦荒地、荒山、农场、林场等为移民安置提供了土地资源⑥，但其开发成本较高，并且部分省存在土地安置缺口，长远来看还需探索无土等安置模式⑦。后续保障方面，当前仍然存在搬迁地区产业支撑和社会保障不足，就业渠道狭窄等问题，建议发挥市场、社会组织在易地扶贫搬迁中的作用与优势，通过发展"外部支持"、产业扶贫、社会扶贫形成合力，以解决经济、政治、社会等外部因素的制约⑧。

---

① 何得桂、党国英：《西部山区易地扶贫搬迁政策执行偏差研究——基于陕南的实地调查》，《国家行政学院学报》2015年第6期。
② 郑瑞强、徐元刚、施国庆：《连片特困区政府减贫行为供需对接障碍与机制优化》，《青海社会科学》2015年第3期。
③ 陈坚：《易地扶贫搬迁政策执行困境及对策——基于政策执行过程视角》，《探索》2017年第4期。
④ 郜晋亮：《异地扶贫搬迁究竟难在哪儿？——来自青海省的调查》，《农民日报》2014年。
⑤ 李爱宗：《易地扶贫搬迁与统筹城乡发展问题研究——以甘肃省定西市为例》，《河西学院学报》2016年第4期。
⑥ 白南生、卢迈：《中国农村扶贫开发移民：方法和经验》，《管理世界》2000年第3期。
⑦ 常艳：《西部地区易地扶贫搬迁的土地安置能力分析》，《经济问题探索》2008年第6期。
⑧ 何得桂、党国英、杨彦宝：《集中连片特困地区精准扶贫的结构性制约及超越——基于陕南移民搬迁的实证分析》，《江西行政学院学报》2016年第1期。

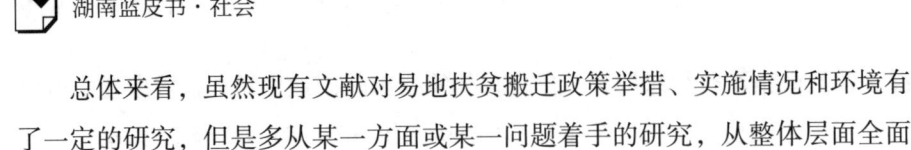

总体来看，虽然现有文献对易地扶贫搬迁政策举措、实施情况和环境有了一定的研究，但是多从某一方面或某一问题着手的研究，从整体层面全面深入研究易地扶贫搬迁的政策内容、政策实践主体、政策执行过程和政策执行环境的文献还较少，因而理解把握稍显碎片化。

三 湖南易地扶贫搬迁政策及其执行现状

易地扶贫搬迁工作离不开政策的指导，湖南省为贯彻落实习近平总书记对易地扶贫搬迁工作的重要指示，结合地方实际，构建了涉及省市县纵向链接和各省直部门横向覆盖的政策体系。省级层面，省委省政府和各省直部门认真领会中央精神，对有关政策文件内容逐一分解细化，研究起草了包括总体规划、实施措施、保障措施等多层面的政策体系。总体规划方面，出台了《湖南省"十三五"时期易地扶贫搬迁实施意见》作为现阶段工作的行动纲领，明确了现阶段主要工作目标、工作内容和要求；实施措施方面，出台了对象确认、对象核实、安置模式、资金管理、项目管理、组织建设等多个内容的政策；保障措施方面，出台了包括问题整改、审批程序简化、安全管理、土地支持、税收优惠、技术引导等内容的政策文件。市级层面，各市级政府在组织工作时会对相关政策做进一步细化、再界定和调整，如永州市在贯彻落实中央和省级意见方针政策的基础上，结合本地实际情况，进一步制定了市级的易地扶贫搬迁总体规划、产业扶持、产业发展和社会保障兜底等政策。

湖南省易地扶贫搬迁包含着多元的行动者，在纵向各级政府层面，主要按照"中央统筹、省负总责、市州组织、县抓落实"的管理体制[①]，省政府负责宏观政策的出台与指导，市州人民政府负责组织工作，县人民政府负责工程实施。各地建立了易地扶贫搬迁联席会议制度、易地扶贫搬迁工作领导小组、易地扶贫搬迁专项督查组，负责易地扶贫搬迁工程的统筹协调和具体

---

① 《湖南省"十三五"时期易地扶贫搬迁实施意见》，湖南省发展和改革委员会网站，http://fgw.hunan.gov.cn/ztzl/ydfp/201604/t20160401_3000299.html。

指挥。在横向同级别政府部门层面，发改委、扶贫办、财政厅（局）、国土资源厅（局）、住房和城乡建设厅（局）、林业厅（局）、民政厅（局）、人力资源和社会保障厅（局）等政府部门明确分工、各负其责，落实易地扶贫搬迁工程实施的相关工作，实现了部门合作与资源整合，确保了易地扶贫搬迁工程的顺利实施。湖南省还积极引导市场、社会组织等主体参与易地扶贫工作，2016年制订了《引导"三社"力量参与精准扶贫实施方案》《"万企帮万村"精准扶贫行动实施方案》等政策文件，动员社会组织、社区、社会工作专业人才、民营企业参与精准扶贫行动①。除此之外，农村各级党组织、第一书记、驻村扶贫工作队、驻村干部等也参与到工作中，发挥了重要的作用。

政策实践环境方面，自坚决打赢扶贫攻坚战和全面建成小康社会等目标提出以来，党中央、国务院对易地扶贫搬迁工作的重视程度和投入力度都前所未有。《全国"十三五"易地扶贫搬迁规划》为湖南易地扶贫搬迁工作提供了统筹指导，国开行和农发行为湖南省提供低成本长期贷款282亿元，注入专项建设资金筹措118亿元，中央财政支持64亿元②。经济方面，湖南省2017年度经济增速平稳且稳中向好，民生支出同比增长11.8%，扶贫支出增长20.9%，为扶贫工作打下了良好基础③。但湖南省贫困地区经济总量不大，贫困县县级财力普遍薄弱，基本公共服务供给能力不足，基础设施瓶颈制约依然明显，再加上产业结构比较单一、发展活力不强，贫困村产业培育难度较大，2018~2019年需实施易地搬迁脱贫的深度贫困群众还有近21万人，既面临资金、土地等制约，又面临生产、就业等发展难题④。在少数民族地区推进易地扶贫搬迁工作时，还需处理民族

---

① 《湖南省推进"三社"力量参与精准扶贫工作》，湖南省人民政府扶贫办网站：http://hnsfpb.hunan.gov.cn/xxgk_71121/gzdt/fpyw/201606/t20160602_3066306.html。
② 《湖南省易地扶贫搬迁工作简报第2期》，湖南省发展和改革委员会网站：http://www.hnfgw.gov.cn/ztzl/ydfp/201603/t20160328_2989085.html。
③ 《2017年湖南经济发展回顾及2018年展望》，湖南省人民政府网站：http://www.hunan.gov.cn/zfsj/sjfx/201801/t20180123_4930913.html。
④ 《湖南省"十三五"脱贫攻坚规划》，湖南省人民政府网站：http://www.hunan.gov.cn/szf/hnzb/2017/2017nd8q/szfwj_98627/201705/t20170503_4701407.html。

习俗、社会文化适应、少数民族区域发展等问题，易地扶贫搬迁工作仍十分艰巨。

易地扶贫搬迁政策执行方面，湖南省"十二五"期间完成了4.9万人的易地搬迁任务。"十三五"时期湖南易地扶贫搬迁规划完成72万左右人口搬迁任务，其中2016年已搬迁16万人，2017年计划搬迁28万人，实际已搬迁35万人[1]。全年建成住房9.4万套，住房建成率99.3%，已搬迁入住34万人，搬迁入住率达97.4%，较好地完成了搬迁年度目标任务[2]。各地在政策实践过程中进行大胆探索创新，如江华瑶族自治县，在易地扶贫搬迁工程实施中大胆整合项目资金推进工程建设、利用国家金融债券平台筹措易地扶贫搬迁建设资金，实行政府购买服务，得到国家发改委稽查组的肯定[3]。

四 湖南易地扶贫搬迁政策及其执行存在的问题

尽管湖南省出台了易地扶贫搬迁实施方案和相关政策措施，并且通过已开展的水库特困移民、地质灾害搬迁避让、自然保护区生态移民等工作积累了许多可借鉴经验，但当前易地扶贫搬迁政策及其执行工作中仍存在一些不容忽视的问题。

（一）相关配套政策不完备制约易地扶贫搬迁效果

易地扶贫搬迁是包含多个利益相关者，涉及政治、经济、社会、文化、生态等多方面的复杂系统工程。对易地扶贫搬迁工程而言，搬迁只是手段，

---

[1]《湖南2018年将完成"十三五"易地扶贫搬迁任务》，华声在线：http://hunan.voc.com.cn/article/201802/201802251809291604002.html。

[2]《2018年湖南计划易地扶贫搬迁21万人》，红网：http://hn.rednet.cn/c/2018/02/25/4561727.htm。

[3]《国家发改委深入江华开展易地扶贫搬迁专项稽查》，江华瑶族自治县人民政府网：http://www.jh.gov.cn/dzgk/zdlyxxgk/ggzypz/zdcq/a5d9f690_2e0a_4804_aa3b_e4271e39c87f.html。

脱贫致富才是目的，因此，理想完备的政策除了涵盖搬迁安置政策，还应该包括后续产业扶持、财政金融、民生保障、生态环境恢复等政策内容。湖南省从2009年启动易地扶贫搬迁试点工作以来，已相继出台多层面多维度政策法规，探索形成了多种移民安置模式，搬迁安置工作取得积极成效，但也存在相关配套政策不完备的问题。近年来，湖南省出台了《关于做好2017年湘西地区易地扶贫搬迁后续产业及就业扶持项目申报工作的通知》，开创了"四跟四走"产业扶贫模式，为易地扶贫搬迁后续产业发展提供了支持，但就搬迁后续产业扶持和就业发展问题，怎样帮助搬迁户就业以及如何发展生产来致富，省级层面尚未出台政策；易地扶贫搬迁移民留下的特色旧建筑，拆迁与否的标准、不拆建筑如何保留修缮等也未出台文件指导；还有易地扶贫搬迁工作中存在的非建档立卡人口同步搬迁、迁出地生态环境恢复以及市场和社会组织参与易地扶贫等方面也尚未出台具体政策。这些内容都是关乎环境恶劣地区居民能否搬迁、发展、脱贫致富的重要内容，也是影响整个易地扶贫政策体系作用发挥的重要因素，应出台相关政策。

（二）政策主体能力不足导致政策执行出现偏差

目前湖南省易地扶贫搬迁中存在主体能力不足、各主体间协同欠缺的问题，制约着政策的正常执行。主体能力不足主要表现为：一是部分扶贫机构和扶贫干部对政策认识理解不透彻，缺少实施管理经验和长远规划思维，在安置区选址时缺乏科学统筹规划，导致部分安置区布局不合理、区位条件较差、基础设施建设不完善，以致农民不愿入住或进行反迁。二是部分地区扶贫干部工作消极被动，畏难思想严重。目前，一些扶贫干部认为搬迁脱贫工作量太繁重，对在规定时间内完成搬迁脱贫任务缺乏足够的信心。三是存在干部滥用权力、违规操作等问题。某些县在实际安置过程中为了简化工作，全部进行分散安置，而分散安置土地通常较难收回，导致无法将土地整合使用形成良性运转；少数县因一人户、两人户住房建设难，超出规定面积标准建设房屋进行安置或是采取不安置态度。花垣县、慈利县、辰溪县、衡南县、湘阴县、攸县、回龙圩管理区在易地扶贫搬迁中，存在搬迁对象不精准、分散安置比例高、建房选址不科学、住房面积把握不严等突出问题，被通报①。协同欠缺表现为，一方面，湖南省重视易地扶贫搬迁工作中不同政府部门之间的协调合作，建立起了易地扶贫搬迁联席会议制度，以统筹协调相关工作，但在实际政策执行过程中，大部分工作仍由各职能部门领导进行管理协调，严重影响工作效率。另一方面，易地扶贫搬迁中政府、市场、社会组织等主体的合作仍停留在初始阶段，缺少纵向深度合作，无法撬动更多的扶贫资源注入易地扶贫搬迁中，降低了扶贫资源的传递与对接效率②。

（三）搬迁对象积极性不高影响扶贫搬迁工作推进

史密斯认为，政策作用群体的组织化制度化程度、自身发展能力以及对政策的了解认知、参与程度都影响着政策执行效果③。贫困农民作为易地扶贫搬迁政策的作用对象，在易地扶贫搬迁实践中的地位十分重要。在湖南省易地扶贫搬迁工作中，贫困群众搬迁和脱贫的积极性仍然不高。由于搬迁群众大多生活在边远落后、交通不便且自然环境恶劣的地区，加上教育缺乏和文化层次低，一部分群众观念守旧行动保守，还抱有"金窝银窝不如自己的狗窝""穷死不搬家"等落后观念，不愿意搬迁或只愿就近搬迁。有些群众搬迁时不愿拆迁老房子，希望将老房子留下用来放置农业生产工具或是等以后迁回原地时居住。搬迁完成后，部分移民对新的思想观念接受能力弱，主动摆脱贫困的动力和信心不足，依赖于政府帮扶，"等、靠、要"思想严重；部分移民受教育程度低、掌握现代农业技术水平差、非农就业能力有限，无法把握脱贫发展机会。永州市易地扶贫搬迁后续产业发展调研组抽样

---

① 《易地扶贫搬迁不实湖南 7 县区负责人被约谈》，见红网：http://hn.rednet.cn/c/2018/02/07/4550912.htm。
② 叶青、苏海：《政策实践与资本重置：贵州易地扶贫搬迁的经验表达》，《中国农业大学学报》（社会科学版）2016 年第 5 期。
③ Smith T. B. The policy implementation process. Policy Sciences, 1973, 4 (2): 197–209.

调查发现，迁出区搬迁群众人均受教育年限偏低，低于全省 8.5 年的平均受教育年限。有的县存在村落自新中国成立以来，全村没有走出一个大学生，没有一个国家干部[①]。这些移民素质整体偏低的村落，缺乏综合开发能力，对于后续扶贫项目的利用和发展思路较为单一，不能很好推行国家扶贫开发项目[②]，使得政策脱贫效果大打折扣。

（四）政策实践环境复杂导致政策执行质量下降

政策实践环境是影响政策有效落实的基础因素之一，与政策执行行为相互影响、相互制约。湖南省作为全国贫困面较广、贫困程度较深的省份之一，易地扶贫搬迁政策实践环境较为复杂。就自然环境而言，湖南山地丘陵占全省土地面积的三分之二，贫困人口多集中于这些偏远深山地区，其自然条件恶劣、基础设施建设滞后，道路交通闭塞，易地扶贫搬迁工作开展难度大、成本高；就经济环境而言，湖南省部分县区（主要为面上县）获得的财政专项扶贫资金支持力度较少，无法享受财政涉农资金统筹整合政策、土地增减挂钩指标也无法在省域范围内流转使用，其易地扶贫搬迁及后续产业发展面临资金困难。就社会环境而言，当前农村易地扶贫搬迁工作开展仍受农村熟人社会人情关系、"不患寡而患不均"思想、村级民主不健全等乡土逻辑和环境因素影响，导致易地扶贫搬迁中出现的优亲厚友、乡村精英俘获、非贫困户信访等现象，如湖南省永州市东安县、江永县等地区存在多起违规将不符合条件的亲属纳入易地搬迁新增户，以获得易地扶贫搬迁补助款等优亲厚友的问题[③]。农村贫困治理仍存在"内卷化"问题，降低了易地扶贫搬迁政策的精准度。就政治环境而言，湖南省待搬迁贫困人口数量多，致贫原因复杂，但时间紧迫，易地扶贫搬迁任务十分繁重。扶贫脱贫政治压力

---

① 市易地扶贫搬迁后续产业发展调研组：《永州市易地扶贫搬迁后续产业发展调查报告》2017 年。
② 王玉玲：《大石山区易地扶贫搬迁精准脱贫的实践与思考——以黔西南州为例》，《产业与科技论坛》2016 年第 22 期。
③ 《永州通报 4 起易地扶贫搬迁领域违纪典型案例》，红网：http://hn.rednet.cn/c/2017/11/13/4473000.htm。

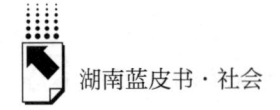

大，扶贫干部常常处于高压状态，一些领导干部担心完不成任务，影响其升迁考核，在扶贫攻坚的过程中采取策略主义方式完成移民扶贫搬迁任务[①]，导致易地扶贫搬迁政策实践质量下降。

五 完善湖南易地扶贫搬迁政策及其执行的建议

易地扶贫搬迁政策及其执行困境由多方面原因造成，非一朝一夕能解决，需多方力量寻找问题的关键和突破口，逐步进行解决。

（一）积极完善易地扶贫搬迁政策体系

易地扶贫搬迁是一项复杂的系统工程，政策性强，搬迁只是形式和手段，最终目的是解决搬迁后的脱贫、后续发展以及带动就业持续发展的问题[②]，因此各地区各部门不仅要科学编制、实施易地扶贫搬迁规划，还需要制定完善搬迁后续扶持政策[③]。目前，湖南省针对易地扶贫搬迁工作制定了涉及对象确认、搬迁安置、资金管理、土地整治等多方面政策措施，但仍不全面，没有涵盖预防性、救济性和开发性等多层面内容。就现阶段来说，首先应完善易地搬迁政策体系，对易地搬迁中的产业扶持、技能培训、同步搬迁、生态环境建设、医疗卫生、教育等问题给予更多关注，丰富政策类型和内容，保障各地区易地扶贫工作的有效开展，通过政策体系的完善做到提前预防贫困、努力减少贫困和持续防止返贫相结合。其次，由于政策制定过程中的信息不充分、不对称等问题，政策很难将所有问题和内容考虑周全，所以易地扶贫搬迁政策本身的内在限制性，是政策制定执行过程中的普遍性问题。湖南省可以通过构建易地扶贫搬迁相关政策的跟踪反馈机制，从政策的

---

① 周冬梅：《中国贫困治理三十年：价值、行动与困境——基于政策文本的分析》，《青海社会科学》2017年第6期。
② 曹煦：《政策支撑——让扶贫政策更加精准》，《中国经济周刊》2016年第40期。
③ 《全国"十三五"易地扶贫搬迁规划》，国家发展改革委网站：http：//www.ndrc.gov.cn/zcfb/zcfbtz/201610/W020161031494556658763.pdf。

全面性、适应性、稳定性、协调性、合理性、可操作性、回应性等方面，对易地扶贫搬迁政策执行前后进行分析和比较，全面了解和掌握政策的实践情况，将相应的重要信息反馈到政策修订和完善的过程中，保障易地扶贫政策体系的完整[①]。

（二）全面提高各类主体的能力

我国现阶段已经形成政府主导的多元参与的大扶贫格局。但在易地扶贫搬迁工作中，企业、社会组织等力量还较薄弱、参与较少，有必要充分提升各类主体的能力，开创易地扶贫搬迁工作的新局面。第一，需要加强扶贫干部队伍建设和思想能力建设。广大扶贫干部处于扶贫工作第一线，其队伍建设、思想道德、法律意识、专业能力情况等都影响到易地扶贫搬迁政策的实施效果，加强干部队伍建设和道德观念教育，严格干部群体管理，有助于防止其道德理想迷失；需制定出台奖惩激励措施，提高干部扶贫工作积极性，以促使应付式扶贫向主动式扶贫的转变；针对相关人员工作特点和岗位要求，加强扶贫政策、规划编制、项目建设、资金管理、土地管理等知识的培训，有效提高扶贫干部工作能力[②]。第二，推进各级政府和相关部门的沟通合作。纵向上，动态整合省、市、县、乡（镇）各级政府在易地扶贫工作中的功能与作用，扩大乡镇政府的自主权；横向上，进一步强化部门之间的协调配合，充分利用各部门的扶贫资源，实现资源的优化配置，使政府内部贫困治理绩效最大化[③]。第三，积极引导企业、社会组织参与易地扶贫。搭建扶贫信息平台，建立易地扶贫搬迁多元主体协同合作机制，为企业和社会组织等主体进驻扶贫工作队伍提供信息和平台保障。

[①] 陈坚：《易地扶贫搬迁政策执行困境及对策——基于政策执行过程视角》，《探索》2017年第4期。
[②] 《加强干部培训服务扶贫攻坚》，http://epaper.gansudaily.com.cn/gsrb/html/2014-12/29/content_231852.htm。
[③] 丁辉侠、郭康：《精准扶贫的合作治理绩效评估与改进对策——基于对河南省D市的调查》，《行政科学论坛》2017年第5期。

（三）充分激发移民脱贫发展的内生动力

在扶贫过程中，政府、社会组织、企业等主体提供的各类帮扶都只是外在动力，贫困农户自身的脱贫意愿才是内生动力，是其脱贫致富的根本。只依靠政府等外界力量进行资源投入，不注重与贫困农户内生力量进行对接，扶贫工作很难达到预期效果[①]。因此，要提高易地扶贫搬迁政策的实施效率，必须提高贫困农户的发展能力，不断激发贫困农户的内生动力。一方面，需进行思想和精神扶贫。加强贫困地区县乡级文化馆、图书馆、综合文化服务中心等平台的建设，为乡村地区思想扶贫提供外部环境和硬件设施，提升乡镇思想扶贫推广能力；宣传推广易地扶贫搬迁脱贫事迹、先进典型、经验成果等内容，通过熏陶影响从而促进贫困农民思想意识转变[②]；采取各种形式的结对帮扶，与贫困群众进行面对面的交流沟通，在了解其思想状况的基础上，有针对性地提供思想引导；另一方面，需提升移民发展能力。需结合搬迁贫困群众的自身能力特点、当地自然生态环境情况和企业劳动力需求类型等内容，合理制定有针对性的后续发展措施，从企业、高校、科研院所等聘请专业人员对搬迁群众进行各类技能培训，提高移民群众的劳动技能和生存能力，切实增强贫困群众的脱贫致富能力。此外，还应加强教育扶持。为贫困移民子女提供政策资助，保证适龄儿童入学率，不断提升移民区教学质量，进行有效的教育培训，提升移民下一代的综合素质，防止贫困代际传递。

（四）不断优化政策实施环境

政策实施效果的提升离不开政策实施环境的优化。优化易地扶贫搬迁政策实施环境，一是要加大政策宣传和信息公开力度。要充分利用报刊、电视、网络等新闻媒体，乡镇综合文化站、综合文化服务中心等平台对易地扶

---

① 徐志明：《贫困农户内生动力不足与扶贫政策绩效——基于江苏省342个贫困农户的实证分析》，《农业经济》2013年第1期。
② 冀建峰：《论精准扶贫中的"思想扶贫"》，http://kns.cnki.net/kcms/detail/14.1305.C.20180210.1324.010.html。

贫搬迁政策进行宣传；建立"项目公示制"，对搬迁原则、对象筛选、项目建设标准、资金账目等信息进行公开发布、阳光操作[1]，营造公开透明的易地扶贫搬迁工作环境，让老百姓看得明明白白，从而提升搬迁群众对扶贫搬迁工作的认同度、支持度。二是要建立健全移民需求表达平台。让贫困移民可以通过电话、微信、书信等各种渠道理性表达自己的想法、意愿和需求，并以此作为需要提供的产品、服务、数量以及提供的方式等的前提和参考，减少执行过程中不必要的误解和摩擦，从而使得沟通更顺畅和高效，同时也有利于贫困群众内生动力的激发[2]。三是要完善易地扶贫搬迁工作成效考核机制，切实抓好各级各部门的政策、责任、措施落实。充分发挥第三方机构的独立评估作用，改变单一追求搬迁效率的考核观念，将易地扶贫搬迁项目招投标、资金使用、住房建设质量、建档立卡户负债、移民脱贫、有无违法乱纪行为等内容纳入考核范围，严格进行评估考核，发现问题及时处理，确保易地扶贫搬迁政策有效落地、搬迁贫困群众真正受益。

六 小结

易地扶贫搬迁既是我国新时代脱贫攻坚的重要组成部分，又是一项有着自身体系的系统工程。湖南是移民大省，也存在着大量的贫困地区，易地扶贫搬迁工作能够从根本上促使环境恶劣地区的贫困农民摆脱贫困。这项利国利民的工程离不开政策的指导，更离不开各级各类组织和人员的执行和参与。政策虽然具有前瞻性，但实际情况总在不断变化，因此执行显得尤其重要。在保持政策前瞻性和弹性的基础上，科学拟定政策制定的各个环节，严格落实执行中的各项要求，及时反馈实施中的相关问题，充分调动政府（部门）、企业、社会组织和农民的积极性和主动性，形成科学决策—依法执行—民主参与的政策制定及执行体系，是保证湖南省易地扶贫搬迁工程顺利实施的关键。

---

[1] 李汀：《易地扶贫搬迁开发的实践与探索——以四川省苍溪县为例》，《当代县域经济》2016年第5期。

[2] 李丹：《精准扶贫视域下地方政府政策执行研究》，甘肃农业大学硕士学位论文，2017。

B.30
湖南产业扶贫现状分析及对策研究

周　旋*

党的十九大报告明确指出："坚决打赢脱贫攻坚战。重点攻克深度贫困地区脱贫任务，解决区域性整体贫困，做到脱真贫、真脱贫。"[①] 2018年，是湖南决胜全面小康、打赢脱贫攻坚战进入"啃硬骨头、攻坚拔寨"的冲刺期。如何真脱贫、脱真贫？发展产业扶贫是脱贫攻坚的重中之重。

一　湖南产业扶贫取得的成就

习近平总书记指出，"发展产业是实现脱贫的根本之策。要因地制宜，把培育产业作为推动脱贫攻坚的根本出路。"目前，全国乃至全省精准扶贫的主导模式已由最开始的救济式扶贫模式、中期的设施扶贫模式逐步转向产业扶贫模式。产业扶贫不仅为贫困户拓宽了增收的渠道，增强了贫困户自主脱贫的内生动力，同时也是共享发展的稳定源，是共同富裕的实践载体。2014~2016年，湖南省脱贫352万人，其中162万建档立卡贫困人口通过产业扶贫实现脱贫，占脱贫人口的近一半。开创了产业扶贫的"湖南模式"，主要体现在以下四个方面。

（一）创新模式，迈出精准脱贫新步伐

近年来，在习近平总书记扶贫开发战略新思想指引下，湖南倾全省之力，

---

* 周旋，中共衡阳市委党校讲师。
① 习近平：《决胜全面建成小康社会　夺取新时代中国特色社会主义伟大胜利》，人民出版社，2017，第47页。

吹响脱贫攻坚号角,不断探索产业扶贫新路径新模式新办法,走出了一条打赢脱贫攻坚战的坚实道路。2014年4月,在总结试点经验的基础上,湖南率先提出"资金跟着穷人走、穷人跟着能人走、能人跟着产业项目走、产业项目跟着市场走"的产业精准扶贫思路。2016年3月8日,习近平总书记在参加十二届全国人大四次会议湖南代表团审议时,对湖南探索的产业扶贫"四跟四走"模式予以高度肯定。2016年9月,该模式在全国产业精准扶贫现场观摩会上,成为"湖南样板"。2017年3月31日,湖南省人民政府出台印发《湖南省"十三五"脱贫攻坚规划》的通知。通知提出,坚持"四跟四走"精准扶贫模式,支持1万个新型农业经营主体发展产业,帮助每个贫困户至少掌握1~2项使用技术,力争6924个贫困村有特色产业基地,260万贫困人口实现脱贫,是湖南省"十三五"产业脱贫攻坚工程的"施工图"。

(二)制定政策,健全产业扶贫新体系

2017年,在精准扶贫战略的引领下,湖南制定了切实可行的地方性法规,健全了发展产业扶贫政策体系。湖南省委、省政府出台《湖南省以精细农业为特色的优质农副产品供应基地建设规划》《湖南省产业精准扶贫规划》和特色产业项目等一系列政策,因地制宜发展贫困人口参与度高的区域特色产业[1]。针对省内两个全国性深度贫困地区的特殊地理环境和资源,制定了《武陵山片区区域发展与扶贫攻坚规划(2011~2020年)》,《罗霄山片区区域发展与扶贫攻坚规划(2011~2020年)》,内容涉及方方面面,其中对于产业扶贫项目也是提出了具体指导意见。湖南省扶贫开发办公室与湖南省旅游发展委员会联合印发《2017年度乡村旅游扶贫工作方案》,省级投入财政扶贫专项资金3000万元,选择30个县,每县选择一个贫困村作为乡村旅游扶贫示范项目[2]。湖南省农委编制了《关于进一步加强产业扶贫的指导意见》,依托现代农业发展和科技兴农两大工程,引导新型经营主体主

---

[1] 《"五个一批"脱贫攻坚综述:产业扶贫斩断穷根》,人民网,2018年1月5日。
[2] 《湖南公布30个乡村旅游扶贫项目县》,大湘网,2017年3月30日。

动参与产业扶贫，强化与贫困人口增收对接。湖南省扶贫开发办为了方便广大干部群众掌握精准扶贫基本知识、了解脱贫攻坚各项惠民政策，编写了《脱贫攻坚工作手册》和《脱贫攻坚到户政策口袋书》，其中包括产业扶贫的政策解读，具有现实指导性，十分接地气。

（三）多措并举，形成产业脱贫新格局

2017年，湖南坚持"四跟四走"，安排5亿元升级财政专项扶贫资金，发展产业扶贫，重点发展种养业、农村一、二、三产融合和特色农产品加工，有序推进重点产业项目建设。大力发展全域旅游，打造武陵山、罗霄山连片特困地区的13条精品旅游路线，创建和推广一批旅游扶贫示范县和旅游扶贫村。助推农村电商服务中心在全省贫困县全覆盖，建设1500家村镇电商服务站。

1. 特色种养产业格局初步形成

湖南省各贫困地区结合自身的资源禀赋和产业发展特点，形成了以油茶、烟叶、中药材、黄桃、猕猴桃、黑茶等具有国家地理标志的特色贫困地区发展区域性种植业。同时，在20个贫困县进行特色产业扶贫创新试点项目（见表1）。以特色种养业为主导的产业格局已逐步形成，有些地区还形成了区域特色产业集群。例如，安化黑茶已成为雪峰山脉北部地区品牌最响、带动能力最强、综合效益最高的脱贫致富产业，2016年全县茶园面积31万亩，实现茶叶产量6.5万吨，综合产值125亿元，税收2亿多元。目前，安化黑茶全县茶产业及关联行业从业人员35万多人，带动贫困人口6.7万人。湘西州立足"精准扶贫"，大力发展以湘西黑猪为主的特色生猪产业，成为全州养殖业生产脱贫的第一支柱产业和最佳载体。2017年，永顺县共投入湘西黑猪产业扶贫项目资金397.95万元，17个乡镇的44个贫困村的2110户贫困户共养殖湘西黑猪5685头，每个建档立卡户饲养一头湘西黑猪享受700元奖励，帮助贫困户实现增收600余万元[①]。

---

① 《"湘西黑猪"——精准扶贫的品牌选择》，湖南省畜牧水产局，2018年2月2日。

表1　2017年贫困县进行特色产业扶贫创新试点项目

分市州	贫困县进行特色产业扶贫创新试点项目
株洲市	茶陵县(脐橙)炎陵县(油茶)
衡阳市	祁东县(蔬菜)
邵阳市	隆回县(金银花)、洞口县(油茶)、新邵县(常春藤)
岳阳市	平江县(黄栀子)
张家界市	永定区(猕猴桃等)
郴州市	桂东县(苗木)
永州市	双牌县(猕猴桃)、宁远县(葛根)
怀化市	鹤城区(休闲农业)、芷江县(鸭)、洪江市(蓝莓)、沅陵县(茶叶)、中方县(葡萄)、新晃县(黄牛)
娄底市	涟源市(蔬菜)、双峰县(蛋白桑)
自治州	花垣县(茶叶)

资料来源：湖南省林业厅。

2. 生态旅游精品线路已全线覆盖深度贫困地区

湖南按照"一年打基础、三年有突破、五年见实效"的要求，到2020年，建成武陵山、罗霄山连片特困地区13条文化生态旅游精品线路（见表2），沿线覆盖51个贫困县，包括531个旅游扶贫重点村，预期通过旅游产

表2　武陵山、罗霄山连片特困地区13条文化生态旅游精品线路

土家探源:	永顺—古丈—龙山—保靖
神秘苗乡:	花垣—吉首—保靖—古丈—泸溪—凤凰—麻阳
古城商道:	洞口—洪江(区)—洪江(市)—鹤城—中方—芷江—新晃
侗苗风情:	洪江(区)—会同—靖州—通道
生态丹霞:	新宁—武冈—城步—绥宁—通道
沅澧山水:	永定—沅陵—常德市
湘军寻古:	双峰—娄星—涟源—北塔—双清—大祥—邵阳(县)—新邵—邵东—隆回—洞口
神韵梅山:	安化—新化—冷水江—隆回—溆浦—辰溪
世外桃源:	桃源—石门—澧县—鼎城—武陵源
峰林峡谷:	武陵源—慈利
武陵民俗:	武陵源—桑植—永定
瑶家古风:	宁远县—江永县—江华瑶族自治县
神奇湘东:	岳阳平江县—长沙浏阳市—株洲醴陵市—攸县—茶陵县—炎陵县—郴州安仁县—桂东县—汝城县—宜章县

资料来源：湖南省扶贫办。

285

业助推深度贫困地区脱贫致富，实现全省1000个以上的建档立卡贫困村出列。2017年，全省有资源的旅游县市区依托"旅游+扶贫"模式，大力发展旅游产业脱贫模式。以衡阳南岳为例，依托地域优势和旅游资源，打造"旅游+扶贫"的南岳样本，将全域旅游与精准扶贫深度融合，1809名建档立卡贫困户实现稳定脱贫，贫困发生率降至2%以下。

3. 电商扶贫已进入"造血"时代

产业扶贫，好的产品还需要畅通的销售渠道。为防止好产品烂在深山里，2017年湖南在全国首创线上线下相结合的"电商扶贫特产专区"，25个贫困县成功申报成为全国电子商务进农村综合示范县，电子商务交易额达600亿元以上[①]。

4. "光伏扶贫"全面实施

5年来，2556个贫困村启动光伏扶贫工程，总装机24万千瓦，每村年均可增收4万元以上，为精准脱贫贡献了重要力量[②]。

5. 金融扶贫模式创新已初步显现

发展产业，金融是"血液"。2017年，湖南进一步明确财政专项扶贫资金的使用规定，将60%以上用于产业扶贫，其中的70%又精准到户支持建档立卡贫困户发展生产。再则，湖南提质扩面金融扶贫，新增扶贫小额贷款70亿元，帮助17.8万名贫困农户解决产业发展资金难题；由湖南省财政安排风险补偿金，全年通过开展"财银保"试点发放扶贫产业贷款共120笔，贷款金额1亿元。金融在脱贫中的撬动作用显现。

（四）加大培训，催生百姓脱贫新动力

发展产业，技术是关键。是激发贫困地区和贫困户的内生动力。2017年，湖南省级农业科研院校所，组织586名专家组建51个专家服务团队，在51个贫困县开展定点定人、对口科技服务。湖南还形成了"科技人才撬

[①] 《"五个一批"脱贫攻坚综述：产业扶贫斩断穷根》，人民网，2018年1月5日。
[②] 《富饶美丽幸福新湖南"政"在进行中》，摘自《五年政府工作集锦（2013~2017年）》。

动、科技项目支撑、特色产业带动"的科技精准扶贫模式。帮助贫困对象解决技术难题，筛选并推广最适合贫困户的种养模式及主导品种、主推技术，实施"一对一"的技术帮扶。5年累计选派1.3万人次科技人才深入扶贫一线，引进推广新技术1033项，新品种1128个，培训农民118万人次。

二 湖南发展产业扶贫面临的困境

党的十八大以来，党中央高度重视扶贫攻坚工作，全省上下也形成浓厚的扶贫攻坚工作氛围。但成绩和问题并行，产业扶贫的发展瓶颈依然存在。

（一）各方帮扶力度不够

国以民为天，民以业为富，产业兴，则民富。虽然现在各级党委政府将产业扶贫工作作为脱贫攻坚的重点工程，但各方帮扶的合力还需进一步加强。

1. 扶贫队伍力量弱

从县市层面看，虽然扶贫办不断在"招兵买马"充实队伍，但是由于每个人要分管多项工作，精准识别和精准脱贫又有多项指标考核体系，因此会出现流于形式，忙于做"数据扶贫""资料扶贫"，疲于应付上级检查和各种会议，造成了工作的实效性和针对性不强。从乡镇层面看，由于对应上级条线工作多，任务重，缺少专职专业的扶贫人员，临时抽调的一些基层工作人员对政策不熟悉，业务水平和工作的执行力亟待提高。从村一级看，部分贫困村"两委"班子引领贫困户发展产业脱贫的意识不强、欠缺市场灵敏度和专业技术，因此集体经济薄弱。甚至有一部分村干部缺乏牺牲奉献精神，有好的产业扶贫项目，带领亲戚和关系户参与，而不能实现平衡致富全村一盘棋。

2. 部门帮扶实效低

在扶贫工作中，相关职能部门各自为战，相互之间缺少沟通协调和主动担当意识。因此，扶贫力量整合效应不强，扶贫效果不明显。结对帮扶和驻村帮扶能力参差不齐，少数驻村干部不熟悉基层工作，制定产业扶贫发展思路不"接地气","金点子"少,在协助村"两委"班子厘清发展思路等方面作用发挥不够。一部分扶贫工作队不能够"沉下去",工作流于形式,未能真正立足村情和贫困户实际困难因地制宜进行开发式扶贫活动。社会扶贫潜力有待释放。部分民营企业、社会组织的社会责任感不强,不愿主动扶持贫困户发展产业,更多的是"输血"帮扶,缺乏与贫困户有效结合共同发展扶贫产业。一些合作社和贫困户会员之间的关系也比较松散,没有建立起稳定的合作关系,出现问题时不知道如何解决,双方利益也得不到保证。此外,贫困地区仍需更多专业技术人员的指导和技术扶持,仅靠贫困户自身摸索既影响产品的标准化生产和科技含量,也使得先进实用技术的推广滞后。

(二)贫困户内生动力不足

习总书记强调,扶贫先扶志,扶贫必扶智。在湖南脱贫攻坚战中,大多数贫困户依靠党和国家扶贫政策带来的实惠,通过自己双手勤劳致富,走上了脱贫奔小康之路。但也有一部分贫困群众需要"志智双扶"。

1. 缺乏主观脱贫意识

贫困村较多位于自然环境脆弱、基础设施薄弱地区,生产发展条件有限,教育发展也相对滞后。因此,贫困乡村绝大多数青壮年劳动力都选择外出务工,劳动力匮乏。重点贫困村贫困人的年龄段又相对集中,以"老弱病残"居多,文化程度低。因此省市颁布的产业扶贫政策虽然惠民又有实效性,但是贫困户因跟不上或学不了生产技术和相关知识,导致产品品相、品质等难以达到市场要求。

2. 存在"懒汉"懒做思想

国家早期阶段的救济式扶贫模式,让一部分"懒汉"贫困户享受到了国家扶贫政策和民生工程所带来的福利,"懒汉们"由此滋生的"等靠要"思想愈加严重,争当贫困户、低保户,不愿就业,安然享受低保救助。甚至出现了"求、粘、赖"的"升级版"和"拼穷"、不养老人分户等现象。加之受自然条件限制和农畜产品市场价格波动大等因素影响,发展种养业的投入也让很多人望而却步，部分贫困户脱贫缺乏信心和积极参与意识，自身抗风险能力弱，遇到天灾或者技术难关，容易半途而废，甚至脱贫后再次返贫。

（三）产业支撑能力不强

湖南产业脱贫项目主要为特色种养业、乡村旅游、光伏等项目，存在对政府依赖性强、地区分散且个数多、单个项目周期长、趋同性和低端性、专项资金跟不上等问题，影响了产业支撑能力。

1. 项目扶贫周期长

一是产业扶贫项目投入周期长、见效慢。湖南位于长江以南，为大陆性特征明显的中亚热带季风湿润气候，多山地，多黄壤或红壤。湘中、湘南、湘东、湘西多地适宜种植油茶。湖南已将油茶产业作为湖南特色优势产业的支柱产业来抓。但是油茶一般3年挂果，5~7年进入丰产。实际工作中项目验收一般在半年或者一年内就完成了，导致针对油茶产业扶贫的后续跟踪不够，影响了后期的增收和扩大再生产。二是项目前期运作周期长。实施养殖扶贫，前期购买仔猪等都需要进入招投标程序，招标的每个环节所需时间都在三个月以上，从立项、招标再到村到户具体实施，耗费时间可能长达一年，容易错过了养殖最佳时机。

2. 产业扶贫品牌少

一是成本偏高。湖南山地面积占全省总面积的51.2%，贫困人口较多居住在干旱偏远山区。贫困县区内的基础设施建设相对滞后。道路点线连接不畅、公路等级低，路网抗灾能力弱，缺少旅游专用道路；水利、排灌等农业基础设施老化；科技、信息等服务体系不健全，服务滞后。产业发展的根基仍需不断夯实。因此，在边远山区发展种养业，产业集中度不高，主导产业不明显，也就难以形成具有核心竞争力的"湘字号"产业品牌。二是质量不高。贫困山区发展产业多以原始生态初级产品为主，多为纯手工粗加工农产品，产品结构单一且雷同，因此产品规格质量等难以形成产业链，附加值低、价格低，缺乏竞争力。即使生产出部分的特色优质农产品又因为缺乏

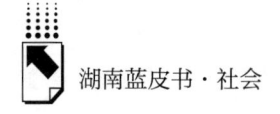

龙头企业的带动，产、供、销一体化的市场构建不完善，信息不对称，而无法进入高端目标市场，未能形成品牌带动效益。

3. 绿色产业根基要夯实

产业扶贫开发与生态建设是当前社会面临的两项重要任务，两者从根本上是相辅相成、辩证统一的，但管理隶属多个部门。容易出现一些贫困地区发展产业扶贫时不能兼顾生态建设工程，或者进行生态建设时又少考虑产业扶贫开发，使得当前生态保护与扶贫开发脱节[①]。

4. 资金链断裂风险

一是银行授信额度较低，贫困农户发展产业规模受限。被评为"优秀""良好""一般"信用等级的贫困农户授信额度分别为5万元、3万元、1万元，且被评为"优秀"等次的贫困农户数不到1/3。也就是说，70%多的贫困农户授信贷款额度只能在3万元以下[②]。虽然《脱贫攻坚到户政策告知书》明确指出为符合条件的贫困户发展产业，提供1万~5万元财政全额贴息的扶贫小额信贷。但是现在发展种养业或第三产业的成本都较高，有时生产期还受自然、人为、市场等诸多因素负面影响，最高5万元的贷款，后续发展若没有资金注入，就无法扩大产业规模，形成产业链。二是银行发放小额信用扶贫贷款利润小，缺乏主动贷款的动力。由于产业扶贫发放的贷款额度小、户数多、工作量大，且实行基准贷款年利率（1年期内4.35%、1年以上4.75%），相反，同期商业贷款利率同比可上浮100%。再则，由于政府发放的到期贷款回收奖金滞后等因素，叠加影响了银行扩大投放扶贫贷款的积极性和主动性。

三 用新思想破解湖南发展产业扶贫难题

湖南省委、省政府把产业扶贫列为脱贫攻坚八大工程之首，力争到

[①] 杨文静：《生态扶贫：绿色发展视域下扶贫开发新思考》，《华北电力大学学报》2016年第4期。

[②] 李卫林：《金融产业扶贫创新的"麻阳模式"研究》，《三农》2017年11月17日。

2020年用扶贫特色产业覆盖全省所有贫困村。可以说，深入学习习近平新时代中国特色社会主义思想，立足国情和湖南实际，抓好产业扶贫这项"持久力"，是打赢这场"脱贫攻坚战"的关键。

（一）坚持党的领导，强化主体责任落实

坚持党的领导是全面建成小康社会、夺取新时代中国特色社会主义伟大胜利的根本保证，更是湖南发展产业扶贫的攻坚力量。湖南各级党委政府需高度重视并科学组织产业扶贫工作，将产业扶贫作为脱贫攻坚的重中之重，才能真正把产业扶贫推向新的高度。一是地方层面要重视。要认真落实《中国农村扶贫开发纲要（2011~2020年）》和产业科技推广相关基础性工作，因地制宜、因人施策建立精准扶贫新机制和产业脱贫新机制，确保产业扶贫精准到村到户，产业项目推广有的放矢。特别是对于深度贫困地区，党政一把手有必要亲自抓扶贫、抓产业技术推广，抓特色种养业，应当把产业扶贫工作摆上议事日程，列入重点工作考核内容。二是强化产业扶贫保障措施，完善组织协调机制。省里建立产业精准扶贫联席会议制度，市、县各层级成立产业精准扶贫工作领导小组，自上而下协调解决产业扶贫重大问题。三是推进人事制度改革。加强村支"两委"队伍建设，选配作风过硬，愿意带领村民脱贫致富的能人充实干部队伍，尤其是村党支部书记要承担起领导贫困村民脱贫致富的责任。通过薪酬奖励制度、绩效考评制度、职称评聘制度对扎根扶贫脱贫基层的优秀人才给予物质激励和精神激励，采用生产奖补、劳务补助、以工代赈、破格提升勤劳致富带头人示范等机制，鼓励贫困地区扶贫人才贡献自身力量。四是加大产业扶贫科技服务支持。因地制宜，分类别、分产业、分层次开展产业扶贫相关人员培训。衡阳连续13年培养"一村一名农民大学生"助力产业扶贫，助推乡村振兴，有力提高了基层组织的组织力，农民大学生已成为衡阳农村一支永远不走的"农村工作队伍"；发挥"万名"工程专家服务团队的作用，下派专家团队为贫困村、贫困户、产业园提供科技指导、科技创新、产业转型升级等服务。

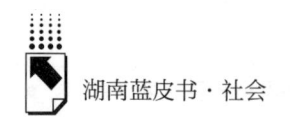

（二）坚持以人民为中心，培育脱贫内生动力

破解扶贫攻坚之难题，决不能用劫富济贫的方法，决不能依赖"从摇篮到坟墓"的"贝弗里计划"，避免出现牺牲效率的"漏桶效应"[1]。群众是湖南省脱贫攻坚的主体、主角和主力，是脱贫攻坚的智慧之源[2]。要深刻领会党的十九大关于"以人民为中心的发展思想"。一是提升贫困户脱贫的内在能力和外在环境。完善贫困地区水电、路网、通信网络等生产生活性基础设施建设。加快贫困地区经济发展，鼓励支持工商企业和专业合作社在贫困地区落户，为贫困户提供更多的就业机会。有计划有方向地开展适合贫困地区特色产业发展的技能培训，激励和引导贫困户提高创业的知识技能水平。二是立足于贫者自立和帮助贫者自立。实施贫困地区乡风文明工程，着力对贫困地区群众进行思想发动、感情沟通，精准满足贫困群众精神需求，坚定改变贫困落后面貌的信心和决心，加强人文关怀，提倡文明健康的生活方式，激活贫困群众内生动力。三是继续加大力度实施贫困地区惠民教育工程。扶智脱贫要保障贫困地区和贫困家庭子女获得充足的教育机会、教育资源和教育资助，实现扶贫教育可持续发展，全面提升贫困人口智力水平和综合素质。在贫困地区建立劳务培训基地，加强贫困地区农村电商等新兴产业人才培训，依靠科学技术进步有效提高劳动者的素质，扶持贫困地区专业技术人员返乡创业，从根本上提升摆脱贫困所需要的实际能力。

（三）坚持新发展理念，提升产业发展水平

推进产业扶贫，要贯彻落实新发展理念，坚持问题导向，把"特色"和"精准"贯穿始终，提升产业发展水平。一是创新产业扶贫模式，完善产业扶贫利益联结机制。通过发展产业对口精准帮扶，新产经营主体与建档立卡贫困人口之间采取建立生产基地、农产品加工营销、订单收购、代种代

---

[1] 梁小民：《微观经济学纵横谈》，三联书店，2000，第191~192页。
[2] 周旋：《湖南脱贫攻坚之路：全面建成小康社会面临的机遇、挑战及发展对策》，湖南智库网，2017年10月18日。

养等生产方式，实现稳定的产业带动关系。继续推进产业扶贫扶持资金折股量化帮扶方式，鼓励贫困户将承包的山林、田地、水塘等折价入股合作社，交由产业扶贫新型生产经营主体统一经营管理，通过资源资产变资本股本、贫困户变经营合伙人的新思路，有效化解贫困户因种植养殖产业发展周期长、收益慢的困境。二是协调县域内外关系，形成地方特色产业链。各个县市区要充分利用好政府与市场的有利因素，统一规划，将特色扶贫产业纳入地区产业链发展中，使贫困户、贫困村享受到宣传、销售、资金、技术、人才等政策支持和风险保障，避免"一村一品"夭折现象；在发展特色产业时应不断依靠科技进步补齐短板，打造区域公共品牌，不要一味"跟风"或者盲目扩规，并加大宣传力度，将"湘"字号品牌推出国门走向世界。三是绿色主导产业扶贫方向，打造宜业宜居的"金山银山"。在产业扶贫工作中，必须全过程、全方位贯彻绿色发展理念。树立"青山绿水就是金山银山"的强烈意识，将绿色发展置于脱贫攻坚各项工作的顶层，为贫困地区群众谋求长远的发展利益和美好的居住环境。一方面，在自然资源丰富、生态环境优良且保护较好的贫困地区，可以立足该地区自身资源禀赋，积极探索生态农业、生态旅游、绿色产业的发展，通过科学的产业扶贫开发方案，实现生态经济发展和环境保护并驾齐驱。另一方面，在生态脆弱区和环境承载力较弱地区，必须明令禁止过度开发，在科学规划产业扶贫开发时，要对环境进行评估，将该地区的生态重建和修复纳入产业扶贫工作之中。四是开放金融产业扶贫市场，凝聚合力助推产业扶贫。以引导社会资本、民间资本参与产业扶贫项目为主，引入国际非政府组织资金为辅，汇集财政资金、社会资本、金融资金多管齐下，破解产业扶贫项目融资难的困境。特别是武陵山、罗霄山脉集中连片特困地区具有良好的生态环境和丰富的旅游资源，可以利用自身的山水文化特色，借力长江经济带吸引下游长三角地区的大型企业投资发展地方特色产业。在金融政策方面，需结合贫困地区和贫困户的实际情况适当放宽贷款条件，完善扶贫贴息贷款政策，增加财政贴息资金，扩大扶贫贴息贷款规模；降低融资成本，建立扶贫产业融资担保平台，提高担保额度；多措并举降低贫困户发展产业的金融风险，扩大扶贫产业保

险的覆盖面和保险的赔付标准。五是以"共享发展"为引领，谱写产业脱贫、共同富裕的新篇章。坚持产业扶贫为了贫困人民、依靠贫困人民，发展成果由贫困人民共享，使贫困户在产业脱贫中有更多获得感。增强湖南产业扶贫发展动力，增进民族团结，朝着全面建成小康社会的奋斗目标稳步前进。

·创新创业·

B.31
长沙市扩大就业调研报告

杨大庆*

就业是经济发展惠及民生的重要手段，也是社会繁荣进步的基本支撑。2017年，长沙市坚持习近平同志以人民为中心的发展思想，以稳定和扩大就业为目标，深入实施就业优先战略和更加积极的就业政策，扩大就业取得显著成效。

一 2017年长沙市扩大就业的现状与经验

（一）就业规模持续扩大，企业用工基本平稳

2017年，长沙市城镇新增就业14.2万人，其中失业人员实现再就业4.2万人、就业困难对象实现再就业1.66万人、农村劳动力转移新增就业3万人、贫困劳动力转移新增就业6000人、贫困家庭"两后生"技能培训307人、新增创业担保贷款1.5亿元，分别完成全年目标任务的107.69%、110.53%、118.57%、125%、300%、102.3%、100%。城镇登记失业率控制在4%以内。

企业生产经营状况总体稳定，招聘薪资、福利待遇稳步提升，用工情况基本平稳。受季节性因素影响，部分企业出现用工周期性矛盾，春节后

---

* 杨大庆，硕士，中共湖南省委党校教授，主要研究方向为产业经济学。

及年中7~8月为用工高峰期,"商业、服务业人员""普工""技术工人"等一线岗位缺口较大。从2017年企业用工调查情况来看,企业计划招聘最多的岗位中,三类人员分别占29.96%、22.38%、13.72%,合计占66.06%。

(二)加强组织领导,健全政策体系

长沙市委、市政府高度重视就业工作,市委书记多次调研就业工作,听取就业工作情况汇报,市长亲自担任就业和农民工工作领导小组组长,统筹领导全市就业工作,将就业创业工作纳入市委重点督查工作和绩效考核体系,构建了"政府主导、人社牵头、部门联动"的"大就业"工作格局。

长沙市积极健全就业政策体系,大力推进统筹城乡、就业困难群体援助、公共就业平台建设和创业担保贷款等改革,不断拓宽惠及面,逐步降低政策门槛,构建了较为健全的就业政策体系。以全民创业带动就业五年行动计划为主线,出台小微企业创业创新基地城市示范三年行动计划、自主创新33条等系列配套文件,"1+X"就业创业政策体系进一步完善。

(三)坚持转型驱动,扩大就业总量

2017年,长沙市大力实施"创新引领、开放崛起"战略,积极创建国家中心城市,推进经济转型升级,为扩大就业奠定了坚实经济基础。地区生产总值10200亿元(预计数,下同),增长9.0%,迈入万亿元GDP俱乐部;规模工业增加值3540亿元,增长8.5%;固定资产投资7570亿元,增长13.1%。新认定高新技术企业800多家,增幅居中部首位,高新技术产业总产值突破万亿元、增加值占地区生产总值的31%。工程机械、新材料、电子信息、食品、生物医药等支柱产业优势进一步巩固,移动互联网、3D打印等产业产值保持50%以上增幅。932个重大项目完成投资4200亿元,中信戴卡一期、特格尔、比亚迪电动卡车及专用车等项目建成投产,蓝思3D、新科电子、海尔无线、长利智能家居、中民筑友等加快推进,带动就

业大幅增长。大力推进商事登记制度改革，率先实行"多证合一、一照一码"，市场活力得到有效激发，2016年新增各类市场主体14.3万户，带动就业23万人。

（四）坚持深化改革，优化就业服务

2017年，长沙市各级就业服务部门加大改革力度，积极创新思路，着力搭建线上线下就业渠道，努力提升精细化服务水平，取得了良好成效。

1. 完善就业平台

长沙市着手编写《基层公共就业服务平台标准化操作手册》，规范和细化基层服务流程，打造"一把尺"式基层公共就业服务标准。在2016年85个贫困村率先完成村级平台建设基础上，积极推进非贫困村村级平台标准化建设的全面达标，为各类群体实施精细化就业服务奠定了坚实基础，被中国劳动保障报专题报道。截至2017年第三季度，完成村级平台建设553个，完成率高达90.2%。

2. 畅通就业信息

长沙市大力实施互联网＋公共就业服务，建立开通就业服务网站、微信公众号30个。"长沙就业"微平台推出两年来，关注粉丝已达5.3万人，依托微信平台广泛发布就业政策、就业岗位、活动及服务机构导引等就业相关信息。微信端可直接申报求职创业补贴，升级见习系统模块，极大方便了学生与企业申报查询。

3. 匹配就业供求

长沙市有针对性地开展各类招聘活动，满足不同群体的动态就业需求，有效提升了匹配效率。正月初七上班第一天举办全市范围内的"春风行动"活动，利用农民工返乡潮，抓住企业用工高峰期，精选适合农村劳动力就业和企业急缺的普工技工等岗位，招聘队伍直接下乡进村，举办招聘会155场，招聘企业7124家，提供就业岗位25万余个，进场求职者19万余人，达成就业意向3.5万人。承办2017年湖南省就业援助月启动仪式，积极实施岗位、政策、培训、创业等立体化服务，走访就业困难人员和零就业家庭

4233户，帮助2708名就业困难人员实现就业。全年举办"民营企业招聘周""高校毕业季""公共就业创业服务进校园"活动，确保高校毕业生就业服务在校不间断、离校不断线。举办两次企业用工情况座谈会，并与蓝思科技等重点企业人力资源部门保持了密切联系，详细动态掌握企业用工需求情况。每月收集并统一发布企业空缺岗信息，并及时发往省内劳动密集型地区。按照湖南省人社厅部署，9~10月协助蓝思科技赴岳阳、株洲、衡阳和云南、贵州开展各类招聘会30余场，招聘员工3000余名。

（五）开展就业扶贫，推进劳务协作脱贫

1. 开展就业扶贫

2017年，长沙市积极发挥就业在扶贫攻坚中的基础性作用，努力实现贫困劳动力就业。着力推进就业扶贫平台、援助、考核"三个标准"建设，打造了具有长沙特色的就业扶贫模式。制定了"1112"（一屏一表一卡两台账）建设标准，即通过设立电子显示屏、为贫困劳动力办理《就业服务卡》、形成《基本信息汇总表》、建立《转移就业台账》和《就业援助台账》，精准掌握贫困劳动力的年龄、联系方式、教育程度、就业和培训愿望等基本信息。目前在着手打造"一网"，通过网络收集和发布贫困劳动力就业、企业空岗信息，依托村级平台电子显示屏滚动播放，贫困劳动力在家门口就能享受到各类零距离就业服务。截至2017年10月底，各级就业服务机构下乡进村举办就业扶贫专场招聘会168场，提供职业介绍5.50万人次，就业创业指导1.88万人次，就业创业培训0.30万人次。制定了"155"的实地考核模式标准，即每个县随机抽取1个行政村现场查看，随机打5个电话、上5户人家，最后通过量化打分排序，考核过程动真格、讲实效、不讲人情，考核结果以通报形式下发，着重发挥先进示范效应，督促落后者切实整改。建档立卡贫困劳动力37603人，已实现转移就业27418人，转移就业率达72.9%；开展"两后生"集中培训5期，培训人数达296人，完成全年目标任务的98.7%。

2. 推动劳务协作脱贫

2017年，长沙市坚持"大扶贫格局"理念，完善以省会为中心、辐射全省贫困地区的劳务协作网。"春风行动"期间，长沙市组织11支队伍前往16个省内贫困县开展招聘，全年就业累计有7.7万人，同比增加75%。11月3日，举办对接省内51个贫困县劳务协作洽谈交流活动，从试点湘西到覆盖全省51个贫困县。打造24小时招聘市场，把招聘会开到"手掌心"。率先全国开发劳务协作互动平台，通过人社部门、贫困劳动力和企业三方在线互动交流，实现招聘会信息实时推送、贫困劳动力实名认证、岗位推送、企业岗位信息及时更新等功能，搭建起了全天候的劳务协作互动平台，平台注册企业达113家。长沙市劳务协作脱贫经验被《人民日报》、中央人民广播电台等媒体宣传报道，并多次被省委、市委信息刊物采纳。

二 2018年长沙市扩大就业面临的问题分析

整体上看，2018年长沙市经济平稳增长的形势未变，尤其是就业弹性较大的第三产业持续增长，为就业总体稳定提供了保障。就业扶持政策持续积极实施，各类稳岗政策效应进一步释放，企业稳岗意识不断增强，为就业总体稳定提供了支撑。人才新政、全民创业带动就业工作纵深推进，创业带动就业倍增效应逐步显现，为就业总体稳定增添了动力。但是一些矛盾和问题也不容回避，主要表现在以下方面。

（一）重点群体就业的压力仍然很大

应届高校毕业生、就业困难人员、农村转移劳动力的总量依然较大。2018年长沙市56所高校应届高校毕业生18万人。每年需新增转移就业农村劳动力3万多人，根据就业扶贫目标任务，还需转移就业建档立卡贫困劳动力0.7万名，而目前城镇登记失业人员有4万人，就业困难人员还有2.1万人。该部分人员文化程度不高、技能水平较低，且部分就业意愿不强，就业工作压力仍然很大。随着长沙企业待遇与沿海地区不断缩小，劳动力就地

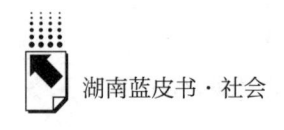

就近就业特征愈加明显，长沙作为省内劳动力转移的主要承接地，吸纳就业的压力进一步加大。

（二）就业结构性矛盾依然突出

"就业难"与"用工难"并存的结构性矛盾仍有待破解。一方面，是求职者就业技能、就业意愿与企业用工需求不匹配造成的就业难问题，求职者就业技能仍有待提高，与企业需求有差距；新生代劳动力更愿意从事管理性岗位，就业意愿与市场需求不匹配；求职者薪资待遇、工作环境等要求不断提高，与企业提供有偏差。另一方面，是技能型人才短缺与一线岗位结构性紧张造成的用工难问题，企业产业转型升级过程中，对中高端人才、技能型人才和技术工人的用工需求继续加大，而相应人才的成长需要一定的培养期，人才供给不能有效满足市场需求。部分企业结构性用工缺口明显，岗位方面体现在普工、销售、技术工人等一线岗位急缺，高级技术人员有效供给不足。时间方面体现在每年春节及下半年，特别是每年9~10月出现年内第二次企业用工高峰，而该时段非劳动力集中供给期，更是加剧了用工紧缺现象。如蓝思科技2017年下半年缺口1.5万名生产一线员工，招聘难度非常大。同时，劳动力人口红利逐年下降，整体技能水平也不高，不能有效满足企业用工需求。

（三）就业服务能力有待提升

长沙市就业服务基层平台建设虽有长足进步，但村级平台建设还相对滞后；企业吸纳就业困难人员效果不明显；就业信息工作有待加强，劳动者就业信息和企业用工实时监控手段还需完善，各项业务系统尚未完全实现互联互通。

三 长沙市扩大就业的对策建议

长沙市要全面贯彻落实党的十九大报告精神，坚持就业优先战略，健全积极就业政策，提供全方位、精细化公共就业服务，统筹推进重点群体就业，着力解决结构性就业和用工矛盾，统筹推进全省劳务协作脱贫和本市就业扶贫，推进实现更高质量和更充分就业。

（一）积极落实扩大就业政策

在统筹城乡、困难群体援助、就业平台建设和创业担保贷款等政策层面加大落实力度，不断拓宽惠及面，确保政策发挥实效。严守就业资金审核拨付程序，筑牢资金安全防线，确保就业资金使用安全。制定和完善长沙市就业业务标准手册，明确业务申请资料和申报要求，进一步简化申报流程。

（二）统筹服务重点群体就业

1. 推进高校毕业生就业

坚持在校引导与离校帮扶的思路，重点在"在校应届毕业生"和"离校未就业毕业生"两端发力，积极开展招聘进校园、就业创业指导进校园等活动，提供政策、岗位等零距离服务，继续开展离校未就业毕业生四个100%服务，努力做到实名登记率、跟踪回访率、就业服务率、就业及就业准备率均达100%。同时，根据人才新政，逐步建立并拓展就业见习基地（单位）到160家，帮助离校未就业毕业生通过就业见习丰富工作经验和提升就业能力，尽快实现就业。

2. 推进农村劳动力就业

全面开展村级公共就业服务平台规范化建设，打造一批基础好、工作实、有典型效应的"示范村"，发挥引领标杆作用。继续做好企业空缺岗收集工作，加大企业岗位信息发布及宣传力度，为"春风行动"期间引导本地和吸引外地农村劳动力转移来长沙就业奠定基础。

3. 推进就业困难人员就业

出台和完善基层平台对登记失业人员及就业困难人员的就业服务细则，切实加强基层平台考核指导，针对性开展就业困难人员动态跟踪服务，力争

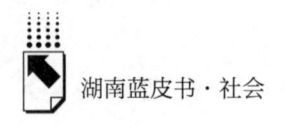

做到服务有标准，动态能跟踪。进一步加大公益性岗位开发力度，扩大公益性岗位安置规模，切实做好退役军人安置工作。

（三）开展就业"精准扶贫"

1. 完善信息管理

督促各区、县（市）及时掌握扶贫部门数据变化，做好贫困劳动力信息的完善和更新，落实"一对一"跟踪回访要求，实时掌握贫困劳动力的就业状态、就业时间、就业单位等信息，力争实现对贫困劳动力信息的动态精准管理。

2. 做好对接协作

根据长沙市园区、区县（市）对接全省贫困县劳务协作脱贫任务，组织指导园区、区县（市）与省内51个贫困县开展广泛协作。充分利用好"湖南省贫困劳动力劳务协作市场"和"长沙市劳务协作互动平台"两个载体，开展定期市场招聘和在线互动交流。加大宣传力度，引导贫困劳动力和企业积极参与，打造工作合力。

3. 开展精准服务

积极宣传和促进就业扶贫政策的有效落实，提升"311"就业援助服务的精准度和灵活度，有针对性地开展各类培训、招聘服务，加强"一对一"的就业创业指导，提高贫困劳动力的就业创业能力。在全市创建一批市级就业扶贫基地单位，充分发挥基地定向吸纳贫困劳动力就业的示范效应，帮助贫困劳动力实现更优质更稳定的就业。

（四）提升就业服务能力

1. 开展扩大就业专项活动

继续开展"春风行动"等系列专项就业服务活动，主动搭建供需对接平台，积极创新对接方式，突出对接时效性、岗位匹配性和服务精准性。深入开展就业政策信息宣传，举办就业专题讲座，引导企业、求职者树立正确用工和择业观念。以劳务协作工作为契机，组织企业赴贫困及劳动密集地区招聘，满足企业一线岗位需求；继续实施劳动者技能提升和人才引进计划，着力提升劳动者技能素质，针对性引进急缺人才，满足企业技能型人才需求。

2. 强化信息基础建设

完善"长沙就业"微信平台建设，不断拓展服务功能，充实信息内容，提高政策、活动信息发布的针对性和适应性。继续完善公共就业信息监测与分析系统，做到业务系统互联互通，就业数据交叉分析，就业信息动态监测。

3. 强化信息监测

定期持续开展全市就业形势调查分析，动态监测高校毕业生就业、农村劳动力转移就业、就业困难群体就业、企业用工情况；继续开展重点乡镇和社区定点监测，掌握企业用工和劳动者就业动态情况。密切关注和跟踪经济下行影响下重点行业和重点企业用工情况，有效防范和应对因企业减员而出现的劳动关系不稳定情况。有效整合就业统计报表，做实做细统计数据，提高与信息监测系统匹配度，为研究就业群体动态情况，针对性地开展就业服务提供依据。

B.32
湖南省中小企业创新转型存在的问题及对策分析

钟云华*

改革开放以来,我国中小企业①在经济社会发展中发挥了重要的作用。为切实掌握湖南中小企业创新转型的现状、困难与政策诉求,促进中小企业创新转型,笔者设计调查问卷,通过商会组织在全省中小企业中随机发放调查问卷2000份,回收1850份,其中有效问卷1748份,有效回收率为87.2%②。同时设计访谈提纲,对1000余家中小企业负责人进行深度访谈。研究报告从现状、面临的困难与对策建议三个方面对湖南中小企业创新转型进行分析。

一 湖南中小企业创新转型现状

1. 中小企业可持续生存发展难,创新转型压力大

湖南中小企业发展呈现一种有趣的"三三三现象",即1/3的企业能发展,1/3的企业能生存,1/3的企业有倒闭风险。一是中小企业生存难,寿命较短。省工商局的统计数据显示,湖南中小企业平均生存寿命4.2年,高

---

* 钟云华,长沙学院经济与管理学院副教授,管理学博士,主要从事教育与劳动力市场研究。
① 中小企业又称中小型企业或中小企,它是与所处行业的大企业相比在人员规模、资产规模与经营规模上都比较小的经济单位。美国以雇员人数不超过500人的企业为中小企业。本研究以从业人数200人以下、年产值1000万元以下为标准。
② 由于实施的是随机问卷调查,调查样本数据对总体有很好的推断作用,样本对总体具有很好的代表性。

于全国平均值2.9年,但远低于国外平均值12.5年。二是中小企业发展难,很多中小企业只能保守经营。从生产规模看,调查的1748家企业中只有27.3%准备扩大再生产,54.7%拟维持规模不变,18%准备着手减小经营规模甚至歇业。在中小企业生存与发展面临较大困难的背景下,中小企业进行技术创新转型的压力较大。调查中,当询问"贵企业创新转型压力如何"时,选择非常小的只占7%,比较小的占11%,选择一般的占43.9%,而选择比较大与非常大的分别占30.5%与7.7%,后两者合计占38.2%。

2. 中小企业创新转型侧重点差异较大

调研中,询问"贵企业哪方面最需要创新转型"时,1748家中小企业中的26.9%表示为产品(服务)创新,30.1%为管理创新,19.2%为技术创新,18.1%为营销创新,2.7%为组织制度创新,1.4%为企业文化创新,前四者所占比例合计94.3%。当然,不同企业创新转型的侧重点有所不同。服务型企业的重点主要是服务与管理创新转型,而科技型企业的重点主要是技术创新转型。

3. 中小企业创新转型升级的路径与手段多元化

中小企业采取多元化的路径与手段进行技术创新转型。调查中,就"贵企业获取创新技术的主要途径"这一问题进行回答时,14.4%的中小企业表示通过购买引进国内外技术,15.9%表示通过产学研合作,29.3%表示通过自主研发与创新,25.9%表示通过模仿创新,14.5%表示通过其他途径。同时,就"贵企业进行创新转型所采取的主要手段"这一问题进行回答时,24.5%的中小企业表示其手段是科技创新,35.8%表示是企业管理创新,12.5%表示是企业文化创新,10.2%表示是商业模式创新,17%表示是其他方式创新。

4. 中小企业创新转型总体进展较慢

对湖南1748家中小企业的抽样调查显示,中小企业创新转型进度缓慢,只有8.6%的企业表示已经完成了创新转型升级,26.8%的企业表示正在着手创新转型升级。没有进行创新转型升级的企业大致可以分为三种情况:一是不能转。一些中小企业是落后产能,转型意味着死亡,所以不能转。二是不愿转。转型不仅意味着改变，同时也意味着高风险，很多企业不愿意承担这种不确定性风险，不愿转。1748家中小企业中，对转型很迫切的只占8.2%，对转型比较迫切的占17.9%，一般的占54.6%，绝不愿意转型的占19.3%。三是转不了。转型升级需要优化发展战略、加强技术创新、制度创新、管理创新、模式创新。528家中小企业转不了的原因是，产品市场依赖占40.9%，缺乏关键技术占23.2%，缺少高端人才占19.3%，缺乏足够的资金占16.2%，其他占0.4%。

二 湖南中小企业创新转型升级面临的困难

1.中小企业创新转型环境不佳

一是中小企业创新转型面临一些体制障碍。湖南科技成果转化机制不完善，存在科技成果转化审批手续过长，不适合瞬息万变的市场需求，处置权、收益权不明确，技术、市场发展不成熟，转化过程不顺畅等问题，这些都成为中小企业进行技术创新的重要体制障碍。另外，湖南知识产权保护体系仍然不完善，知识产权的识别、申报、保护与惩罚机制仍有漏洞，社会各界知识产权意识不强，中小企业进行技术创新转型的知识产权保护不足，知识产权风险过大。调查中，69.8%的中小企业表示，知识产权保护不足也是创新转型的重要体制障碍之一。

二是中小企业创新转型享受政府相关优质服务难。调查中，1748家中小企业反映，进行创新转型升级，需要政府提供一系列优质服务，排名前五的分别为：税收减免等财政支持（39.9%）、专项贷款资金支持（18.6%）、完善相关人才政策（18.6%）、创造公平竞争的市场环境（11.6%）、完善有利于创新的法律法规体系（4.3%）。但是，由于行政体制改革滞后于经济体制改革，湖南相关部门为中小创业创新转型提供相关服务仍然不到位。调查中1748家中小企业就"政府为创新转型提供相关服务不到位主要体现在什么地方"问题进行回答时，排名前三的分别是资金税收方面政府支持不够（64.4%）、知识产权服务不到位（28.1%）与技术创新信息交流平台搭建不够（1.5%）。

三是政府提供公共服务的方法仍然不科学。第一，重政策，轻评估。重视事前政策的研究制定，忽视事中的宣传落实，更缺乏事后的跟踪评估。第二，重平台，轻运作。建立了一些中小企业共性技术服务平台、各类研发中心、检测中心、信息网络平台，但忽视对平台的运作管理。第三，重奖励，轻扶持。创新转型财政资金往往用来奖励中小企业创新转型，而不是扶持中小企业创新转型，奖励资金分配也采取"撒胡椒面"的方式，对中小企业创新转型引领效果不佳。

2. 企业主创新转型方向不明且信心不足

企业主是一个企业的精神领袖，是企业内部新观念、新思维的主要来源，也是企业创新转型升级的重要带头人。但在纷繁复杂的经济社会发展环境中，一些没有高学历与开阔眼界的中小企业主对企业创新转型方向的选择很难把握，左右为难，企业创新转型容易失去方向感。1748家企业中创新转型方向明确的只占18.6%，方向模糊的占46.8%，而没有方向的却占了34.6%。

与中小企业主对企业创新转型方向不明晰相伴随，其企业创新转型的信心也低。由于企业主自身水平能力有限，还受企业发展状况、技术水平、市场竞争等一系列因素的影响，中小企业主对企业创新转型能否顺利开展、能否成功、成功到什么程度、能给企业生存发展带来什么效益，大多心里七上八下。调查中就"贵企业创新转型的信心如何"进行询问时，1748家企业中信心满满的只占12.9%，信心一般的占28.7%，而没有多少信心和完全没信心的分别占39.8%和18.6%，后两者合计共达58.4%。

3. 中小企业创新转型面临人力资源困难

一是中小企业的人力资源先天开发不足。1748家中小企业中进行家族式管理的为842家（48.17%），企业主与管理者之间多具有一定的血缘或地域关系，任人唯亲、任人唯信取代了任人唯才、任人唯德，家族外人才缺少发展动力与发展空间。二是中小企业人力资源后天开发不够，人员不稳定。调查中，86%的中小企业表示，自身缺乏明确的发展战略，与之相适应的人力资源战略规划也就无从谈起；78%的中小企业认为自身还缺乏完善的薪酬管理体制与有效的激励机制；49.8%的中小企业还反映自身人力资源培训存在普及面小、成本过高、周期短和计划不足等问题，阻碍了公司员工的发展。中小企业人力资源的后天开发不足导致中小企业人力资源流失严重。41.2%的企业员工流失率在5%以内，48.8%的企业员工流失率在5%~20%，10%的企业员工流失率超过了20%。

中小企业的人力资源不足对其创新转型形成了制约。一是人力资源结构导致中小企业创新转型内生动力不足。中小企业转型升级较为现实的路径选择是在原有产品的内涵与外延上寻找突破，通过研发新的工艺来降低成本，或赋予产品新的功能以增加附加值，但中小企业的核心技术层一般不持有公司股份，他们对企业创新转型升级的动力与意愿不足。二是人力资源素质对中小企业转型升级的技术支撑不够。65%的中小企业表示，平时大多重视的是销售与生产，不太重视技术研发，缺乏先期投入与积累的结果是企业转型升级需要技术支持的时候才发现不知何时已陷入窘境。

4. 中小企业创新转型升级面临资金短缺困难

一是融资渠道较单一且成功率不高。湖南中小企业仍主要利用民间借贷、内部集资、银行贷款这些传统渠道进行融资，新型融资渠道利用少。调查显示，企业融资渠道利用次数排名分别是银行贷款（44.2%）、民间借贷（21.7%）、风险投资（10%）、股权融资（8%）、政府融资与债券融资合计（8.1%）。融资渠道单一还导致融资成功率低。86.7%的企业表示向银行贷款很难，88.9%的企业表示在经营过程中有被银行拒贷的经历，主要原因是融资门槛高、缺少抵押物或担保、企业信用等级不够、人际关系不强。

二是融资规模小，满足不了企业创新转型资金需求。在对"贵企业目前融资需求情况"问题进行回答时，高达79.5%的企业回答需求大或非常大，11.2%的企业表示需求较小，只有9.3%的企业表示没有需求。与这种高需求相反的是融资供给的不足，导致企业的融资需求得不到有效满足，66.4%的企业反映融资存在资金缺口，其中31.2%的企业表示缺口在500

万元以上，26.8%的企业表示缺口在1000万元以上。

三是融资成本高。企业融资时间成本高，银行贷款一般从申请到审批所需时间在1个月以上。企业融资的经济成本更高，一般年息达到了15%以上，72.4%的企业认为过高的融资成本给企业带来了生存发展压力。个中原因与银行贷款存在一定的灰色费用、民间借贷利息过高有关。

5. 中小企业技术研发能力不足

技术是企业的第一生产力，也是企业核心竞争力生成与保持的关键。在经济新常态下，国家鼓励提倡中小企业进行技术改造升级，以优化产业结构，提高经济质量。但湖南87%的中小企业自主进行技术改造升级面临较多困难，只有部分企业冒着知识产权风险"模仿创新"或花"大价钱"购买引进国内外技术，缺乏技术核心竞争力。企业自主研发机构和自主研发产品的多少，能在一定程度上反映企业自主创新能力。调查显示，63%的企业不拥有研发机构，拥有5个以上研发机构的企业只占6.7%，技术研究能力弱；66.8%的企业没有自主研发产品，只能模仿借鉴。

三 促进湖南中小企业创新转型升级的对策建议

1. 打造政策洼地，营造中小企业创新转型良好政策环境

一是在国家大力推进企业创新转型与湖南实施"创新引领、开放崛起"战略背景下，根据湖南产业发展实际、经济社会发展"十三五"规划与技术创新力量分布，对各地中小企业创新转型现状进行更全面的掌握，做出可行性分析和价值评估后，制定合理的中小企业创新转型发展规划，为湖南中小企业创新转型提供路线图与行动方案。

二是及时更新补充完善相关政策。对省内已有中小企业创新转型发展相关政策体系进行梳理，该废除的废除，该合并的合并，该优化的优化，着重突出减少审批程序，在税收、财政、环保、卫生、土地、水电气等相关政策上加大改革力度。

三是加强中小企业创新转型政策宣传与执行。加强相关政策宣传，破除

好的政策"梗阻在最后一公里"魔咒。在宣传渠道选择上，在原有传统媒体之外，着重利用微信、微博等企业家喜闻乐见的新媒体进行宣传；在宣传内容上，着重加强对"环保政策""人才新政""军民整合与高新技术30条"等与中小企业发展密切相关的新政策。同时，建立第三方评估机制，一方面对湖南中小企业创新转型政策产生的效果进行评估；另一方面对各职能机构执行落实中小企业创新转型发展政策情况进行评估。

2. 鼓励企业家提高创新转型的能力与信心

相关部门追加一定的财政投入预算，进一步组织各类活动，提升中小企业家素质。一是"走出去"。在向国内发达地区交流学习的同时，适时适量带领优秀中小企业家去发达国家调研考察，培养一批具有现代理念、国际视野、战略眼光、创新意识的高素质中小企业家。二是定期举办"创业沙龙""企业家俱乐部""创业创意DIY头脑风暴会""创新转型经验交流"等活动，促进本土中小企业主在相互切磋中不断汲取别人的成功经验，从而站在"巨人"与"众人"的肩膀上走得更好更稳。三是"请进来"。鼓励各个地区、企业家协会邀请优秀专家与企业家来湖南指导，举办"国情省情培训班"，开设"中国经济发展形势分析""湖南发展历史及人文环境""关系学"等专题讲座。

3. 优化中小企业人力资源管理保障创新转型人才

一是政府主导引进更多优秀人才来湘留湘就业创业。基于"创新引领、开放崛起"的背景，进一步优化完善湖南人才政策，在新一轮人才争夺中抢得先机，特别是要加强落户、补贴、买房、子女入学、医疗保障、职称评定等方面的服务工作，吸引更多的（海外）高层次人才落户湖南创新创业，让三湘大地成为"人才洼地"。政府搭建平台，促进中小企业与中南大学、湖南大学、湖南师范大学等省内高校的联系合作，可委托培养部分人才，也可积极向在校学生宣传湖南的创新创业政策，吸引更多的毕业生在湖南发展，为中小企业提供人才储备量。

二是加强人力资源流动平台建设。湖南省人力资源与社会保障厅等相关部门进一步做好中小企业"五险一金"与劳务合同的规划与规范；在湖南省内促进人力资源管理公司、咨询公司、猎头公司、人才招聘市场、人才招聘网站等人才招聘与流动平台的建设，为中小企业人才招聘与流动搭建平台。

三是积极培育中小企业的人力资源内生机制。要发挥中小企业本身的人力资源建设的主体作用，树立企业人力资源是企业第一资源的理念，坚持"以人为本"，优化人才招聘体系，尽可能根据需要与实力招聘更多更优质的人才；优化薪酬体系、激励体系与评价体系，让中小企业技术骨干能够脱颖而出，有更多的获得感与归属感，增加进行技术创新转型的动力；完善企业的人才培训体系，加强对中小企业管理人员与技术人员的培训，提高技术创新与转型升级的能力。

4. 构建中小企业融资桥梁，拓宽融资渠道，降低融资成本

进一步发挥政府部门及相关机构在中小企业市场融资过程中的桥梁作用。一方面，政府部门的相关融资规定必须落实到位，保证市场融资活动的合法进行，优惠扶持政策要贴近中小企业的实际需要，避免"政策虚设，企业无益"现象发生；另一方面，政府要和中小企业、金融中介合作构建产权融资平台，以政府作为担保主体，引导市场资金的整合与分配。

具体而言，可加快发展省内风险投资机制、建立知识产权质押风险池、引入湖南中小企业担保公司开发担保贷款产品、为债权融资与股权融资开辟绿色通道；针对中小企业融资需求，建议各商业银行借鉴兴业银行、中国建设银行等发行"创业贷"的做法，探索设立"银行+担保+额外风险补偿机制"的新型"非公企业创业贷"，解决中小企业发展"资金瓶颈"。

5. 提高中小企业技术创新转型升级能力

一是鼓励中小企业开展技术联合创新。要进一步推动多种形式的产学研联合。加大中小企业与科研院所、高等院校、各类国际科技机构的合作力度。要注重供需合作。引导中小企业从市场需求找科研成果，引导科研机构对接中小企业需求搞研究，实现双方优势互补。二是加强技术创新风险防范。要选择适宜的技术创新模式。引导中小企业根据自身的实际情况和市场环境，选择适宜的创新模式，并在项目实施过程中加强风险预警监控和风险

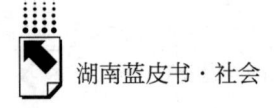

管理。要注重人才引进。鼓励中小企业由注重资金引进转向创新型人才引进，由注重资本的积累转向人才的培养和积累，建立有效的人才引进、培养、激励机制。三是推动创新平台的建设与发展。要加快培育建设高水平科技研发创新平台。重点支持高等院校和龙头企业申报组建国家重点实验室、工程实验室等。要促进创新资源开放共享。四是加强知识产权的运用和保护。要引导中小企业建立知识产权管理制度。建立和完善企业发展的知识产权预警机制，提升企业运用知识产权参与市场竞争的能力。要加大对侵犯知识产权行为的处罚和执法力度，创造尊重和保护知识产权的良好氛围。

B.33
湖南农村创业创新政策实施的现状、问题与对策

姜芳蕊*

随着中国经济发展进入新常态,工业化、城镇化吸纳农村剩余劳动力就业能力呈边际递减趋势,[①]农村创业创新逐渐成为促进农村内生性就业、推动地方经济发展、统筹城乡建设最重要,也是最有效的途径。[②] 在"强农惠农富农"理念指导下,鼓励和支持返乡、下乡人员创业创新逐渐成为新时代"双创"背景下,培育经济增长的新动力和打造区域均衡发展新引擎的重要内容。[③] 党的十九大报告首次提出要实施乡村振兴战略,强调必须坚持把农业农村农民问题作为全党的工作重点。2018年,中央一号文件对乡村振兴战略进行了科学部署和安排,其中明确提出要"实施乡村就业创业促进行动"。

一 湖南省农村创业创新政策实施现状

1. 农村创业创新政策体系已初步形成

2014年"大众创业万众创新"提出后,《国务院关于落实<政府工作报告>重点工作部门分工的意见》(国发〔2015〕14号)就将"统筹农村转

---

* 姜芳蕊,湖南省委党校湖南行政学院讲师,知识产权博士。
① 王文强:《21世纪以来中国三农政策走向研究——对14个"中央一号文件"的回顾与展望》,《江西社会科学》2017年第7期,第51~58页。
② 王佳宁、刘传江、梁季等:《农民工等人员返乡创业的政策匹配》,《改革》2016年第8期,第18~31页。
③ 阎志俊:《"大众创业、万众创新"背景下农民创业扶持体系研究——以江苏省南通市为例》,《长沙民政职业技术学院学报》2015年第9期,第51~55页。

移劳动力、城镇困难人员、退役军人就业"作为当年工作的重点内容,并持续释放一系列政策红利,吸引越来越多返乡、下乡人员开展农村创业创新,带动了农村创业创新热潮的兴起。[①]湖南省一直紧跟中央部署,也陆续发布了相关配套政策。为了贯彻和落实中央文件精神,充分发挥湖南农业大省的优势,2015年,湖南省人民政府办公厅结合本省实际,相继出台了两个文件《湖南省发展众创空间推进大众创新创业实施方案》(湘政办发〔2015〕74号)、《湖南省人民政府办公厅关于支持农民工等人员返乡创业的实施意见》(湘政办发〔2015〕113号)等政策文件,鼓励和支持返乡、下乡人员创业创新。

在习近平总书记"强农惠农富农"理念指导下,[②]湖南省愈发重视和强调鼓励和支持农村创业创新,相关政策也日趋细化和具体化,使得农村创业创新政策体系逐渐从"大众创业,万众创新"的大背景下凸显出来,逐渐形成了自有的框架、内容和要求,农村创业创新政策体系已初步形成。

2. 湖南农村创业创新政策实施已初具成效

湖南省近年来坚持贯彻落实中央关于农村创业创新文件精神,充分发挥返乡、下乡人员的创业创新主体优势,坚定不移地走创业富民、创新强省之路,拓宽创业路径,改善农村创业环境,提升农民工创业创新能力,积极培育农业经营主体,取得了显著成效。截至2016年底,农村创业创新人数已累计达28万人,成功创办各类经济实体3万多家,安排劳动就业60余万人,年销售(营业)收入超过400亿元。全省农村创业创新浪潮呈现出行业趋向多元化、企业趋向规模化、技术趋向现代化和投资趋向资源化的特点。[③]

[①] 中国经济网:《农民创业创新热潮正在形成》,http://www.ce.cn/xwzx/gnsz/gdxw/201608/01/t20160801_14353758.shtml,2016年8月1日。

[②] 张黎:《习近平"强农惠农富农"战略发展思想研究》,武汉:华中师范大学,2016。

[③] 湖南省农业委员会:《湖南省农民创业创新情况汇报》,http://www.moa.gov.cn/ztzl/scw/dxjync/201611/t20161129_5381532.htm,2016年11月29日。

二 湖南农村创业创新政策存在的主要问题

1. 湖南农村创业创新政策普及率不高

湖南省农业委员会2016年统计结果显示,全省外出务工人群中,大约50万人有实力返乡进行创业创新,但实际回来进行创业创新的人数不到25万人。而且其中绝大部分人的创业创新模式都是小规模的个体经营,[①] 真正能发挥所学专业技能或经验来创办大规模企业,能够带动当地就业、产业发展的人还不多。造成这一现状的原因主要有:

第一,农村创业创新政策的宣传力度不强。首先,虽然国家提出"大众创业,万众创新"已有数年,湖南省各级政府也积极配合出台了多条支持农村创业创新的优惠政策和服务措施,但内容上对事关农村创业创新群体最核心的具体政策解读、优惠享受条件没有宣传到位,导致许多有志返乡、下乡创业创新的人员对湖南相关优惠政策一知半解,甚至完全不了解;其次,对于湖南农村发展现状和成就宣传不足,导致在外务工人员对家乡印象还停留在过去,保持着一定成见,回乡创业创新的积极性不高;再次,政府部分相关人员缺乏对政策的全面了解和掌握,一方面难以为农村创业创新人员提供有效的咨询帮助,另一方面也无法利用好政策红利,组织申请各类扶持和补贴。

第二,农村创业创新政策的宣传通道不畅。农村创业创新政策作为一种福利性质公共资源,有一定的稀缺性。在互联网、手机通信越来越普及的当下,越来越多的农村创业创新政策也通过公众号等渠道进行推广和宣传,反而是政策传达停留在省内较发达地区,对于在省外打工者或居住在经济欠发达地区的居民,反而难以接收和了解相关信息,更多地依赖于社

[①] 对湖南省农村创业创新企业经营模式的调查结果显示,个体经营(65%)和私人经营(23%)占了绝大多数,合占整体的88%,另外股份制经营占整体的6%,承包租赁类占整体的4%,其他经营方式也占整体的2%。参见曾珠:《湖南省农民工返乡创业中的金融支持研究》,湖南农业大学硕士学位论文,2015。

会个体关系网络进行传播,导致只有少数群体接收到了政策信息,外出务工人员的信息掌握不够全面,沟通渠道缺乏。尤其是未形成外出人员追踪机制,与外出获得一定成就的人员联系不足,缺乏鼓励、吸纳这些优秀人才返乡创业的基础。

2. 湖南农村创业创新政策长效性与连续性不够

2014年提出"大众创业,万众创新"后,鼓励农民工、大学生、退伍军人等返乡、下乡创业创新才逐渐进入国家决策层的视野,中央领导层对此给予了高度重视,仅2016年,国家就发布了十余条与农村创业创新直接相关的政策。这种政策"扎堆"出台体现了国家对农村创业创新的高度重视,和农村创业创新在解决和应对"三农"问题上的重要性和急迫性,但也造成了现有的农村创业创新政策整体上的统筹性较弱,在内容设计上对衔接性和长远性的考量不足。例如,农村创业创新作为政府的长期工作内容,政策应以"发展"为核心分阶段推进,相应地应明确职能分工,落实机构,推进简政放权等改革工作。但现有的政策导向,更强调立竿见影的"短、频、快"效果,甚至部分地方政府将工作重心集中在"招大引强"上,忽视了当前农村创业创新以"生存型"小规模经营为主的现实,当地经济生态难以得到有效改善,导致了主观上地方政府对政策落地的积极性不高,客观上也没有将农村创业创新纳入当地战略性规划,政策续航能力较差。

3. 湖南农村创业创新政策供给有效性不足

第一,湖南农村创业创新政策供给的对象范围过窄。以创业融资为例,虽然国家近年来在各类政策中都强调要吸引和调动社会资本参与农村创业创新,2018年中央一号文件《关于实施乡村振兴战略的意见》更是指出要"撬动金融和社会资本更多投向乡村振兴",但缺乏相应的风险分担机制,发放贷款的银行往往是风险承担的主体。对于大部分默默无闻的农村创业创新主体来说,向银行申请贷款时既没有树立起有效的信誉或知名度,也不能提供价值稳定、容易变现的抵押物,实际获取投资和融资的能力较差,能真正享受到金融政策扶持的数量更是少之又少。超过半数的返乡、下乡人员进行创业创新活动的资金来源于自己的积蓄或朋友的资助,影响了其农村创业创新的积极性。[1]

第二,湖南农村创业创新政策供给的力度较小。即使返乡、下乡人员能够获得贷款或者政策扶持,在数额、支持力度和持续性上也非常有限,大部分金融机构给予农村创业创新的支持仅能满足50%以下的资金需求额,如果进行大规模企业创业创新,余下50%左右资金额的筹措仍然是个问题,这造成了湖南省农村创业创新规模普遍不大、风险防御能力偏低、存活率低等问题。尽管湖南省对于一些科技创新含量较高的农村创业创新活动,创新性地提出了"知识产权质押"的融资方式,但相关政策、规定对"规定给予成功开展质押融资的银行每笔0.5万~2万元的资金资助",这与银行所承担的风险相比显得杯水车薪,仍未解决银行"惜贷"、"拒贷"的原因,农村创业创新可获得的资金支持政策并未切实落地。此外,农村创业创新主体在利用相关政策过程中,常常面临着手续繁琐、程序过多、审批时间较长等诸多问题,影响了政策实际供给效果,打击了返乡下乡人员的创业创新热情。

第三,湖南农村创业创新培训供给不顺。地方政府在组织筹办农村创业创新培训活动时,兼具资源调配者、培训组织者、培训内容提供者、监督者、被考核者等多重身份。政府部门本应集中精力,提高返乡下乡人员创业创新素养,增强相关职业技能培训的提供能力,并将部分关注点转移到获得组织方的认可,以谋求长期合作,但因承担的职能过多,力不从心,导致部分农村创业创新培训流于形式,培训的有效性、政策的引导性被任务指标的完成度和考核满意度所取代。

三 湖南农村创业创新政策的实施重点及完善对策

鼓励农村创业创新,对于全面深化供给侧改革,推动县域经济发展,加快社会主义新农村建设,实现乡村振兴战略,具有非常重要的意义。农村创

---

[1] 曾珠:《湖南省农民工返乡创业中的金融支持研究》,湖南农业大学硕士学位论文,2015。

业创新是一项长期的系统性工程，既与政策本身的科学性、可行性密切相关，也与政策的实施方有很大关系。因此，更好地推动湖南农村创业创新事业发展，需要在政策的制定、落实、部门统筹规划等方面改革创新，才能有效提高政策效率。①

1. 进一步完善农村创业创新政策

农村创业创新是助力乡村振兴战略的重要推手，亦是深化农村供给侧改革的重要内容，已逐渐受到中央和省内各级党政部门的高度重视。但目前，湖南农村创业创新政策还存在引导性不够、实践性不高、落地性不强等问题，导致湖南农村创业创新实效进程缓慢，亟须出台相关配套政策和文件予以支持和完善。

第一，完善湖南农村创业创新顶层设计，加大政策引导和支持力度。创业创新的本质"就是多向试错，这不是政府领导决定的，而是创业者做出来的"②。因此，要在尊重市场规律的前提下，坚持市场主导、政府引导的原则，在国家制定的规划框架内，对已经出台的省级和各个地方农村创业创新政策进行统筹梳理，完善湖南省农村创业创新政策体系，引导良好的农村创业创新运行秩序，加强规范化管理。

第二，出台配套措施推进湖南农村创业创新工作实践。习近平总书记在讲话中多次强调："要注重细节小事"，"要在落细、落小、落实上下功夫"，这是加强政府工作落实、加强执行力的内在要求。目前，国家层面和湖南省层面已出台一系列支持和鼓励农村创业创新的政策文件，要使这些政策有效促进乡村振兴战略的实施，真正解决"三农"问题，关键在其与实业操作能否实现有机衔接，如果空有大好政策却难以落地，反而可能引发冲突和矛盾，更不用说创造更大的社会经济价值了。③ 现有政策中，以方向性、指导

---

① 胡俊波：《农民工返乡创业扶持政策绩效评估体系：构建与应用》，《社会科学研究》2014年第5期，第79~85页。
② 龙群、赖流滨、肖乐：《湖南省推进大众创业万众创新的对策研究》，《企业技术开发》2015年第8期，第11页。
③ 罗干淇：《"大众创业、万众创新"政策落地研究》，《财经界》2015年第12期。

性的基本方略为主，涉及具体执行的较少。所以，湖南必须因地制宜、因势利导，结合全省以及各地、市的具体情况和实践基础，马上研究和制定政策落地细节，最终形成能够适用于湖南实际、具有可操作性的具体方略，避免政策流于空谈。[1]

第三，构建科学的农村创业创新政策评估体系，形成有效的政策运行监督反馈机制。湖南已出台了许多支持和鼓励农村创业创新政策，但对政策运行实施状况的监督评估和配套政策却鲜有涉及，尚未形成有效的政策运行监控反馈机制。导致对农村创业创新政策推进过程中的工作难点、空白点等问题不能及时而全面的掌握。需要构建监督评估体系，提高政策实施效率，达到事半功倍的效果。

2. 进一步营造农村创业创新良好氛围

第一，要扩大农村创业创新政策的影响。制定政策的目的在于实践运用。针对湖南当前农村创业创新政策普及率不高的困境，一是要拓宽宣传途径，加大政策宣传力度，畅通宣传渠道，确保返乡下乡人员能够及时、正确、全面地了解和掌握当前的农村创业创新政策。尤其要重点加强对总体政策、用工政策、技术政策和产业政策的宣传；二是要进一步加强对财税优惠政策、金融政策、用地优惠政策和创业培训政策的体系化建设和宣传。

第二，完善农村创业创新公共服务。一是加强各级政府工作人员的服务意识，建立返乡、下乡创业人员的需求表达机制，形成双向畅通的宣传、反馈渠道。还可以结合地域发展特点，通过打造农村创业创新示范基地，树立农民创业创新先进典型，通过先进的示范效应，集中优势，做大影响，引导舆论关注，提高全社会对农民创业创新的认识，借此契机吸引更多的人才返乡，鼓励更多社会主体投身农村创业创新，带动全省的农村创业创新的发展，推动本地经济建设发展，并将成功经验向全国进行推广。二是提高政府服务质量。在行政体制改革背景下，"简政放权"一方面要求相关职能部门

---

[1] 张辰琛：《创新创业政策的政府支持与实现路径》，《人民论坛》2016 年第 1 期，第 46~47 页。

要认真清理和理顺现有农村创业创新企业行政审批项目，另一方面要开辟湖南农村创业创新服务绿色通道，简化登记、审批流程和手续，不断完善和改进办事程序。三是做好信息服务工作。积极建立农民创业创新服务机构，建立全程跟踪服务体系，为农民创业创新切实地提供有效的指导和服务，积极协助解决返乡、下乡人员在农村创业创新中遇到的具体问题；依托互联网，建立健全城乡人口综合信息管理系统，便于当地政府掌握本地人口流出和流入情况，也有利于依据人口情况实现政策资源分配，减小政策实施的阻力。

第三，提高农村创业创新培训效果。党的十九大报告中提出，要建设"知识型、技能型、创新型劳动者大军"，在全社会范围"大规模开展职业技能培训"。创业创新教育培训是发现创业创新风口、激发创业创新动力、强化创业创新技能、拔高创业创新层次、增加创业创新成功率的重要方法和保障。为了提高湖南农村创业创新培训的效果，一是要了解本区域创业创新热点和创业创新的培训需求，做到有的放矢。返乡下乡人群因其工作、所受教育等经历不同，其所掌握的创业创新相关技能、知识、政策等水平也参差不齐，应当在充分了解不同创业创新主体的培训需求的基础上，有针对性地与职业院校、培训机构、咨询机构、企业、高校院所等开展合作，搭建培训平台，提供形式多样、内容丰富的培训，提高培训的综合性和适用性，并灵活运用报纸、媒体、电话、网络等渠道进行相关内容的教育和普及。二是建立跟踪服务，提供长期指导。通过搭建跟踪平台，一方面提供后续的咨询和指导服务，另一方面，通过跟踪反馈效果来更新、提高农村创业创新培训的水平。

3.进一步加强政策扶持，降低创业门槛

第一，要加强湖南农村创业创新金融的支持力度。一是以政策性金融为主导，完善返乡农民工创业担保贷款。通过有目的地将政府财政资金引导至湖南农村创业创新建设，能有效地分担和降低银行等金融机构承担的风险，提高农村创业创新政策的可获得性；二是提高金融有效供给。调研显示，湖南农村银行网点覆盖率普遍偏低，导致一些金融政策难以落到实处。要积极提高金融机构及其业务在农村的开展覆盖率，引导合作型、商业型银行为返乡、下乡人员提供创业资金支持，创新金融服务，拓宽融资渠道，增加供给有效性；三是以民间金融为补充，扩大返乡农民工创业信贷支持渠道。"双创"提出以来，国家出台的多个政策中都在倡导和鼓励民间金融投资，探索政府与社会资本合作的模式，但迄今尚未出台正式的法律规范，使其游离于正规的金融体系之外，规范性、约束性较低。在下一步开展农村创业创新工作的过程中，要合理放宽民间资本合作融资的准入门槛，探索民间资本的平台建设和监督管理建设，提供规范、安全、多元的融资渠道，缓解农村创业创新活动的融资难题。①

第二，在税收、用地、用电等方面出台更优惠的政策，降低企业运行成本。对农村创业创新企业实行减低税收、免除或延长税收优惠期限；对成绩显著、贡献突出的农村创业创新企业或个人实行"先征后返"等税收鼓励措施。在地方财政预算中纳入农村创业创新扶持基金，主要用于对农村创业创新的补贴、贴息、专业培训、担保资金等。加强对专项基金的监督和管理，实现资金的专款专用。对农村创业创新用地给予倾斜性的财政补贴措施，加快规范和创新土地承包权和经营权的流转。进行直购电制度改革，允许企业直接到电网公司买电，降低用电成本，减免企业产品流通的高速公路通行费。②

4. 进一步加强部门协作统筹规划

任何政策都不是孤立存在的，要使其在施行过程中充分发挥预期效果，离不开与其他政策和部门的对接与协作。农村创业创新是"双创"背景下，多元主体参与、多个政府部门协调管理的活动。党的十九大报告也指出，在推动和鼓励农村创业创新事业方面，要"促进农村一、二、三产业融合发展"，这不可避免地要将科技、创业者、资本、市场、各级政府管理部门等各种资源有效地组织起来，统筹规划、互相协作、互相配合，形成各具特

---

① 王恒睿：《农民对创业扶持政策需求优先序及其影响因素研究——基于江西省调查数据的实证》，江西农业大学硕士学位论文，2016。
② 湖南省农业委员会：《湖南省农民创业创新情况汇报》，http://www.moa.gov.cn/ztzl/scw/dxjync/201611/t20161129_5381532.htm，2016年11月29日。

色、各司其职的良好创业生态，确保创业创新活动取得良好的实施效果。

第一，将农村创业创新政策与城乡社会领域的制度改革和政策调整相结合。在"强农惠农富农"战略思想指导下，要把握乡村振兴战略实施的机遇，充分利用当前统筹城乡规划发展的改革契机，加速城乡要素双向流动，促进农村创业创新热情，形成新农村建设、城乡一体化与农村创业创新的良性互动。

第二，将农村创业创新政策与当地的人才政策相结合。习近平总书记多次强调，"发展是第一要务，人才是第一资源"。党的十九大报告也提到，"人才是实现民族振兴、赢得国际竞争主动的战略资源"，我国当前的人口红利正逐渐转向"人才红利"，尤其是有知识、会技术、懂管理的人才是农村创业创新中最为稀缺和最宝贵的资源。针对目前国内多个城市开展的"抢人大战"，湖南也要充分利用"引才"热潮和相关政策，如"三支一扶"（支教、支农、支医、扶贫）、《长株潭高层次人才聚集工程实施方案（试行）》、"芙蓉英才星城圆梦"推进计划等，首先鼓励和吸引高质量人才来湘投身农村创业创新；其次，要继续出台相关政策，落实和解决人才来湘的生活需求、提供良好的创业创新环境，确保所引进的人才"用得好，留得住"。这样才能真正地依靠人才持续带动湖南农村创业创新的发展，凸显湖南农业大省的优势，推进"乡村振兴战略"的实施，深入贯彻湖南省第十一次党代会提出的"创新引领、开放崛起"战略，早日建成富饶、美丽、幸福的新湖南。

·依法行政·

B.34
知识产权案件技术事实查明机制研究

刘庆富　曾得志　陈小珍*

当今世界，知识产权成为国家核心竞争力，创新驱动发展为各国政府所倡导，科技发展日新月异，知识产权纠纷日渐增多。与传统民商事案件相比，知识产权案件尤其是技术类案件的专业性较强，基于知识结构及视野的局限性，法官必须借助其他的制度设计来对个案技术问题做出准确判断。从全世界范围来看，各国法院采用不同制度力求解决技术事实查明难题，技术事实查明越来越受到实务界和理论界的关注。本文以国内外法院对知识产权案件技术事实查明机制的发展现状为视角，分析存在的普遍性问题，努力探寻解决措施，为进一步完善我国技术事实查明机制提供参考。

一　我国技术事实查明机制运行情况及主要问题

（一）技术鉴定制度

1. 实际运行情况

我国《民事诉讼法》第七十二条规定，人民法院对专门性问题认为需要鉴定的，应当交由法定鉴定部门鉴定。在技术事实查明过程中，鉴定大量

---

* 刘庆富，湖南省高级人民法院党组副书记、副院长；曾得志，湖南省高级人民法院审判委员会委员、民三庭庭长；陈小珍，湖南省高级人民法院民三庭副庭长。

适用。从湖南法院近五年来审理的涉及技术鉴定的案件来看，鉴定意见采信率较高，77%的鉴定意见获得了法院采信，其中73%的鉴定意见影响了判决结果。

2. 存在的主要问题

（1）技术鉴定周期长。鉴定周期长是技术鉴定遭诟病的主因。湖南法院2012年以来涉及技术鉴定的38件知识产权民事案件中，平均审理周期（含一、二审）为1240天，较普通知识产权案件的审理周期多了近900天。

（2）鉴定范围比较混乱。对鉴定范围和司法裁判范围存在模糊认识，实践中做法比较混乱。有的法院将是否构成商业秘密的认定委托给鉴定机构，不少地区的公安机关对于侵犯商业秘密或假冒商标的案件，均要求鉴定机构出具商标是否相同、是否构成侵犯商业秘密的鉴定意见后才立案。

（3）多次鉴定、多头鉴定时有出现。由于法律对鉴定次数没有明确限制，一些案件中出现多次甚至多头鉴定的情况。在长沙深湘通用机器有限公司诉湖南广义科技有限公司夏某侵犯发明专利权纠纷案中，就同一技术事实问题，一审、二审和再审共委托了三家不同的机构进行鉴定，三份鉴定意见各异，导致裁判结果一再反转。[1]

（二）专家辅助人制度

1. 实际运行情况

2010~2015年，全国法院聘请了专家辅助人的案件共219件，其中知识产权案件仅22件。这22件案件中，浙江法院12件，上海法院7件，江苏法院3件，湖南和其他地方法院未见1件。[2] 从数量看，2002年《最高人民法院关于民事诉讼证据的若干规定》设置专家辅助人制度以来，全国法院知识产权案件中聘请了专家辅助人的极少，效果并不理想。

---

[1] 参见湖北省高级人民法院（2011）鄂民三再终字第2号民事判决书。
[2] 此数据是在中国裁判文书网中输入"专家证人"或"专家辅助人"后的查询结果，2016年3月15日查询。

2. 存在的主要问题

（1）名称不统一，性质不明确。从 2002 年民事诉讼证据规则中的"具有专门知识的人"到《关于全面加强知识产权审判工作为建设创新型国家提供司法保障的意见》和《国家知识产权战略纲要》所述之"专家证人"，再到新民事诉讼法及其司法解释所述之"有专门知识的人"，内涵外延并不明确，关于"具有专门知识的人员"是专家证人还是专家辅助人的问题长期争论不休。

（2）认知度低，适用积极性不高。一是认知度低。调查显示，法律工作者对专家辅助人制度的了解程度不容乐观：表示非常清楚的仅有 7%，表示清楚的有 39.5%，二者合计为 46.5%，不到总数的一半；听说过的占 40%，不清楚的占 13.6%，二者合计为 53.6%。二是专家、当事人和法官的积极性不高。对于专家辅助人制度实施中可能遇到的最大阻力，18.2% 的调查对象认为是"专家辅助人可能会混淆视听"，54.5% 的调查对象认为是"专家辅助人不愿得罪同行，不愿出庭"，11% 的调查对象认为是"法官不愿让专家辅助人出庭"[①]。

（3）对专家辅助人意见的处理不一。对于专家辅助人的身份、出庭情况、发表的意见、对方的质证意见、法院的认证意见等问题的处理，实践中的做法各种各样。在上述查询到的 22 件知识产权案件中，主要有如下做法：一是仅在判决书里记载专家辅助人的出庭情况；二是仅在判决书里记载专家辅助人的身份和出庭情况；三是在判决书里记载专家辅助人的身份、出庭情况、发表的意见；四是在判决书里记载专家辅助人的身份、出庭情况、发表的意见、对方当事人的质证意见、法院的认证意见。

（三）专家咨询制度

1. 实际运行情况

2010 年，最高人民法院聘请了一批技术专家作为咨询专家。之后，湖

[①] 潘广俊、陈喆、胡铭：《专家辅助人制度的现状、困境与改善建议》，《证据科学》2014 年第 6 期。

南、上海、北京等地也陆续聘请教授、学科（或技术）带头人等为技术咨询专家。但由于法律缺失，实践中各地法院对专家咨询的操作也不相同，制度的实际运行情况难以知晓，公开获得的数据极为有限。经查阅湖南省高级人民法院2010~2015年审理的知识产权案件，并向所有承办法官了解相关情况，总计只有5个案件的法官就专业问题咨询了专家。

2. 存在的主要问题

（1）缺乏明确的法律依据。与专家辅助人制度有明文法律依据不同，专家咨询制度没有明确的法律依据，仅有司法文件和司法政策作为依据，且未就专家咨询的程序、专家的选择等问题作进一步规定，操作性不强。

（2）咨询意见的效力不明。根据2009年最高人民法院的答复，咨询意见仅仅作为法官认定事实的参考，属于一种内部意见。但有学者认为"因为法官决定咨询专家时，当事人没有机会参与决定被咨询专家的人选，无法保证被咨询专家与案件无利害关系。法院在裁判文书中也不会提起咨询事项及过程。这种做法不仅剥夺了当事人庭审的权利，违背了诉讼程序的正当性要求，而且将裁判建立在无须承担任何责任的技术咨询意见上，也无法保障事实认定的准确性"[①]。

（3）具体操作方式各种各样。在前述5个涉及专家咨询的案件中：2个案件的主审法官称咨询了专家，但案卷未见任何相关材料。[②] 1个案件的合议庭咨询了专家，主审法官仅在副卷的审理报告需要说明的问题部分提到咨询了专家以及专家的意见。[③] 1个案件的合议庭咨询了专家，主审法官仅在副卷的合议笔录里提到咨询了专家以及专家的意见。[④] 1个案件的合议庭咨询了专家并做了咨询笔录，详细记载了专家的意见，且在案卷正卷中公开，

---

① 邵勋：《论专家证人制度的构建——以专家证人制度与鉴定制度的交叉共存为视角》，《法商研究》2011年第4期。
② 参见湖南省高级人民法院（2014）湘高法民三终字第153号和（2009）湘高法民三终字第50号民事判决书。
③ 参见湖南省高级人民法院（2013）湘高法民三终字第64号民事判决书。
④ 参见湖南省高级人民法院（2011）湘高法民三终字第63号民事判决书。

但未作为证据使用,仅作为合议庭参考。①

(4)缺乏经费等相关保障。目前法院对专家咨询没有相应的经费保障,比如在湖南,专家全部是义务提供劳动,没有任何报酬。该制度虽然呼声很高,但实际效果有限。

(四)专家陪审员制度

1. 实际运行情况

2009年,《关于贯彻实施国家知识产权战略若干问题的规定》提出,要注重发挥人民陪审员的作用,通过多种方式和渠道有效解决专业技术事实认定问题。2010年,最高人民法院在《关于人民陪审员参加审判活动若干问题的规定》中,首次规定具有特定专业知识的人民陪审员的确定方式。2013年,长沙市中级人民法院和长沙市岳麓区人民法院开始选任技术专家担任人民陪审员。

2. 存在的主要问题

(1)相关法律不健全。《人民法院组织法》及三大诉讼法仅对人民陪审员制度做了原则性规定,缺乏具体操作规则。关于专家陪审员,目前只有《关于人民陪审员参加审判活动若干问题的规定》有所涉及。

(2)陪审员随机抽取机制未能得到有效落实。目前专家陪审员的确定方式基本上为法院指定,可能导致一些陪审员变相成为"编外法官",失去了这项制度应有的群众性。

(五)技术调查官制度

1. 实际运行情况

2014年11~12月,北京、上海、广州知识产权法院陆续成立,管辖专利、植物新品种、集成电路布图设计、技术秘密等专业技术性较强的知识产权民事和行政案件。2014年12月,最高人民法院发布《关于知识产权法院

---

① 参见湖南省高级人民法院(2010)湘高法民三终字第55号民事判决书。

技术调查官参与诉讼活动若干问题的暂行规定》，技术调查官制度在我国正式建立。①

2. 存在的主要问题

（1）技术调查官来源不尽一致。北京知识产权法院任命的37名技术调查官主要是来自国家机关、行业协会、科研院所的专业技术人员；上海知识产权法院聘任的11名技术调查官中，有9名是由相关单位推荐的兼职技术调查官，另外2名则是专利复审委员会等机构派遣到上海知识产权法院交流的技术调查官；广州知识产权法院《技术调查官选任和管理办法》规定，技术调查官可以通过国家专利行政部门交流任职。可见，三个法院虽均建立了技术调查官制度，但人员来源并不统一，一定程度上影响了该项制度运行的确定性。

（2）技术调查官的中立性受到质疑。有一部分案件是知识产权行政案件，有的行政案件与民事案件存在一定的关联，比如专利、商标的有效性问题，往往会穿插在行政案件和民事案件中，对两类案件均会造成影响。技术调查官来自专利或商标行政管理部门，一定程度上影响司法中立和公正。

（3）技术调查意见的使用缺乏明确规定。虽然《技术调查官暂行规定》对技术调查意见作为法官认定事实的参考做出了定性，但对法官如何参考，技术调查意见会在何种程度上影响案件事实的认定甚至影响裁判结果，技术调查意见是否公开等问题均未做出规定。

二 域外技术事实查明机制概况

（一）技术法官

技术法官在德国和美国较常见。德国在联邦专利法院专门设置了技术法

---

① 吴蓉：《知识产权法院技术调查官制度初探——评〈最高人民法院关于知识产权法院技术调查官参与诉讼活动若干问题的暂行规定〉》，《中国版权》2015年第2期。

官，负责涉及技术的知识产权案件的审理，且技术类法官的人数较法律类法官的人数要多，与法律类法官具有同样的职权，一方面负责案件技术事实的认定，另一方面还可以和法律类法官一样享有法律适用的表决权，甚至是在两类法官组成的合议庭中，评议出现票数相同的分歧时，作为审判长的技术法官具有决定权。这就需要技术类法官除了具有一定的技术资质外，还同时具有法律专业知识。也有一些国家如瑞士，会借助具有专业技术背景的兼职法官来解决技术事实查明问题。美国和德国的技术法官制度对技术类案件中技术事实的认定具有积极的意义，可以避免合议庭对鉴定人的过度依赖和由于鉴定所导致的诉讼迟延，提高审判效率。[①] 同时，将技术人员嵌入法官制度，也减少了配套的司法程序带来的繁复。但是，由于技术法官毕竟只专于某个技术领域，而技术领域千千万万，在特定的案件中，技术法官亦会处于无能为力的状态，所以仍会依赖于其他的技术查明机制予以补充。

（二）司法辅助人员

任命具有专业技术的人员作为司法辅助人员是大陆法系和英美法系国家共同的做法，主要包括技术助理和技术调查官。虽然在不同的国家有不同的称谓，在制度设计上也有一定差别，但是从职责和功能而言，无论是美国的技术助理、日本的技术调查官，还是韩国或我国台湾地区的技术审查官均无大的区别。主要有如下特点：第一，技术辅助人员的主要职责是为法官提供技术方面的支持，提出案件技术事实的参考意见，虽参与一定的法律程序，但一般不作法律判断，比如我国台湾地区的技术审查官系"承法官之命，办理案件之技术判断、技术资料之收集、分析及提供技术之意见，并依法参与诉讼程序"，但在案件审理过程中，技术审查官对案件裁判结果不具有表决权，其扮演着类似诉讼辅助人员的角色。而日本的技术调查官受审判长之命，在言辞辩论、争议整理、证据调查、和解等程序中就案件所涉及的技术

[①] 宋汉林：《知识产权诉讼中的技术事实认定——兼论我国知识产权诉讼技术调查官制度》，《西部法学评论》2015 年第 5 期。

问题向当事人发问并向法官陈述。① 第二，技术审查报告对法官不具有绝对约束作用，仅具有参考作用。第三，经特别选任程序或派遣程序参与技术事实的审查。比如，日本的技术调查官主要从专利代理人、专利审查官或特许审判官中选任。

（三）鉴定人

在德国，技术法官只设于联邦专利法院，而普通法院不设技术法官，案件的技术事实主要由法官借助鉴定人出具的鉴定意见做出判断。鉴定人通过出具鉴定意见帮助法官查明技术事实是各国法院普遍采用的一种方式。鉴定完全避免了技术法官、技术助理在技术领域的局限性，但由于鉴定人员并不熟悉法律的一般程序，虽然在委托书中法官会列明鉴定的内容，但因思维、理论、术语等方面的差别，鉴定人也很可能不清楚法官所需要调查的技术事实，出具的意见并不能有效帮助法官查清技术事实。

（四）咨询专家

专家咨询制度在各国法院技术事实查明中亦较常见，只是在程序上会有一定的差别。比如，德国普通法院主要依据专家咨询制度来查明技术事实；日本知识产权高等裁判所除了设置技术调查官外，还设置了专门委员。专门委员并非常任，由法院从学者、研究机构专业技术专家、专利代理人等人员中选任，按照所参与和提供技术咨询意见的案件数量获得报酬，专门委员对于案件所涉技术事实认定时依法院裁定参与诉讼，并向合议庭提供技术说明。② 专门委员出具的技术意见并不对当事人公开，且并不必然对法官具有约束力，因此，其应归于技术咨询的性质。这一制度相较于司法辅助人员制度而言，形式上更为灵活，能克服司法辅助人员的技术领域局限。

---

① 宋汉林：《知识产权诉讼中的技术事实认定——兼论我国知识产权诉讼技术调查官制度》，《西部法学评论》2015 年第 5 期。
② 宋汉林：《知识产权诉讼中的技术事实认定——兼论我国知识产权诉讼技术调查官制度》，《西部法学评论》2015 年第 5 期。

（五）专家证人

在英美法系中，专家证人是指"具备知识、技能、经验、受过培训或教育，而就证据或事实争点提供科学、技术或其他专业意见的证人"[1]。专家证人一般受聘于当事人，费用由当事人支付，向法官说明技术问题或提供技术意见，有的还可以在法庭上就技术问题向对方律师或专家证人诘问。基于英美法系当事人主义的诉讼模式架构，当事人对于是否聘请专家、具体聘请哪位专家有很大的自主权。比如《美国联邦证据规则》第706条规定："法院可以根据自己的决定或者当事人的申请任命一名专家证人，当事人可以提交一份专家证人名单，然后由法官在名单中挑选专家证人。"

（六）技术陪审员

英国《民事诉讼规则》规定，法院可以委任一名或多名人士担任技术陪审员，协助法院处理技术事实认定问题。基于英美法系中当事人主义原则，该规则规定，技术陪审员的委任程序应保障当事人的程序参与权，即要向当事人书面通知提名技术陪审员的姓名、协助事项及资质，当事人可对其资质提出质疑，法院对当事人提出的质疑进行审查并决定是否委任。技术陪审员可以根据法官指令参与诉讼程序，向法官提供技术报告，并由法院向当事人送达。同时，技术陪审员出具的报告均向双方当事人送达。技术陪审员不出庭以言词形式做证，亦不接受交叉询问。[2]

三 我国技术事实查明机制的完善

技术事实查明机制中某一种制度设计虽有其优，但技术事实复杂纷繁，涉及万千领域，某一种制度虽展尽所长，但有时仍难能满足司法实践需要。

---

[1] Bryan A. Garner, *Black's Law Dictionary*, West Group 7th ed., 1999, p.1597.

[2] 徐昕：《英国民事诉讼规则》，中国法制出版社，2001，第181、576页。

以主要制度为侧重,以其他相关制度为补充的多元化技术事实查明制度更符合司法需要,我国应建立健全以专家辅助人制度和技术鉴定制度为主导,以专家咨询、技术调查官和专家陪审员为补充的多元化技术事实查明机制。

(一)完善技术鉴定制度的思考

主要是将鉴定内容类型化,明确鉴定范围。一是基于专门机构的仪器、设备或基于行业规则、准则而对专业性问题进行检验、测算,做出客观的鉴定结论。比如确定产品的成分及其含量或比例。二是基于学识、经验而对专业性问题进行分析、判断、解释、说明,做出主观性的鉴定结论。比如:发明创造是否具备专利法所要求的创造性;当事人双方的技术特征是否等同。

(二)完善专家辅助人制度的思考

1.明确专家辅助人的性质,将"有专门知识的人""专家证人"统称为"专家辅助人"

(1)将民事诉讼法及司法解释规定的"有专门知识的人"称为"专家辅助人"更为准确。根据我国法律规定,"有专门知识的人"系代表当事人对鉴定意见进行质证,或者对案件事实所涉及的专业问题提出意见,以帮助法庭查明案件事实。从"具有专门知识的人"的功能来看,其本质上是"辅助"当事人诉讼的"专业助手",将其理解为专家辅助人更合乎法律规定和其本质,以"专家辅助人"称之更为准确,实践中也逐渐使用专家辅助人的称谓。在北京奇虎科技有限公司与腾讯科技(深圳)有限公司等滥用市场支配地位纠纷案中,判决书明确记载当事人聘请专家辅助人出庭,就相关问题发表了意见,而未使用专家证人的称谓。[①]

(2)我国相关文件中的"专家证人"与英美法系中的专家证人有本质区别,不可混为一谈。英美法系国家的专家证人尽管与事实证人相比存在特殊性,但其诉讼地位仍然属于证人范畴。最高人民法院法官宋春雨认为,专

---

① 参见最高人民法院(2013)民三终字第4号民事判决书。

家辅助人在实践中经常被错误理解为专家证人,但事实上二者性质并不相同。专家辅助人的功能和目的只是辅助当事人充分有效地完成诉讼活动,他并不具有法官的"专业助手"的功能。而英美法系中的专家证人的功能则是双重的。他在诉讼中,既要在事实发现上为法庭提供帮助,也要辅助当事人进行诉讼,而辅助法庭事实发现的功能是其最主要和最优先的功能。上述功能上的差异,决定了专家辅助人的性质和诉讼地位不是英美法系中的专家证人。因此,将专家辅助人理解为专家证人的观点是不正确的,它势必导致"概念称谓上的混乱,理解上的不统一",也势必影响该项规定在审判实践中适用的效果。①

2. 完善专家辅助人的资格、程序启动、意见性质等具体规则

(1) 必要性与释明。法官在庭前通常会通过阅卷了解案件事实,但可能仍无法弄清有关技术问题。此时,法官应及时告知双方当事人申请专家辅助人出庭,以确保双方当事人权利平等和诉讼力量均衡,形成有效的诉辩对抗。

(2) 申请与审查。根据民事诉讼法及司法解释的规定,启动专家辅助人程序,需要当事人申请,并获得法院准许。专家辅助人的范围不应局限于具有正式专业证书的人员或著名学者,其他具有某些技能、在某领域有长期工作经验、接受过某种专业性训练或教育的人,只要能帮助法官解决技术问题,就可以成为专家辅助人。要强调的是,对专家应作广义理解,根据技术复杂程度确定专家资格审查的宽严度。比如争议的是前沿、复杂的技术问题,需要比较权威的专家出庭,对于普通的技术问题,普通的技术人员也可以作为专家辅助人出庭。在诺基亚公司与上海华勤通讯技术有限公司侵害发明专利权纠纷案中,法院认为,专家辅助人只要具备案件所涉的专门知识,就可以受托出庭就专业问题提出意见,法律并未禁止当事人的员工作为其专家辅助人出庭就专业问题提出意见……华勤公司的员工张文国可以作为被上

---

① 宋春雨:《论〈民事诉讼法〉司法解释中的若干证据问题》,载《法律适用》2015年第4期。

333

诉人的专家辅助人出庭进行说明,诺基亚公司对其出庭资格提出的质疑不能成立。①

(3)责令其签署保证书。专家发表意见应遵循客观、中立原则,无论是哪一方聘请的专家,一旦被准许以专家辅助人身份发表意见,就应当根据科学依据来发表意见。但由于专家辅助人系当事人聘请,有的还是当事人的员工,容易站在己方当事人立场发表意见,甚至可能误导法庭。即使在诚信建设较为完善的发达国家,当事人所聘请专家的中立性也很难得到有效保障。澳大利亚法官管理委员会曾经做过一个调查,澳大利亚27%的法官认为专家在做证时经常带有倾向性,67%的法官认为专家在做证时偶尔带有偏向性。② 为了防止专家辅助人屈从于当事人利益,尽可能促使其独立地发表意见,有必要在其发表意见前责令签署如实陈述保证书。拒绝签署的,不得发表意见。

(4)意见载入笔录和文书。专家辅助人发表的意见既然视为当事人陈述,就应完整、如实地记入开庭笔录。在判决书的当事人部分,委托代理人之后记载专家辅助人的身份,在判决书的案件由来部分记载专家辅助人的出庭情况,在举证部分记载专家辅助人的意见,在质证部分记载对方当事人的质证意见,在证据认证部分记载法院的认证意见。

(三)完善专家咨询制度的思考

1.立法规定专家咨询制度

通过制定法律或者发布司法解释的方式,对专家咨询制度进行统一立法,将其作为知识产权诉讼制度的重要组成部分,并规定咨询专家的资质要求、聘任程序、咨询工作程序、意见讨论和使用程序等,形成具体操作规范。

---

① 参见上海市高级人民法院(2013)沪高民三(知)终字第96号民事判决书。
② 徐继军、谢文哲:《英美法系专家证人制度弊端评析》,载《北京科技大学学报》(社会科学版)2004年第3期。

2. 明确咨询专家的地位

咨询专家是法院聘请的"技术外援",本质上只是法官审理案件的辅助者,其主要职责是为法官提供技术支持,对知识产权案件中涉及的技术问题进行解释说明,并提出专业意见,供法官进行参考。咨询专家提供意见仅涉及专业技术知识,不涉及相关的法律判断。

3. 明确咨询意见的效力

规定咨询意见只是法官办案的"参考",不作为定案的依据。专家由法庭聘请,只对法庭负责。咨询意见不接受当事人的质证,而是作为保密卷宗收入案件的副卷,进行单独封存。至于有人提出咨询意见不公开违反公开透明原则的问题,我们认为,任何一项制度都不可能面面俱到、尽善尽美,只要能实现其主要功能和价值即可。第一,现有专家辅助人制度完全可以满足当事人的公开透明要求,专家意见公开并接受质证。第二,法官对其裁判负责,对作为参考的咨询意见,由法官自行把关和承担责任,可以避免法官受到咨询意见的左右。

4. 咨询意见入卷使用

虽然专家咨询意见只是定案参考,但毕竟是查明技术问题的手段之一,会影响法官心证的形成,因此咨询意见要记录并入卷。记录应包括专家基本情况、咨询日期、咨询过程、法官咨询的问题、专家解释或者答复的内容等。主审法官要详细向合议庭汇报专家发表的咨询意见,合议庭要对此进行讨论,以发挥其帮助查明事实的作用。

5. 建立配套经费保障

将专家咨询费用纳入法院办案经费保障项目,参照鉴定标准和专家的职务、职称级别,向专家给付适当报酬。

(四)完善专家陪审员制度的思考

1. 建立专家陪审员的选任程序和管理体系

在知识产权案件管辖地法院进行人民陪审员选任时,侧重选任一定数量技术专家担任人民陪审员。根据专家陪审员的专长将其分组,建立专家陪审

员名册,以便确定具体案件的专家陪审员时,从相应类型专家陪审员名单中随机抽取,既保证专家陪审员的随机性,又保证其专业性。

2. 强化对专家陪审员的履职监督

法官要认真审查专家对事实认定所依据的证据是否确凿,专家对事实认定的逻辑推理过程是否严谨,以防止"专业霸权"的形成。

(五)完善技术调查官制度的思考

1. 选聘范围多元化

从日本和韩国的技术调查官制度来看,其对技术调查官的选任范围相对较窄,基本上来自行政管理机关的选派,而我国台湾地区的技术调查官的选任则更为多元。结合我国运行多年的专利复审委与最高人民法院、部分高级法院之间相互派遣人员的司法实践,以及我国专利代理人制度的特点,既可以从专利复审委中选聘优秀的审查员作为技术调查官,也可以从专利代理人和各行业协会的专家学者中选任,还可以从高校和科研院所的研究人员中选任,从而扩大选任范围。

2. 技术调查意见可适当公开

技术调查官的技术调查意见提高了法官认定事实的专业度,但技术调查意见同样也是当事人特别关注的案件事实。法官的自由心证应在裁判文书中得到体现,让当事人和社会公众明确知道法官的裁判理由,输赢有据。技术事实对于涉及技术问题的案件而言,往往是当事人争议最大的事实之一,因此,技术调查意见对法官认定事实的影响到底有多大,是否影响了案件的最终处理结果,均应在裁判文书中有所体现,让当事人知情并可反驳,或者通过上诉程序等方式予以救济。

结 语

世界总在变化,技术总在发展,在技术事实查明过程中,没有一项制度能一劳永逸,没有一项制度足够完美,能适用于所有案件。有的制度运行日久，虽屡遭诟病，却仍能旧树新枝；有的制度新颜初现，虽呼声高涨，但仍需考量与本国的适应与融合；有些制度之间本无截然界限，适用中亦交错穿插，无谓良莠。只是司法本身之价值要求个案中技术事实查明的效率与准确，决定了各项制度在具体个案中的价值。从整个知识产权司法来看，制度运行中出现的问题正好成了制度修正完善的最大推动力，也是各项制度需要密切协调配合的最有说服力的理由。技术事实查明是多项制度共同作用的结果，我们要做的是，实现专家辅助人、技术鉴定、专家咨询、专家陪审员、技术调查官等制度的有效衔接，推进多元技术事实查明机制的不断完善。

B.35 在惩戒与填补之间：我国刑事追偿制度的反思与重构

戴朝玲　尹玄海*

引　言

　　刑事追偿是指国家对刑事案件赔偿请求人赔偿后，责令有重大过错的刑事司法人员承担全部或者部分赔偿费用的制度。作为一项法律责任，刑事追偿制度规定在《中华人民共和国国家赔偿法》（以下简称《国家赔偿法》）中。然而由于规定过于原则、设计不尽科学等原因，刑事追偿一直没有真正发挥惩戒过错公务人员、填补国家财政的作用。重构刑事追偿制度，发挥其求偿功能，使之与公务员法中规定的行政责任、刑法中规定的刑事责任对接，是对中央司法改革中提出的办案质量终身负责制、错案责任倒查问责制等方针[1]的贯彻落实和规则回应。

一　逻辑之困：刑事追偿运行的现状考察

　　近年来，随着一系列重大冤错案件的纠正和司法侵权事实的曝光，刑事追偿再度成为关注焦点。从逻辑上看，刑事追偿正可发挥其功能。然而与刑

---

* 戴朝玲，湖南省新化县人，法学本科学历。现任湖南省高级人民法院国家赔偿委员会主任；尹玄海，男，湖南省洞口县人，2002年本科毕业于西北政法学院法学专业，2006年研究生毕业于中南财经政法大学诉讼法学专业。现任湖南省高级人民法院审判员。

[1]《中共中央关于全面推进依法治国若干重大问题的决定》，《人民日报》2014年10月29日，第1版。

事赔偿、责任追究有效运行的现状不同,刑事追偿现状与逻辑之间出现以下三方面的反差。

(一)反差一:外部关切热 VS 内部关注冷

刑事司法侵权是对公民权利的严重侵害。从重大刑事冤错案件等刑事司法侵权结果处理的实践来看,一旦确定案件系冤错案件,或其他刑事司法侵权结果被披露,社会舆论强烈要求对相关司法人员予以追责。刑事追偿作为对重大过错司法人员追责的手段之一,屡屡被商议国是的人大代表、政协委员提及(见表1)。

表1 近三年来部分人大代表、政协委员对刑事追偿的呼声

年份	代表委员姓名	基本内容	方式
2014	北京市人大代表高子程等16人	追偿范围过小,追偿渠道不畅	向全国人大常委会上书
2015	全国人大代表李大进	一个冤假错案赔偿少则几十万元,多则上百万元,百姓并不知道责任人是否把钱补足	提案
	全国政协委员彭静	建立错案国家赔偿后的追偿机制	提案
2016	全国人大代表朱张金、朱列玉	纠正冤错案件,深得社会各界支持,影响极大,是一项民心工程	建议

与此相反,在司法机关内部,对造成冤错案件或其他刑事司法侵权结果负有责任的司法人员进行刑事追偿这一问题却极少提及。近年来,最高人民法院、最高人民检察院工作报告均提到了符合刑事赔偿条件的案件数量和国家赔偿总额,但对刑事追偿案件数和追偿总额却只字未提(见表2)。

(二)反差二:赔偿总额大 VS 追偿总额小

近年来,随着人权保障观念的增强,刑事司法侵权损害结果发生后,国

家很重视对受害人刑事赔偿，刑事赔偿总额一直稳步上升，发布的数据对此已有充分说明（见表3）。

表2 近年来"两高"工作报告中提到的符合国家赔偿条件的案件数

年份	对不应当立案而立案的督促撤案（件）	滥用强制措施、违法取证、刑讯逼供纠正意见（件次）	因证据不足、不构成犯罪不批捕（人）	因证据不足、不构成犯罪不起诉（人）	宣告无罪人数（公诉案件）
2013	56248	177819	未提	未提	未提
2014	25211	72370	100157	16427	825（包括自诉）
2015	17673	54949	116553	23269	518
2016	10384	31874	131675	25778	667

表3 近年来最高人民法院工作报告中提到的国家赔偿总额

年份	国家赔偿案件数（件）	已支付的国家赔偿总额（亿元）
2013	8684	2.18
2014	2045	0.8735
2015	2708	1.1
2016	5439	2.4

然而刑事赔偿后，刑事追偿工作却不受重视。从现有能查阅的资料看，刑事追偿信息呈碎片化状态，赔偿义务机关没有专门的文件或报告予以司法公开，能查的刑事追偿数据仅来自财政部门。据有关资料不完全统计，国家追偿（包含行政追偿、非刑事司法追偿）数额极低，仅占财政核拨赔偿费用总额的3%，[①]而近年来重大冤错案件巨额国家赔偿金后竟然是零追偿（见表4）。

[①] 杨敏等：《国家赔偿费用追偿问题研究》，载中华人民共和国财政部网站，http：//www.mof.gov.cn/pub/tfs/zhengwuxinxi/diaochayanjiu/200806/t20080620_47491.html，2016年7月26日访问。

表4 近年来重大冤错案件赔偿额与追偿额

纠错年份	案由	司法侵权结果	赔偿数额	是否追偿
2013	赵艳锦故意杀人	羁押近10年	63万余元	未追偿
	浙江萧山五青年抢劫	羁押近17年	196万余元	未追偿
	李怀亮故意杀人	羁押近12年	98万余元	未报道，未追偿
	张氏叔侄强奸	羁押近10年	221万余元	未追偿
	于英生故意杀人	羁押近17年	100余万元	未报道
2014	念斌投毒	羁押近10年	113万余元	未追偿
	呼格吉勒图故意杀人、流氓	已枪决	205万余元	未追偿
2015	曾爱云故意杀人	羁押近12年	127万元	未追偿
2016	陈满故意杀人、放火	羁押近13年	275万余元	未追偿

（三）反差三：追责执行严VS追偿执行松

冤错案件发生后，对造成冤错案件责任人员的追究自然成为社会关注焦点之一。为回应社会关切和平息舆论，当局往往对责任人员高调追责，有些追责甚至很少考虑公务人员的过错程度①，可以说执行十分严格。刑事追偿作为对责任人经济责任的追究，尽管其严厉性与刑事责任不可同日而语，就连警告、记过等行政责任都不如，然而却执行宽松。纵观近年来被纠正的重大刑事冤错案件，均只见到对相关责任人员追究刑事责任、行政责任报道，而没有对相关责任人员刑事追偿的报道（见表5）。

表5 媒体报道的重大冤错案件刑事追责追偿

纠错年份	案由	赔偿数额	追责情况	是否追偿
2000	杜培武故意杀人	9万余元	2名警察被以刑讯逼供罪判刑	未追偿
2004	李久明故意杀人	4.8万元	7名警察被以刑讯逼供罪起诉,2人被判刑,5人免刑	未追偿

---

① 河南省舞阳县人民法院（2011）舞刑初字第167号刑事判决书认定，河南省周口市川汇区人民法院原刑庭庭长被告人王某荣在办理于某某被指控诈骗罪一案中，原拟宣告于某某无罪。周口市川汇区检察院撤回起诉后又重新起诉。王某荣根据经审委会讨论和周口市中院的批复，以诈骗罪判处于某某有期徒刑十年，后该案被再审宣告于某某无罪。舞阳县人民法院以玩忽职守罪判处王某荣有期徒刑一年九个月。

续表

纠错年份	案由	赔偿数额	追责情况	是否追偿
2005	佘祥林故意杀人	90余万元	1名经办警察自杀,其余未报道追究	未追偿
2010	赵作海故意杀人	65万元	6名警察被起诉,5人被以刑讯逼供罪判刑,1人免刑	未追偿
2013	浙江萧山五青年抢劫	196万余元	政法委内部追责	未追偿
2013	李怀亮故意杀人	98万余元	内部追责	未追偿
2013	张氏叔侄强奸	221万余元	内部追责	未追偿
2014	呼格吉勒图故意杀人、流氓	205万余元	27人被追责,除1名已涉嫌刑事犯罪外,其余分别处警告至记大过不等的行政处分	未追偿

二 缘由之探：刑事追偿现状的原因剖析

刑事追偿逻辑与现实中为何有如此大的反差，依笔者来看，主要有四方面的原因。

（一）政治关系的庇护性：追偿程序启动难

庇护性作为儒家文化圈的中国政治中的非正式政治关系[1]，源于含有利益交换人际关系的恩庇—侍从关系[2]。依照《国家赔偿法》的规定，一般由造成刑事司法损害结果的机关作为赔偿义务机关，赔偿义务机关赔偿后，决定是否对责任人员追偿，即责任人与做出决定人在同一单位。责

---

[1] 马骏、侯一：《中国省级预算中的非正式制度：一个交易费用理论框架》，载《经济研究》2004年第10期。
[2] 古罗马时代，罗马城内设有"护民官"，当平民或士兵受到政府或强力人士压迫时，只要能进入"护民官"宅邸，即可免受逮捕。这些受护民官恩庇的人，就称作从者、依随者，作为追随护民官的人。恩庇者和侍从者的典故，成为当代学术界界定从关系概念的基础。见林政纬《政党、派系与选举关系之研究：台中市市长、市议员及立委选举之分析》，"国立"政治大学中山人文社会科学研究所硕士学位论文，2004，第12页。

任人长期在刑事追偿机关工作，与赔偿义务机关以及追偿决定人员之间具有庇护性。这种庇护性主要体现在两方面：一是责任人与决定人员长期共事相熟，有的责任人还成为决定人员的领导。二是传统的员工视单位为家，单位视员工为家庭成员，单位是员工庇护所的单位文化。启动追偿程序虽然是赔偿义务机关职责所在，但会影响该机关被追偿人之间、机关内部人员与被追偿人之间的超稳定的非正式政治关系。此外，赔偿义务机关为了避免自揭家丑，影响自己政治话语方面的权益，往往自我庇护，在某些刑事赔偿案件中不通过财政支付赔偿金，而是通过赔偿义务机关的其他资金如"小金库"支付。这种情况下，赔偿义务机关更不愿意启动刑事追偿。

（二）决策执行的分离性：追偿对象确定难

冤错案件发生常涉及多方面因素，其中因制度原因造成的冤错案决策者与执行者的分离，使得追偿对象难以确定。第一，在过去的刑事司法实践中，党委政法委在处理具体个案中扮演了极其重要的角色，往往是实际决策者。回顾赵作海故意杀人案的发生过程，2002年8月，赵作海案作为疑难案件被提交到商丘市政法委进行协调、研究。在商丘市委政法委组织公检法参加的专题研究会，经集体研究，案件具备了起诉条件。[①] 检、法两家据此对赵作海起诉、判刑。第二，司法机关尤其是侦查机关内部行政化严重，影响案件走向的往往是个别领导。承办案件的侦查人员、检察人员、审判人员执行领导决策。如呼格吉勒图案中，呼格吉勒图在厕所发现女尸后报案，在严打的政治压力下，呼和浩特公安局新城分局副局长冯志明等认定呼格吉勒图流氓猥亵死者，进而组织办案人员对其刑讯逼供而取得有罪供述，检察机关、审判机关也不得不据此对呼格吉勒图做出判决。

[①]《赵作海冤案的六大推手》，腾讯网，http：//view.news.qq.com/zt/2010/zzh/index.htm，2016年7月26日访问。

（三）判断界限的模糊性：追偿过错认定难

责任评估主要依赖于损害结果发生的预见可能性和防止可能性，但该界限在实践中模糊，不好操作。首先，对故意违法造成损害结果认定容易，如对责任人是否违反法律明文规定的义务，如贪污受贿、枉法裁判等容易判断。而对责任人是否违反职务上注意义务以及违反程度存在难度且不好判断。如过去不少冤错案件的发生主要原因在于侦查机关刑讯逼供或指供、诱供。检察机关和审判机关的诉讼行为本身并不违法，检察机关和审判机关根据侦查机关提供的材料做出错误起诉、错误判决，如何认定检察机关在审查起诉过程中、审判机关在审判过程中是否尽到了注意义务是个难题。如滕兴善故意杀人案中，有罪证据为无名女尸颅像重合鉴定、血型鉴定以及滕兴善的有罪供述。检察机关和审判机关过于相信技术鉴定意见。原审法院曾发现碎尸细节供述与尸检高度一致以及滕兴善提出"公安不让睡觉"后，曾怀疑公安机关存在逼供、诱供，但在公安机关出具了没有刑讯和现场保密的保证后，便轻易排除了怀疑①。其次，单一环节造成的损害过错认定易，多个环节造成的损害过错认定难。如公、检、法三家均没有严格把关的情况。在杜培武故意杀人案中，侦查机关发现杜培武妻子王晓湘与其情夫王俊波被枪杀于昌河牌面包车上就推定为杜培武所为。此后使用了刑讯，取得了有罪供述以及部分实物证据。在起诉和审判阶段，杜培武曾向驻监检察员和审判人员出具伤痕，称被刑讯。但检察机关和审判机关均根据泥土、火药等其他实物证据，结合其有罪供述认定杜培武有罪。李久明案中，也是经警犬气味鉴别确认李久明系犯罪嫌疑人后，公安机关对其刑讯逼供后取得一系列证据的②。最后，单独办理的案件过错认定易，集体讨论的案件过错认定难。案件经过了集体讨论，就会造成责任分散。过去的冤错死刑案件依法律程序大部分均经过了检察委员会和审判委员会讨论，在检察委员会和审判委员会的

---

① 高贵君：《重大刑事冤错案件剖析》，载《刑事审判法官培训讲义》，第238页。
② 高贵君：《重大刑事冤错案件剖析》，载《刑事审判法官培训讲义》，第239页。

意见与承办人意见一致的情况下，那么能否对承办人追偿以及同意承办人意见的检察委员会、审判委员会委员追偿均无定论。

（四）操作规范的粗疏性：追偿落地运行难

粗疏之一体现在追偿范围狭窄。按照学界通说和各国法例，国家追偿的范围是对造成国家赔偿有故意或重大过失的公务人员或受委托的组织或者个人[①]。刑事追偿作为国家追偿的一种，理应按该原则构建。《国家赔偿法》对违法拘留、超期拘留、逮捕后决定撤销案件、不起诉或判决宣告无罪以及再审改判无罪纳入了刑事赔偿范围，但对引起上述后果负有故意或重大过失的司法人员没有规定追偿，追偿范围仅限定在刑讯逼供、殴打、虐待公民、违法使用武器、警械致伤害或者死亡的情形以及办案贪污受贿、徇私舞弊、枉法裁判的情形。

粗疏之二体现在执行性立法缺位。《国家赔偿法》对刑事追偿规定原则，需要执行性立法使其具有可操作性。对此，一般应当以规范性法律文件[②]予以细化。综观32个省、自治区、直辖市，只有19个省、自治区、直辖市制定了执行性规范性文件，其余13个省、自治区、直辖市没有制定或者制定的规范性文件中对此没有规定。在做出追偿规定的19个省、自治区、直辖市中，只有辽宁、重庆是以地方性法规做出，吉林、山东以地方规范性文件形式做出，其余15个省、自治区、直辖市均是以政府规章形式做出（见图1）。

粗疏之三体现在内容不具体、不统一。在做出刑事追偿规定的19个省、自治区、直辖市中，对追偿的标准、期限规定不一，对刑事追偿程序基本没有规定，导致刑事追偿操作性不强（见表6）。

---

① 姜明安：《行政法与行政诉讼法》，北京大学出版社，1999，第465页。
② 《中华人民共和国立法法》第二条规定，法律、行政法规、地方性法规、自治条例和单行条例的制定、修改和废止，适用本法。故只有法律、行政法规、地方性法规、自治条例和单行条例可归入规范性法律文件的种类。

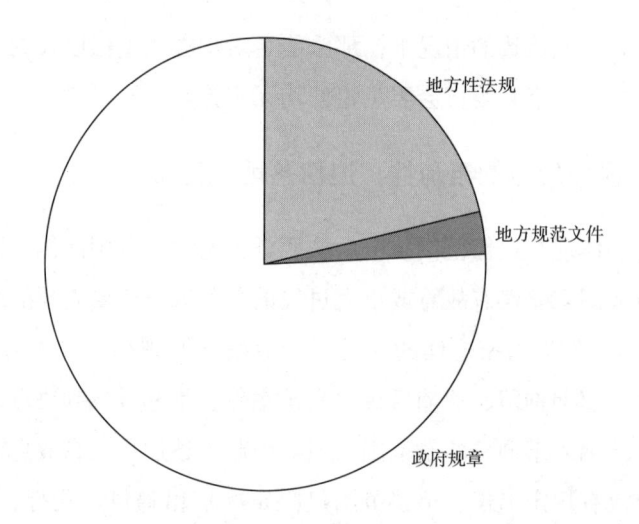

图 1　刑事追偿的执行性规范性质示意

表 6　部分规范性文件规定追偿具体标准、期限、程序一览

地区	追偿标准	追偿期限	追偿程序
山西	重大过失责任人员,追偿 1~6 个月基本工资;故意者,追偿 2~12 个月基本工资;重大过失的受委托组织,追偿 1000 元至 1 万元;故意的,追偿 2000 元至 2 万元	30 日内	无
内蒙古	责任者,月基本工资 1~10 倍	1 个月内	无
辽宁	以已支付的赔偿总额为限	无	无
吉林	故意,大于 8 个月工资;重大过失,大于 4 个月工资;赔偿总额低于最低追偿标准,按赔偿总额追偿	30 日内	无
安徽	责任人故意的,18 个月工资;重大过失的,12 个月工资;受委托组织故意的,全部赔偿费用;重大过失的,全部赔偿费用的 60%	2 个月内	无
山东	不低于全部赔偿费用的 15%	无	决定后 3 个工作日书面通知省财政厅
湖南	不超过上年度城镇非私营单位在岗职工年平均工资	10 日内	决定后 3 日内通知财政部门
重庆	故意的和有《国家赔偿法》31 条情形的,追偿赔偿费用 50%~100%;重大过失的,追偿赔偿费用的 20%~80%。追偿总额不超过月工资 24 倍	无	被追偿人不服的,可以自收到追偿决定书之日起 30 日内向赔偿义务机关申请复核,或者向赔偿义务机关的上一级机关提出申诉

续表

地区	追偿标准	追偿期限	追偿程序
四川	30%至全部赔偿费用,个人不超过赔偿决定时工资的2倍	30日内	责令承担或决定后3个工作日内书面通知财政部门
云南	个人故意的,追偿赔偿费用的30%~70%,追偿总额不低于2个月基本工资和不高于12个月基本工资;重大过失的,追偿赔偿费用的10%~50%,追偿总额不低于1个月基本工资和不高于8个月基本工资;受委托的组织故意的,追偿赔偿费用的30%~70%,追偿总额不低于2000元和不高于2万元,重大过失的,追偿赔偿费用的10%~50%,追偿总额不低于1000元和不高于1万元	30日内	无
宁夏	故意的,不超过12个月工资;重大过失的,不超过6个月工资	30日内	无

三 应然之理：刑事追偿价值的辩证反思

造成刑事追偿现状原因固然有多方面,但理论困惑是其根本。故有必要在理论上对刑事追偿价值辩证反思,厘清刑事追偿与刑事赔偿、追责等相关概念的关系,探究刑事追偿制度性运行障碍,才能正本清源,找到重塑刑事追偿的正确路径。

（一）追偿与追责的生成机制

关于公务人员与其服务主体国家之间的关系,长期以来我国的观念和实践均被定位派生于国家基于管理与被管理的特别权力关系[①]。特别权力关系属于"力的关系"。这种"力的关系"将公务人员定位于国家权力指向的客体。刑事司法侵权结果一发生,追偿与党纪、政纪处分、刑事责任等追责方

---

① 张国庆:《公共行政学》,北京大学出版社,2007,第22页。

式一样,由国家权力指向对造成司法赔偿损害后果负有责任的公务人员,对其实行惩戒。追偿权与追责权一样,均产生于特别权力关系。

现代法治国家理论是建立在公民让渡自己的部分权利组成国家的社会契约论基础上的。公务人员与其服务主体国家之间的关系,不再仅仅定位于特别权力关系,而属于权利义务为内容的"法的关系"。公务人员依法律规定行使国家权力(受国家雇用),由公共财政支付报酬,应遵守法律规定(即与国家之间的合同约定)。公务人员违法行为可以视为不履行与国家之间的雇用合同之债①的行为。因而追偿权还产生于国家与公务人员之间的特别法律关系,是国家为填平补齐公共财政而向责任人员主张的请求权。设立追偿制度的实质就是在司法机关、责任人员和受害人三者之间寻找一个合理的平衡点②(见图2)。

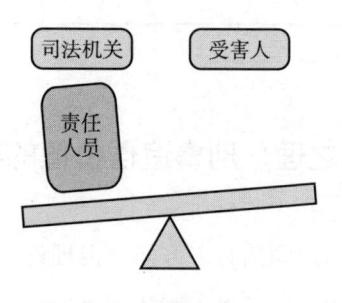

图2 追偿性质定位

(二)追偿与赔偿的功能分野

现代刑事赔偿理论是建立在公共负担平等学说、社会连带主义、国家危险责任说和社会保险说等③理论基础上的,认为其主要功能是对受害人进行救济,是填平补齐个人合法权益受司法活动侵害的损失。在构成要件方面以

---

① 刘春堂:《国家赔偿法》,台湾三民书局,2003,第285页。
② 江必新:《〈中华人民共和国国家赔偿法〉条文理解与适用》,人民法院出版社,2010,第289页。
③ 吴宗樑:《国家赔偿法基本原理》,台湾三民书局,1980,第115~116页。

赔偿请求人"是否符合赔偿条件"来确定,归责原则通常基于损害社会分摊的公平思想,实行无过错责任原则。而刑事追偿则是建立在雇用者责任理论[①]、双重关系理论、制约激励理论[②]基础上的,认为其主要功能是惩戒过错司法人员,填补因刑事赔偿造成的财政负担。在构成要件方面,以被追偿人"是否符合责任要件"来确定,归责原因采取过错责任原则。因此,刑事赔偿与刑事追偿之间注定有一道不可填平的鸿沟(见表7)。

表7 近年我国台湾地区国家赔偿、求偿概况统计[*]

年度	赔偿总件数(件)	获赔件数(件)	赔偿总金额(新台币/万元)	求偿总件数(件)	获偿件数(件)	求偿总金额(新台币/万元)
2011	927	86	17675	74	43	1434
2012	947	79	22923	82	47	1461
2013	860	94	64755	128	62	1101
2014	791	80	45980	59	51	1514
2015	711	56	21022	65	51	2601

注:* 台湾地区法务部网站,http://www.moj.gov.tw/ct.asp? xItem=302058,2016年7月15日访问。

(三)追偿人与被追偿人的博弈互动

与其他博弈现象一样,追偿人与被追偿人也会在刑事追偿过程中,基于掌握的信息选择各自策略,以实现利益最大化和风险成本最小化。而庇护性等非政治因素阻碍了追偿人与被追偿人正常博弈,造成刑事追偿非制度化运行。因而要排除庇护性等非政治因素所起的不稳定作用,使追偿机关、被追偿人出于实现职能和政治收益等动机,与执法对象正式互动博弈。

庇护性是指追偿人与被追偿人之间有阻碍追偿的私人关系。无庇护性是指追偿人和被追偿人之间没有阻碍追偿的私人关系,负庇护性是指不仅追偿

---

① 王名扬:《英国行政法》,北京大学出版社,2007,第167页。
② 姜明安:《完善国家追偿制度 推进国家治理现代化》,人民法院出版社,2015。

人和被追偿人之间没有阻碍追偿的私人关系，反而追偿人的上级、舆论等其他因素支持追偿（见表8）。

表8　追偿人与被追偿人博弈类型建构

类型	实现职能、有政治收益	与职能无关,无政治收益
庇护性	—	退出博弈
无庇护性	有效果	无效果
负庇护性	非正式博弈、效果好	—

在有庇护性和负庇护性的情况下，追偿人与被追偿人之间博弈具有偶然性，结果不可预测，刑事追偿无法制度化运行。在无庇护性的情况下，追偿人与被追偿人之间博弈正常，刑事追偿可制度化运行。在追偿人实施追偿有政治收益的情况下，追偿人态度积极，可以达到理想结果。在追偿人实施追偿无政治收益的情况下，追偿人态度消极，怠于追偿。为使追偿人与被追偿人之间博弈正常化，必须消除追偿人与被追偿人之间的庇护性，并使追偿人职能设置与政治收益统一。

（四）范围与效用的边际递减

一方面，与所有的惩罚手段一样，刑事追偿制度如果能通过改革予以激活，那么会起到促进司法人员谨慎履职的作用。但另一方面，刑事追偿范围并非越宽越好，要遵守谦抑原则进行设定。与发达国家相比，当前我国司法环境欠佳，权力干预司法、信访影响司法、舆论绑架司法的情况在一定范围内还存在，社会公众对刑事司法信任度有限，司法人员责任重、风险大、地位低、待遇差。如果过度考虑到填补国家财政负担，放低刑事追偿的标准，不当扩大追偿范围，忽略对刑事司法人员的保护，不仅对执行公务的刑事司法人员不公平，也会造成每一位刑事司法人员在执行公务活动前先考虑行为是否会给相对人造成损害的风险，加重他们的顾虑，无法保障其履行职责的积极性。此外，也会造成相关人员为规避责任而互相推诿，影响受害人被刑事司法侵权行为侵害后获得及时、充分的救济。追偿的有效性不在于严酷性，在于其及时性和不可避免性。刑事追偿的范围与追偿效果呈现一种边际效用递减关系（见图3）。

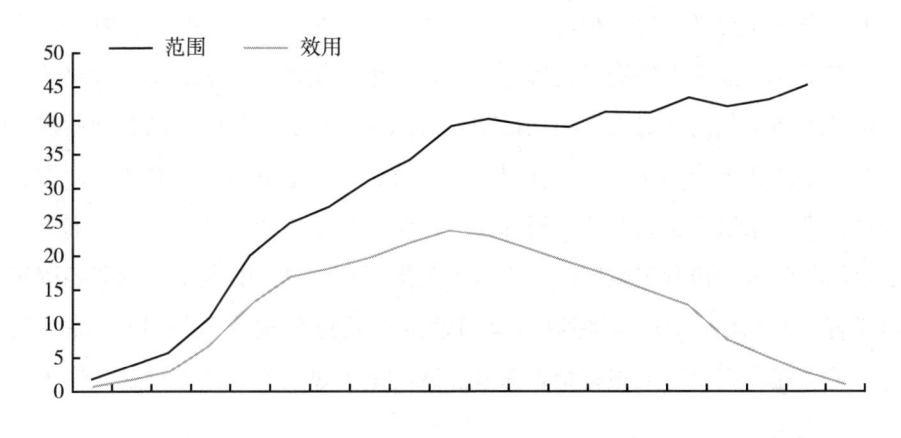

图3 追偿范围与效果之间的关系示意

四 完善之道：刑事追偿路径的制度重塑

如果根本不知道道路会导向何方，我们就不可能智慧地选择路径[①]。要改变刑事追偿制度运行无力的现状，实现惩戒与填补两大目标，要从范围、标准等实体方面和主体、结构等程序方面予以完善。

（一）重设刑事追偿范围

故意违法造成损害结果纳入追偿范围自不待言。违反法律持重大过失者，其行为出发点仍然是为了公共利益，这与司法行为的目标是一致的。但重大过失者没有尽到普通理性人的注意标准，如果不对其追偿，从特殊预防的角度来看对其是一种放纵，从一般预防的角度来看会导致今后其他司法人员执行职务时就不尽审慎和忠实义务，无法惩戒、限制滥用职权的危险性，

---

① 〔美〕卡多佐：《司法过程的性质》，苏力译，商务印书馆，1998，第63页。

从而保护相对人免遭侵害。

对违反法律持一般过失者则不宜纳入刑事追偿范围。这是因为：其一，一般过失对注意义务违反程度低，每个司法人员受经验、资历等影响，注意力各有不同，标准不好统一把握。其二，刑事追偿设立的本意是寻找对造成损害结果最应负责任之人。司法活动具有风险，司法人员除自己劳动所得工资外，不能从国家司法活动中获得其他利益，不能由其承担所有风险。司法人员代表国家追求公共利益的行为应当由国家自己承担责任。其三，刑事追偿范围与效用的边际递减定律，也启示范围不宜过宽。其四，与世界各国法例相符，如德国、日本均将追偿范围设定在故意和重大过失者①。综上所述，笔者建议将对造成损害结果有故意或者重大过失的司法人员纳入刑事追偿的范围。

故意和重大过失均是对行为人注意义务的严重违反，主要体现在预见可能性和防止可能性两个方面。是否尽到注意义务要坚持以局外的"理性人"作为基准进行判断②。重大过失，指行为人稍加注意即可预见和防止。关于注意义务的来源。一是其他规范性文件的要求。如私分国有资产罪要求被告人的行为违反国家规定。最高人民法院有通知要求，对被告人的行为是否"违反国家规定"存在争议的，应当作为法律适用问题，逐级向最高人民法院请示。司法人员对此具有预见可能性。如果由于司法人员疏忽，对是否"违反国家规定"存在争议而未向最高人民法院请示的情况下，认定被告人构成私分国有资产罪，则应当认定办案人员存在重大过失。二是职务或业务上的要求。如在命案中，对全部或部分白骨化尸体身份的确定需要做 DNA 鉴定是业内要求。如果司法人员没有要求做 DNA 鉴定而导致被害人身份认定错误，应当认定司法人员有防止错案形成可能性，该司法人员对此存在重大过失。

---

① 李茂生：《日本刑事补偿制度简介——以补偿的性质与求偿机制为重心》，载《月旦民商法杂志》第 27 期。H. Maurer：《行政法学总论》，高家伟译，元照出版公司，2001，第 592 页。

② 王名扬：《法国行政法》，中国政法大学出版社，1988，第 724 页。

（二）重定刑事追偿标准

追偿标准的设立要坚持统一原则。国家追偿涉及对公民财产权利的剥夺，应当由国家法律规定。国家赔偿标准是统一的，与此相对应的追偿标准也应当是统一的，不能政出多门，让人莫衷一是。我国公务人员按月发放工资，据此，应当以公务人员月工资为计算单位确定。德国、日本等均以公务员的俸给作为基本追偿单位[1]。

追偿标准的设立要坚持比例原则。比例原则是行政法的基本原则。刑事追偿惩戒的本质决定了追偿额应当与被追偿人的过错程度相适应。对故意造成损害结果的追偿额，要高于重大过失造成损害结果的追偿额。因一人的重大过失造成损害结果的追偿额，要高于因多人重大过失造成损害结果的追偿额。因而标准的设立要有一定幅度。如我国台湾地区桃园县政府制定的求偿权行使基准中就包括个人资历、生活状况、违反义务程度、行为时动机、目的等因素[2]。

追偿标准的设立还应当考虑被追偿人的实际承受能力。一是不可能通过刑事追偿填补所有国家赔偿费用。如近年重大冤错案件国家赔偿金多达上百万元，责任人员倾其积蓄也无法追偿。2001年我国台湾地区高院在一起国家赔偿案件中，依当时法律判决追偿两名承办人新北市政府一名课长149万余元和一名测量员47万余元，引起极大负面轰动。捷克、俄罗斯、加拿大、奥地利、日本等国和我国台湾地区均对追偿上限数额作了规定，不超过工资的一定比例[3]。二是允许追偿机关考虑被追偿人的承受能力和家庭经济状况等因素减少部分追偿额以及分期支付追偿金。德国学者认为，追偿权的行使要合乎国家对公务员的照顾原则[4]。我国台湾地区学者也认为，求偿不要引

---

[1] 王名扬：《法国行政法》，中国政法大学出版社，1988，第28页。
[2] 台湾地区1998年7月17日府法济字第0970232285号函。
[3] 周汉华、何峻：《外国国家赔偿制度比较》，警官教育出版社，1992，第233页。
[4] H. Maurer：《行政法学总论》，高家伟译，元照出版公司，2002，第592页。

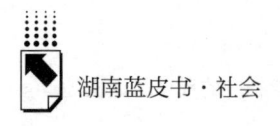

起公务员强烈反感或使其无法承受的副作用①。

我国追偿标准的设定，也应当依照坚持统一原则、比例原则和实际承受能力原则（见图4）。

统一原则
+
比例原则
+
实际承受能力原则
⇒
故意者，追偿赔偿费用的50%~100%，但总额不超过该公务人员月工资的12倍。重大过失者，追偿赔偿费用的20%~80%，但总额不超过该公务人员月工资的6倍。追偿总额不超过赔偿总额

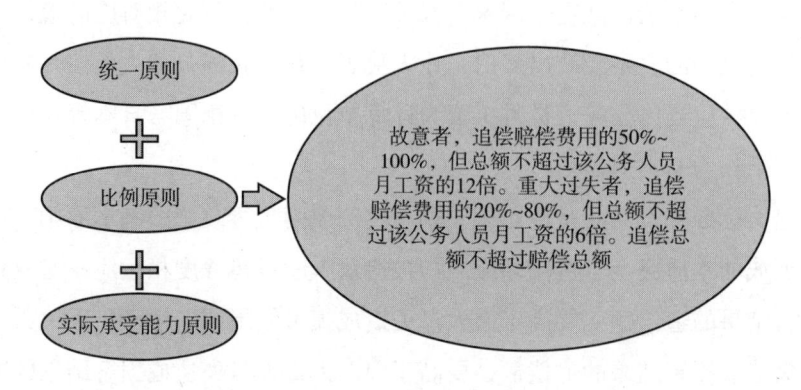

图4 我国追偿标准设定原则、内容示意

（三）重构刑事追偿程序

源于国家赔偿的性质是代位责任还是自己责任②的区别，域外法源中对追偿程序相对应地形成了两种路径：路径一，民事诉讼。国家向责任人员做出追偿决定，如被拒绝，再通过向法院起诉责任人员从而实现追偿权③。如日本、美国、英国等国家和我国台湾地区。路径二，行政决定。国家通过对相关责任人员做出责令追偿的行政决定从而实现追偿权，被追偿人对追偿决定不服，可以向法院提起行政诉讼。④ 如法国和德国。但无论是民事诉讼路径还是行政决定路径，其程序都是开放性的，都采取了保障被追偿人的权利的救济渠道或可诉性程序。

我国《国家赔偿法》对刑事追偿规定了决定程序，类似于行政决定程

---

① 施茂林：《公共设施与国家赔偿责任》，大伟书局，1982，第124~125页。
② 江必新、梁凤云：《国家赔偿法教程》，中国法制出版社，2010，第6~9页。
③ 〔日〕盐野宏：《行政法》，杨建顺译，法律出版社，1999，第475页。
④ 〔德〕汉斯沃尔夫等：《行政法》（第二卷），高家伟译，商务印书馆，2002，第178页。

序。决定程序符合追偿权惩戒、处分的本质，也易与公务员法的内部处分程序协调对接。由于追偿权的请求权性质以及现代行政程序的功能性要求，必须对追偿决定程序进行诉讼化改造，告别过去那种闭合型运作的程序结构，加强程序的外部性和开放性，引入监督和制约的第三方力量。具体内容如下。

一是引入中立职业的请求权人。从正常博弈关系来看，财政部门因对司法赔偿金支付情况掌握及时、全面，财政部门与赔偿义务机关以及被追偿人之间无庇护性，其承担的保障财政收支平衡职能，使得行使追偿请求权具有政治收益，可解决追偿程序启动难的问题，并在追偿过程中起监督约束作用。可将追偿请求权赋予财政部门。财政部门支付赔偿金后可以进行审查，决定是否行使追偿请求权，启动追偿程序。追偿请求权应当设定除斥期间，以6个月为宜，以稳定权利义务关系。

二是设置统一开放的追偿机构。可改变之前由各赔偿义务机关担任追偿人的情形，成立专门的刑事追偿委员会行使追偿权，以统一追偿尺度，准确评估被追偿人过错，从而认定责任和确定数额。追偿决定的决策组织应至少由5人组成，保证作为赔偿义务机关的人民法院、人民检察院、公安部门、司法行政部门和责任认定机关的监察部门均有人员参加。追偿决策组织类似合议制的审判组织，参与追偿程序全部过程并做出决定，在决策机制上应遵守少数服从多数原则。

三是构造平等对话的程序结构。从现有的追偿程序来看，只有追偿人与被追偿人两方参与者，作为追偿人的机关与作为被追偿人的司法人员之间的沟通互动，是一种自上而下的顺从型互动，权利义务失衡会导致交流缺乏有效性。要赋予被追偿人的陈述、申辩、查阅复制材料、提供证据和申请回避等程序性权利，使其能有效参与追偿程序。要在传统的线型程序结构中嵌入听证程序这种平等结构元素，通过加强双方对话，淡化行政色彩，通过面对面的陈述、申辩，充分释放意见。对被追偿人的意见要有吸纳、反馈机制，即决定追偿的，对被追偿人的陈述、申辩理由是否采纳以及不予采纳的理由应当在追偿文书中阐明。对追偿决定不服的，允许被追偿人对追偿决定申请复核或向上一级机关申诉（见图5）。

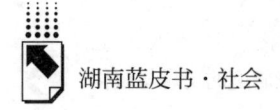

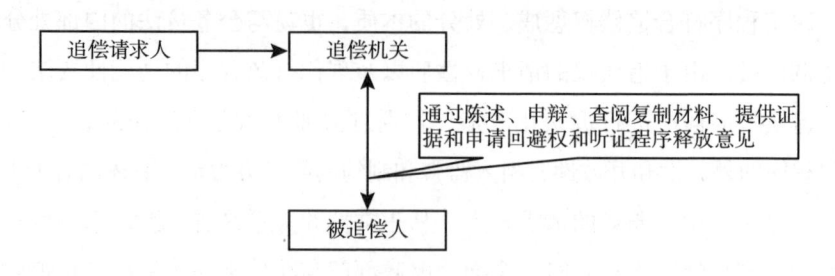

图5 开放的追偿程序平面示意

结 语

纪、法分开以后，运用法律手段追究过错公务人员应当成为刑事司法侵权结果责任追究的新常态。较之以处分、刑罚作为单一惩罚手段，刑事追偿不仅可以惩戒过错公务人员，还可以填补国家财政负担，其理论基础与社会契约、公共财政的原理不谋而合。尽管由于种种原因，刑事追偿所发挥的作用有限，但随着司法改革的推进，司法责任制的完善，刑事追偿制度将会发挥更为重要的作用。

B.36
引入重大行政决策程序推进湖南PPP模式法治保障

肖北庚*

承载着规范地方政府举债融资机制和投融资创新机制之价值，PPP模式在火热几年后，随着被学界称为放缓PPP步伐的财政部国库司《关于规范政府和社会资本合作（PPP）综合信息平台项目库管理的通知》之发布，逐步回归到创新公共服务供给机制之本源①。湖南省财政厅基于财政部这一文件和党的十九大关于坚决打好防范化解重大风险攻坚的决策部署，出台了《湖南省财政厅关于实施PPP和政府购买服务负面清单管理的通知》（以下简称《负面清单管理》），期望借此从源头上制止PPP模式运行过程中地方政府借PPP名义违规违法举债融资，防范化解重大风险。不可否认，这一举措将对湖南PPP运行和发展起到一定的基础规范作用，但PPP运行过程中出现的片面追求PPP入库项目奖补资金与法律规避等不规范现象，实质上是因为作为一种实践创新的PPP在法律层面上仅由《基础设施与公用事业特许经营管理办法》及散落在不同具体法律中的零星规范规制，其运行更多地依赖于国家不同部委的相关政策和省级政府部门规范性文件，与规范PPP实践的法制未构成以基本法为基石的法律体系密切关联。

湖南省要从根本上遏制政府与社会资本合作过程中出现的PPP项目源头不规范现象，简单地从政策视角——仅追随国务院部委的文件出台相关政

---

* 肖北庚，湖南师范大学法学院院长、教授、博士生导师。
① 财政部《关于规范政府和社会资本合作（PPP）综合信息平台项目库管理的通知》明确要求："各级财政部门及时纠正PPP泛化滥用现象，着力推动PPP回归公共服务创新供给机制的本源，促进实现公共服务提质增效目标。"

策可能会收到治标作用，要治本的话还得从既存制度规范的体制机制上挖掘有助于根本解决现实突出问题的法律资源。客观地说，《湖南省行政程序规定》所确立的重大行政决策制度就是此种资源。重大行政决策所确立的主体责任制度有助于保障PPP项目识别法治化运行；重大行政决策公众参与制度可助推湖南省PPP项目法治化运行；重大行政决策后评估制度能提升湖南PPP项目运行法治化监管力度。

一 重大行政决策程序忽略湖南省PPP项目运行之根本困境

湖南省《负面清单管理》及其出台背景列明了当前PPP项目运行中的主要问题：违法违规举债融资行为和"明股实债"向金融机构融资行为；个别地方政府甚至将基础设施建设项目包装成PPP项目和假PPP项目[1]。《负面清单管理》规定，将严查擅自扩大PPP适用范围和变相举债与违法违规融资担保行为[2]，从侧面折射出湖南省PPP项目运行源头出现了问题，至少存在此种问题的苗头。PPP是一个合作期限长而资金数额大的项目，合作开展前就出现源头问题特别值得反思，究其根本原因在于湖南PPP的运行依据的主要是国务院部委的宏观相关文件和规章，忽略了《湖南省行政程序规定》确定的重大行政决策终身责任追究与责任倒查制度，这两项制度是党的十八届四中全会确定的。

作为深化湖南财税体制改革、推动稳增长调结构惠民生举措的PPP项目，其根本动力来自行政落实政治，具体来说，就是落实国务院PPP发展方略。行政落实政治的动力决定了湖南省PPP项目的实施依据必然是国务院相关部委出台的政策和规章。这些政策和规章规定了一系列程序和具体步骤，也容易被遵循政策与部门规章的地方PPP项目推进部门认为有程序保

---

[1] 参见《湖南出台全国首个省级PPP负面清单》，《中国财政报》2018年3月1日。
[2] 参见《湖南省财政厅关于实施PPP和政府购买服务负面清单管理的通知》，http://www.hnczt.gov.cn/，2018年3月1日访问。

障，进而自认为有程序合法性基础，并在此种合法性基础中忽视适用更为根本的可行制度——重大行政决策制度。

湖南省 PPP 项目推进过程中主要遵循的是财政部 2014 年 11 月公布的《政府与社会资本合作模式操作指南》、国家发展和改革委员会 2014 年 12 月公布的《关于开展政府与社会资本合作的指导意见》及国家发展和改革委员会等六部委联合制定的《基础设施与公用事业特许经营管理办法》。这些规范性文件和规章对以项目发起为核心的项目识别、以实施方案为核心的项目准备、以合同签署为核心的项目采购、以中期评估为核心的项目执行和以资产交割为核心的项目移交等 PPP 运行程序做了较为完整的规定，且核心的项目采购程序——社会资本方选择程序依托专家评审，一定程度上也体现了公正性。从形式上看，湖南 PPP 项目运行遵循此种程序，有了基本程序遵循和制度保障，不过仔细分析这些程序的主导主体主要是政府财经部门和项目实施主体（负责 PPP 项目实施的政府部门），它们分别履行 PPP 项目运行的不同政府部门职责，各有不同的绩效追求。财政部门主要是对物有所值和财政承受能力进行评估或认证，并通过项目库的方式激励下级政府主动发起 PPP 项目；而 PPP 项目实施部门更多的是财政部门的下级人民政府组成部门，它们更多地服务于本级人民政府的经济发展和获取财政奖补资金需要。加之，国务院部门规范性文件和规章对 PPP 项目相关主体责任规定不明晰，在缺乏明确责任的前提下，基于政府绩效考核的需要，以 PPP 项目来解决地方融资困难就成了地方政府的冲动，这正是 PPP 项目适用范围不断扩大和假 PPP 现象层出不穷的根本原因。

同时，上述规范性文件和规章尽管规定了较为详尽的程序，但这些程序都没有将合法性审查纳入其中，项目识别过程中缺乏合法性审查的保障。缺乏必经的合法性审查，难免不为过分追求行政落实政治而不顾客观实际追求地方经济规模的地方政府所喜用，地方政府片面追求经济发展或 GDP 增长的倾向，又助推了假 PPP 和 PPP 适用范围扩大。

更为麻烦的是，地方政府所依据的国务院部委规范性文件并非出自同一部委，而是分别出自国家发展和改革委员会及财政部。两部委出台的 PPP

文件都强化自己在PPP项目规划、指导、监管中的作用和地位，政府部门强化自我在PPP中的监管作用和地位不可避免地会导致PPP项目监管权的冲突，这种冲突可能使PPP项目的监管不到位，也为地方政府的假PPP和PPP适用范围扩大留下了可行空间。

PPP项目运行和发展实践中所遵循部委规范性文件和规章之侧重使PPP项目源头出现了问题，湖南省财政部门依然遵循过往思维在国务院部委出台文件制止PPP泛化现象时出台《负面清单管理》，有一定的可行性和正当性。但更应系统反思这种方式的症结所在，将问题解决寄于更为宽广与系统的视角下思考，探讨是否存在其他可行路径。其实PPP项目是重大行政决策项目，适用《湖南省行政程序规定》的重大行政决策制度规定不失为另一种路径。

从项目性质、投资规模与投资领域等要素看，PPP项目符合重大行政决策特征。在项目性质上，本为解决过往地方政府融资平台问题与深化财税体制改革措施、吸引社会资本参与公共物品供给的PPP，在当前供给侧结构性改革的背景下又承载了稳增长、调结构、惠民生的价值与功能，毫无疑问涉及本地区经济社会发展全局，属于《湖南省行政程序规定》第38条规定的重大行政决策事项。投资规模上，投资规模大是PPP的内在特征，截至目前，湖南全省共有省级示范项目316个，总投资4848亿元，项目平均投资在16亿元左右。[①] 尽管规模大的投资可以通过社会资本或融资实现，但PPP项目由政府发起且政府需要对价格、投资回报等予以承诺并需要分担投资风险，事实上政府为此承担的投资责任丝毫不亚于湖南省行政规章规定的重大政府投资项目。从投资领域看，PPP项目所涉及的范围多为社会保障、教育、医疗、卫生等公共服务领域以及能源、交通运输、水利、环境保护、市政工程等基础设施和公用事业领域，这些领域多牵涉公众的基本权益，其公益性与公共性更为突出，完全符合湖南省行政规章规定的与人民群众利益密切相关的重大行政决策项目本质。湖南省2017年倾力打造的垃圾焚烧发电、

---

① 参见《湖南省2017年度PPP工作总结》，www.jrs.mof.gov.cn，2018年3月9日访问。

病死畜禽无害化处理及污水处理三大系列PPP项目[1]都是与群众利益密切关联的项目，毫无疑问，可归属于重大行政决策项目。

既定制度规引下的湖南省PPP项目出现了不容忽视的问题，对制度实践规则进行反思并探讨更为可行的法律适用路径，不失为PPP项目实践法律适用的又一选择，PPP项目的重大行政决策等事项性质决定其适用重大行政决策制度具有现实可行性。

二 重大行政决策主体责任制度——湖南省PPP项目识别法治化之保障

具有重大行政决策事项性质的PPP项目，过去基本遵循国务院规范性文件和规章，忽略了重大行政决策程序的适用，进而在源头上泛化了PPP，甚至违法滥用PPP模式。尽管《湖南省行政程序规定》确立了重大行政决策程序，但湖南PPP项目实践上遵循的准则与全国其他省份基本一样，并无二致[2]，整体上未适用湖南省重大行政决策程序规范。客观地看，湖南省所确立的重大行政决策程序制度与《关于全面推进依法治国若干重大问题的决定》所规制的终身责任追究制度结合适用，有助于识别出责任主体及其相应责任，并通过重大决策终身责任追究制度问责体系确立责任追究主体职责，进而对作为重大行政决策的PPP项目决策者的不当履职构成威胁，从而促使决策者依法科学决策，避免PPP项目泛化，遏制违法滥用PPP模式的行为。

《湖南省行政程序规定》规定了重大行政决策程序中的各主体具体职责，即重大行政决策事项决策权由行政首长行使，行政首长可将重大决策事

---

[1] 参见《湖南省2017年度PPP工作总结》，www.jrs.mof.gov.cn，2018年3月9日访问。
[2] 《湖南省2017年度PPP工作总结》，无论是在总体情况还是存在的主要问题及其下一步工作思路中所体现的基本思维都是按照部委的相关文件精神进行分析，并未提及《湖南省行政程序规定》中的重大行政决策程序，在持续推进项目规范实施方面依然将"三库一平台"、财政可承受能力论证及其评审制度作为主要的措施。参见《湖南省2017年度PPP工作总结》，www.jrs.mof.gov.cn，2018年3月9日访问。

项交承办单位办理；承办单位依据行政首长的委托行使相关权力启动相关程序，制定重大行政决策方案草案；重大行政决策方案草案经分管负责人审核后方可交政府常委会或政府全体会议讨论；集体审议基础上行政首长做出决定，当行政首长的决定与会议组成人员多数人的意见不一致时需说明理由，且重大行政决策方案讨论情况及其决定应记录在案，尤其对不同意见予以特别载明[1]。行政首长、重大行政决策事项承办主体、政府分管负责人，甚至所有行政决策事项决定会议与会人员都有明晰的责任，每个主体都需要承担其职责范围内的责任[2]。结合适用党的十八届四中全会重大行政决策终身责任追究和责任倒查制度，这一责任规定有助于克服国务院部委PPP项目规范性文件单独采用项目识别、项目准备与项目采购过程中的责任规定不清晰之局限，进而使参与项目决策的不同主体基于自身责任的考量而主动担责，遵循PPP项目的内在规律识别项目。

行政决策的终身责任追究方式更有助于构筑PPP项目决策主体不敢乱决策的堤坝。PPP项目通常是涉及公共利益和合同周期长的项目，事关公众权益。公共利益抽象性使得决策过程中行政机关往往有一定的自由裁量空间，在裁量过程中行政主体夹杂个人想法、某种私利意图甚或主要考虑政绩，有时不一定能立刻被识别，但时间是最好的试金石，决策事项在长时间的运行过程中某些私利和个人想法就可能会暴露出来；同时PPP项目的长期性使得项目的效果也难以一时显现，只有时间才能检验PPP项目的有效性。PPP实践中相关责任追究仅适用国务院有关部委的规范性文件和规章，PPP项目相关责任主体就可能会基于项目一时难以发现之考量，追求短期效益，解决现实中相关问题，从而异化PPP，而附有终身责任追究的重大行政决策制度对PPP项目决策主体的约束与威胁力远强于国务院有关部委规范性文件和规章。重大行政决策终身责任追究之潜在制裁强制力将促使PPP项目决策主体更大范围内服从内在规范。"所有成熟的和高度发达的法律制

---

[1] 参见《湖南省行政程序规定》第32、33、34、38、39条。
[2] 参见《湖南省行政程序规定》第168、170条。

度都通过把强制性的国家机器置于执法机构和执法官员的支配之下以使法律得到最大限度的服从"。[1] 遵循重大行政决策程序将促使决策主体基于对项目责任终身制和倒查制的考量而依法依规识别 PPP 项目，由此消解违法滥用 PPP 行为有了制度基础。

三 重大行政决策公众参与程序——湖南省 PPP 项目法治化运行之助推力量

PPP 项目本为公共行政与公共服务供给方式重大创新，其根本目标是保障政府有效提供公共物品，满足公共需求。不仅公共物品是否依 PPP 方式提供需要公众评判，而且公共物品是否满足公共需求及其质量如何都需接受公众评价，公众参与是保障 PPP 项目依法识别和运行的重要环节。过往国务院部委有关规范性文件和规章基本未涉及公众参与，在 PPP 项目决策中，政府财政部门的项目识别职责和专家评审功能，使权力与知识结盟的"知识—权力"垄断性决策模式成为决定 PPP 模式的主导力量，PPP 项目决策缺乏公民力量的制约。重大行政决策公众参与程序有助于走出 PPP 模式识别和运行的这一困境。

《湖南省行政程序规定》所确立的重大行政决策程序中的公众参与制度规定了公众参与的方式和效力[2]，有助于保障受 PPP 模式影响的公众意见得到客观表达。公众参与程序赋予"所有受影响的公民享有平等的机会和权利来表达他们的想法和利益"[3] "每个人都有平等机会行使对具有批判性和有效性主张表示态度的交往自由"[4]。就 PPP 项目决策来看，公众参与程序赋予公民参与 PPP 项目决策的权力，享有平等机会和权力表达想法和利益，

---

[1] E. 博登海默：《法理学法哲学及其方法》，邓正来译，中国政法大学出版社，2011，第344页。
[2] 参见《湖南省行政程序规定》第37、38条。
[3] Young, Iris Marion. Inclusion and Democracy, Oxford: Oxford University Press, 2000: 168.
[4] 〔德〕哈贝马斯：《在事实与规范之间》，三联书店，2003，第155页。

能够就PPP项目本身的公共性及其公共服务能否满足公众需要表达他们的现实看法，进而使参与的公众成为PPP项目决策的主体之一。这样PPP项目决策机制中就形成了公众、专家和政府三类主体，参与主体对公众合理意见应予采纳或不采纳应予说明理由，这些规则要求构成对专家论证程序中的专家和政府部门合谋之制约力量，本质上有助于防止"知识—权力"垄断性决策模式中的权力滥用，削减PPP决策主体借专家程序泛化PPP之空间。

湖南省重大行政决策程序对公众参与的正式论证程序和非正式座谈会、协商会等程序予以了明确规定①。PPP项目识别过程中这一程序的适用，一方面，通过正式程序参与的公众可以真诚地表达自己公共服务应如何满足公众需求的各种观点，并与程序参与中的其他公众、专家与行政机关人员进行说理和辩论，有助于对PPP项目的符合性和可行性进行识别。另一方面，那些热心公益、对PPP决策有心理需求和责任感的一般大众可以通过非正式程序参与到PPP项目决策中，为进行中的PPP项目本身的公共服务性提供意见和观点，防止PPP项目决策中行政权控制下的个别参与，弥补正式参与程序之不足。公众正式参与程序与非正式参与程序的一体适用将提升PPP项目决策质量。

更为主要的，无论是正式程序还是非正式程序，参与到PPP项目决策的公众都会借助自由表达阐述理由，为PPP项目决策的有关事实、公共特性和公众需求提供相关看法和理由。从信息视角看，PPP项目决策过程中不同参与者的各种信息的充分展示，有助于促进信息的可靠交流，形成综合性信息。综合性信息作为一种信息力量有助于防止行政机关对信息的垄断，也有助于阻却行政机关对公众信息的扭曲，更能防止PPP项目决策过程中不同主体对相关信息的战略利用，甚至防止行政决策者主观任意或被通过金钱等不正当手段施加影响的利益集团俘获。这样PPP项目泛化甚至被违法滥用的行为会在公民力量中受到消解。

---

① 参见《湖南省行政程序规定》第37、38条。

四 重大行政决策后评估制度——湖南省PPP项目运行法治化监管核心

重大行政决策主体责任制度，借法律强制威胁力遏制政府机关违法滥用PPP模式之行为，公众参与程序有助于提升PPP项目决策之理性，《湖南省行政程序规定》规定的重大行政决策后评估制度则有助于强化PPP项目运行的法治化监管。

实事求是地看，国务院有关部委关于PPP项目运行的规范性文件和规章规定了PPP项目的监管和中期评估制度，客观上能对PPP项目运行起到一定的监管作用，但有其局限性。与上述规范性文件和规章所确立的监管和中期评估不同，重大行政决策的后评估制度，其在评估发起主体与评估内容上都有别于上述制度规定，其有效适用则可强化PPP项目监管。

在评估发起主体上，重大行政决策后评估制度不仅涵盖了项目实施主体，而且包括项目决策主体和公众，有别于国务院有关部委规范性文件和规章所确立的项目实施主体，构成了评估主体有机体系，可形成监督合力。项目决策主体是项目的决策机构，项目实施机构是其组成部门，它无论是在权威性上还是在对PPP项目的系统把握上都优于项目实施主体，其所发起的PPP决策项目后评估有更强的整体力量和效力。公众是公共服务的接受者和公共设施的使用者，他们对PPP项目的质量和效率有更为直观的感触，PPP项目质量和效率的好坏，他们有最直接和现实的了解。公众发起的PPP项目实施效果评价更能针对现实问题，针对性更强，通常情况下效果也就更优。

在评估内容上，国务院部委有关PPP的规范性文件对中期评估的内容侧重于项目运行状况和项目活动本身及公共产品的服务数量、质量，而《湖南省行政程序规定》所确立的后评估制度，对项目的评估不仅涉及上述内容，而且涉及PPP项目的行政决策本身的科学性和合理性，也涉及决策是否遵守法定程序和严格依据相关技术规则，是对重大行政决策及其执行整个环节合法性和适当性的评估①,不仅可以发现PPP决策项目执行中的问题,也可以发现PPP决策上的问题,能在形成完整的体系化的评估中提升监督质量,从而为PPP项目科学、合法决策积累可行经验。

五 结语

在PPP项目运行中引入重大行政决策制度是一种可行的解决PPP模式当前突出问题的路径选择,尤其对重大行政决策程序有地方立法的省市来说,更是一种不错的选择。但这仅是一种选择,并不是唯一的路径,更不否认国务院有关部委关于PPP的规范性文件和规章之适用。重大行政决策制度适用是一种弥补现行制度不足的可行办法,是走出PPP实践现实困境的可行途径。

---

① 参见《湖南省行政程序规定》第43、44条。

B.37
论追加配偶为被执行人之正当性

——基于执行力主观范围扩张之再思考

周春梅[*]

基于执行力主观范围扩张之理论，变更和追加被执行人不失为解决执行难的有力举措。可是，生效法律文书对共同债务性质未进行认定的前提下，执行法院能否在执行程序中直接追加配偶为被执行人这一问题备受争议。支持者认为：追加的合法性基础在于《最高人民法院关于适用〈中华人民共和国婚姻法〉若干问题的解释（二）》［以下简称《婚姻法解释（二）》］第24条之规定，追加可以减少当事人讼累以及打击规避执行行为等。[①] 反对者的理由则主要包括追加剥夺了案外人的诉讼权利和抗辩权利、作为公权的执行权应遵循"法无授权即禁止"以及不能将执行中的裁决与判决混同等。[②] 在司法实践中，法律依据的缺失与不同主体在理解上的分歧，导致各地法院在裁判上具有较大的任意性。如何在追加配偶为被执行人问题的价值冲突和认知迷雾中寻得确定方向，进而规范法院的执行裁决和执行行为，实乃重要之至。

---

[*] 周春梅，中共党员，法学硕士，曾任教于吉首大学，现任湖南省高级人民法院审判监督第一庭副庭长，历任湖南省高级人民法院民事审判第一庭助理审判员、审判员、副庭长，从事民事审判工作11年，具有丰富的审判经验和深厚法学理论功底，在《西南政法大学学报》《法律适用》《当代法学》《行政与法》等国家核心期刊发表论文十余篇，参与多项省级课题，合著《最高人民法院指导性案例裁判规则理解与适用（合同卷一）》。

[①] 郑瑞、王瑛：《游离于实体法规范与程序法规范之间：夫妻共同共有财产的执行调研》，载《中国民事诉讼法学研究会2016年年会暨民事执行的理论与立法研讨会论文集》，第519页。

[②] 郑瑞、王瑛：《游离于实体法规范与程序法规范之间：夫妻共同共有财产的执行调研》，载《中国民事诉讼法学研究会2016年年会暨民事执行的理论与立法研讨会论文集》，第519页。

一 实践之需：追加配偶为被执行人的多元态势分析

法律并未明确规定可以追加配偶为被执行人，但不乏追加配偶为被执行人的案例存在。笔者通过选取涉及追加配偶为被执行人的152份执行裁定书，[①] 立足于对裁定所反馈问题的考察，以期对设立追加配偶为被执行人的司法制度之实证分析有所裨益。

（一）债权人追加之意强烈：申请追加案件性质多样

债权人申请追加被执行人的直接动力，源于生效法律文书做出而债务人无财产可供执行、恶意避债，致债权人面临无法实现债权之苦，追加债务人配偶为被执行人使其债权受偿多一份保障。在笔者选取的152份执行裁定书中，部分裁定书载明了申请方申请追加的理由，主要是夫妻共同债务[②]和恶意规避执行[③]之由。债权人在法院驳回其追加申请之后仍不遗余力地为实现债权而花费时间与精力，向上一级人民法院提起复议、请求追加的情形不在少数，足见债权人追加意愿之强烈。在样本裁定书中，因民间借贷纠纷[④]进入执行程序的有72件，高达47.37%。其余纠纷类型相对分散，包括保证合同纠纷、股权转让纠纷、买卖合同纠纷、租赁合同纠纷等超过28种类型（图1）。[⑤]

[①] 案例来源于中国裁判文书网，检索方式为在"全文检索"一栏输入"夫妻共同债务追加"，"案件类型"一栏输入"执行案件"，"文书类型"一栏输入"裁定书"。其中，中级人民法院执行裁定书91份，高级人民法院执行裁定书61份。值得强调的是，样本案件均属于最高人民法院《关于执行案件立案、结案若干问题的意见》中所指的执行审查类案件，并不包括执行异议之诉案件。

[②] 详见甘肃省兰州市中级人民法院（2015）兰执异字第25号执行裁定书。

[③] 详见福建省龙岩市中级人民法院（2016）闽08执复15号执行裁定书。

[④] 部分裁定书中注明的借款合同纠纷发生在公民之间、公民与非金融机构企业之间，统一为民间借贷纠纷。

[⑤] 部分裁定书未注明纠纷类型。

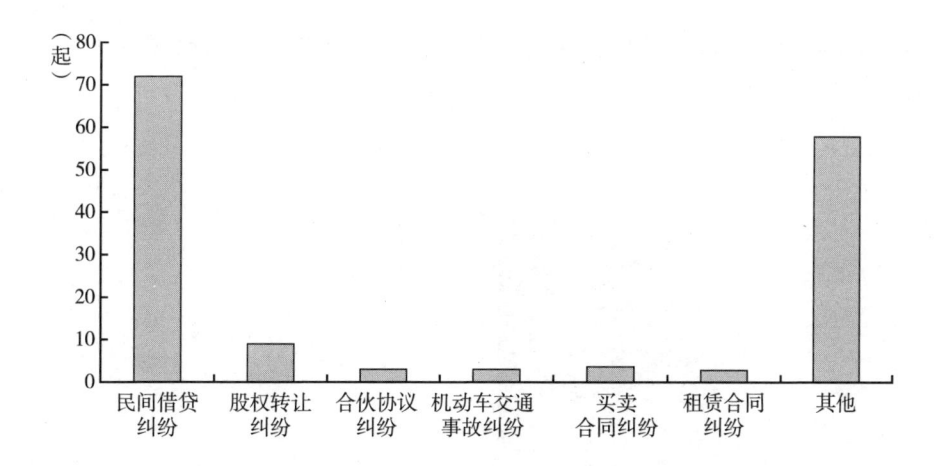

图1 追加配偶为被执行人案件所涉纠纷类型分布

（二）债务人配偶抗辩之由集中：所涉债务非夫妻共同债务

债务人配偶针对追加其为被执行人的申请，大多数均以《婚姻法解释（二）》第24条作为依据，主张所涉债务系夫妻另一方的个人债务，而非夫妻共同债务，继而反对追加。在152份样本中，债务人配偶很少基于债务性质的认定需经实体审理的理由，或者基于法律无明文规定在执行程序中可以追加配偶为被执行人的理由，主张执行程序中不能直接追加的观点。基于上述主张，在执行程序中不能直接追加的有39件，占比25.66%；未阐明理由而主张不能追加的，有77件，占比50.66%。除前述两种情形外，债务人配偶还以在追加其为被执行人的过程中并未组织合法的听证程序为由反对追加。[①] 总的来看，债务人配偶更多的是从实体角度出发提出异议，很少从程序角度出发反对追加。

可见在实务中，债务人配偶很少会考虑到审判与执行的差异，以及追加的法定情形等问题。

（三）裁判者态度不一：支持追加者略占优势

对于能否追加配偶为被执行人的问题，不同法官所持观点有所差异。在

---

① 详见广东省东莞市中级人民法院（2015）东中法执复字第54号执行裁定书。

样本案例中，支持追加的法官占比44%，反对追加的法官占比37%，而对能否追加未表态的法官占比18%（图2）。

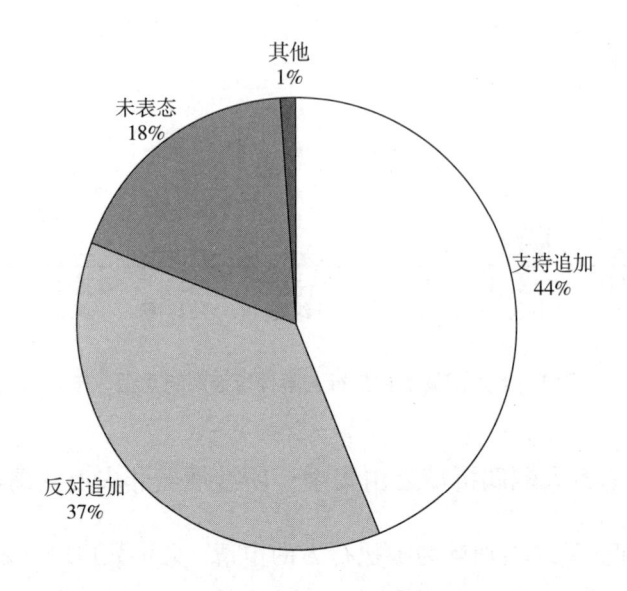

图2　法官态度分布①

从样本来看，与追加配偶为被执行人问题相关的是债务性质认定问题，因而涉及法官对执行中能否认定债务性质的看法，法官的裁判思路也变得多元，见表1。

表1　不同态度的典型裁判思路*

法官态度	典型裁判思路
追加	①适用《婚姻法解释(二)》第24条的规定,认定(推定)为夫妻共同债务,追加配偶为被执行人
	②不认定债务性质,直接适用《最高人民法院关于依法制裁规避执行行为的若干意见》第20条规定,追加配偶为被执行人

---

① 之所以总数加起来只有151件，是因为样本的一份裁定书中，法官的观点前后矛盾，既认定所涉债务不属于夫妻共同债务，又称所涉债务为大额民间借贷，是否属于夫妻共同债务，争议较大，不能通过简单推定对债务性质进行判断，应当通过审判程序审查确定。

续表

法官态度	典型裁判思路
不追加	③推定为夫妻共同债务,并可以直接执行夫妻共同财产、配偶的个人财产;但是在执行程序中直接追加申请人为被执行人,剥夺了申请复议人的诉权
	④不认定债务性质,《婚姻法解释(二)》第24条是人民法院解决当事人民事争议和确定民事责任所依据的实体裁判规则,不属于执行权的授权规定;追加被执行人必须遵循法定主义原则,在执行程序中直接追加配偶为被执行人无明确规定
	⑤对能否认定债务性质未表态,追加被执行人必须遵循法定主义原则,在执行程序中直接追加配偶为被执行人无明确规定
对追加与否未表态	⑥债务性质的认定一是要看夫妻有无共同举债的合意,二是要看夫妻是否分享了债务所带来的利益
	⑦债务性质应通过诉讼程序认定,在执行程序中直接认定债务性质违反法定程序
	⑧《最高人民法院关于执行案件立案、结案若干问题的意见》第10条第2项规定排除了因夫妻共同债务应当按照执行复议案件予以立案的规定,赋予申请复议权,属适用法律错误

注：＊带圈的数字为类型标记。

由样本案件的裁定书可知，执行法官对于是否追加配偶为被执行人问题至少有8种态度。其中认为执行中可以认定（推定）债务性质并追加配偶为被执行人的高达42.76%，认为执行程序中可以认定（推定）债务性质的占比50%。法官态度之多样不仅存在于不同省份之间的法院，就算是同一个省份的不同法院也出现了不同裁判。例如出台了指导意见的江苏省，就出现了表1中的第①、②、④、⑦、⑧这五种态度。甚至同一个法院的不同法官态度亦有差异，例如河北省邯郸市中级人民法院出现了第①和第⑧这两种态度（图3）。

通过上述裁定样本的分析可知，当事人与裁判者对追加配偶为被执行人均有所需。

二 理论之源：追加配偶为被执行人之正当性解读

追加配偶为被执行人之所以面临实践困惑，深层原因在于对其存在的价

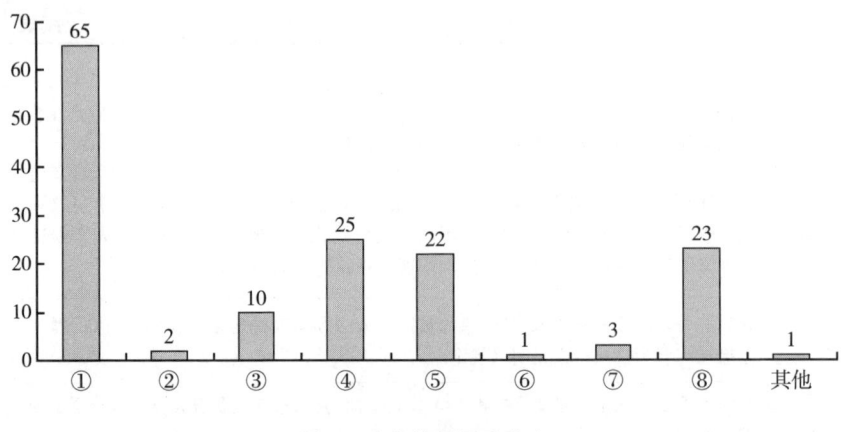

图 3　法官裁判思路分布

值理论认识缺位。制度总要与正当性正面交锋，笔者试图在追加被执行人这一制度体系中厘清追加配偶为被执行人之正当性。

（一）学理：执行力主观范围适度扩张

合法的执行行为首先需要正当程序支持，而程序是否得当关乎于执行主体的适格与否，即是否为执行力主观范围所及。通说认为，执行力主观范围只及于案件当事人，没有法定事由不得及于执行依据以外的第三人。但是，最先为追加被执行人制度提供理论基础的是既判力扩张理论，而完全贯彻"既判力相对性原则"，判决的效力会明显弱化，容易引发民众对公力救济的效果产生怀疑，因此既判力之相对性在例外情形下可以打破。根据德国、日本、韩国以及我国台湾地区的立法例，"例外情形"包括当事人的继受人、为当事人或其继受人利益占有请求之标的物的人和诉讼担当时的被担当人。[1] 就给付之诉的终局判决而言，既判力必然伴随有执行力，解决了既判力的扩张问题，执行力的扩张问题也随之解决。[2] 但是，随着新型执行依据的不断出

---

[1] 肖建国主编《民事执行法》，中国人民大学出版社，2014，第 13 页；谭秋桂：《民事执行法学》，北京大学出版社，2015，第 148 页。
[2] 参见翁晓斌《论既判力及执行力向第三人的扩张》，载《浙江社会科学》2003 年第 3 期。

现（例如支付令、公正债权文书等），既判力扩张的主观范围并不能与执行力扩张的主观范围完全重合，执行力扩张的主观范围超出了既判力扩张的主观范围。因此，除了上述三种"例外情形"以外，还存在新的"例外情形"，即执行力的主观范围还可以扩张至除诉讼标的物之外的责任财产的持有人、生效法律文书确定的债权债务利益所及的连带债权人或连带债务人等。① 日本、韩国、瑞士以及法国等国家通过各种方式软化执行当事人适格的范围，执行力扩张的边界在瑞士不具有实质性限制，也与既判力的主观范围没有直接关系，瑞士的强制执行制度安排足以使任何欠债的债务人都能够被债权人直接通过执行程序实现债权。② 为了保障执行力主观范围扩张之正当性，应当考量的因素之一系实体利益归属的一致性，而夫妻共同债务便属于实体利益归属一致性之列，因此将执行力扩张至债务人配偶具有正当性基础。③ 依赖于实体法的规定，夫妻双方具有特殊的身份关系，正是基于这种特殊身份关系，追加配偶为被执行人获得了正当性。

（二）体系：审判与执行制度之弥合

最高法院在《关于依法妥善审理涉及夫妻债务案件有关问题的通知》（以下简称《夫妻债务案件通知》）中明确要求"未经审判程序，不得要求未举债的夫妻一方承担民事责任"。据此，最高法院的潜在之意是按照共同诉讼理论将夫妻列为共同被告，而在诉讼中一揽子解决债务性质及责任承担问题。如此即会有质疑：既然可以先行在诉讼中解决债务的认定，缘何要设计追加被执行人制度？我们认为，可以从两个角度来予以解释：第一，执行程序的地位在两大法系国家有所差异。英美法系奉行事实出发型民事诉讼理念，英美法系民事诉讼实际上通过推行大诉讼标的概念以及宽泛的既判力客观范围，经由审判程序解决了执行力主观范围的扩张问题。大陆法系奉行法

---

① 肖建国主编《民事执行法》，中国人民大学出版社，2014，第 84~85 页。
② 肖建国主编《民事执行法》，中国人民大学出版社，2014，第 77~79 页。
③ 肖建国、刘文勇：《论执行力主观范围的扩张及其正当性基础》，载《法学论坛》2016 年第 4 期。

律出发型民事诉讼理念,不可能放弃小诉讼标的概念,无法像英美法系民事诉讼那样,通过审判法官的事先判决将第三人与执行依据载明的当事人之间实体权利关系在充分的程序保障下予以终局性判断,往往只能由执行机关根据法律的授权,在一定条件下对该权利关系的存在做出初步判断,并且据此将第三人追加为适格执行当事人。也就是说,判决程序在英美法系国家占据了中心地位,而大陆法系国家民事诉讼采用两中心主义,执行程序相对于判决程序具有独立性。[①] 我国在民事诉讼或者强制执行的规定上,与大陆法系更为相似。第二,"社会在任何时候都不可能只依赖某一个制度,而需要的是一套相互制约和补充的制度"[②],某一制度的运行并不孤立,而是与其他制度相互依存、相互补充。例如,部分案件在认定是否为夫妻共同债务的问题上,往往牵涉婚姻家庭关系等相关实体问题;与债务人和债权人因合同或侵权等基础法律关系产生的债务纠纷,既不是必要共同之诉,也不是普通共同之诉。对于此类不适合一并审理而当事人又不愿另行起诉的情形,在执行中将执行力扩张至第三人,便提供了解决上述问题的渠道。再比如,基于合同相对性原则、身份隐私原因,在审判程序中将债务人配偶列为共同被告存在一定难度,而执行中由于公权力的介入,被执行人及其配偶的身份和财产信息逐步明确,上述阻碍情形消失,执行债权人一方的追加需求凸显。[③] 实体审判与程序追加两制度相得益彰,就如民事诉讼中既有既判力要求也有再审制度一样,形成解决夫妻同债务承担的制度之链。

(三)价值:效率与公正之平衡

执行以快速、及时、不间断地实现生效法律文书中所确认的债权为己任,在价值取向上注重效率;而审判以公平地解决双方的纷争为基点,在价

[①] 肖建国主编《民事执行法》,中国人民大学出版社,2014,第79~80页。
[②] 苏力:《制度是如何形成的》,北京大学出版社,2007,第55页。
[③] 汤海庆、陈庭会等:《执行程序中追加配偶为被执行人情况研究——以J法院执行实践为样本》,载《深化司法改革与行政审判实践研究(下)——全国法院第28届学术讨论会获奖论文集》,第909~910页。

值取向上以追求程序公正和实体公正为其基本使命。由于债务人无财产可供执行、恶意逃避和抗拒执行、外来因素干预、法院执行力量有限等原因,债权人的合法权益无法及时得到实现,法院则备受"执行难"的困扰。执行程序一方面旨在根据执行依据助力债权人早日实现其权利,另一方面也肩负树立司法和法律权威的重任,追加被执行人制度的效率价值因此凸显。追加配偶为被执行人,大大增加了债权受偿的可能性,避免烦琐的诉讼程序带来的时间拖延,提高了执行的效率;于执行债务人及其配偶而言,其作为理性经济人,也有简化程序、追求效率的要求,在执行中直接追加可以避免反复的诉讼增加当事人的成本,节约司法资源。因此,既然债权人和债务人配偶均有选择执行程序尽早解决纷争之主观意愿,立法者和司法者不应置若罔闻,一厢情愿地要求当事人过诉讼程序这一独木桥,而应开启追加配偶为被执行人之通道,避免当事人因法律规定的缺失而不得不疲于应付诉讼。但是,注重效率并不意味着对公正的无视,民事执行除了追求效率外,还应均衡各方利益、防止民事执行发生错误,以适当的方式实现生效法律文书确定的内容并解决由此形成的争议,其实质乃公正。[①] 因此,效率优先、兼顾公正,应是追加被执行人制度设计的正确价值定位,尤其对于夫妻共同债务的实体争议,宜通过审判程序实现其公正之价值。

三　司法之碍:追加配偶为被执行人的制度审视

(一)法律供应缺失与价值需求强烈的矛盾

《民事诉讼法》及民诉法解释虽未明确规定执行力主观范围扩张的理论依据,但在具体的条文中有所运用,如关于作为被执行人的公民死亡,法人或其他组织终止、变更的,由其权利义务承受人履行义务的规定,不过也仅扩张到权利义务的承继人。最新颁布的《最高人民法院关于民事执行中变更、追加当事人若干问题的规定》(以下简称《变更、追加规定》)将执

[①] 谭秋桂:《民事执行法学》(第三版),北京大学出版社,2015,第34页。

行力主观范围扩张至被执行主体个人独资企业的投资人、合伙企业的普通合伙人、有限合伙企业未按期足额缴纳出资的有限合伙人等,唯独未规定可以追加债务人配偶为被执行人。对此,最高法院于2016年3月在《关于"撤销婚姻法司法解释(二)第24条的建议"的答复》中强调,夫妻共同债务应当通过审判程序来认定,不能由执行程序认定;在2017年3月的《最高人民法院关于依法妥善审理涉及夫妻债务案件有关问题的通知》中,又明确要求"未经审判程序,不得要求未举债的夫妻一方承担民事责任"。

尽管最高法院最终亮明了立场,但通过考察以往各地实践情况发现,当事人的追加申请量较高,追加意愿较为强烈,支持追加配偶为被执行人的法官也占据了相当大一部分,而且对于是否追加配偶为被执行人,部分高院做出了相应规范意见,见表2。虽然北京高院指出不能在执行程序中认定债务性质和追加配偶为被执行人,但浙江高院除了肯定在执行中认定债务性质的做法外,还规定无须追加配偶为被执行人便可直接执行财产;上海高院与江苏高院的文件中均提及了应依当事人申请追加并执行。债权人的追加申请可以扩大债务人的责任财产范围,有利于提高执行效率,减少诉累。这实际上意味着追加配偶为被执行人的实践存在法律供应与需求之间的矛盾。

表2 四地高级人民法院指导意见

法院规定	是否可以认定债务性质	是否可以追加	是否依申请追加
北京高院规定①	否	否	
上海高院规定②	是	先追加,再执行	是
江苏高院规定③	是	原则上先追加,再执行,有例外	是
浙江高院规定④	是	无须追加,直接裁定执行	—

注:①参见《北京市法院执行工作规范(三)(2013年修订)》,第539条。
②参见上海市高级人民法院《关于执行夫妻个人债务及共同债务案件法律适用若干问题的解答》(2004年)。
③参见江苏省高级人民法院《关于执行疑难若干问题的解答》(2013年)、《统一夫妻共同债务、出资人未依法出资、股权转让、一人公司等四类案件追加当事人及适用程序问题通知》(2015年)。
④参见浙江省高级人民法院《关于执行生效法律文书确定夫妻一方为债务人案件的相关法律问题解答》(2014年)。

（二）夫妻共同债务认定困难与执行机构裁决权有限的冲突

部分法院将所涉债务性质是否为夫妻共同债务作为在执行程序中追加配偶为被执行人的考量因素。然而，认定夫妻共同债务也并非易事。首先，关于夫妻共同债务的认定标准多有争论，司法实践中就有三重标准：一是用途论，即判断是否"用于夫妻共同生活"；二是推定论，即适用《婚姻法解释（二）》第24条的夫妻共同债务推定规则；三是折中论。[1] 其次，夫妻共同债务的责任承担方式尚存争议。多数学者主张夫妻共同债务的责任承担方式应为连带债务，也有文章持不真正连带债务论，还有文章持共同债务论，指出夫妻共同债务本质上是由于夫妻双方的特殊身份关系而产生，在性质上属于共同债务。[2] 最后，对于《婚姻法解释（二）》第24条的推定规则，其适用范围也可探讨。有观点认为，该条的适用条件之一是须为意定债务之纠纷，不包括侵权之债、不当得利等未涉及交易安全的债务。就样本案例观之，实务中不乏观点认为该条的适用应不限于意定债务之纠纷，将诸如侵权之债等非意定之债也包括在适用条件内，支持追加配偶为被执行人的情形并不鲜见。[3]

变更、追加被执行人属于执行裁决权的行使。然则，执行程序中的判断权与审判程序中的判断权"不可同日而语"，这种差异体现在实体权利的判断上。审判法官对于争议的实体权利有权做出最终的、实质性的、发生既判力的判断；而执行裁决法官虽然对实体问题具有判断权，但是基于执行程序以实现应当受到保护的民事权益为己任、在价值取向上注重效率等原因，执行程序中的判断权必然具有局限。同时，审判中拥有较为完备的当事人充分参与、论证和说服的程序，更有利于类似债务性质等实体问题的查明，而执

---

[1] 杨晓蓉、吴艳：《夫妻共同债务的认定标准和责任范围——以夫妻一方经营性负债为研究重点》，载《法律适用》2015年第9期。

[2] 杨晓蓉、吴艳：《夫妻共同债务的认定标准和责任范围——以夫妻一方经营性负债为研究重点》，载《法律适用》2015年第9期，第39页；参见赖紫宁、周云焕《确定夫妻共同债务：标准与诉讼结构》，载《法律适用》2008年第8期。

[3] 详见甘肃省嘉峪关市中级人民法院（2015）嘉执复字第12号执行裁定书。

行中通常采取的听证程序是简化了的程序，对实体问题判断的保障壁垒随之弱化。"如果执行裁决（审查）法官像审判法官那样通过雍容华贵的审判程序来判断执行标的权属，不仅会导致执行程序与审判程序原理和运作上的混同，而且会极大地侵蚀民事执行的效率价值，背离审执分立的基本宗旨。"①由此观之，夫妻共同债务认定艰难，而执行机构的判断权十分有限，二者之间的矛盾凸显。

（三）债权人与被追加主体之间权利配置的失衡

执行以实现债权人债权为首要目的，追加被执行人制度在保护债权人的权利的同时，不可避免地会对被追加主体造成某种程序的权利损害，这便是权利冲突在追加被执行人制度中的折射。权利冲突已然成为现代社会的普遍现象，创制一套权利配置机制以平衡权利主体相互间的利益，是权利冲突理论下必然涉及的话题。现行立法虽并未将债务人配偶作为被追加主体，但是实践中的债务人配偶往往"反其道"而成为被追加主体。若参照最新的《变更、追加规定》，债务人配偶与其他类型的被追加主体一样，面临着权利保护不足的困扰，追加被执行人制度颇有权利保护过度向债权人一方倾斜之嫌。《变更、追加规定》参照诉中保全与诉前保全之规定，设立了控制财产前置的程序，对追加被执行人制度的完善意义自不待言。但是由于立法的疏漏抑或立法者的价值选择的原因，一些规定或者尚未细化的规定于被追加主体而言有失公平：其一，《变更、追加规定》第29条表明，在申请追加前与追加审查期间均可提出控制被追加主体财产的申请，但是并未明确是控制个人财产还是控制夫妻共同财产，抑或是二者兼而有之。控制财产裁定的直接后果是被追加主体在控制财产期间无法处分这些财产。相比之下，控制个人财产比控制共同财产对被追加主体更容易造成权利的限制。其二，控制财产的措施包括查封、扣押与冻结等，若被追加主体对查封、扣押与冻结措施产生异议该如何救济？《变更、追加规定》对此避而未谈。其三，诉讼保

---

① 肖建国主编《民事执行法》，中国人民大学出版社，2014，第21页。

全中有被申请人提供担保便可解除保全措施之规定,但是《变更、追加规定》中并未赋予被追加主体此种权利。是故,《变更、追加规定》在债权人与被追加主体之间的权利配置上存在失衡。

四 解决之道:追加配偶为被执行人之路径探析

追加配偶为被执行人有追切的实践需求作推力,亦有深厚的理论基础作支撑,故对追加配偶为被执行人问题采取"一刀切"全面否定的模式并不可取,应针对实践中存在的问题,在平衡实体法与程序法的价值取向、债权人与被追加主体的权利冲突后,构建出追加配偶为被执行人的可行路径。

(一)立法授权:追加配偶为被执行人之准入机制的确立

最新颁布实施的《变更、追加规定》并未明确可以追加配偶为被执行人,而追加配偶为被执行主体与此规定所明确可以追加的合伙企业的普通合伙人、未足额出资的股东、有限合伙人等存有共同的特质,即被追加人基于法律的规定与债务人负有共同的债务承担责任,立法没有理由将债务人的配偶排除在被追加主体之外。纵观域外的经验,在执行程序中追加配偶为被执行人的做法,在其他许多国家也有实行。如《菲律宾家庭法》第 122 条第 3 款规定对于夫妻一方婚前的债务、罚款如其个人不能偿还的,可以强制执行夫妻共同财产。《瑞士民法典》第 234 条规定,对于特定的个人债务,可以以其个人财产偿还,也可以以共有财产之半偿还。因此《夫妻债务案件通知》关于未经审判不得要求未举债配偶一方承担责任的规定过于苛刻,应尽快通过立法授权,将追加配偶一方为被执行人纳入法定追加范围,同时考虑到执行与审判的职能分工,在确保实体公正的基础上提高执行效率,应对具体制度进行相应的完善。

(二)形式审查:主体追加与财产控制之审查机制的简化

为了化解夫妻共同债务认定困难与执行机构裁决权有限的矛盾,应明确追加配偶与控制财产的审查，均采用形式审查。对追加配偶为被执行人进行形式审查的实体法依据为《婚姻法解释（二）》第24条规定，除法定情形之外，夫妻关系存续期间的债务推定为夫妻共同债务，故执行程序仅需对夫妻关系及债务存续期间等进行形式审查，债务性质认定等阻却执行因素为实体审判所需，如此既提高了执行效率，又兼顾了实体权益的公正待遇。控制财产之所以也应采用形式审查，一个首要原因在于控制财产裁定的做出，仅需执行机构对第三人权利存在与否进行判断，性质上仅仅针对执行标的物的形式物权而非实质物权，或者权利表象而非真实权利。① 也就是说，执行法院仅需对财产的所有权进行判断，而无须对所涉债务的性质进行判断，前者作为对世权有物权公示的外观，后者作为对人权则相反。拥有有限裁决权的执行机构足以通过形式审查认定财产所有权问题，但不具备认定夫妻共同债务问题的能力——控制财产采用形式审查也是执行机构裁决权有限的逻辑后果。同时，控制财产参照的是诉讼保全制度，诉讼保全中亦采用的是形式审查方式。

附带提及的是，追加审查与控制财产审查中是否应统一适用听证程序的问题。根据《变更、追加规定》第28条的规定，事实清楚、权利义务关系明确、争议不大的案件之外的其他案件均应组织听证程序，据该条之意应是实质审查。一者，该条规定的弊端在于听证程序作为略式程序，不如诉讼中的论辩程序那样充分和完整，因此其实质审查的作用难以有效发挥。二者，前述讨论得出追加与控制财产审查均应采用形式审查，既然不作实质审查，听证程序可以根据当事人的选择来确定是否要适用。如此既节约了司法资源，亦有助于当事人权利尽早实现。

（三）权利配置：财产控制与救济机制之完善

债权人与被追加主体之间的权利冲突显现，率先进行利益衡量的立法场

---

① 肖建国：《执行标的实体权属的判断标准——以案外人异议的审查为中心的研究》，载《政法论坛》2010年第3期。

域有过度向债权人一方倾斜的取向，而忽视了对被追加主体权利的保护。科斯主张，当权利发生冲突时，法律应当按照一种能避免较为严重的损害的方式来配置权利。① 这种"避免较为严重的损害的方式"在追加配偶为被执行人制度里，应将控制财产限于夫妻共同财产，赋予被追加主体在控制财产裁定后的救济权利，经担保可以解除财产的控制。

（1）财产控制范围的界定。若将财产控制扩大至债务人配偶的个人财产，理论上会扩大债务人配偶限制处分财产的范围。② 于债务人配偶而言这无疑是权利的较大剥夺。《婚姻法解释（二）》第18条规定夫妻对外承担债务的方式为"连带清偿"，而《婚姻法》第四十一条规定，离婚时原为夫妻共同生活所负的债务，应当共同偿还，共同财产不足以清偿的，或财产归各自所有的，由双方协议清偿；协议不成时，由法院判决。可见前者的规定不以共同财产为限，后者的规定则有一个明显的顺序安排：共同财产清偿→协议用各自的财产清偿→法院判决。在两条规定相冲突的情形下，按照法律位阶原理，显然《婚姻法》比《婚姻法解释（二）》的效力更高。因此，基于实体法之规定，将控制财产限于夫妻共同财产有据可循，以避免损害被追加配偶的个人权益。

（2）财产控制之救济程序的确定。控制财产之后，债务人配偶对控制财产行为或者控制财产的所有权产生争议该如何救济的问题，《变更、追加规定》并未说明。一者，控制财产行为是执行行为，对执行行为产生异议而毫无救济可言，不符合我国执行程序救济体系的规定。二者，《民事诉讼法》中尚且有案外人异议之规定，案外人对执行标的主张实体权利时可提起执行异议，当然，此处的执行标的主张仅限于所有权或者有其他足以阻止执行标的转让、交付的实体权利。③ 对控制财产的所有权产生异议正好属于此列。因此，关于控制行为本身的救济可参照《民事诉讼法》中关于保全

---

① 苏力：《法治及其本土资源》，北京大学出版社，2015，第194页。
② 之所以称理论上，是谨慎的用法，因为查封、扣押与冻结的财产应是与债务相当的财产，若夫妻共同财产已经足以达到此标准，便不会对债务人配偶的个人财产产生影响。
③ 江伟主编《民事诉讼法》（第三版），北京大学出版社，2015，第471页。

措施的规定，可以申请复议；对控制财产所有权产生的异议，可以参照《民事诉讼法》中案外人异议的规定进行处理。

（3）财产控制的解除。根据《民事诉讼法》第一百○四条的规定，财产纠纷案件，被申请人提供担保的，人民法院应当裁定解除保全。执行中控制夫妻共同财产时，亦可参照此规定。担保是缓冲债务人与被追加主体之间权利冲突的一项重要制度。正如诉讼保全中，债权人的担保与债务人的反担保均意味着对自身权利的肯定一样，被追加主体提出担保同样是对自身权利的确认，法院因此获得了对其施压的筹码，从而促使法官可以大胆而放心地做出解除保全（控制）的裁定。[①] 而被追加主体亦能在财产权利上获得更多的自由。

（四）执行异议之诉：债务性质认定之解决机制

追加配偶为被执行人程序中，若债务人配偶针对债务性质问题提出异议，则应通过执行异议之诉进行救济。[②] 之所以要在执行异议之诉中认定债务性质，一方面，是因为债务性质问题属于司法判断性很强的争议事项，执行程序中的裁判权受到明显限制，而执行异议之诉由执行法院对执行标的的实体法律关系进行审理和裁判，办案法官与其他审判程序的法官一样，拥有同等的裁判权。另一方面，针对债务性质这一复杂问题，只有具备完整的论辩程序，由当事人充分举证、质证、辩论，由法官与当事人、当事人与当事人之间充分沟通，才符合程序正义理念，而执行异议之诉的程序——满足。控制共有财产所具备的"执行准备"功能彰显，根据执行异议之诉中夫妻共同债务的认定，便可直接执行已控制的夫妻共同财产。"执行难"与"执行乱"的问题也相应地得以妥善解决。

[①] 刘哲玮：《论财产保全制度的结构矛盾与消解途径》，载《法学论坛》2015年第5期。
[②] 难点在于，债务人配偶在被追加之后成为执行当事人而非案外人，与案外人执行异议之诉的提出主体相冲突。我们认为，尽管债务人配偶在追加之后成为当事人，但是剥夺其提起执行异议之诉的权利有失公正，应参照适用案外人执行异议之诉的相关规定。

结　语

总而言之，在《变更、追加规定》将追加配偶为被执行人问题置于虚文、最高法院立场似乎已经"尘埃落定"之际，追加配偶为被执行人问题并未丢失其探讨价值。其所涉子问题之庞大，所涉利益关系之繁杂，值得学术界与实务界孜孜矻矻为之琢磨。

B.38
深入推进湖南地方法治建设 探索法治政府建设新实践

——永州双牌县法治政府建设的内容梳理与经验总结

彭 澎*

  2017年10月,党的十九大报告郑重提出:"坚持全面依法治国。坚定不移走中国特色社会主义法治道路,建设社会主义法治国家,发展中国特色社会主义法治理论,坚持依法治国、依法执政、依法行政共同推进,坚持法治国家、法治政府、法治社会一体建设。"在此基础上,党的十九大报告明确强调:"深化依法治国实践,建设法治政府,推进依法行政,严格规范公正文明执法。"这标志着新时代法治建设被赋予了新的要求、新的蓝图和新的定位,宣示着新时代法治政府建设又将成为新的重点、新的要素和新的基点,预示着法治政府建设又将进入新的征程、新的未来和新的时代。我们必须深入学习和深刻领会党中央关于全面依法治国的报告精神,全面把握新时代法治政府建设的基本任务、基础内容、根本要素、完善举措和建设路径。湖南省从21世纪初以来就在全国率先持续性地推进法治政府建设,形成了法治政府建设的"湖南特色""湖南模式""湖南样本",法治建设一直是熠熠生辉的"湖南名片"。在新时代法治建设新的征程中,湖南更应该要把握机遇、夯实基础、创新思维、乘势而上,创造性地深入推进法治湖南建设,为全面依法治国做出更大的成绩。

  湖南永州双牌县位于湖南西南部、永州中腹,是镶嵌在都庞岭下、潇水

---

* 彭澎,中共湖南省委党校法学部副主任、教授、硕士生导师,法学博士后,2017年7月至今挂职担任双牌县人民政府副县长。

河畔的一颗生态明珠,是区域交通枢纽、湘南生态画卷、潇湘旅游胜地、清洁能源宝库、国有企业重镇、社会治安绿洲。这里还有一个享誉全国的称号——"全国法治县创建先进单位"。新的时代,双牌县委县政府高瞻远瞩、长远谋划,高度重视地方法治建设。2017年党的十九大召开以来,双牌县人民政府身体力行、马上就办,把"法治政府"建设作为政府加强自身建设的重要抓手、作为法治双牌建设的重点内容,列为全县的"基础建设工程"、"形象维护工程"、"品牌打造工程"、"改革创新工程"、"能力提升工程"和"环境优化工程",逐步积累了许多地方法治政府建设的有效做法和成熟经验,形成了具有鲜明地方特点、浓郁本土气息、昂扬时代精神的地方法治政府建设模式,探索出了地方法治政府建设的先行样本和实践标杆,成为湖南乃至全国县级地方法治建设创新实践的典型示范,引起广泛关注和好评。像双牌这样高度重视法治政府建设并有实质性、系统性举措来推进这项工作的,在湖南省各县、市、区之中可以说是为数不多的,双牌是名副其实的"全国法治县创建先进单位",是湖南法治建设的新高地,丰富了湖南法治建设的新实践,拓宽了湖南法治建设的新视野,创造了湖南法治建设的新局面。

一 双牌县深入推进法治政府建设的背景动因

(1) 加强政府建设,是加快地方经济社会发展的需要

"为民、务实、清廉"是现代政府建设的基本要求,也是法治政府建设的根本任务。双牌县委县政府始终强调要建设一个人民满意、高效务实、清廉有为的现代政府,并以此为核心加强政府自身建设。但由于各种各样的原因,政府行政效能不够高、行政执行力不够强是困扰政府各项工作有序开展的首要难题,行政不作为和慢作为在部分领域、部分行业、部分单位依然存在。在当前竞争日趋激烈的县域经济发展之中,全县上下、党政干群都认识到必须下大力气着力解决提升行政效能的问题。如何尽快提高政府效能?政府工作千头万绪,经济社会发展任务重重,什么才是提高政府效能的根本之

策、长久之计？双牌县委县政府经过反复讨论和研究，认为提高政府行政效能固然重要，但更重要的是要建立起确保政府工作高效的长效机制，由此坚定不移地选择了推进法治政府建设这个路子。把法治政府建设作为抓手，通过法治政府建设来打通制约政府效能的体制障碍、机制障碍、制度障碍和人的障碍等诸多问题，建立起高效运转的工作制度与行为规范，以法治促高效、以法治带高效、以法治得高效。而这，成为双牌县深入推进法治政府建设的直接动因。

（2）改进工作作风，是落实为民服务、为群众办事理念的需要

为民服务、为群众办事是政府工作的核心宗旨和根本理念，是包括县级政府在内的各级政府开展工作的基本要求，也是政府改进工作作风、提升自身能力的出发点。由于各种原因，过去一段时期，地方政府在为民服务、为群众办事方面存在一些问题，包括服务群众意识不强，坐等上门多、主动问需少；服务能力不强，工作方法简单，服务水平不适应新形势发展的需要；甚至有的不愿接触群众、不敢接触群众，有的不敢负责、不愿负责。"群众利益无小事"，联系服务群众，不仅要求政府及其工作人员要经常走下去，还要主动为群众创造条件、搭建桥梁，让群众愿意走上来、走进来。特别是在加快地方经济社会发展过程中，人民群众对政府工作的认知度、认同度、满意度提出了更高的要求，寄予了很高的期望。如何满足群众的要求？双牌县委县政府不断思索、不断摸索，认为落实以人为中心的发展理念，必须强化政府对自身责任、使命的高度认知并有严格的制度来落实这种责任和使命，法治政府建设由此成为双牌县政府落实为民理念的重要载体。通过法治政府建设，规范政府行为，厘清政府职责，密切政府与民众的联系，实现政府行政机关与群众的高度互动，及时了解群众的困难和诉求。特别是随着经济社会不断向前发展，网络问政已经渐渐成为推动政府工作的重要力量，双牌县在法治政府建设工作中通过力推"互联网＋政务"工程，通过互联网来落实为民服务、为群众办事的各项工作。

（3）提升工作水平，是有效推进依法行政工作的需要

县级政府工作任务繁重、责任艰巨，最显著的特征就是点多、线长、面

广，工作涉及经济社会发展的方方面面，关系到老百姓的日常生活和衣、食、住、行，影响到覆盖全县的各个角落、各个领域和各个地方。县级政府对推进地方经济发展、加快地方民生建设、解决纠纷化解矛盾、维护社会稳定和促进社会和谐等方面作用重大。但由于各种原因，过去政府工作中还或多或少地存在着工作积极性不高、主动性不足等问题，政府管理中还或轻或重地存在着行政不作为、执法不规范、程序不到位等问题，甚至还存在部分管理领域的行政不敢为、不愿为等情形。如何适应当前经济社会发展的现实需要？更重要的是如何在全面建成小康社会的战略布局中有作为、有担当，既要做好经济社会发展各项工作的推动者，又要做好严格依法行政的示范者、带头者？双牌县委县政府探寻、思考的最终结果指向了法治。他们认为法治是一个系统、一个单位的精气神，是作风、形象、能力的综合体，是推动各项工作开创良好局面的总抓手，要促进政府工作上台阶、出效益、树形象，就必须高度重视并切实推进法治政府建设。

二 双牌县深入推进法治政府建设的主要内容

（1）以学习教育为抓手，弘扬法治理念，培育健康向上的法治文化

法治文化是法治建设的核心灵魂和重点内容。双牌县在推进法治政府建设中坚持以学习教育和宣传培训为抓手，抓牢法治教育根本，引导政府及其工作人员进一步增强法治意识。采取政府党组中心组学习、党的十九大精神学习、法治建设专题辅导报告等形式，一级级地学、原原本本地学、全面深入地学，在全县掀起了一股学习法治的热潮。具体包括：一是法治学习与党的十九大学习融合起来。党的十九大隆重召开以来，双牌县政府通过党组扩大会议的形式已经三次专题学习法治，强调法治政府建设要有新举措、新突破、新亮点。二是法治学习进党校课堂。法治政府学习成为党校培训班的核心课程。2017年下半年以来，双牌县政府领导先后多次在县委党校科级干部培训班上做法治讲课，以"深入推进依法行政加快建设法治政府"为题做专业讲授，为政府工作人员树立法治意识、坚持依法行政依法办事筑牢思

想基础。三是开展专题学习活动。2017年下半年，双牌县人民政府召开了法治政府建设工作会议，就法治政府进行专题学习，政府副县长围绕"学习贯彻落实党的十九大精神与推进依法行政建设法治政府"主题做了专题讲座，重点阐述了为什么要建设法治政府、什么是法治政府和怎样建设法治政府三个问题。全体副县长、副处级领导、政府办工作人员及县直单位主要负责人参加了会议。在会上，县教育局、县卫计委、县食药工质局、县城管局主要负责人还结合本单位工作实际做了深刻的学习体会发言。

（2）以规范工作为核心，完善法治机制，建设科学规范的法治制度

制度建设是法治政府建设的根本保障。双牌县在推进法治政府建设中坚持以规范工作为核心，狠抓制度规范，着眼长远树规立矩，建设严格规范的政府法治制度。具体包括：一是强化制度约束。坚持用法治政府理念指导部门单位的制度建设，把法治价值观念和行为方式规范化、制度化，通过制度建设来规范政府工作的每一个环节。二是落实制度运行。双牌县政府常务会会前学法制度有效落实，领导干部学法、用法、履法水平不断提升；县政府法制办列席政府常务会会议制度全面推行，为政府决策和依法行政提供支持；出台《双牌县规范性文件管理办法》，政府及其各部门严格执行，法律和政策的权威性得以保障。三是增强制度刚性。通过制定完善的制度，提高制度的严肃性，提升制度的执行力，规范办事程序和权力运行。2017年以来，双牌县政府共制定32项制度，梳理历年来166项内部管理制度，涵盖民主决策、学习、会议、调查研究、督促检查、文件审批、公章使用管理、财务管理、公车使用管理、接待、考勤、新闻发布等各个方面，抓紧了制度笼子、强化了刚性约束，有效确保了政府依法行政、依法管理、依法履职。

（3）以严格管理为根本，注重依法行政，推崇文明规范的法治行为

依法行政是法治政府建设的外在体现与动态反映。双牌县在推进法治政府建设中坚持以严格管理为根本，注重依法行政，推崇文明规范的法治行为。具体包括：一是加强法制宣传和考核。双牌县政府各行政执法单位充分利用消费者权益保护日、环境保护日、禁毒日、安全生产月等专项法律纪念

日，开展多种形式的法治宣传活动，营造了良好的法治氛围。县政府法制办广泛开展行政执法人员法律学习与培训轮训，促进了行政执法人员学法常态化、制度化；组织行政执法人员资格考试和资格认定，重新核发行政执法证和行政执法监督证，规范强化了执法队伍建设。法制办每年定期对县直执法单位进行行政执法的监督考核，以严格的监督问责确保政府行政执法严格规范。二是严格依法行政。县维稳办对自来水公司回购、河东沿江风光带等重大工程项目开展社会稳定风险评估，确保了重大行政决策合法高效。县林业局大力开展划定林业生态保护红线、打击破坏林业资源违法犯罪行为、加强日月湖湿地公园的湿地保护；森林公安启动森林防火火情瞭望监测系统，加大对野生动植物资源的保护。县水利局联合公安、交通、国土、环保、日月湖湿地公园管理局等单位开展河道采砂专项执法行动，全面遏制了非法采砂活动蔓延，保护了双牌的碧水蓝天。县环保局严格落实环保督察问题整改清单，关停了一批群众反映强烈的化工和污染企业，坚决打赢环境治理攻坚战。县公安局开办"互联网+民意"行政执法回访平台，严厉打击违法犯罪活动。

三 双牌县深入推进法治政府建设的创新方式

（1）强化法治认同，以法治精神统领政府各项工作——使"法治政府建设"内化于心

双牌县通过推进法治政府建设，法治观念深入政府工作人员心中，和谐发展、科学发展、依法发展已成为全民共识，法治精神已经融入政府的各项工作之中，法治理念已经注入政府工作人员的日常行为之中。2014年国家首个宪法日，县政府举行工作人员的宪法宣誓，铮铮誓言宣示了政府依法行政、信守法治的坚定决心。县政务中心推行审批办证"代办制"，多年来先后为146家企业、项目和个人代办各类事项280余件，为企业和群众节约成本数十万元。县人社局开展各类专项检查执法行动，两年来累计检查各类单位87家，涉及劳动者4000余人，追回拖欠农民工工资483万元，撑起了农

民工维护合法权益的"保护伞"。县食药工质局在加强行政执法的同时，大力推进商事制度改革，并对塔山清泉等企业开展品牌创建、"双牌森林土鸡""双牌高山虎爪姜"等争取地理标志商标提供帮助，全县注册登记市场主体总量实现了逐年稳步增长。充分发挥政府法律顾问服务经济的作用，审查政府及政府部门签订的合同30余件，涉及金额十余亿元。同时，双牌县人民政府通过推进"放管服"改革、优化行政管理体制，确保了政府权力规范运行，在政府管理中大力引入现代互联网和科技创新的技术，打造"智慧双牌""互联网＋监督"等政府核心工程，努力为市场、为社会、为群众提供了高效优质的管理和服务。政府部门责任清单、权力清单和市场准入负面清单实行动态管理；政务中心推行"互联网＋政务服务"新模式，完善登记注册审批手续，做到行政审批手续"一站式服务、一窗口办结"。综治中心、便民服务中心和网格管理中心正式成立，县、乡、村三级网格化服务管理体系逐步完善。

（2）构建完备制度体系，加强法治建设制度创新——使"法治政府建设"固化于制

双牌县在推进法治政府建设中注重构建完备的制度保障体系，强化制度保障，有序推进法治政府建设。一是完善领导体制。全县成立了由书记任组长、县"四大家"分管领导任副组长的"双牌县法治政府建设"领导小组，构建了县委领导、人大监督、政府实施、政协支持、全社会参与的高效运行机制。县直60多个局办委也相继成立法治政府建设领导机构和办事机构，形成了主要领导亲自抓、一级抓一级、层层抓落实的工作格局。二是规划制度。近年来，双牌县委、县政府始终围绕推进依法行政、建设法治政府这条主线，以落实党中央、国务院《法治政府建设实施纲要（2015～2020年）》为指南，全面制订了《双牌县贯彻落实〈法治政府建设实施纲要（2015～2020年）〉实施方案》（以下简称《实施方案》）。《实施方案》明确了双牌县法治政府建设的指导思想、基本原则、主要目标、工作任务、工作步骤和工作保障，成为双牌县推进法治政府建设的基本依据和制度根基。三是构建责任分解机制。2017年制定《2017年双牌县法治政府建设工作要点及责任

分解意见》，该意见切合自身实际，将各项目标任务进行细化和分解，落实具体责任部门和责任人。四是建立评价考核制度。将法治政府建设的考核纳入日常绩效评估工作之中，与日常工作评估高度结合、一体进行，使法治政府建设与绩效考核同部署、同检查、同考核。

（3）创新建设方式，提升政府形象——使"法治政府建设"外化于行

双牌县在推进法治政府建设中注重建设方式的创新，不断探索法治政府建设的有效方法，注重通过有效形式增强政府对法治建设的高度共识和对法治信仰的高度自觉。一是推进法治体检工作。为全面掌握法治政府建设落实情况，2017年12月双牌在全县范围内开展政府法治体检工作，采取专项汇报、座谈交流、现场检查、资料查阅、档案审查、听取意见、群众调查等多种方式，对县直60多个部门和单位逐一展开全方位、深层次、多角度的"体检"，查找法律问题和风险隐患，认真分析原因，提出整改完善措施。双牌县政府法治体检工作是贯彻落实党的十九大"深化依法治国实践"精神的具体行动，也是法治政府建设的重大举措。县政府法治体检工作融合了政府对自身"内检"、社会群众对政府"外检"以及法律顾问专业律师对政府"第三方评估"这三大内涵，具有创新性和鲜明特色，在全省乃至全国都是率先部署开展"法治体检"工作的地方。县政府法治体检通过对全县所有单位和部门进行一次大排查、大盘底、大检验，及时掌握各单位的工作状况，发现"疾病"和隐患，分析"病根"，最后开出"处方"，有效防控化解法律风险隐患，促进政府工作的规范化、法治化，以推进各单位依法行政、依法管理、依法履职。二是高度重视行政应诉工作。为贯彻落实新修订的《行政诉讼法》，双牌县政府制定出台行政机关负责人出庭应诉办法等制度，使行政机关负责人出庭应诉常态化、制度化。2017年12月19日上午，双牌县一起行政诉讼案件在永州市中级人民法院行政审判庭开庭审理。原告是何家洞乡某村民，因不服县人民政府做出的双政赔字（2017）1号不予行政赔偿决定，向市中级人民法院提起行政诉讼，政府副县长作为县政府负责人出庭应诉。这是双牌县第一件由县政府负责人出庭应诉的行政诉讼案件，也是县政府第一件做出的不予行政赔偿决定的案件。该案件经依法审理，永

州市中院于2017年12月28日做出最终判决——驳回原告诉讼请求，标志着县政府在一审中胜诉。

（4）遵循法治建设客观规律，结合地方政府工作实践——使"法治政府建设"实化于效

双牌县在推进法治政府建设中既遵循法治建设客观规律，又紧扣地方政府工作实际，努力做到让法治政府建设既彰显法治的魅力，又体现政府的工作特点。在工作中建设法治，用法治建设引领工作，把法治建设融入地方政府工作之中。根据政府工作的性质、宗旨、阶段性目标任务和实际情况，确定不同时期、不同层次的建设目标和任务，将法治政府建设细分到不同领域、不同行业、不同部门、不同单位的建设任务之中，做到了把法治政府建设贯穿于县政府工作的全过程、渗透政府工作的各个环节，做到了法治政府建设与政府自身建设紧密结合、与加强政府队伍建设紧密结合、与地方经济社会发展紧密结合，创新了地方法治政府建设的内容和形式，使法治政府建设得到普遍接受和认同，并在实践中落到实处，增强了法治政府建设的实践性、实在性、实效性。在推进法治政府建设中，双牌县经济、政治、文化和社会生活法治化水平不断提升，相继荣获"全国'六五'普法中期先进县"、"全省首批法治创建工作示范县"、"全省'六五'普法先进县"等荣誉，连续7年荣获"湖南省社会治安综合治理先进县"。2017年12月，双牌县被国家司法部评定为"全国法治县（区）创建先进单位"。在推进法治政府建设中，双牌县政府涌现了一大批先进典型：县公安局城关所、县司法局尚仁里所、环保局、国税局办税大厅和县计生委被命名为"全省依法办事示范窗口单位"；永江村被司法部、民政部命名为"全国民主法治示范村"；阳明社区、江西村、良村、桐子坳村等11个村（社区）被命名为"全省民主法治示范村"。

四 结语

党的十九大再次强调"坚持全面依法治国"的基本方略，提出了"深

化依法治国实践"的新要求，再次谋划了法治国家、法治政府、法治社会三位一体的宏伟蓝图，标志着法治建设已经进入新时代。新的时代，有新的目标、新的要求、新的任务。在新时代建设中国特色社会主义法治国家的伟大征程中，推进地方法治建设、创建地方法治政府建设的新样本，既要明确任务、把握形势、顺势而为、乘势而上，又要积极摸索、理性反思、客观总结、认清要求，更要打开思路、创新思维、改革路径、科学施策，努力为全面依法治国创建一个个生活的样本、新鲜的模式，努力为全面依法治国提供可借鉴、可复制的成熟经验，努力为新时代全面依法治国贡献湖南的才智。

权威报告·一手数据·特色资源

皮书数据库
ANNUAL REPORT(YEARBOOK) DATABASE

当代中国经济与社会发展高端智库平台

所获荣誉

- 2016年，入选"'十三五'国家重点电子出版物出版规划骨干工程"
- 2015年，荣获"搜索中国正能量 点赞2015""创新中国科技创新奖"
- 2013年，荣获"中国出版政府奖·网络出版物奖"提名奖
- 连续多年荣获中国数字出版博览会"数字出版·优秀品牌"奖

成为会员

通过网址www.pishu.com.cn访问皮书数据库网站或下载皮书数据库APP，进行手机号码验证或邮箱验证即可成为皮书数据库会员。

会员福利

- 使用手机号码首次注册的会员，账号自动充值100元体验金，可直接购买和查看数据库内容（仅限PC端）。
- 已注册用户购书后可免费获赠100元皮书数据库充值卡。刮开充值卡涂层获取充值密码，登录并进入"会员中心"—"在线充值"—"充值卡充值"，充值成功后即可购买和查看数据库内容（仅限PC端）。
- 会员福利最终解释权归社会科学文献出版社所有。

数据库服务热线：400-008-6695
数据库服务QQ：2475522410
数据库服务邮箱：database@ssap.cn
图书销售热线：010-59367070/7028
图书服务QQ：1265056568
图书服务邮箱：duzhe@ssap.cn

卡号：881683514398

皮书系列

2018年

智库成果出版与传播平台

社会科学文献出版社
SOCIAL SCIENCES ACADEMIC PRESS (CHINA)

社长致辞

蓦然回首，皮书的专业化历程已经走过了二十年。20年来从一个出版社的学术产品名称到媒体热词再到智库成果研创及传播平台，皮书以专业化为主线，进行了系列化、市场化、品牌化、数字化、国际化、平台化的运作，实现了跨越式的发展。特别是在党的十八大以后，以习近平总书记为核心的党中央高度重视新型智库建设，皮书也迎来了长足的发展，总品种达到600余种，经过专业评审机制、淘汰机制遴选，目前，每年稳定出版近400个品种。"皮书"已经成为中国新型智库建设的抓手，成为国际国内社会各界快捷、便捷地了解真实中国的最佳窗口。

20年孜孜以求，"皮书"始终将自己的研究视野与经济社会发展中的前沿热点问题紧密相连。600个研究领域，3万多位分布于800余个研究机构的专家学者参与了研创写作。皮书数据库中共收录了15万篇专业报告，50余万张数据图表，合计30亿字，每年报告下载量近80万次。皮书为中国学术与社会发展实践的结合提供了一个激荡智力、传播思想的入口，皮书作者们用学术的话语、客观翔实的数据谱写出了中国故事壮丽的篇章。

20年跬步千里，"皮书"始终将自己的发展与时代赋予的使命与责任紧紧相连。每年百余场新闻发布会，10万余次中外媒体报道，中、英、俄、日、韩等12个语种共同出版。皮书所具有的凝聚力正在形成一种无形的力量，吸引着社会各界关注中国的发展，参与中国的发展，它是我们向世界传递中国声音、总结中国经验、争取中国国际话语权最主要的平台。

皮书这一系列成就的取得，得益于中国改革开放的伟大时代，离不开来自中国社会科学院、新闻出版广电总局、全国哲学社会科学规划办公室等主管部门的大力支持和帮助，也离不开皮书研创者和出版者的共同努力。他们与皮书的故事创造了皮书的历史，他们对皮书的拳拳之心将继续谱写皮书的未来！

现在，"皮书"品牌已经进入了快速成长的青壮年时期。全方位进行规范化管理，树立中国的学术出版标准；不断提升皮书的内容质量和影响力，搭建起中国智库产品和智库建设的交流服务平台和国际传播平台；发布各类皮书指数，并使之成为中国指数，让中国智库的声音响彻世界舞台，为人类的发展做出中国的贡献——这是皮书未来发展的图景。作为"皮书"这个概念的提出者，"皮书"从一般图书到系列图书和品牌图书，最终成为智库研究和社会科学应用对策研究的知识服务和成果推广平台这整个过程的操盘者，我相信，这也是每一位皮书人执着追求的目标。

"当代中国正经历着我国历史上最为广泛而深刻的社会变革，也正在进行着人类历史上最为宏大而独特的实践创新。这种前无古人的伟大实践，必将给理论创造、学术繁荣提供强大动力和广阔空间。"

在这个需要思想而且一定能够产生思想的时代，皮书的研创出版一定能创造出新的更大的辉煌！

社会科学文献出版社社长
中国社会学会秘书长
2017年11月

社会科学文献出版社简介

社会科学文献出版社（以下简称"社科文献出版社"）成立于1985年，是直属于中国社会科学院的人文社会科学学术出版机构。成立至今，社科文献出版社始终依托中国社会科学院和国内外人文社会科学界丰厚的学术出版和专家学者资源，坚持"创社科经典，出传世文献"的出版理念，"权威、前沿、原创"的产品定位以及学术成果和智库成果出版的专业化、数字化、国际化、市场化的经营道路。

社科文献出版社是中国新闻出版业转型与文化体制改革的先行者。积极探索文化体制改革的先进方向和现代企业经营决策机制，社科文献出版社先后荣获"全国文化体制改革工作先进单位"、中国出版政府奖·先进出版单位奖、中国社会科学院先进集体、全国科普工作先进集体等荣誉称号。多人次荣获"第十届韬奋出版奖""全国新闻出版行业领军人才""数字出版先进人物""北京市新闻出版广电行业领军人才"等称号。

社科文献出版社是中国人文社会科学学术出版的大社名社，也是以皮书为代表的智库成果出版的专业强社。年出版图书2000余种，其中皮书400余种，出版新书字数5.5亿字，承印与发行中国社科院院属期刊72种，先后创立了皮书系列、列国志、中国史话、社科文献学术译库、社科文献学术文库、甲骨文书系等一大批既有学术影响又有市场价值的品牌，确立了在社会学、近代史、苏东问题研究等专业学科及领域出版的领先地位。图书多次荣获中国出版政府奖、"三个一百"原创图书出版工程、"五个'一'工程奖"、"大众喜爱的50种图书"等奖项，在中央国家机关"强素质·做表率"读书活动中，入选图书品种数位居各大出版社之首。

社科文献出版社是中国学术出版规范与标准的倡议者与制定者，代表全国50多家出版社发起实施学术著作出版规范的倡议，承担学术著作规范国家标准的起草工作，率先编撰完成《皮书手册》对皮书品牌进行规范化管理，并在此基础上推出中国版芝加哥手册——《社科文献出版社学术出版手册》。

社科文献出版社是中国数字出版的引领者，拥有皮书数据库、列国志数据库、"一带一路"数据库、减贫数据库、集刊数据库等4大产品线11个数据库产品，机构用户达1300余家，海外用户百余家，荣获"数字出版转型示范单位""新闻出版标准化先进单位""专业数字内容资源知识服务模式试点企业标准化示范单位"等称号。

社科文献出版社是中国学术出版走出去的践行者。社科文献出版社海外图书出版与学术合作业务遍及全球40余个国家和地区，并于2016年成立俄罗斯分社，累计输出图书500余种，涉及近20个语种，累计获得国家社科基金中华学术外译项目资助76种、"丝路书香工程"项目资助60种、中国图书对外推广计划项目资助71种以及经典中国国际出版工程资助28种，被五部委联合认定为"2015-2016年度国家文化出口重点企业"。

如今，社科文献出版社完全靠自身积累拥有固定资产3.6亿元，年收入3亿元，设置了七大出版分社、六大专业部门，成立了皮书研究院和博士后科研工作站，培养了一支近400人的高素质与高效率的编辑、出版、营销和国际推广队伍，为未来成为学术出版的大社、名社、强社，成为文化体制改革与文化企业转型发展的排头兵奠定了坚实的基础。

宏观经济类

经济蓝皮书
2018年中国经济形势分析与预测

李平 / 主编　2017年12月出版　定价：89.00元

◆ 本书为总理基金项目，由著名经济学家李扬领衔，联合中国社会科学院等数十家科研机构、国家部委和高等院校的专家共同撰写，系统分析了2017年的中国经济形势并预测2018年中国经济运行情况。

城市蓝皮书
中国城市发展报告 No.11

潘家华　单菁菁 / 主编　2018年9月出版　估价：99.00元

◆ 本书是由中国社会科学院城市发展与环境研究中心编著的，多角度、全方位地立体展示了中国城市的发展状况，并对中国城市的未来发展提出了许多建议。该书有强烈的时代感，对中国城市发展实践有重要的参考价值。

人口与劳动绿皮书
中国人口与劳动问题报告 No.19

张车伟 / 主编　2018年10月出版　估价：99.00元

◆ 本书为中国社会科学院人口与劳动经济研究所主编的年度报告，对当前中国人口与劳动形势做了比较全面和系统的深入讨论，为研究中国人口与劳动问题提供了一个专业性的视角。

皮书系列 重点推荐　　宏观经济类·区域经济类

中国省域竞争力蓝皮书
中国省域经济综合竞争力发展报告（2017~2018）

李建平　李闽榕　高燕京/主编　2018年5月出版　估价：198.00元

◆ 本书融多学科的理论为一体，深入追踪研究了省域经济发展与中国国家竞争力的内在关系，为提升中国省域经济综合竞争力提供有价值的决策依据。

金融蓝皮书
中国金融发展报告（2018）

王国刚/主编　2018年2月出版　估价：99.00元

◆ 本书由中国社会科学院金融研究所组织编写，概括和分析了2017年中国金融发展和运行中的各方面情况，研讨和评论了2017年发生的主要金融事件，有利于读者了解掌握2017年中国的金融状况，把握2018年中国金融的走势。

区域经济类

京津冀蓝皮书
京津冀发展报告（2018）

祝合良　叶堂林　张贵祥/等著　2018年6月出版　估价：99.00元

◆ 本书遵循问题导向与目标导向相结合、统计数据分析与大数据分析相结合、纵向分析和长期监测与结构分析和综合监测相结合等原则，对京津冀协同发展新形势与新进展进行测度与评价。

社会政法类 | 皮书系列 重点推荐

社 会 政 法 类

社会蓝皮书
2018年中国社会形势分析与预测

李培林　陈光金　张翼 / 主编　2017年12月出版　定价：89.00元

◆ 本书由中国社会科学院社会学研究所组织研究机构专家、高校学者和政府研究人员撰写，聚焦当下社会热点，对2017年中国社会发展的各个方面内容进行了权威解读，同时对2018年社会形势发展趋势进行了预测。

法治蓝皮书
中国法治发展报告No.16（2018）

李林　田禾 / 主编　2018年3月出版　估价：118.00元

◆ 本年度法治蓝皮书回顾总结了2017年度中国法治发展取得的成就和存在的不足，对中国政府、司法、检务透明度进行了跟踪调研，并对2018年中国法治发展形势进行了预测和展望。

教育蓝皮书
中国教育发展报告（2018）

杨东平 / 主编　2018年4月出版　估价：99.00元

◆ 本书重点关注了2017年教育领域的热点，资料翔实，分析有据，既有专题研究，又有实践案例，从多角度对2017年教育改革和实践进行了分析和研究。

皮书系列 重点推荐　社会政法类

社会体制蓝皮书

中国社会体制改革报告 No.6（2018）

龚维斌/主编　2018年3月出版　估价：99.00元

◆ 本书由国家行政学院社会治理研究中心和北京师范大学中国社会管理研究院共同组织编写，主要对2017年社会体制改革情况进行回顾和总结，对2018年的改革走向进行分析，提出相关政策建议。

社会心态蓝皮书

中国社会心态研究报告（2018）

王俊秀　杨宜音/主编　2018年12月出版　估价：99.00元

◆ 本书是中国社会科学院社会学研究所社会心理研究中心"社会心态蓝皮书课题组"的年度研究成果，运用社会心理学、社会学、经济学、传播学等多种学科的方法进行了调查和研究，对于目前中国社会心态状况有较广泛和深入的揭示。

华侨华人蓝皮书

华侨华人研究报告（2018）

贾益民/主编　2018年1月出版　估价：139.00元

◆ 本书关注华侨华人生产与生活的方方面面。华侨华人是中国建设21世纪海上丝绸之路的重要中介者、推动者和参与者。本书旨在全面调研华侨华人，提供最新涉侨动态、理论研究成果和政策建议。

民族发展蓝皮书

中国民族发展报告（2018）

王延中/主编　2018年10月出版　估价：188.00元

◆ 本书从民族学人类学视角，研究近年来少数民族和民族地区的发展情况，展示民族地区经济、政治、文化、社会和生态文明"五位一体"建设取得的辉煌成就和面临的困难挑战，为深刻理解中央民族工作会议精神、加快民族地区全面建成小康社会进程提供了实证材料。

皮书系列
重点推荐

产业经济类・行业及其他类

产业经济类

房地产蓝皮书
中国房地产发展报告 No.15（2018）

李春华 王业强 / 主编　2018 年 5 月出版　估价：99.00 元

◆ 2018 年《房地产蓝皮书》持续追踪中国房地产市场最新动态，深度剖析市场热点，展望 2018 年发展趋势，积极谋划应对策略。对 2017 年房地产市场的发展态势进行全面、综合的分析。

新能源汽车蓝皮书
中国新能源汽车产业发展报告（2018）

中国汽车技术研究中心　日产（中国）投资有限公司

东风汽车有限公司 / 编著　2018 年 8 月出版　估价：99.00 元

◆ 本书对中国 2017 年新能源汽车产业发展进行了全面系统的分析，并介绍了国外的发展经验。有助于相关机构、行业和社会公众等了解中国新能源汽车产业发展的最新动态，为政府部门出台新能源汽车产业相关政策法规、企业制定相关战略规划，提供必要的借鉴和参考。

行业及其他类

旅游绿皮书
2017~2018 年中国旅游发展分析与预测

中国社会科学院旅游研究中心 / 编　2018 年 2 月出版　估价：99.00 元

◆ 本书从政策、产业、市场、社会等多个角度勾画出 2017 年中国旅游发展全貌，剖析了其中的热点和核心问题，并就未来发展作出预测。

7

皮书系列 重点推荐 行业及其他类

民营医院蓝皮书
中国民营医院发展报告（2018）

薛晓林 / 主编　2018年1月出版　估价：99.00元

◆ 本书在梳理国家对社会办医的各种利好政策的前提下，对我国民营医疗发展现状、我国民营医院竞争力进行了分析，并结合我国医疗体制改革对民营医院的发展趋势、发展策略、战略规划等方面进行了预估。

会展蓝皮书
中外会展业动态评估研究报告（2018）

张敏 / 主编　2018年12月出版　估价：99.00元

◆ 本书回顾了2017年的会展业发展动态，结合"供给侧改革"、"互联网+"、"绿色经济"的新形势分析了我国展会的行业现状，并介绍了国外的发展经验，有助于行业和社会了解最新的展会业动态。

中国上市公司蓝皮书
中国上市公司发展报告（2018）

张平　王宏淼 / 主编　2018年9月出版　估价：99.00元

◆ 本书由中国社会科学院上市公司研究中心组织编写的，着力于全面、真实、客观反映当前中国上市公司财务状况和价值评估的综合性年度报告。本书详尽分析了2017年中国上市公司情况，特别是现实中暴露出的制度性、基础性问题，并对资本市场改革进行了探讨。

工业和信息化蓝皮书
人工智能发展报告（2017~2018）

尹丽波 / 主编　2018年6月出版　估价：99.00元

◆ 本书国家工业信息安全发展研究中心在对2017年全球人工智能技术和产业进行全面跟踪研究基础上形成的研究报告。该报告内容翔实、视角独特，具有较强的产业发展前瞻性和预测性，可为相关主管部门、行业协会、企业等全面了解人工智能发展形势以及进行科学决策提供参考。

国际问题与全球治理类

世界经济黄皮书
2018年世界经济形势分析与预测

张宇燕 / 主编　2018年1月出版　估价：99.00元

◆ 本书由中国社会科学院世界经济与政治研究所的研究团队撰写，分总论、国别与地区、专题、热点、世界经济统计与预测等五个部分，对2018年世界经济形势进行了分析。

国际城市蓝皮书
国际城市发展报告（2018）

屠启宇 / 主编　2018年2月出版　估价：99.00元

◆ 本书作者以上海社会科学院从事国际城市研究的学者团队为核心，汇集同济大学、华东师范大学、复旦大学、上海交通大学、南京大学、浙江大学相关城市研究专业学者。立足动态跟踪介绍国际城市发展时间中，最新出现的重大战略、重大理念、重大项目、重大报告和最佳案例。

非洲黄皮书
非洲发展报告 No.20（2017~2018）

张宏明 / 主编　2018年7月出版　估价：99.00元

◆ 本书是由中国社会科学院西亚非洲研究所组织编撰的非洲形势年度报告，比较全面、系统地分析了2017年非洲政治形势和热点问题，探讨了非洲经济形势和市场走向，剖析了大国对非洲关系的新动向；此外，还介绍了国内非洲研究的新成果。

皮书系列重点推荐　国别类

国别类

美国蓝皮书
美国研究报告（2018）

郑秉文　黄平 / 主编　2018年5月出版　估价：99.00元

◆ 本书是由中国社会科学院美国研究所主持完成的研究成果，它回顾了美国2017年的经济、政治形势与外交战略，对美国内政外交发生的重大事件及重要政策进行了较为全面的回顾和梳理。

德国蓝皮书
德国发展报告（2018）

郑春荣 / 主编　2018年6月出版　估价：99.00元

◆ 本报告由同济大学德国研究所组织编撰，由该领域的专家学者对德国的政治、经济、社会文化、外交等方面的形势发展情况，进行全面的阐述与分析。

俄罗斯黄皮书
俄罗斯发展报告（2018）

李永全 / 编著　2018年6月出版　估价：99.00元

◆ 本书系统介绍了2017年俄罗斯经济政治情况，并对2016年该地区发生的焦点、热点问题进行了分析与回顾；在此基础上，对该地区2018年的发展前景进行了预测。

文化传媒类

新媒体蓝皮书
中国新媒体发展报告 No.9（2018）

唐绪军 / 主编　2018 年 6 月出版　估价：99.00 元

◆ 本书是由中国社会科学院新闻与传播研究所组织编写的关于新媒体发展的最新年度报告，旨在全面分析中国新媒体的发展现状，解读新媒体的发展趋势，探析新媒体的深刻影响。

移动互联网蓝皮书
中国移动互联网发展报告（2018）

余清楚 / 主编　2018 年 6 月出版　估价：99.00 元

◆ 本书着眼于对 2017 年度中国移动互联网的发展情况做深入解析，对未来发展趋势进行预测，力求从不同视角、不同层面全面剖析中国移动互联网发展的现状、年度突破及热点趋势等。

文化蓝皮书
中国文化消费需求景气评价报告（2018）

王亚南 / 主编　2018 年 2 月出版　估价：99.00 元

◆ 本书首创全国文化发展量化检测评价体系，也是至今全国唯一的文化民生量化检测评价体系，对于检验全国及各地"以人民为中心"的文化发展具有首创意义。

皮书系列重点推荐　地方发展类

地方发展类

北京蓝皮书
北京经济发展报告（2017～2018）

杨松 / 主编　2018年6月出版　估价：99.00元

◆ 本书对2017年北京市经济发展的整体形势进行了系统性的分析与回顾，并对2018年经济形势走势进行了预测与研判，聚焦北京市经济社会发展中的全局性、战略性和关键领域的重点问题，运用定量和定性分析相结合的方法，对北京市经济社会发展的现状、问题、成因进行了深入分析，提出了可操作性的对策建议。

温州蓝皮书
2018年温州经济社会形势分析与预测

蒋儒标　王春光　金浩 / 主编　2018年4月出版　估价：99.00元

◆ 本书是中共温州市委党校和中国社会科学院社会学研究所合作推出的第十一本温州蓝皮书，由来自党校、政府部门、科研机构、高校的专家、学者共同撰写的2017年温州区域发展形势的最新研究成果。

黑龙江蓝皮书
黑龙江社会发展报告（2018）

王爱丽 / 主编　2018年6月出版　估价：99.00元

◆ 本书以千份随机抽样问卷调查和专题研究为依据，运用社会学理论框架和分析方法，从专家和学者的独特视角，对2017年黑龙江省关系民生的问题进行广泛的调研与分析，并对2017年黑龙江省诸多社会热点和焦点问题进行了有益的探索。这些研究不仅可以为政府部门更加全面深入了解省情、科学制定决策提供智力支持，同时也可以为广大读者认识、了解、关注黑龙江社会发展提供理性思考。

皮书系列
2018全品种

宏观经济类

宏观经济类

城市蓝皮书
中国城市发展报告（No.11）
著（编）者：潘家华 单菁菁
2018年9月出版 / 估价：99.00元
PSN B-2007-091-1/1

城乡一体化蓝皮书
中国城乡一体化发展报告（2018）
著（编）者：付崇兰
2018年9月出版 / 估价：99.00元
PSN B-2011-226-1/2

城镇化蓝皮书
中国新型城镇化健康发展报告（2018）
著（编）者：张占斌
2018年8月出版 / 估价：99.00元
PSN B-2014-396-1/1

创新蓝皮书
创新型国家建设报告（2018～2019）
著（编）者：詹正茂
2018年12月出版 / 估价：99.00元
PSN B-2009-140-1/1

低碳发展蓝皮书
中国低碳发展报告（2018）
著（编）者：张希良 齐晔
2018年6月出版 / 估价：99.00元
PSN B-2011-223-1/1

低碳经济蓝皮书
中国低碳经济发展报告（2018）
著（编）者：薛进军 赵忠秀
2018年11月出版 / 估价：99.00元
PSN B-2011-194-1/1

发展和改革蓝皮书
中国经济发展和体制改革报告No.9
著（编）者：邹东涛 王再文
2018年1月出版 / 估价：99.00元
PSN B-2008-122-1/1

国家创新蓝皮书
中国创新发展报告（2017）
著（编）者：陈劲 2018年3月出版 / 估价：99.00元
PSN B-2014-370-1/1

金融蓝皮书
中国金融发展报告（2018）
著（编）者：王国刚
2018年2月出版 / 估价：99.00元
PSN B-2004-031-1/7

经济蓝皮书
2018年中国经济形势分析与预测
著（编）者：李平 2017年12月出版 / 定价：89.00元
PSN B-1996-001-1/1

经济蓝皮书春季号
2018年中国经济前景分析
著（编）者：李扬 2018年5月出版 / 估价：99.00元
PSN B-1999-008-1/1

经济蓝皮书夏季号
中国经济增长报告（2017～2018）
著（编）者：李扬 2018年9月出版 / 估价：99.00元
PSN B-2010-176-1/1

经济信息绿皮书
中国与世界经济发展报告（2018）
著（编）者：杜平
2017年12月出版 / 估价：99.00元
PSN G-2003-023-1/1

农村绿皮书
中国农村经济形势分析与预测（2017～2018）
著（编）者：魏后凯 黄秉信
2018年4月出版 / 估价：99.00元
PSN G-1998-003-1/1

人口与劳动绿皮书
中国人口与劳动问题报告No.19
著（编）者：张车伟 2018年11月出版 / 估价：99.00元
PSN G-2000-012-1/1

新型城镇化蓝皮书
新型城镇化发展报告（2017）
著（编）者：李伟 宋敏 沈体雁
2018年3月出版 / 估价：99.00元
PSN B-2005-038-1/1

中国省域竞争力蓝皮书
中国省域经济综合竞争力发展报告（2016～2017）
著（编）者：李建平 李闽榕 高燕京
2018年2月出版 / 估价：198.00元
PSN B-2007-088-1/1

中小城市绿皮书
中国中小城市发展报告（2018）
著（编）者：中国城市经济学会中小城市经济发展委员会
中国城镇化促进会中小城市发展委员会
《中国中小城市发展报告》编纂委员会
中小城市发展战略研究院
2018年11月出版 / 估价：128.00元
PSN G-2010-161-1/1

13

皮书系列
2018全品种

区域经济类 · 社会政法类

区域经济类

东北蓝皮书
中国东北地区发展报告（2018）
著（编）者：姜晓秋　2018年11月出版／估价：99.00元
PSN B-2006-067-1/1

金融蓝皮书
中国金融中心发展报告（2017～2018）
著（编）者：王力　黄育华　2018年11月出版／估价：99.00元
PSN B-2011-186-6/7

京津冀蓝皮书
京津冀发展报告（2018）
著（编）者：祝合良　叶堂林　张贵祥
2018年6月出版／估价：99.00元
PSN B-2012-262-1/1

西北蓝皮书
中国西北发展报告（2018）
著（编）者：任宗哲　白宽犁　王建康
2018年4月出版／估价：99.00元
PSN B-2012-261-1/1

西部蓝皮书
中国西部发展报告（2018）
著（编）者：璋勇　任保平　2018年8月出版／估价：99.00元
PSN B-2005-039-1/1

长江经济带产业蓝皮书
长江经济带产业发展报告（2018）
著（编）者：吴传清　2018年11月出版／估价：128.00元
PSN B-2017-666-1/1

长江经济带蓝皮书
长江经济带发展报告（2017～2018）
著（编）者：王振　2018年11月出版／估价：99.00元
PSN B-2016-575-1/1

长江中游城市群蓝皮书
长江中游城市群新型城镇化与产业协同发展报告（2018）
著（编）者：杨刚强　2018年11月出版／估价：99.00元
PSN B-2016-578-1/1

长三角蓝皮书
2017年创新融合发展的长三角
著（编）者：刘飞跃　2018年3月出版／估价：99.00元
PSN B-2005-038-1/1

长株潭城市群蓝皮书
长株潭城市群发展报告（2017）
著（编）者：张萍　朱有志　2018年1月出版／估价：99.00元
PSN B-2008-109-1/1

中部竞争力蓝皮书
中国中部经济社会竞争力报告（2018）
著（编）者：教育部人文社会科学重点研究基地南昌大学中国中部经济社会发展研究中心
2018年12月出版／估价：99.00元
PSN B-2012-276-1/1

中部蓝皮书
中国中部地区发展报告（2018）
著（编）者：宋亚平　2018年12月出版／估价：99.00元
PSN B-2007-089-1/1

区域蓝皮书
中国区域经济发展报告（2017～2018）
著（编）者：赵弘　2018年5月出版／估价：99.00元
PSN B-2004-034-1/1

中三角蓝皮书
长江中游城市群发展报告（2018）
著（编）者：秦尊文　2018年9月出版／估价：99.00元
PSN B-2014-417-1/1

中原蓝皮书
中原经济区发展报告（2018）
著（编）者：李英杰　2018年6月出版／估价：99.00元
PSN B-2011-192-1/1

珠三角流通蓝皮书
珠三角商圈发展研究报告（2018）
著（编）者：王先庆　林至颖　2018年7月出版／估价：99.00元
PSN B-2012-292-1/1

社会政法类

北京蓝皮书
中国社区发展报告（2017～2018）
著（编）者：于燕燕　2018年9月出版／估价：99.00元
PSN B-2007-083-5/8

殡葬绿皮书
中国殡葬事业发展报告（2017～2018）
著（编）者：李伯森　2018年4月出版／估价：158.00元
PSN G-2010-180-1/1

城市管理蓝皮书
中国城市管理报告（2017-2018）
著（编）者：刘林　刘承水　2018年5月出版／估价：158.00元
PSN B-2013-336-1/1

城市生活质量蓝皮书
中国城市生活质量报告（2017）
著（编）者：张连城　张平　杨春学　郎丽华
2018年2月出版／估价：99.00元
PSN B-2013-326-1/1

社会政法类 皮书系列 2018全品种

城市政府能力蓝皮书
中国城市政府公共服务能力评估报告（2018）
著（编）者：何艳玲　2018年4月出版／估价：99.00元
PSN B-2013-338-1/1

创业蓝皮书
中国创业发展研究报告（2017～2018）
著（编）者：黄群慧　赵卫星　钟宏武
2018年11月出版／估价：99.00元
PSN B-2016-577-1/1

慈善蓝皮书
中国慈善发展报告（2018）
著（编）者：杨团　2018年6月出版／估价：99.00元
PSN B-2009-142-1/1

党建蓝皮书
党的建设研究报告No.2（2018）
著（编）者：崔建民　陈东平　2018年1月出版／估价：99.00元
PSN B-2016-523-1/1

地方法治蓝皮书
中国地方法治发展报告No.3（2018）
著（编）者：李林　田禾　2018年3月出版／估价：118.00元
PSN B-2015-442-1/1

电子政务蓝皮书
中国电子政务发展报告（2018）
著（编）者：李季　2018年8月出版／估价：99.00元
PSN B-2003-022-1/1

法治蓝皮书
中国法治发展报告No.16（2018）
著（编）者：吕艳滨　2018年3月出版／估价：118.00元
PSN B-2004-027-1/3

法治蓝皮书
中国法院信息化发展报告No.2（2018）
著（编）者：李林　田禾　2018年2月出版／估价：108.00元
PSN B-2017-604-3/3

法治政府蓝皮书
中国法治政府发展报告（2018）
著（编）者：中国政法大学法治政府研究院
2018年4月出版／估价：99.00元
PSN B-2015-502-1/2

法治政府蓝皮书
中国法治政府评估报告（2018）
著（编）者：中国政法大学法治政府研究院
2018年9月出版／估价：168.00元
PSN B-2016-576-2/2

反腐倡廉蓝皮书
中国反腐倡廉建设报告No.8
著（编）者：张英伟　2018年12月出版／估价：99.00元
PSN B-2012-259-1/1

扶贫蓝皮书
中国扶贫开发报告（2018）
著（编）者：李培林　魏后凯　2018年12月出版／估价：128.00元
PSN B-2016-599-1/1

妇女发展蓝皮书
中国妇女发展报告No.6
著（编）者：王金玲　2018年9月出版／估价：158.00元
PSN B-2006-069-1/1

妇女教育蓝皮书
中国妇女教育发展报告No.3
著（编）者：张李玺　2018年10月出版／估价：99.00元
PSN B-2008-121-1/1

妇女绿皮书
2018年：中国性别平等与妇女发展报告
著（编）者：谭琳　2018年12月出版／估价：99.00元
PSN G-2006-073-1/1

公共安全蓝皮书
中国城市公共安全发展报告（2017～2018）
著（编）者：黄育华　杨文明　赵建辉
2018年6月出版／估价：99.00元
PSN B-2017-628-1/1

公共服务蓝皮书
中国城市基本公共服务力评价（2018）
著（编）者：钟君　刘志昌　吴正杲
2018年12月出版／估价：99.00元
PSN B-2011-214-1/1

公民科学素质蓝皮书
中国公民科学素质报告（2017～2018）
著（编）者：李群　陈雄　马宗文
2018年1月出版／估价：99.00元
PSN B-2014-379-1/1

公益蓝皮书
中国公益慈善发展报告（2016）
著（编）者：朱健刚　胡小军　2018年2月出版／估价：99.00元
PSN B-2012-283-1/1

国际人才蓝皮书
中国国际移民报告（2018）
著（编）者：王辉耀　2018年2月出版／估价：99.00元
PSN B-2012-304-3/4

国际人才蓝皮书
中国留学发展报告（2018）No.7
著（编）者：王辉耀　苗绿　2018年12月出版／估价：99.00元
PSN B-2012-244-2/4

海洋社会蓝皮书
中国海洋社会发展报告（2017）
著（编）者：崔凤　宋宁而　2018年3月出版／估价：99.00元
PSN B-2015-478-1/1

行政改革蓝皮书
中国行政体制改革报告No.7（2018）
著（编）者：魏礼群　2018年6月出版／估价：99.00元
PSN B-2011-231-1/1

华侨华人蓝皮书
华侨华人研究报告（2017）
著（编）者：贾益民　2018年1月出版／估价：139.00元
PSN B-2011-204-1/1

15

皮书系列 2018全品种 — 社会政法类

环境竞争力绿皮书
中国省域环境竞争力发展报告（2018）
著(编)者：李建平 李闽榕 王金南
2018年11月出版 / 估价：198.00元
PSN G-2010-165-1/1

环境绿皮书
中国环境发展报告（2017~2018）
著(编)者：李波　2018年4月出版 / 估价：99.00元
PSN G-2006-048-1/1

家庭蓝皮书
中国"创建幸福家庭活动"评估报告（2018）
著(编)者：国务院发展研究中心"创建幸福家庭活动评估"课题组
2018年12月出版 / 估价：99.00元
PSN B-2015-508-1/1

健康城市蓝皮书
中国健康城市建设研究报告（2018）
著(编)者：王鸿春 盛继洪　2018年12月出版 / 估价：99.00元
PSN B-2016-564-2/2

健康中国蓝皮书
社区首诊与健康中国分析报告（2018）
著(编)者：高和荣 杨叔禹 姜杰
2018年4月出版 / 估价：99.00元
PSN B-2017-611-1/1

教师蓝皮书
中国中小学教师发展报告（2017）
著(编)者：曾晓东 鱼霞　2018年6月出版 / 估价：99.00元
PSN B-2012-289-1/1

教育扶贫蓝皮书
中国教育扶贫报告（2018）
著(编)者：司树杰 王文静 李兴洲
2018年12月出版 / 估价：99.00元
PSN B-2016-590-1/1

教育蓝皮书
中国教育发展报告（2018）
著(编)者：杨东平　2018年4月出版 / 估价：99.00元
PSN B-2006-047-1/1

金融法治建设蓝皮书
中国金融法治建设年度报告（2015~2016）
著(编)者：朱小黄　2018年6月出版 / 估价：99.00元
PSN B-2017-633-1/1

京津冀教育蓝皮书
京津冀教育发展研究报告（2017~2018）
著(编)者：方中雄　2018年4月出版 / 估价：99.00元
PSN B-2017-608-1/1

就业蓝皮书
2018年中国本科生就业报告
著(编)者：麦可思研究院　2018年6月出版 / 估价：99.00元
PSN B-2009-146-1/2

就业蓝皮书
2018年中国高职高专生就业报告
著(编)者：麦可思研究院　2018年6月出版 / 估价：99.00元
PSN B-2015-472-2/2

科学教育蓝皮书
中国科学教育发展报告（2018）
著(编)者：王康友　2018年10月出版 / 估价：99.00元
PSN B-2015-487-1/1

劳动保障蓝皮书
中国劳动保障发展报告（2018）
著(编)者：刘燕斌　2018年9月出版 / 估价：158.00元
PSN B-2014-415-1/1

老龄蓝皮书
中国老年宜居环境发展报告（2017）
著(编)者：党俊武 周燕珉　2018年1月出版 / 估价：99.00元
PSN B-2013-320-1/1

连片特困区蓝皮书
中国连片特困区发展报告（2017~2018）
著(编)者：游俊 冷志明 丁建军
2018年4月出版 / 估价：99.00元
PSN B-2013-321-1/1

流动儿童蓝皮书
中国流动儿童教育发展报告（2018）
著(编)者：杨东平　2018年1月出版 / 估价：99.00元
PSN B-2017-600-1/1

民调蓝皮书
中国民生调查报告（2018）
著(编)者：谢耘耕　2018年12月出版 / 估价：99.00元
PSN B-2014-398-1/1

民族发展蓝皮书
中国民族发展报告（2018）
著(编)者：王延中　2018年10月出版 / 估价：188.00元
PSN B-2006-070-1/1

女性生活蓝皮书
中国女性生活状况报告No.12（2018）
著(编)者：韩湘景　2018年7月出版 / 估价：99.00元
PSN B-2006-071-1/1

汽车社会蓝皮书
中国汽车社会发展报告（2017~2018）
著(编)者：王俊秀　2018年1月出版 / 估价：99.00元
PSN B-2011-224-1/1

青年蓝皮书
中国青年发展报告（2018）No.3
著(编)者：廉思　2018年4月出版 / 估价：99.00元
PSN B-2013-333-1/1

青少年蓝皮书
中国未成年人互联网运用报告（2017~2018）
著(编)者：季为民 李文革 沈杰
2018年11月出版 / 估价：99.00元
PSN B-2010-156-1/1

社会政法类　皮书系列 2018全品种

人权蓝皮书
中国人权事业发展报告No.8（2018）
著(编)者：李君如　　2018年9月出版／估价：99.00元
PSN B-2011-215-1/1

社会保障绿皮书
中国社会保障发展报告No.9（2018）
著(编)者：王延中　　2018年1月出版／估价：99.00元
PSN G-2001-014-1/1

社会风险评估蓝皮书
风险评估与危机预警报告（2017~2018）
著(编)者：唐钧　　2018年8月出版／估价：99.00元
PSN B-2012-293-1/1

社会工作蓝皮书
中国社会工作发展报告（2016~2017）
著(编)者：民政部社会工作研究中心
2018年8月出版／估价：99.00元
PSN B-2009-141-1/1

社会管理蓝皮书
中国社会管理创新报告No.6
著(编)者：连玉明　　2018年11月出版／估价：99.00元
PSN B-2012-300-1/1

社会蓝皮书
2018年中国社会形势分析与预测
著(编)者：李培林　陈光金　张翼
2017年12月出版／定价：89.00元
PSN B-1998-002-1/1

社会体制蓝皮书
中国社会体制改革报告No.6（2018）
著(编)者：龚维斌　　2018年3月出版／估价：99.00元
PSN B-2013-330-1/1

社会心态蓝皮书
中国社会心态研究报告（2018）
著(编)者：王俊秀　　2018年12月出版／估价：99.00元
PSN B-2011-199-1/1

社会组织蓝皮书
中国社会组织报告（2017-2018）
著(编)者：黄晓勇　　2018年1月出版／估价：99.00元
PSN B-2008-118-1/2

社会组织蓝皮书
中国社会组织评估发展报告（2018）
著(编)者：徐家良　　2018年12月出版／估价：99.00元
PSN B-2013-366-2/2

生态城市绿皮书
中国生态城市建设发展报告（2018）
著(编)者：刘举科　孙伟平　胡文臻
2018年9月出版／估价：158.00元
PSN G-2012-269-1/1

生态文明绿皮书
中国省域生态文明建设评价报告（ECI 2018）
著(编)者：严耕　　2018年12月出版／估价：99.00元
PSN G-2010-170-1/1

退休生活蓝皮书
中国城市居民退休生活质量指数报告（2017）
著(编)者：杨一帆　　2018年5月出版／估价：99.00元
PSN B-2017-618-1/1

危机管理蓝皮书
中国危机管理报告（2018）
著(编)者：文学国　范正青
2018年8月出版／估价：99.00元
PSN B-2010-171-1/1

学会蓝皮书
2018年中国学会发展报告
著(编)者：麦可思研究院
2018年12月出版／估价：99.00元
PSN B-2016-597-1/1

医改蓝皮书
中国医药卫生体制改革报告（2017~2018）
著(编)者：文学国　房志武
2018年11月出版／估价：99.00元
PSN B-2014-432-1/1

应急管理蓝皮书
中国应急管理报告（2018）
著(编)者：宋英华　　2018年9月出版／估价：99.00元
PSN B-2016-562-1/1

政府绩效评估蓝皮书
中国地方政府绩效评估报告 No.2
著(编)者：贠杰　　2018年12月出版／估价：99.00元
PSN B-2017-672-1/1

政治参与蓝皮书
中国政治参与报告（2018）
著(编)者：房宁　　2018年8月出版／估价：128.00元
PSN B-2011-200-1/1

政治文化蓝皮书
中国政治文化报告（2018）
著(编)者：邢乐敏　魏大鹏　龚克
2018年8月出版／估价：128.00元
PSN B-2017-615-1/1

中国传统村落蓝皮书
中国传统村落保护现状报告（2018）
著(编)者：胡彬彬　李向军　王晓波
2018年12月出版／估价：99.00元
PSN B-2017-663-1/1

中国农村妇女发展蓝皮书
农村流动女性城市生活发展报告（2018）
著(编)者：谢丽华　　2018年12月出版／估价：99.00元
PSN B-2014-434-1/1

宗教蓝皮书
中国宗教报告（2017）
著(编)者：邱永辉　　2018年8月出版／估价：99.00元
PSN B-2008-117-1/1

产业经济类

保健蓝皮书
中国保健服务产业发展报告 No.2
著(编)者：中国保健协会　中共中央党校
2018年7月出版 / 估价：198.00元
PSN B-2012-272-3/3

保健蓝皮书
中国保健食品产业发展报告 No.2
著(编)者：中国保健协会
　　　　　中国社会科学院食品药品产业发展与监管研究中心
2018年8月出版 / 估价：198.00元
PSN B-2012-271-2/3

保健蓝皮书
中国保健用品产业发展报告 No.2
著(编)者：中国保健协会
　　　　　国务院国有资产监督管理委员会研究中心
2018年3月出版 / 估价：198.00元
PSN B-2012-270-1/3

保险蓝皮书
中国保险业竞争力报告（2018）
著(编)者：保监会　2018年12月出版 / 估价：99.00元
PSN B-2013-311-1/1

冰雪蓝皮书
中国冰上运动产业发展报告（2018）
著(编)者：孙承华　杨占武　刘戈　张鸿俊
2018年9月出版 / 估价：99.00元
PSN B-2017-648-3/3

冰雪蓝皮书
中国滑雪产业发展报告（2018）
著(编)者：孙承华　伍斌　魏庆华　张鸿俊
2018年9月出版 / 估价：99.00元
PSN B-2016-559-1/3

餐饮产业蓝皮书
中国餐饮产业发展报告（2018）
著(编)者：邢颖
2018年6月出版 / 估价：99.00元
PSN B-2009-151-1/1

茶业蓝皮书
中国茶产业发展报告（2018）
著(编)者：杨江帆　李闽榕
2018年10月出版 / 估价：99.00元
PSN B-2010-164-1/1

产业安全蓝皮书
中国文化产业安全报告（2018）
著(编)者：北京印刷学院文化产业安全研究院
2018年12月出版 / 估价：99.00元
PSN B-2014-378-1,2/14

产业安全蓝皮书
中国新媒体产业安全报告（2016~2017）
著(编)者：肖丽　2018年6月出版 / 估价：99.00元
PSN B-2015-500-14/14

产业安全蓝皮书
中国出版传媒产业安全报告（2017~2018）
著(编)者：北京印刷学院文化产业安全研究院
2018年3月出版 / 估价：99.00元
PSN B-2014-384-13/14

产业蓝皮书
中国产业竞争力报告（2018）No.8
著(编)者：张其仔　2018年12月出版 / 估价：168.00元
PSN B-2010-175-1/1

动力电池蓝皮书
中国新能源汽车动力电池产业发展报告（2018）
著(编)者：中国汽车技术研究中心
2018年8月出版 / 估价：99.00元
PSN B-2017-639-1/1

杜仲产业绿皮书
中国杜仲橡胶资源与产业发展报告（2017~2018）
著(编)者：杜红岩　胡文臻　俞锐
2018年1月出版 / 估价：99.00元
PSN G-2013-350-1/1

房地产蓝皮书
中国房地产发展报告No.15（2018）
著(编)者：李春华　王业强
2018年5月出版 / 估价：99.00元
PSN B-2004-028-1/1

服务外包蓝皮书
中国服务外包产业发展报告（2017~2018）
著(编)者：王晓红　刘德军
2018年6月出版 / 估价：99.00元
PSN B-2013-331-2/2

服务外包蓝皮书
中国服务外包竞争力报告（2017~2018）
著(编)者：刘春生　王力　黄育华
2018年12月出版 / 估价：99.00元
PSN B-2011-216-1/2

工业和信息化蓝皮书
世界信息技术产业发展报告（2017~2018）
著(编)者：尹丽波　2018年6月出版 / 估价：99.00元
PSN B-2015-449-2/6

工业和信息化蓝皮书
战略性新兴产业发展报告（2017~2018）
著(编)者：尹丽波　2018年6月出版 / 估价：99.00元
PSN B-2015-450-3/6

产业经济类

皮书系列 2018全品种

客车蓝皮书
中国客车产业发展报告（2017~2018）
著(编)者：姚蔚　2018年10月出版／估价：99.00元
PSN B-2013-361-1/1

流通蓝皮书
中国商业发展报告（2018~2019）
著(编)者：王雪峰　林诗慧
2018年7月出版／估价：99.00元
PSN B-2009-152-1/2

能源蓝皮书
中国能源发展报告（2018）
著(编)者：崔民选　王军生　陈义和
2018年12月出版／估价：99.00元
PSN B-2006-049-1/1

农产品流通蓝皮书
中国农产品流通产业发展报告（2017）
著(编)者：贾敬敦　张东科　张玉玺　张鹏毅　周伟
2018年1月出版／估价：99.00元
PSN B-2012-288-1/1

汽车工业蓝皮书
中国汽车工业发展年度报告（2018）
著(编)者：中国汽车工业协会
　　　　　中国汽车技术研究中心
　　　　　丰田汽车公司
2018年5月出版／估价：168.00元
PSN B-2015-463-1/2

汽车工业蓝皮书
中国汽车零部件产业发展报告（2017~2018）
著(编)者：中国汽车工业协会
　　　　　中国汽车工程研究院深圳市沃特玛电池有限公司
2018年9月出版／估价：99.00元
PSN B-2016-515-2/2

汽车蓝皮书
中国汽车产业发展报告（2018）
著(编)者：中国汽车工程学会
　　　　　大众汽车集团（中国）
2018年11月出版／估价：99.00元
PSN B-2008-124-1/1

世界茶业蓝皮书
世界茶业发展报告（2018）
著(编)者：李闽榕　冯廷佺
2018年5月出版／估价：168.00元
PSN B-2017-619-1/1

世界能源蓝皮书
世界能源发展报告（2018）
著(编)者：黄晓勇　2018年6月出版／估价：168.00元
PSN B-2013-349-1/1

体育蓝皮书
国家体育产业基地发展报告（2016~2017）
著(编)者：李颖川　2018年4月出版／估价：168.00元
PSN B-2017-609-5/5

体育蓝皮书
中国体育产业发展报告（2018）
著(编)者：阮伟　钟秉枢
2018年12月出版／估价：99.00元
PSN B-2010-179-1/5

文化金融蓝皮书
中国文化金融发展报告（2018）
著(编)者：杨涛　金巍
2018年5月出版／估价：99.00元
PSN B-2017-610-1/1

新能源汽车蓝皮书
中国新能源汽车产业发展报告（2018）
著(编)者：中国汽车技术研究中心
　　　　　日产（中国）投资有限公司
　　　　　东风汽车有限公司
2018年8月出版／估价：99.00元
PSN B-2013-347-1/1

薏仁米产业蓝皮书
中国薏仁米产业发展报告No.2（2018）
著(编)者：李发耀　石明　秦礼康
2018年8月出版／估价：99.00元
PSN B-2017-645-1/1

邮轮绿皮书
中国邮轮产业发展报告（2018）
著(编)者：汪泓　2018年10月出版／估价：99.00元
PSN G-2014-419-1/1

智能养老蓝皮书
中国智能养老产业发展报告（2018）
著(编)者：朱勇　2018年10月出版／估价：99.00元
PSN B-2015-488-1/1

中国节能汽车蓝皮书
中国节能汽车发展报告（2017~2018）
著(编)者：中国汽车工程研究院股份有限公司
2018年9月出版／估价：99.00元
PSN B-2016-565-1/1

中国陶瓷产业蓝皮书
中国陶瓷产业发展报告（2018）
著(编)者：左和平　黄速建
2018年10月出版／估价：99.00元
PSN B-2016-573-1/1

装备制造业蓝皮书
中国装备制造业发展报告（2018）
著(编)者：徐东华　2018年12月出版／估价：118.00元
PSN B-2015-505-1/1

行业及其他类

"三农"互联网金融蓝皮书
中国"三农"互联网金融发展报告（2018）
著(编)者：李勇坚 王弢
2018年8月出版 / 估价：99.00元
PSN B-2016-560-1/1

SUV蓝皮书
中国SUV市场发展报告（2017~2018）
著(编)者：靳军 2018年9月出版 / 估价：99.00元
PSN B-2016-571-1/1

冰雪蓝皮书
中国冬季奥运会发展报告（2018）
著(编)者：孙承华 伍斌 魏庆华 张鸿俊
2018年9月出版 / 估价：99.00元
PSN B-2017-647-2/3

彩票蓝皮书
中国彩票发展报告（2018）
著(编)者：益彩基金 2018年4月出版 / 估价：99.00元
PSN B-2015-462-1/1

测绘地理信息蓝皮书
测绘地理信息供给侧结构性改革研究报告（2018）
著(编)者：库热西·买合苏提
2018年12月出版 / 估价：168.00元
PSN B-2009-145-1/1

产权市场蓝皮书
中国产权市场发展报告（2017）
著(编)者：曹和平 2018年5月出版 / 估价：99.00元
PSN B-2009-147-1/1

城投蓝皮书
中国城投行业发展报告（2018）
著(编)者：华景斌
2018年11月出版 / 估价：300.00元
PSN B-2016-514-1/1

大数据蓝皮书
中国大数据发展报告（No.2）
著(编)者：连玉明 2018年5月出版 / 估价：99.00元
PSN B-2017-620-1/1

大数据应用蓝皮书
中国大数据应用发展报告No.2（2018）
著(编)者：陈军君 2018年8月出版 / 估价：99.00元
PSN B-2017-644-1/1

对外投资与风险蓝皮书
中国对外直接投资与国家风险报告（2018）
著(编)者：中债资信评估有限责任公司
中国社会科学院世界经济与政治研究所
2018年4月出版 / 估价：189.00元
PSN B-2017-606-1/1

工业和信息化蓝皮书
人工智能发展报告（2017~2018）
著(编)者：尹丽波 2018年6月出版 / 估价：99.00元
PSN B-2015-448-1/6

工业和信息化蓝皮书
世界智慧城市发展报告（2017~2018）
著(编)者：尹丽波 2018年6月出版 / 估价：99.00元
PSN B-2017-624-6/6

工业和信息化蓝皮书
世界网络安全发展报告（2017~2018）
著(编)者：尹丽波 2018年6月出版 / 估价：99.00元
PSN B-2015-452-5/6

工业和信息化蓝皮书
世界信息化发展报告（2017~2018）
著(编)者：尹丽波 2018年6月出版 / 估价：99.00元
PSN B-2015-451-4/6

工业设计蓝皮书
中国工业设计发展报告（2018）
著(编)者：王晓红 于炜 张立群 2018年9月出版 / 估价：168.00元
PSN B-2014-420-1/1

公共关系蓝皮书
中国公共关系发展报告（2018）
著(编)者：柳斌杰 2018年11月出版 / 估价：99.00元
PSN B-2016-579-1/1

管理蓝皮书
中国管理发展报告（2018）
著(编)者：张晓东 2018年10月出版 / 估价：99.00元
PSN B-2014-416-1/1

海关发展蓝皮书
中国海关发展前沿报告（2018）
著(编)者：干春晖 2018年6月出版 / 估价：99.00元
PSN B-2017-616-1/1

互联网医疗蓝皮书
中国互联网健康医疗发展报告（2018）
著(编)者：芮晓武 2018年6月出版 / 估价：99.00元
PSN B-2016-567-1/1

黄金市场蓝皮书
中国商业银行黄金业务发展报告（2017~2018）
著(编)者：平安银行 2018年3月出版 / 估价：99.00元
PSN B-2016-524-1/1

会展蓝皮书
中外会展业动态评估研究报告（2018）
著(编)者：张敏 任中峰 聂鑫焱 牛盼强
2018年12月出版 / 估价：99.00元
PSN B-2013-327-1/1

基金会蓝皮书
中国基金会发展报告（2017~2018）
著(编)者：中国基金会发展报告课题组
2018年4月出版 / 估价：99.00元
PSN B-2013-368-1/1

基金会绿皮书
中国基金会发展独立研究报告（2018）
著(编)者：基金会中心网 中央民族大学基金会研究中心
2018年6月出版 / 估价：99.00元
PSN G-2011-213-1/1

行业及其他类 皮书系列 2018全品种

基金会透明度蓝皮书
中国基金会透明度发展研究报告（2018）
著(编)者：基金会中心网
清华大学廉政与治理研究中心
2018年9月出版 / 估价：99.00元
PSN B-2013-339-1/1

建筑装饰蓝皮书
中国建筑装饰行业发展报告（2018）
著(编)者：葛道顺 刘晓一
2018年10月出版 / 估价：198.00元
PSN B-2016-553-1/1

金融监管蓝皮书
中国金融监管报告（2018）
著(编)者：胡滨 2018年5月出版 / 估价：99.00元
PSN B-2012-281-1/1

金融蓝皮书
中国互联网金融行业分析与评估（2018~2019）
著(编)者：黄国平 伍旭川 2018年12月出版 / 估价：99.00元
PSN B-2016-585-7/7

金融科技蓝皮书
中国金融科技发展报告（2018）
著(编)者：李扬 孙国峰 2018年10月出版 / 估价：99.00元
PSN B-2014-374-1/1

金融信息服务蓝皮书
中国金融信息服务发展报告（2018）
著(编)者：李平 2018年5月出版 / 估价：99.00元
PSN B-2017-621-1/1

京津冀金融蓝皮书
京津冀金融发展报告（2018）
著(编)者：王爱俭 王璟怡 2018年10月出版 / 估价：99.00元
PSN B-2016-527-1/1

科普蓝皮书
国家科普能力发展报告（2018）
著(编)者：王康友 2018年5月出版 / 估价：138.00元
PSN B-2017-632-4/4

科普蓝皮书
中国基层科普发展报告（2017~2018）
著(编)者：赵立新 陈玲 2018年9月出版 / 估价：99.00元
PSN B-2016-568-3/4

科普蓝皮书
中国科普基础设施发展报告（2017~2018）
著(编)者：任福君 2018年6月出版 / 估价：99.00元
PSN B-2010-174-1/3

科普蓝皮书
中国科普人才发展报告（2017~2018）
著(编)者：郑念 任嵘嵘 2018年7月出版 / 估价：99.00元
PSN B-2016-512-2/4

科普能力蓝皮书
中国科普能力评价报告（2018~2019）
著(编)者：李富强 李群 2018年8月出版 / 估价：99.00元
PSN B-2016-555-1/1

临空经济蓝皮书
中国临空经济发展报告（2018）
著(编)者：连玉明 2018年9月出版 / 估价：99.00元
PSN B-2014-421-1/1

旅游安全蓝皮书
中国旅游安全报告（2018）
著(编)者：郑向敏 谢朝武 2018年5月出版 / 估价：158.00元
PSN B-2012-280-1/1

旅游绿皮书
2017~2018年中国旅游发展分析与预测
著(编)者：宋瑞 2018年2月出版 / 估价：99.00元
PSN G-2002-018-1/1

煤炭蓝皮书
中国煤炭工业发展报告（2018）
著(编)者：岳福斌 2018年12月出版 / 估价：99.00元
PSN B-2008-123-1/1

民营企业社会责任蓝皮书
中国民营企业社会责任报告（2018）
著(编)者：中华全国工商业联合会
2018年12月出版 / 估价：99.00元
PSN B-2015-510-1/1

民营医院蓝皮书
中国民营医院发展报告（2017）
著(编)者：薛晓林 2018年1月出版 / 估价：99.00元
PSN B-2012-299-1/1

闽商蓝皮书
闽商发展报告（2018）
著(编)者：李闽榕 王日根 林琛
2018年12月出版 / 估价：99.00元
PSN B-2012-298-1/1

农业应对气候变化蓝皮书
中国农业气象灾害及其灾损评估报告（No.3）
著(编)者：矫梅燕 2018年1月出版 / 估价：118.00元
PSN B-2014-413-1/1

品牌蓝皮书
中国品牌战略发展报告（2018）
著(编)者：汪同三 2018年10月出版 / 估价：99.00元
PSN B-2016-580-1/1

企业扶贫蓝皮书
中国企业扶贫研究报告（2018）
著(编)者：钟宏武 2018年12月出版 / 估价：99.00元
PSN B-2016-593-1/1

企业公益蓝皮书
中国企业公益研究报告（2018）
著(编)者：钟宏武 汪杰 黄晓娟
2018年12月出版 / 估价：99.00元
PSN B-2015-501-1/1

企业国际化蓝皮书
中国企业全球化报告（2018）
著(编)者：王辉耀 苗绿 2018年11月出版 / 估价：99.00元
PSN B-2014-427-1/1

皮书系列 2018全品种 — 行业及其他类

企业蓝皮书
中国企业绿色发展报告No.2（2018）
著(编)者：李红玉 朱光辉
2018年8月出版 / 估价：99.00元
PSN B-2015-481-2/2

企业社会责任蓝皮书
中资企业海外社会责任研究报告（2017～2018）
著(编)者：钟宏武 叶柳红 张蒽
2018年1月出版 / 估价：99.00元
PSN B-2017-603-2/2

企业社会责任蓝皮书
中国企业社会责任研究报告（2018）
著(编)者：黄群慧 钟宏武 张蒽 汪杰
2018年11月出版 / 估价：99.00元
PSN B-2009-149-1/2

汽车安全蓝皮书
中国汽车安全发展报告（2018）
著(编)者：中国汽车技术研究中心
2018年8月出版 / 估价：99.00元
PSN B-2014-385-1/1

汽车电子商务蓝皮书
中国汽车电子商务发展报告（2018）
著(编)者：中华全国工商业联合会汽车经销商商会
　　　　　北方工业大学
　　　　　北京易观智库网络科技有限公司
2018年10月出版 / 估价：158.00元
PSN B-2015-485-1/1

汽车知识产权蓝皮书
中国汽车产业知识产权发展报告（2018）
著(编)者：中国汽车工程研究院股份有限公司
　　　　　中国汽车工程学会
　　　　　重庆长安汽车股份有限公司
2018年12月出版 / 估价：99.00元
PSN B-2016-594-1/1

青少年体育蓝皮书
中国青少年体育发展报告（2017）
著(编)者：刘扶民 杨桦
2018年1月出版 / 估价：99.00元
PSN B-2015-482-1/1

区块链蓝皮书
中国区块链发展报告（2018）
著(编)者：李伟
2018年9月出版 / 估价：99.00元
PSN B-2017-649-1/1

群众体育蓝皮书
中国群众体育发展报告（2017）
著(编)者：刘国永 戴健
2018年5月出版 / 估价：99.00元
PSN B-2014-411-1/3

群众体育蓝皮书
中国社会体育指导员发展报告（2018）
著(编)者：刘国永 王欢
2018年4月出版 / 估价：99.00元
PSN B-2016-520-3/3

人力资源蓝皮书
中国人力资源发展报告（2018）
著(编)者：余兴安
2018年11月出版 / 估价：99.00元
PSN B-2012-287-1/1

融资租赁蓝皮书
中国融资租赁业发展报告（2017～2018）
著(编)者：李光荣 王力
2018年8月出版 / 估价：99.00元
PSN B-2015-443-1/1

商会蓝皮书
中国商会发展报告No.5（2017）
著(编)者：王钦敏
2018年7月出版 / 估价：99.00元
PSN B-2008-125-1/1

商务中心区蓝皮书
中国商务中心区发展报告No.4（2017～2018）
著(编)者：李国红 单菁菁
2018年9月出版 / 估价：99.00元
PSN B-2015-444-1/1

设计产业蓝皮书
中国创新设计发展报告（2018）
著(编)者：王晓红 张立群 于炜
2018年11月出版 / 估价：99.00元
PSN B-2016-581-2/2

社会责任管理蓝皮书
中国上市公司社会责任能力成熟度报告No.4（2018）
著(编)者：肖红军 王晓光 李伟阳
2018年12月出版 / 估价：99.00元
PSN B-2015-507-2/2

社会责任管理蓝皮书
中国企业公众透明度报告No.4（2017～2018）
著(编)者：黄速建 熊梦 王晓光 肖红军
2018年4月出版 / 估价：99.00元
PSN B-2015-440-1/2

食品药品蓝皮书
食品药品安全与监管政策研究报告（2016～2017）
著(编)者：唐民皓
2018年6月出版 / 估价：99.00元
PSN B-2009-129-1/1

输血服务蓝皮书
中国输血行业发展报告（2018）
著(编)者：孙俊
2018年12月出版 / 估价：99.00元
PSN B-2016-582-1/1

水利风景区蓝皮书
中国水利风景区发展报告（2018）
著(编)者：董建文 兰思仁
2018年10月出版 / 估价：99.00元
PSN B-2015-480-1/1

私募市场蓝皮书
中国私募股权市场发展报告（2017～2018）
著(编)者：曹和平
2018年12月出版 / 估价：99.00元
PSN B-2010-162-1/1

碳排放权交易蓝皮书
中国碳排放权交易报告（2018）
著(编)者：孙永平
2018年11月出版 / 估价：99.00元
PSN B-2017-652-1/1

碳市场蓝皮书
中国碳市场报告（2018）
著(编)者：定金彪
2018年11月出版 / 估价：99.00元
PSN B-2014-430-1/1

行业及其他类 — 皮书系列 2018全品种

体育蓝皮书
中国公共体育服务发展报告（2018）
著(编)者：戴健　2018年12月出版 / 估价：99.00元
PSN B-2013-367-2/5

土地市场蓝皮书
中国农村土地市场发展报告（2017~2018）
著(编)者：李光荣　2018年3月出版 / 估价：99.00元
PSN B-2016-526-1/1

土地整治蓝皮书
中国土地整治发展研究报告（No.5）
著(编)者：国土资源部土地整治中心
2018年7月出版 / 估价：99.00元
PSN B-2014-401-1/1

土地政策蓝皮书
中国土地政策研究报告（2018）
著(编)者：高延利　李宪文　2017年12月出版 / 估价：99.00元
PSN B-2015-506-1/1

网络空间安全蓝皮书
中国网络空间安全发展报告（2018）
著(编)者：惠志斌　覃庆玲
2018年11月出版 / 估价：99.00元
PSN B-2015-466-1/1

文化志愿服务蓝皮书
中国文化志愿服务发展报告（2018）
著(编)者：张永新　良警宇　2018年11月出版 / 估价：128.00元
PSN B-2016-596-1/1

西部金融蓝皮书
中国西部金融发展报告（2017~2018）
著(编)者：李忠民　2018年8月出版 / 估价：99.00元
PSN B-2010-160-1/1

协会商会蓝皮书
中国行业协会商会发展报告（2017）
著(编)者：景朝阳　李勇　2018年4月出版 / 估价：99.00元
PSN B-2015-461-1/1

新三板蓝皮书
中国新三板市场发展报告（2018）
著(编)者：王力　2018年8月出版 / 估价：99.00元
PSN B-2016-533-1/1

信托市场蓝皮书
中国信托业市场报告（2017~2018）
著(编)者：用益金融信托研究院
2018年1月出版 / 估价：198.00元
PSN B-2014-371-1/1

信息化蓝皮书
中国信息化形势分析与预测（2017~2018）
著(编)者：周宏仁　2018年8月出版 / 估价：99.00元
PSN B-2010-168-1/1

信用蓝皮书
中国信用发展报告（2017~2018）
著(编)者：章政　田侃　2018年4月出版 / 估价：99.00元
PSN B-2013-328-1/1

休闲绿皮书
2017~2018年中国休闲发展报告
著(编)者：宋瑞　2018年7月出版 / 估价：99.00元
PSN G-2010-158-1/1

休闲体育蓝皮书
中国休闲体育发展报告（2017~2018）
著(编)者：李相如　钟秉枢
2018年10月出版 / 估价：99.00元
PSN B-2016-516-1/1

养老金融蓝皮书
中国养老金融发展报告（2018）
著(编)者：董克用　姚余栋
2018年9月出版 / 估价：99.00元
PSN B-2016-583-1/1

遥感监测绿皮书
中国可持续发展遥感监测报告（2017）
著(编)者：顾行发　汪克强　潘教峰　李闽榕　徐东华　王琦安
2018年6月出版 / 估价：298.00元
PSN B-2017-629-1/1

药品流通蓝皮书
中国药品流通行业发展报告（2018）
著(编)者：佘鲁林　温再兴
2018年7月出版 / 估价：198.00元
PSN B-2014-429-1/1

医疗器械蓝皮书
中国医疗器械行业发展报告（2018）
著(编)者：王宝亭　耿鸿武
2018年10月出版 / 估价：99.00元
PSN B-2017-661-1/1

医院蓝皮书
中国医院竞争力报告（2018）
著(编)者：庄一强　曾益新　2018年3月出版 / 估价：118.00元
PSN B-2016-528-1/1

瑜伽蓝皮书
中国瑜伽业发展报告（2017~2018）
著(编)者：张永建　徐华锋　朱泰余
2018年6月出版 / 估价：198.00元
PSN B-2017-625-1/1

债券市场蓝皮书
中国债券市场发展报告（2017~2018）
著(编)者：杨农　2018年10月出版 / 估价：99.00元
PSN B-2016-572-1/1

志愿服务蓝皮书
中国志愿服务发展报告（2018）
著(编)者：中国志愿服务联合会
2018年11月出版 / 估价：99.00元
PSN B-2017-664-1/1

中国上市公司蓝皮书
中国上市公司发展报告（2018）
著(编)者：张鹏　张平　黄胤英
2018年9月出版 / 估价：99.00元
PSN B-2014-414-1/1

皮书系列 2018全品种

行业及其他类 · 国际问题与全球治理类

中国新三板蓝皮书
中国新三板创新与发展报告（2018）
著(编)者：刘平安 闻召林
2018年8月出版 / 估价：158.00元
PSN B-2017-638-1/1

中医文化蓝皮书
北京中医药文化传播发展报告（2018）
著(编)者：毛嘉陵 2018年5月出版 / 估价：99.00元
PSN B-2015-468-1/2

中医文化蓝皮书
中国中医药文化传播发展报告（2018）
著(编)者：毛嘉陵 2018年7月出版 / 估价：99.00元
PSN B-2016-584-2/2

中医药蓝皮书
北京中医药知识产权发展报告No.2
著(编)者：汪洪 屠志涛 2018年4月出版 / 估价：168.00元
PSN B-2017-602-1/1

资本市场蓝皮书
中国场外交易市场发展报告（2016~2017）
著(编)者：高峦 2018年3月出版 / 估价：99.00元
PSN B-2009-153-1/1

资产管理蓝皮书
中国资产管理行业发展报告（2018）
著(编)者：郑智 2018年7月出版 / 估价：99.00元
PSN B-2014-407-2/2

资产证券化蓝皮书
中国资产证券化发展报告（2018）
著(编)者：纪志宏 2018年11月出版 / 估价：99.00元
PSN B-2017-660-1/1

自贸区蓝皮书
中国自贸区发展报告（2018）
著(编)者：王力 黄育华 2018年6月出版 / 估价：99.00元
PSN B-2016-558-1/1

国际问题与全球治理类

"一带一路"跨境通道蓝皮书
"一带一路"跨境通道建设研究报告（2018）
著(编)者：郭业洲 2018年8月出版 / 估价：99.00元
PSN B-2016-557-1/1

"一带一路"蓝皮书
"一带一路"建设发展报告（2018）
著(编)者：王晓泉 2018年6月出版 / 估价：99.00元
PSN B-2016-552-1/1

"一带一路"投资安全蓝皮书
中国"一带一路"投资与安全研究报告（2017~2018）
著(编)者：邹统钎 梁昊光 2018年4月出版 / 估价：99.00元
PSN B-2017-612-1/1

"一带一路"文化交流蓝皮书
中阿文化交流发展报告（2017）
著(编)者：王辉 2018年9月出版 / 估价：99.00元
PSN B-2017-655-1/1

G20国家创新竞争力黄皮书
二十国集团（G20）国家创新竞争力发展报告（2017~2018）
著(编)者：李建平 李闽榕 赵新力 周天勇
2018年7月出版 / 估价：168.00元
PSN Y-2011-229-1/1

阿拉伯黄皮书
阿拉伯发展报告（2016~2017）
著(编)者：罗林 2018年3月出版 / 估价：99.00元
PSN Y-2014-381-1/1

北部湾蓝皮书
泛北部湾合作发展报告（2017~2018）
著(编)者：吕余生 2018年12月出版 / 估价：99.00元
PSN B-2008-114-1/1

北极蓝皮书
北极地区发展报告（2017）
著(编)者：刘惠荣 2018年7月出版 / 估价：99.00元
PSN B-2017-634-1/1

大洋洲蓝皮书
大洋洲发展报告（2017~2018）
著(编)者：喻常森 2018年10月出版 / 估价：99.00元
PSN B-2013-341-1/1

东北亚区域合作蓝皮书
2017年"一带一路"倡议与东北亚区域合作
著(编)者：刘亚政 金美花
2018年5月出版 / 估价：99.00元
PSN B-2017-631-1/1

东盟黄皮书
东盟发展报告（2017）
著(编)者：杨晓强 庄国土
2018年3月出版 / 估价：99.00元
PSN Y-2012-303-1/1

东南亚蓝皮书
东南亚地区发展报告（2017~2018）
著(编)者：王勤 2018年12月出版 / 估价：99.00元
PSN B-2012-240-1/1

非洲黄皮书
非洲发展报告No.20（2017~2018）
著(编)者：张宏明 2018年7月出版 / 估价：99.00元
PSN Y-2012-239-1/1

非传统安全蓝皮书
中国非传统安全研究报告（2017~2018）
著(编)者：潇枫 罗中枢 2018年8月出版 / 估价：99.00元
PSN B-2012-273-1/1

皮书系列 2018全品种

国际问题与全球治理类

国际安全蓝皮书
中国国际安全研究报告（2018）
著(编)者：刘慧　2018年7月出版／估价：99.00元
PSN B-2016-521-1/1

国际城市蓝皮书
国际城市发展报告（2018）
著(编)者：屠启宇　2018年2月出版／估价：99.00元
PSN B-2012-260-1/1

国际形势黄皮书
全球政治与安全报告（2018）
著(编)者：张宇燕　2018年1月出版／估价：99.00元
PSN Y-2001-016-1/1

公共外交蓝皮书
中国公共外交发展报告（2018）
著(编)者：赵启正　雷蔚真　2018年4月出版／估价：99.00元
PSN B-2015-457-1/1

金砖国家黄皮书
金砖国家综合创新竞争力发展报告（2018）
著(编)者：赵新力　李闽榕　黄茂兴
2018年8月出版／估价：128.00元
PSN Y-2017-643-1/1

拉美黄皮书
拉丁美洲和加勒比发展报告（2017~2018）
著(编)者：袁东振　2018年6月出版／估价：99.00元
PSN Y-1999-007-1/1

澜湄合作蓝皮书
澜沧江-湄公河合作发展报告（2018）
著(编)者：刘稚　2018年9月出版／估价：99.00元
PSN B-2011-196-1/1

欧洲蓝皮书
欧洲发展报告（2017~2018）
著(编)者：黄平　周弘　程卫东
2018年6月出版／估价：99.00元
PSN B-1999-009-1/1

葡语国家蓝皮书
葡语国家发展报告（2016~2017）
著(编)者：王成安　张敏　刘金兰
2018年4月出版／估价：99.00元
PSN B-2015-503-1/2

葡语国家蓝皮书
中国与葡语国家关系发展报告·巴西（2016）
著(编)者：张曙光　2018年8月出版／估价：99.00元
PSN B-2016-563-2/2

气候变化绿皮书
应对气候变化报告（2018）
著(编)者：王伟光　郑国光　2018年11月出版／估价：99.00元
PSN G-2009-144-1/1

全球环境竞争力绿皮书
全球环境竞争力报告（2018）
著(编)者：李建平　李闽榕　王金南
2018年12月出版／估价：198.00元
PSN G-2013-363-1/1

全球信息社会蓝皮书
全球信息社会发展报告（2018）
著(编)者：丁波涛　唐涛　2018年10月出版／估价：99.00元
PSN B-2017-665-1/1

日本经济蓝皮书
日本经济与中日经贸关系研究报告（2018）
著(编)者：张季风　2018年6月出版／估价：99.00元
PSN B-2008-102-1/1

上海合作组织黄皮书
上海合作组织发展报告（2018）
著(编)者：李进峰　2018年6月出版／估价：99.00元
PSN Y-2009-130-1/1

世界创新竞争力黄皮书
世界创新竞争力发展报告（2017）
著(编)者：李建平　李闽榕　赵新力
2018年1月出版／估价：168.00元
PSN Y-2013-318-1/1

世界经济黄皮书
2018年世界经济形势分析与预测
著(编)者：张宇燕　2018年1月出版／估价：99.00元
PSN Y-1999-006-1/1

丝绸之路蓝皮书
丝绸之路经济带发展报告（2018）
著(编)者：任宗哲　白宽犁　谷孟宾
2018年1月出版／估价：99.00元
PSN B-2014-410-1/1

新兴经济体蓝皮书
金砖国家发展报告（2018）
著(编)者：林跃勤　周文　2018年8月出版／估价：99.00元
PSN B-2011-195-1/1

亚太蓝皮书
亚太地区发展报告（2018）
著(编)者：李向阳　2018年5月出版／估价：99.00元
PSN B-2001-015-1/1

印度洋地区蓝皮书
印度洋地区发展报告（2018）
著(编)者：汪戎　2018年6月出版／估价：99.00元
PSN B-2013-334-1/1

渝新欧蓝皮书
渝新欧沿线国家发展报告（2018）
著(编)者：杨柏　黄森　2018年6月出版／估价：99.00元
PSN B-2017-626-1/1

中阿蓝皮书
中国-阿拉伯国家经贸发展报告（2018）
著(编)者：张廉　段庆林　王林聪　杨巧红
2018年12月出版／估价：99.00元
PSN B-2016-598-1/1

中东黄皮书
中东发展报告No.20（2017~2018）
著(编)者：杨光　2018年10月出版／估价：99.00元
PSN Y-1998-004-1/1

中亚黄皮书
中亚国家发展报告（2018）
著(编)者：孙力　2018年6月出版／估价：99.00元
PSN Y-2012-238-1/1

国别类

澳大利亚蓝皮书
澳大利亚发展报告（2017-2018）
著（编）者：孙有中 韩锋　2018年12月出版 / 估价：99.00元
PSN B-2016-587-1/1

巴西黄皮书
巴西发展报告（2017）
著（编）者：刘国枝　2018年5月出版 / 估价：99.00元
PSN Y-2017-614-1/1

德国蓝皮书
德国发展报告（2018）
著（编）者：郑春荣　2018年6月出版 / 估价：99.00元
PSN B-2012-278-1/1

俄罗斯黄皮书
俄罗斯发展报告（2018）
著（编）者：李永全　2018年6月出版 / 估价：99.00元
PSN Y-2006-061-1/1

韩国蓝皮书
韩国发展报告（2017）
著（编）者：牛林杰 刘宝全　2018年5月出版 / 估价：99.00元
PSN B-2010-155-1/1

加拿大蓝皮书
加拿大发展报告（2018）
著（编）者：唐小松　2018年9月出版 / 估价：99.00元
PSN B-2014-389-1/1

美国蓝皮书
美国研究报告（2018）
著（编）者：郑秉文 黄平　2018年5月出版 / 估价：99.00元
PSN B-2011-210-1/1

缅甸蓝皮书
缅甸国情报告（2017）
著（编）者：孔鹏 杨祥章　2018年1月出版 / 估价：99.00元
PSN B-2013-343-1/1

日本蓝皮书
日本研究报告（2018）
著（编）者：杨伯江　2018年6月出版 / 估价：99.00元
PSN B-2002-020-1/1

土耳其蓝皮书
土耳其发展报告（2018）
著（编）者：郭长刚 刘义　2018年9月出版 / 估价：99.00元
PSN B-2014-412-1/1

伊朗蓝皮书
伊朗发展报告（2017~2018）
著（编）者：冀开运　2018年10月 / 估价：99.00元
PSN B-2016-574-1/1

以色列蓝皮书
以色列发展报告（2018）
著（编）者：张倩红　2018年8月出版 / 估价：99.00元
PSN B-2015-483-1/1

印度蓝皮书
印度国情报告（2017）
著（编）者：吕昭义　2018年4月出版 / 估价：99.00元
PSN B-2012-241-1/1

英国蓝皮书
英国发展报告（2017~2018）
著（编）者：王展鹏　2018年12月出版 / 估价：99.00元
PSN B-2015-486-1/1

越南蓝皮书
越南国情报告（2018）
著（编）者：谢林城　2018年1月出版 / 估价：99.00元
PSN B-2006-056-1/1

泰国蓝皮书
泰国研究报告（2018）
著（编）者：庄国土 张禹东 刘文正
2018年10月出版 / 估价：99.00元
PSN B-2016-556-1/1

文化传媒类

"三农"舆情蓝皮书
中国"三农"网络舆情报告（2017~2018）
著（编）者：农业部信息中心
2018年6月出版 / 估价：99.00元
PSN B-2017-640-1/1

传媒竞争力蓝皮书
中国传媒国际竞争力研究报告（2018）
著（编）者：李本乾 刘强 王大可
2018年8月出版 / 估价：99.00元
PSN B-2013-356-1/1

传媒蓝皮书
中国传媒产业发展报告（2018）
著（编）者：崔保国　2018年5月出版 / 估价：99.00元
PSN B-2005-035-1/1

传媒投资蓝皮书
中国传媒投资发展报告（2018）
著（编）者：张向东 谭云明
2018年6月出版 / 估价：148.00元
PSN B-2015-474-1/1

文化传媒类

皮书系列 2018全品种

非物质文化遗产蓝皮书
中国非物质文化遗产发展报告（2018）
著（编）者：陈平　2018年5月出版／估价：128.00元
PSN B-2015-469-1/2

非物质文化遗产蓝皮书
中国非物质文化遗产保护发展报告（2018）
著（编）者：宋俊华　2018年10月出版／估价：128.00元
PSN B-2016-586-2/2

广电蓝皮书
中国广播电影电视发展报告（2018）
著（编）者：国家新闻出版广电总局发展研究中心
2018年7月出版／估价：99.00元
PSN B-2006-072-1/1

广告主蓝皮书
中国广告主营销传播趋势报告No.9
著（编）者：黄升民　杜国清　邵华冬　等
2018年10月出版／估价：158.00元
PSN B-2005-041-1/1

国际传播蓝皮书
中国国际传播发展报告（2018）
著（编）者：胡正荣　李继东　姬德强
2018年12月出版／估价：99.00元
PSN B-2014-408-1/1

国家形象蓝皮书
中国国家形象传播报告（2017）
著（编）者：张昆　2018年3月出版／估价：128.00元
PSN B-2017-605-1/1

互联网治理蓝皮书
中国网络社会治理研究报告（2018）
著（编）者：罗昕　支庭荣
2018年9月出版／估价：118.00元
PSN B-2017-653-1/1

纪录片蓝皮书
中国纪录片发展报告（2018）
著（编）者：何苏六　2018年10月出版／估价：99.00元
PSN B-2011-222-1/1

科学传播蓝皮书
中国科学传播报告（2016~2017）
著（编）者：詹正茂　2018年6月出版／估价：99.00元
PSN B-2008-120-1/1

两岸创意经济蓝皮书
两岸创意经济研究报告（2018）
著（编）者：罗昌智　董泽平
2018年10月出版／估价：99.00元
PSN B-2014-437-1/1

媒介与女性蓝皮书
中国媒介与女性发展报告（2017~2018）
著（编）者：刘利群　2018年5月出版／估价：99.00元
PSN B-2013-345-1/1

媒体融合蓝皮书
中国媒体融合发展报告（2017）
著（编）者：梅宁华　支庭荣　2018年1月出版／估价：99.00元
PSN B-2015-479-1/1

全球传媒蓝皮书
全球传媒发展报告（2017~2018）
著（编）者：胡正荣　李继东　2018年6月出版／估价：99.00元
PSN B-2012-237-1/1

少数民族非遗蓝皮书
中国少数民族非物质文化遗产发展报告（2018）
著（编）者：肖远平（彝）　柴立（满）
2018年10月出版／估价：118.00元
PSN B-2015-467-1/1

视听新媒体蓝皮书
中国视听新媒体发展报告（2018）
著（编）者：国家新闻出版广电总局发展研究中心
2018年7月出版／估价：118.00元
PSN B-2011-184-1/1

数字娱乐产业蓝皮书
中国动画产业发展报告（2018）
著（编）者：孙立军　孙平　牛兴侦
2018年10月出版／估价：99.00元
PSN B-2011-198-1/2

数字娱乐产业蓝皮书
中国游戏产业发展报告（2018）
著（编）者：孙立军　刘跃军
2018年10月出版／估价：99.00元
PSN B-2017-662-2/2

文化创新蓝皮书
中国文化创新报告（2017·No.8）
著（编）者：傅才武　2018年4月出版／估价：99.00元
PSN B-2009-143-1/1

文化建设蓝皮书
中国文化发展报告（2018）
著（编）者：江畅　孙伟平　戴茂堂
2018年5月出版／估价：99.00元
PSN B-2014-392-1/1

文化科技蓝皮书
文化科技创新发展报告（2018）
著（编）者：于平　李凤亮　2018年10月出版／估价：99.00元
PSN B-2013-342-1/1

文化蓝皮书
中国公共文化服务发展报告（2017~2018）
著（编）者：刘新成　张永新　张旭
2018年12月出版／估价：99.00元
PSN B-2007-093-2/10

文化蓝皮书
中国少数民族文化发展报告（2017~2018）
著（编）者：武翠英　张晓明　任乌晶
2018年9月出版／估价：99.00元
PSN B-2013-369-9/10

文化蓝皮书
中国文化产业供需协调检测报告（2018）
著（编）者：王亚南　2018年2月出版／估价：99.00元
PSN B-2013-323-8/10

皮书系列 2018全品种　文化传媒类・地方发展类-经济

文化蓝皮书
中国文化消费需求景气评价报告（2018）
著(编)者：王亚南　2018年2月出版 / 估价：99.00元
PSN B-2011-236-4/10

文化蓝皮书
中国公共文化投入增长测评报告（2018）
著(编)者：王亚南　2018年2月出版 / 估价：99.00元
PSN B-2014-435-10/10

文化品牌蓝皮书
中国文化品牌发展报告（2018）
著(编)者：欧阳友权　2018年5月出版 / 估价：99.00元
PSN B-2012-277-1/1

文化遗产蓝皮书
中国文化遗产事业发展报告（2017~2018）
著(编)者：苏杨　张颖岚　卓杰　白海峰　陈晨　陈叙图
2018年8月出版 / 估价：99.00元
PSN B-2008-119-1/1

文学蓝皮书
中国文情报告（2017~2018）
著(编)者：白烨　2018年5月出版 / 估价：99.00元
PSN B-2011-221-1/1

新媒体蓝皮书
中国新媒体发展报告No.9（2018）
著(编)者：唐绪军　2018年7月出版 / 估价：99.00元
PSN B-2010-169-1/1

新媒体社会责任蓝皮书
中国新媒体社会责任研究报告（2018）
著(编)者：钟瑛　2018年12月出版 / 估价：99.00元
PSN B-2014-423-1/1

移动互联网蓝皮书
中国移动互联网发展报告（2018）
著(编)者：余清楚　2018年6月出版 / 估价：99.00元
PSN B-2012-282-1/1

影视蓝皮书
中国影视产业发展报告（2018）
著(编)者：司若　陈鹏　陈锐　2018年4月出版 / 估价：99.00元
PSN B-2016-529-1/1

舆情蓝皮书
中国社会舆情与危机管理报告（2018）
著(编)者：谢耘耕　2018年9月出版 / 估价：138.00元
PSN B-2011-235-1/1

地方发展类-经济

澳门蓝皮书
澳门经济社会发展报告（2017~2018）
著(编)者：吴志良　郝雨凡　2018年7月出版 / 估价：99.00元
PSN B-2009-138-1/1

澳门绿皮书
澳门旅游休闲发展报告（2017~2018）
著(编)者：郝雨凡　林广志　2018年5月出版 / 估价：99.00元
PSN G-2017-617-1/1

北京蓝皮书
北京经济发展报告（2017~2018）
著(编)者：杨松　2018年6月出版 / 估价：99.00元
PSN B-2006-054-2/8

北京旅游绿皮书
北京旅游发展报告（2018）
著(编)者：北京旅游学会
2018年7月出版 / 估价：99.00元
PSN G-2012-301-1/1

北京体育蓝皮书
北京体育产业发展报告（2017~2018）
著(编)者：钟秉枢　陈杰　杨铁黎
2018年9月出版 / 估价：99.00元
PSN B-2015-475-1/1

滨海金融蓝皮书
滨海新区金融发展报告（2017）
著(编)者：王爱俭　李向前　2018年4月出版 / 估价：99.00元
PSN B-2014-424-1/1

城乡一体化蓝皮书
北京城乡一体化发展报告（2017~2018）
著(编)者：吴宝新　张宝秀　黄序
2018年5月出版 / 估价：99.00元
PSN B-2012-258-2/2

非公有制企业社会责任蓝皮书
北京非公有制企业社会责任报告（2018）
著(编)者：宋贵伦　冯培　2018年6月出版 / 估价：99.00元
PSN B-2017-613-1/1

福建旅游蓝皮书
福建省旅游产业发展现状研究（2017~2018）
著(编)者：陈敏华　黄远水
2018年12月出版 / 估价：128.00元
PSN B-2016-591-1/1

福建自贸区蓝皮书
中国(福建)自由贸易试验区发展报告（2017~2018）
著(编)者：黄茂兴　2018年4月出版 / 估价：118.00元
PSN B-2016-531-1/1

甘肃蓝皮书
甘肃经济发展分析与预测（2018）
著(编)者：安文华　罗哲　2018年1月出版 / 估价：99.00元
PSN B-2013-312-1/6

甘肃蓝皮书
甘肃商贸流通发展报告（2018）
著(编)者：张应华　王福生　王晓芳
2018年1月出版 / 估价：99.00元
PSN B-2016-522-6/6

地方发展类-经济 皮书系列 2018全品种

甘肃蓝皮书
甘肃县域和农村发展报告（2018）
著(编)者：朱智文 包东红 王建兵
2018年1月出版 / 估价：99.00元
PSN B-2013-316-5/6

甘肃农业科技绿皮书
甘肃农业科技发展研究报告（2018）
著(编)者：魏胜文 乔德华 张东伟
2018年12月出版 / 估价：198.00元
PSN B-2016-592-1/1

巩义蓝皮书
巩义经济社会发展报告（2018）
著(编)者：丁同民 朱军　2018年4月出版 / 估价：99.00元
PSN B-2016-532-1/1

广东外经贸蓝皮书
广东对外经济贸易发展研究报告（2017~2018）
著(编)者：陈万灵　2018年6月出版 / 估价：99.00元
PSN B-2012-286-1/1

广西北部湾经济区蓝皮书
广西北部湾经济区开放开发报告（2017~2018）
著(编)者：广西壮族自治区北部湾经济区和东盟开放合作办公室
　　　　　广西社会科学院
　　　　　广西北部湾发展研究院
2018年2月出版 / 估价：99.00元
PSN B-2010-181-1/1

广州蓝皮书
广州城市国际化发展报告（2018）
著(编)者：张跃国　2018年8月出版 / 估价：99.00元
PSN B-2012-246-11/14

广州蓝皮书
中国广州城市建设与管理发展报告（2018）
著(编)者：张其学 陈小钢 王宏伟　2018年8月出版 / 估价：99.00元
PSN B-2007-087-4/14

广州蓝皮书
广州创新型城市发展报告（2018）
著(编)者：尹涛　2018年6月出版 / 估价：99.00元
PSN B-2012-247-12/14

广州蓝皮书
广州经济发展报告（2018）
著(编)者：张跃国 尹涛　2018年7月出版 / 估价：99.00元
PSN B-2005-040-1/14

广州蓝皮书
2018年中国广州经济形势分析与预测
著(编)者：魏明海 谢博能 李华
2018年6月出版 / 估价：99.00元
PSN B-2011-185-9/14

广州蓝皮书
中国广州科技创新发展报告（2018）
著(编)者：于欣伟 陈爽 邓佑满　2018年8月出版 / 估价：99.00元
PSN B-2006-065-2/14

广州蓝皮书
广州农村发展报告（2018）
著(编)者：朱名宏　2018年7月出版 / 估价：99.00元
PSN B-2010-167-8/14

广州蓝皮书
广州汽车产业发展报告（2018）
著(编)者：杨再高 冯兴亚　2018年7月出版 / 估价：99.00元
PSN B-2006-066-3/14

广州蓝皮书
广州商贸业发展报告（2018）
著(编)者：张跃国 陈杰 荀振英
2018年7月出版 / 估价：99.00元
PSN B-2012-245-10/14

贵阳蓝皮书
贵阳城市创新发展报告No.3（白云篇）
著(编)者：连玉明　2018年5月出版 / 估价：99.00元
PSN B-2015-491-3/10

贵阳蓝皮书
贵阳城市创新发展报告No.3（观山湖篇）
著(编)者：连玉明　2018年5月出版 / 估价：99.00元
PSN B-2015-497-9/10

贵阳蓝皮书
贵阳城市创新发展报告No.3（花溪篇）
著(编)者：连玉明　2018年5月出版 / 估价：99.00元
PSN B-2015-490-2/10

贵阳蓝皮书
贵阳城市创新发展报告No.3（开阳篇）
著(编)者：连玉明　2018年5月出版 / 估价：99.00元
PSN B-2015-492-4/10

贵阳蓝皮书
贵阳城市创新发展报告No.3（南明篇）
著(编)者：连玉明　2018年5月出版 / 估价：99.00元
PSN B-2015-496-8/10

贵阳蓝皮书
贵阳城市创新发展报告No.3（清镇篇）
著(编)者：连玉明　2018年5月出版 / 估价：99.00元
PSN B-2015-489-1/10

贵阳蓝皮书
贵阳城市创新发展报告No.3（乌当篇）
著(编)者：连玉明　2018年5月出版 / 估价：99.00元
PSN B-2015-495-7/10

贵阳蓝皮书
贵阳城市创新发展报告No.3（息烽篇）
著(编)者：连玉明　2018年5月出版 / 估价：99.00元
PSN B-2015-493-5/10

贵阳蓝皮书
贵阳城市创新发展报告No.3（修文篇）
著(编)者：连玉明　2018年5月出版 / 估价：99.00元
PSN B-2015-494-6/10

贵阳蓝皮书
贵阳城市创新发展报告No.3（云岩篇）
著(编)者：连玉明　2018年5月出版 / 估价：99.00元
PSN B-2015-498-10/10

贵州房地产蓝皮书
贵州房地产发展报告No.5（2018）
著(编)者：武廷方　2018年7月出版 / 估价：99.00元
PSN B-2014-426-1/1

皮书系列 2018全品种　地方发展类-经济

贵州蓝皮书
贵州册亨经济社会发展报告（2018）
著(编)者：黄德林　2018年3月出版 / 估价：99.00元
PSN B-2016-525-8/9

贵州蓝皮书
贵州地理标志产业发展报告（2018）
著(编)者：李发耀 黄其松　2018年8月出版 / 估价：99.00元
PSN B-2017-646-10/10

贵州蓝皮书
贵安新区发展报告（2017~2018）
著(编)者：马长青 吴大华　2018年6月出版 / 估价：99.00元
PSN B-2015-459-4/10

贵州蓝皮书
贵州国家级开放创新平台发展报告（2017~2018）
著(编)者：申晓庆 吴大华 季泓
2018年11月出版 / 估价：99.00元
PSN B-2016-518-7/10

贵州蓝皮书
贵州国有企业社会责任发展报告（2017~2018）
著(编)者：郭丽　2018年12月出版 / 估价：99.00元
PSN B-2015-511-6/10

贵州蓝皮书
贵州民航业发展报告（2017）
著(编)者：申振东 吴大华　2018年1月出版 / 估价：99.00元
PSN B-2015-471-5/10

贵州蓝皮书
贵州民营经济发展报告（2017）
著(编)者：杨静 吴大华　2018年3月出版 / 估价：99.00元
PSN B-2016-530-9/9

杭州都市圈蓝皮书
杭州都市圈发展报告（2018）
著(编)者：沈翔 戚建国　2018年5月出版 / 估价：128.00元
PSN B-2012-302-1/1

河北经济蓝皮书
河北省经济发展报告（2018）
著(编)者：马树强 金浩 张贵　2018年4月出版 / 估价：99.00元
PSN B-2014-380-1/1

河北蓝皮书
河北经济社会发展报告（2018）
著(编)者：康振海　2018年1月出版 / 估价：99.00元
PSN B-2014-372-1/3

河北蓝皮书
京津冀协同发展报告（2018）
著(编)者：陈璐　2018年1月出版 / 估价：99.00元
PSN B-2017-601-2/3

河南经济蓝皮书
2018年河南经济形势分析与预测
著(编)者：王世炎　2018年3月出版 / 估价：99.00元
PSN B-2007-086-1/1

河南蓝皮书
河南城市发展报告（2018）
著(编)者：张占仓 王建国　2018年5月出版 / 估价：99.00元
PSN B-2009-131-3/9

河南蓝皮书
河南工业发展报告（2018）
著(编)者：张占仓　2018年5月出版 / 估价：99.00元
PSN B-2013-317-5/9

河南蓝皮书
河南金融发展报告（2018）
著(编)者：喻新安 谷建全
2018年6月出版 / 估价：99.00元
PSN B-2014-390-7/9

河南蓝皮书
河南经济发展报告（2018）
著(编)者：张占仓 完世伟
2018年4月出版 / 估价：99.00元
PSN B-2010-157-4/9

河南蓝皮书
河南能源发展报告（2018）
著(编)者：国网河南省电力公司经济技术研究院
　　　　　河南省社会科学院
2018年3月出版 / 估价：99.00元
PSN B-2017-607-9/9

河南商务蓝皮书
河南商务发展报告（2018）
著(编)者：焦锦淼 穆荣国　2018年5月出版 / 估价：99.00元
PSN B-2014-399-1/1

河南双创蓝皮书
河南创新创业发展报告（2018）
著(编)者：喻新安 杨雪梅　2018年8月出版 / 估价：99.00元
PSN B-2017-641-1/1

黑龙江蓝皮书
黑龙江经济发展报告（2018）
著(编)者：朱宇　2018年1月出版 / 估价：99.00元
PSN B-2011-190-2/2

湖南城市蓝皮书
区域城市群整合
著(编)者：童中贤 韩未名　2018年12月出版 / 估价：99.00元
PSN B-2006-064-1/1

湖南蓝皮书
湖南城乡一体化发展报告（2018）
著(编)者：陈文胜 王文强 陆福兴
2018年8月出版 / 估价：99.00元
PSN B-2015-477-8/8

湖南蓝皮书
2018年湖南电子政务发展报告
著(编)者：梁志峰　2018年5月出版 / 估价：128.00元
PSN B-2014-394-6/8

湖南蓝皮书
2018年湖南经济发展报告
著(编)者：卞鹰　2018年5月出版 / 估价：128.00元
PSN B-2011-207-2/8

湖南蓝皮书
2016年湖南经济展望
著(编)者：梁志峰　2018年5月出版 / 估价：128.00元
PSN B-2011-206-1/8

地方发展类-经济

湖南蓝皮书
2018年湖南县域经济社会发展报告
著(编)者：梁志峰　　2018年5月出版 / 估价：128.00元
PSN B-2014-395-7/7

湖南县域绿皮书
湖南县域发展报告（No.5）
著(编)者：袁准　周小毛　黎仁寅
2018年3月出版 / 估价：99.00元
PSN G-2012-274-1/1

沪港蓝皮书
沪港发展报告（2018）
著(编)者：尤安山　　2018年9月出版 / 估价：99.00元
PSN B-2013-362-1/1

吉林蓝皮书
2018年吉林经济社会形势分析与预测
著(编)者：邵汉明　　2017年12月出版 / 估价：99.00元
PSN B-2013-319-1/1

吉林省城市竞争力蓝皮书
吉林省城市竞争力报告（2018~2019）
著(编)者：崔岳春　张磊　　2018年12月出版 / 估价：99.00元
PSN B-2016-513-1/1

济源蓝皮书
济源经济社会发展报告（2018）
著(编)者：喻新安　　2018年4月出版 / 估价：99.00元
PSN B-2014-387-1/1

江苏蓝皮书
2018年江苏经济发展分析与展望
著(编)者：王庆五　吴先满　　2018年7月出版 / 估价：128.00元
PSN B-2017-635-1/3

江西蓝皮书
江西经济社会发展报告（2018）
著(编)者：陈石俊　龚建文　　2018年10月出版 / 估价：128.00元
PSN B-2015-484-1/2

江西蓝皮书
江西设区市发展报告（2018）
著(编)者：姜玮　梁勇　　2018年10月出版 / 估价：99.00元
PSN B-2016-517-2/2

经济特区蓝皮书
中国经济特区发展报告（2017）
著(编)者：陶一桃　　2018年1月出版 / 估价：99.00元
PSN B-2009-139-1/1

辽宁蓝皮书
2018年辽宁经济社会形势分析与预测
著(编)者：梁启东　魏红江　　2018年6月出版 / 估价：99.00元
PSN B-2006-053-1/1

民族经济蓝皮书
中国民族地区经济发展报告（2018）
著(编)者：李曦辉　　2018年7月出版 / 估价：99.00元
PSN B-2017-630-1/1

南宁蓝皮书
南宁经济发展报告（2018）
著(编)者：胡建华　　2018年9月出版 / 估价：99.00元
PSN B-2016-569-2/3

浦东新区蓝皮书
上海浦东经济发展报告（2018）
著(编)者：沈开艳　周奇　　2018年2月出版 / 估价：99.00元
PSN B-2011-225-1/1

青海蓝皮书
2018年青海经济形势分析与预测
著(编)者：陈玮　　2017年12月出版 / 估价：99.00元
PSN B-2012-275-1/2

山东蓝皮书
山东经济形势分析与预测（2018）
著(编)者：李广杰　　2018年7月出版 / 估价：99.00元
PSN B-2014-404-1/5

山东蓝皮书
山东省普惠金融发展报告（2018）
著(编)者：齐鲁财富网
2018年9月出版 / 估价：99.00元
PSN B2017-676-5/5

山西蓝皮书
山西资源型经济转型发展报告（2018）
著(编)者：李志强　　2018年7月出版 / 估价：99.00元
PSN B-2011-197-1/1

陕西蓝皮书
陕西经济发展报告（2018）
著(编)者：任宗哲　白宽犁　裴成荣
2018年1月出版 / 估价：99.00元
PSN B-2009-135-1/6

陕西蓝皮书
陕西精准脱贫研究报告（2018）
著(编)者：任宗哲　白宽犁　王建康
2018年6月出版 / 估价：99.00元
PSN B-2017-623-6/6

上海蓝皮书
上海经济发展报告（2018）
著(编)者：沈开艳
2018年2月出版 / 估价：99.00元
PSN B-2006-057-1/7

上海蓝皮书
上海资源环境发展报告（2018）
著(编)者：周冯琦　汤庆合
2018年2月出版 / 估价：99.00元
PSN B-2006-060-4/7

上饶蓝皮书
上饶发展报告（2016~2017）
著(编)者：廖其志　　2018年3月出版 / 估价：128.00元
PSN B-2014-377-1/1

深圳蓝皮书
深圳经济发展报告（2018）
著(编)者：张骁儒　　2018年6月出版 / 估价：99.00元
PSN B-2008-112-3/7

四川蓝皮书
四川城镇化发展报告（2018）
著(编)者：侯水平　陈炜
2018年4月出版 / 估价：99.00元
PSN B-2015-456-7/7

地方发展类-经济 · 地方发展类-社会

四川蓝皮书
2018年四川经济形势分析与预测
著(编)者：杨钢　2018年1月出版／估价：99.00元
PSN B-2007-098-2/7

四川蓝皮书
四川企业社会责任研究报告（2017~2018）
著(编)者：侯水平　盛毅　2018年5月出版／估价：99.00元
PSN B-2014-386-4/7

四川蓝皮书
四川生态建设报告（2018）
著(编)者：李晟之　2018年5月出版／估价：99.00元
PSN B-2015-455-6/7

体育蓝皮书
上海体育产业发展报告（2017~2018）
著(编)者：张林　黄海燕　2018年10月出版／估价：99.00元
PSN B-2015-454-4/5

体育蓝皮书
长三角地区体育产业发展报告（2017~2018）
著(编)者：张林　2018年4月出版／估价：99.00元
PSN B-2015-453-3/5

天津金融蓝皮书
天津金融发展报告（2018）
著(编)者：王爱俭　孔德昌　2018年3月出版／估价：99.00元
PSN B-2014-418-1/1

图们江区域合作蓝皮书
图们江区域合作发展报告（2018）
著(编)者：李铁　2018年6月出版／估价：99.00元
PSN B-2015-464-1/1

温州蓝皮书
2018年温州经济社会形势分析与预测
著(编)者：蒋儒标　王春光　金浩
2018年4月出版／估价：99.00元
PSN B-2008-105-1/1

西咸新区蓝皮书
西咸新区发展报告（2018）
著(编)者：李扬　王军
2018年6月出版／估价：99.00元
PSN B-2016-534-1/1

修武蓝皮书
修武经济社会发展报告（2018）
著(编)者：张占仓　袁凯声
2018年10月出版／估价：99.00元
PSN B-2017-651-1/1

偃师蓝皮书
偃师经济社会发展报告（2018）
著(编)者：张占仓　袁凯声　何武周
2018年7月出版／估价：99.00元
PSN B-2017-627-1/1

扬州蓝皮书
扬州经济社会发展报告（2018）
著(编)者：陈扬
2018年12月出版／估价：108.00元
PSN B-2011-191-1/1

长垣蓝皮书
长垣经济社会发展报告（2018）
著(编)者：张占仓　袁凯声　秦保建
2018年10月出版／估价：99.00元
PSN B-2017-654-1/1

遵义蓝皮书
遵义发展报告（2018）
著(编)者：邓彦　曾征　龚永育
2018年9月出版／估价：99.00元
PSN B-2014-433-1/1

地方发展类-社会

安徽蓝皮书
安徽社会发展报告（2018）
著(编)者：程桦　2018年4月出版／估价：99.00元
PSN B-2013-325-1/1

安徽社会建设蓝皮书
安徽社会建设分析报告（2017~2018）
著(编)者：黄家海　蔡宪
2018年11月出版／估价：99.00元
PSN B-2013-322-1/1

北京蓝皮书
北京公共服务发展报告（2017~2018）
著(编)者：施昌奎　2018年3月出版／估价：99.00元
PSN B-2008-103-7/8

北京蓝皮书
北京社会发展报告（2017~2018）
著(编)者：李伟东
2018年7月出版／估价：99.00元
PSN B-2006-055-3/8

北京蓝皮书
北京社会治理发展报告（2017~2018）
著(编)者：殷星辰　2018年7月出版／估价：99.00元
PSN B-2014-391-8/8

北京律师蓝皮书
北京律师发展报告No.3（2018）
著(编)者：王隽　2018年12月出版／估价：99.00元
PSN B-2011-217-1/1

地方发展类-社会

皮书系列 2018全品种

北京人才蓝皮书
北京人才发展报告（2018）
著(编)者：敏华　2018年12月出版／估价：128.00元
PSN B-2011-201-1/1

北京社会心态蓝皮书
北京社会心态分析报告（2017~2018）
著(编)者：北京市社会心理服务促进中心
2018年10月出版／估价：99.00元
PSN B-2014-422-1/1

北京社会组织管理蓝皮书
北京社会组织发展与管理（2018）
著(编)者：黄江松
2018年4月出版／估价：99.00元
PSN B-2015-446-1/1

北京养老产业蓝皮书
北京居家养老发展报告（2018）
著(编)者：陆杰华　周明明
2018年8月出版／估价：99.00元
PSN B-2015-465-1/1

法治蓝皮书
四川依法治省年度报告No.4（2018）
著(编)者：李林　杨天宗　田禾
2018年3月出版／估价：118.00元
PSN B-2015-447-2/3

福建妇女发展蓝皮书
福建省妇女发展报告（2018）
著(编)者：刘群英　2018年11月出版／估价：99.00元
PSN B-2011-220-1/1

甘肃蓝皮书
甘肃社会发展分析与预测（2018）
著(编)者：安文华　包晓霞　谢增虎
2018年1月出版／估价：99.00元
PSN B-2013-313-2/6

广东蓝皮书
广东全面深化改革研究报告（2018）
著(编)者：周ември生　涂成林
2018年12月出版／估价：99.00元
PSN B-2015-504-3/3

广东蓝皮书
广东社会工作发展报告（2018）
著(编)者：罗观翠　2018年6月出版／估价：99.00元
PSN B-2014-402-2/3

广州蓝皮书
广州青年发展报告（2018）
著(编)者：徐柳　张强
2018年8月出版／估价：99.00元
PSN B-2013-352-13/14

广州蓝皮书
广州社会保障发展报告（2018）
著(编)者：张跃国　2018年8月出版／估价：99.00元
PSN B-2014-425-14/14

广州蓝皮书
2018年中国广州社会形势分析与预测
著(编)者：张强　郭志勇　何镜清
2018年6月出版／估价：99.00元
PSN B-2008-110-5/14

贵州蓝皮书
贵州法治发展报告（2018）
著(编)者：吴大华　2018年5月出版／估价：99.00元
PSN B-2012-254-2/10

贵州蓝皮书
贵州人才发展报告（2017）
著(编)者：于杰　吴大华
2018年9月出版／估价：99.00元
PSN B-2014-382-3/10

贵州蓝皮书
贵州社会发展报告（2018）
著(编)者：王兴骥　2018年4月出版／估价：99.00元
PSN B-2010-166-1/10

杭州蓝皮书
杭州妇女发展报告（2018）
著(编)者：魏颖　2018年10月出版／估价：99.00元
PSN B-2014-403-1/1

河北蓝皮书
河北法治发展报告（2018）
著(编)者：康振海　2018年6月出版／估价：99.00元
PSN B-2017-622-3/3

河北食品药品安全蓝皮书
河北食品药品安全研究报告（2018）
著(编)者：丁锦鹏　2018年10月出版／估价：99.00元
PSN B-2015-473-1/1

河南蓝皮书
河南法治发展报告（2018）
著(编)者：张林海　2018年7月出版／估价：99.00元
PSN B-2014-376-6/9

河南蓝皮书
2018年河南社会形势分析与预测
著(编)者：牛苏林　2018年5月出版／估价：99.00元
PSN B-2005-043-1/9

河南民办教育蓝皮书
河南民办教育发展报告（2018）
著(编)者：胡大白　2018年9月出版／估价：99.00元
PSN B-2017-642-1/1

黑龙江蓝皮书
黑龙江社会发展报告（2018）
著(编)者：谢宝禄　2018年1月出版／估价：99.00元
PSN B-2011-189-1/2

湖南蓝皮书
2018年湖南两型社会与生态文明建设报告
著(编)者：卞鹰　2018年5月出版／估价：128.00元
PSN B-2011-208-3/8

湖南蓝皮书
2018年湖南社会发展报告
著(编)者：卞鹰　2018年5月出版／估价：128.00元
PSN B-2014-393-5/8

健康城市蓝皮书
北京健康城市建设研究报告（2018）
著(编)者：王鸿春　盛继洪　2018年9月出版／估价：99.00元
PSN B-2015-460-1/2

33

皮书系列 2018全品种 | 地方发展类-社会 · 地方发展类-文化

江苏法治蓝皮书
江苏法治发展报告No.6（2017）
著（编）者：蔡道通 龚廷泰　2018年8月出版 / 估价：90.00元
PSN B-2012-290-1/1

江苏蓝皮书
2018年江苏社会发展分析与展望
著（编）者：王庆五 刘旺洪　2018年8月出版 / 估价：128.00元
PSN B-2017-636-2/3

南宁蓝皮书
南宁法治发展报告（2018）
著（编）者：杨维超　2018年12月出版 / 估价：99.00元
PSN B-2015-509-1/3

南宁蓝皮书
南宁社会发展报告（2018）
著（编）者：胡建华　2018年10月出版 / 估价：99.00元
PSN B-2016-570-3/3

内蒙古蓝皮书
内蒙古反腐倡廉建设报告 No.2
著（编）者：张志华　2018年6月出版 / 估价：99.00元
PSN B-2013-365-1/1

青海蓝皮书
2018年青海人才发展报告
著（编）者：王宇燕　2018年9月出版 / 估价：99.00元
PSN B-2017-650-2/2

青海生态文明建设蓝皮书
青海生态文明建设报告（2018）
著（编）者：张西明 高华　2018年12月出版 / 估价：99.00元
PSN B-2016-595-1/1

人口与健康蓝皮书
深圳人口与健康发展报告（2018）
著（编）者：陆杰华 傅崇辉　2018年11月出版 / 估价：99.00元
PSN B-2011-228-1/1

山东蓝皮书
山东社会形势分析与预测（2018）
著（编）者：李善峰　2018年6月出版 / 估价：99.00元
PSN B-2014-405-2/5

陕西蓝皮书
陕西社会发展报告（2018）
著（编）者：任宗哲 白宽犁 牛昉　2018年1月出版 / 估价：99.00元
PSN B-2009-136-2/6

上海蓝皮书
上海法治发展报告（2018）
著（编）者：叶必丰　2018年9月出版 / 估价：99.00元
PSN B-2012-296-6/7

上海蓝皮书
上海社会发展报告（2018）
著（编）者：杨雄 周海旺
2018年2月出版 / 估价：99.00元
PSN B-2006-058-2/7

社会建设蓝皮书
2018年北京社会建设分析报告
著（编）者：宋贵伦 冯虹　2018年9月出版 / 估价：99.00元
PSN B-2010-173-1/1

深圳蓝皮书
深圳法治发展报告（2018）
著（编）者：张骁儒　2018年6月出版 / 估价：99.00元
PSN B-2015-470-6/7

深圳蓝皮书
深圳劳动关系发展报告（2018）
著（编）者：汤庭芬　2018年8月出版 / 估价：99.00元
PSN B-2007-097-2/7

深圳蓝皮书
深圳社会治理与发展报告（2018）
著（编）者：张骁儒　2018年6月出版 / 估价：99.00元
PSN B-2008-113-4/7

生态安全绿皮书
甘肃国家生态安全屏障建设发展报告（2018）
著（编）者：刘举科 喜文华
2018年10月出版 / 估价：99.00元
PSN G-2017-659-1/1

顺义社会建设蓝皮书
北京市顺义区社会建设发展报告（2018）
著（编）者：王学武　2018年9月出版 / 估价：99.00元
PSN B-2017-658-1/1

四川蓝皮书
四川法治发展报告（2018）
著（编）者：郑泰安　2018年1月出版 / 估价：99.00元
PSN B-2015-441-5/7

四川蓝皮书
四川社会发展报告（2018）
著（编）者：李羚　2018年6月出版 / 估价：99.00元
PSN B-2008-127-3/7

云南社会治理蓝皮书
云南社会治理年度报告（2017）
著（编）者：晏雄 韩全芳
2018年5月出版 / 估价：99.00元
PSN B-2017-667-1/1

地方发展类-文化

北京传媒蓝皮书
北京新闻出版广电发展报告（2017~2018）
著（编）者：王志　2018年11月出版 / 估价：99.00元
PSN B-2016-588-1/1

北京蓝皮书
北京文化发展报告（2017~2018）
著（编）者：李建盛　2018年5月出版 / 估价：99.00元
PSN B-2007-082-4/8

地方发展类-文化

创意城市蓝皮书
北京文化创意产业发展报告(2018)
著(编)者:郭万超 张京成　2018年12月出版 / 估价:99.00元
PSN B-2012-263-1/7

创意城市蓝皮书
天津文化创意产业发展报告(2017~2018)
著(编)者:谢思全　2018年6月出版 / 估价:99.00元
PSN B-2016-536-7/7

创意城市蓝皮书
武汉文化创意产业发展报告(2018)
著(编)者:黄永林 陈汉桥　2018年12月出版 / 估价:99.00元
PSN B-2013-354-4/7

创意上海蓝皮书
上海文化创意产业发展报告(2017~2018)
著(编)者:王慧敏 王兴全　2018年8月出版 / 估价:99.00元
PSN B-2016-561-1/1

非物质文化遗产蓝皮书
广州市非物质文化遗产保护发展报告(2018)
著(编)者:宋俊华　2018年12月出版 / 估价:99.00元
PSN B-2016-589-1/1

甘肃蓝皮书
甘肃文化发展分析与预测(2018)
著(编)者:王俊莲 周小华　2018年1月出版 / 估价:99.00元
PSN B-2013-314-3/6

甘肃蓝皮书
甘肃舆情分析与预测(2018)
著(编)者:陈双梅 张谦元　2018年1月出版 / 估价:99.00元
PSN B-2013-315-4/6

广州蓝皮书
中国广州文化发展报告(2018)
著(编)者:屈哨兵 陆志强　2018年6月出版 / 估价:99.00元
PSN B-2009-134-7/14

广州蓝皮书
广州文化创意产业发展报告(2018)
著(编)者:徐咏虹　2018年7月出版 / 估价:99.00元
PSN B-2008-111-6/14

海淀蓝皮书
海淀区文化和科技融合发展报告(2018)
著(编)者:陈名杰 孟景伟　2018年5月出版 / 估价:99.00元
PSN B-2013-329-1/1

河南蓝皮书
河南文化发展报告(2018)
著(编)者:卫绍生　2018年7月出版 / 估价:99.00元
PSN B-2008-106-2/9

湖北文化产业蓝皮书
湖北省文化产业发展报告(2018)
著(编)者:黄晓华　2018年9月出版 / 估价:99.00元
PSN B-2017-656-1/1

湖北文化蓝皮书
湖北文化发展报告(2017~2018)
著(编)者:湖北大学高等人文研究院
中华文化发展湖北省协同创新中心
2018年10月出版 / 估价:99.00元
PSN B-2016-566-1/1

江苏蓝皮书
2018年江苏文化发展分析与展望
著(编)者:王庆五 樊和平　2018年9月出版 / 估价:128.00元
PSN B-2017-637-3/3

江西文化蓝皮书
江西非物质文化遗产发展报告(2018)
著(编)者:张圣才 傅安平　2018年12月出版 / 估价:128.00元
PSN B-2015-499-1/1

洛阳蓝皮书
洛阳文化发展报告(2018)
著(编)者:刘福兴 陈启明　2018年7月出版 / 估价:99.00元
PSN B-2015-476-1/1

南京蓝皮书
南京文化发展报告(2018)
著(编)者:中共南京市委宣传部
2018年12月出版 / 估价:99.00元
PSN B-2014-439-1/1

宁波文化蓝皮书
宁波"一人一艺"全民艺术普及发展报告(2017)
著(编)者:张爱琴　2018年11月出版 / 估价:128.00元
PSN B-2017-668-1/1

山东蓝皮书
山东文化发展报告(2018)
著(编)者:涂可国　2018年5月出版 / 估价:99.00元
PSN B-2014-406-3/5

陕西蓝皮书
陕西文化发展报告(2018)
著(编)者:任宗哲 白宽犁 王长寿
2018年1月出版 / 估价:99.00元
PSN B-2009-137-3/6

上海蓝皮书
上海传媒发展报告(2018)
著(编)者:强荧 焦雨虹　2018年2月出版 / 估价:99.00元
PSN B-2012-295-5/7

上海蓝皮书
上海文学发展报告(2018)
著(编)者:陈圣来　2018年6月出版 / 估价:99.00元
PSN B-2012-297-7/7

上海蓝皮书
上海文化发展报告(2018)
著(编)者:荣跃明　2018年2月出版 / 估价:99.00元
PSN B-2006-059-3/7

深圳蓝皮书
深圳文化发展报告(2018)
著(编)者:张骁儒　2018年7月出版 / 估价:99.00元
PSN B-2016-554-7/7

四川蓝皮书
四川文化产业发展报告(2018)
著(编)者:向宝云 张立伟　2018年4月出版 / 估价:99.00元
PSN B-2006-074-1/7

郑州蓝皮书
2018年郑州文化发展报告
著(编)者:王哲　2018年9月出版 / 估价:99.00元
PSN B-2008-107-1/1

社会科学文献出版社　　　皮书系列

❖ 皮书起源 ❖

"皮书"起源于十七、十八世纪的英国,主要指官方或社会组织正式发表的重要文件或报告,多以"白皮书"命名。在中国,"皮书"这一概念被社会广泛接受,并被成功运作、发展成为一种全新的出版形态,则源于中国社会科学院社会科学文献出版社。

❖ 皮书定义 ❖

皮书是对中国与世界发展状况和热点问题进行年度监测,以专业的角度、专家的视野和实证研究方法,针对某一领域或区域现状与发展态势展开分析和预测,具备原创性、实证性、专业性、连续性、前沿性、时效性等特点的公开出版物,由一系列权威研究报告组成。

❖ 皮书作者 ❖

皮书系列的作者以中国社会科学院、著名高校、地方社会科学院的研究人员为主,多为国内一流研究机构的权威专家学者,他们的看法和观点代表了学界对中国与世界的现实和未来最高水平的解读与分析。

❖ 皮书荣誉 ❖

皮书系列已成为社会科学文献出版社的著名图书品牌和中国社会科学院的知名学术品牌。2016年,皮书系列正式列入"十三五"国家重点出版规划项目;2013~2018年,重点皮书列入中国社会科学院承担的国家哲学社会科学创新工程项目;2018年,59种院外皮书使用"中国社会科学院创新工程学术出版项目"标识。

中国皮书网

（网址：www.pishu.cn）

发布皮书研创资讯，传播皮书精彩内容
引领皮书出版潮流，打造皮书服务平台

栏目设置

关于皮书：何谓皮书、皮书分类、皮书大事记、皮书荣誉、
皮书出版第一人、皮书编辑部

最新资讯：通知公告、新闻动态、媒体聚焦、网站专题、视频直播、下载专区

皮书研创：皮书规范、皮书选题、皮书出版、皮书研究、研创团队

皮书评奖评价：指标体系、皮书评价、皮书评奖

互动专区：皮书说、社科数托邦、皮书微博、留言板

所获荣誉

2008年、2011年，中国皮书网均在全国新闻出版业网站荣誉评选中获得"最具商业价值网站"称号；

2012年，获得"出版业网站百强"称号。

网库合一

2014年，中国皮书网与皮书数据库端口合一，实现资源共享。

权威报告・一手数据・特色资源

皮书数据库
ANNUAL REPORT(YEARBOOK) DATABASE

当代中国经济与社会发展高端智库平台

所获荣誉

- 2016年,入选"'十三五'国家重点电子出版物出版规划骨干工程"
- 2015年,荣获"搜索中国正能量 点赞2015""创新中国科技创新奖"
- 2013年,荣获"中国出版政府奖・网络出版物奖"提名奖
- 连续多年荣获中国数字出版博览会"数字出版・优秀品牌"奖

成为会员

通过网址www.pishu.com.cn或使用手机扫描二维码进入皮书数据库网站,进行手机号码验证或邮箱验证即可成为皮书数据库会员(建议通过手机号码快速验证注册)。

会员福利

- 使用手机号码首次注册的会员,账号自动充值100元体验金,可直接购买和查看数据库内容(仅限使用手机号码快速注册)。
- 已注册用户购书后可免费获赠100元皮书数据库充值卡。刮开充值卡涂层获取充值密码,登录并进入"会员中心"—"在线充值"—"充值卡充值",充值成功后即可购买和查看数据库内容。

数据库服务热线:400-008-6695　　　图书销售热线:010-59367070/7028
数据库服务QQ:2475522410　　　　图书服务QQ:1265056568
数据库服务邮箱:database@ssap.cn　　图书服务邮箱:duzhe@ssap.cn

更多信息请登录

皮书数据库
http://www.pishu.com.cn

中国皮书网
http://www.pishu.cn

皮书微博
http://weibo.com/pishu

皮书微信"皮书说"

请到当当、亚马逊、京东或各地书店购买,也可办理邮购

咨询/邮购电话:010-59367028 59367070
邮　　箱:duzhe@ssap.cn
邮购地址:北京市西城区北三环中路甲29号院3号楼
　　　　　华龙大厦13层读者服务中心
邮　　编:100029
银行户名:社会科学文献出版社
开户银行:中国工商银行北京北太平庄支行
账　　号:0200010019200365434

S 基本子库
SUB DATABASE

中国社会发展数据库（下设 12 个子库）

全面整合国内外中国社会发展研究成果，汇聚独家统计数据、深度分析报告，涉及社会、人口、政治、教育、法律等 12 个领域，为了解中国社会发展动态、跟踪社会核心热点、分析社会发展趋势提供一站式资源搜索和数据分析与挖掘服务。

中国经济发展数据库（下设 12 个子库）

基于"皮书系列"中涉及中国经济发展的研究资料构建，内容涵盖宏观经济、农业经济、工业经济、产业经济等 12 个重点经济领域，为实时掌控经济运行态势、把握经济发展规律、洞察经济形势、进行经济决策提供参考和依据。

中国行业发展数据库（下设 17 个子库）

以中国国民经济行业分类为依据，覆盖金融业、旅游、医疗卫生、交通运输、能源矿产等 100 多个行业，跟踪分析国民经济相关行业市场运行状况和政策导向，汇集行业发展前沿资讯，为投资、从业及各种经济决策提供理论基础和实践指导。

中国区域发展数据库（下设 6 个子库）

对中国特定区域内的经济、社会、文化等领域现状与发展情况进行深度分析和预测，研究层级至县及县以下行政区，涉及地区、区域经济体、城市、农村等不同维度。为地方经济社会宏观态势研究、发展经验研究、案例分析提供数据服务。

中国文化传媒数据库（下设 18 个子库）

汇聚文化传媒领域专家观点、热点资讯，梳理国内外中国文化发展相关学术研究成果、一手统计数据，涵盖文化产业、新闻传播、电影娱乐、文学艺术、群众文化等 18 个重点研究领域。为文化传媒研究提供相关数据、研究报告和综合分析服务。

世界经济与国际关系数据库（下设 6 个子库）

立足"皮书系列"世界经济、国际关系相关学术资源，整合世界经济、国际政治、世界文化与科技、全球性问题、国际组织与国际法、区域研究 6 大领域研究成果，为世界经济与国际关系研究提供全方位数据分析，为决策和形势研判提供参考。

法律声明

"皮书系列"(含蓝皮书、绿皮书、黄皮书)之品牌由社会科学文献出版社最早使用并持续至今,现已被中国图书市场所熟知。"皮书系列"的相关商标已在中华人民共和国国家工商行政管理总局商标局注册,如LOGO( )、皮书、Pishu、经济蓝皮书、社会蓝皮书等。"皮书系列"图书的注册商标专用权及封面设计、版式设计的著作权均为社会科学文献出版社所有。未经社会科学文献出版社书面授权许可,任何使用与"皮书系列"图书注册商标、封面设计、版式设计相同或者近似的文字、图形或其组合的行为均系侵权行为。

经作者授权,本书的专有出版权及信息网络传播权等为社会科学文献出版社享有。未经社会科学文献出版社书面授权许可,任何就本书内容的复制、发行或以数字形式进行网络传播的行为均系侵权行为。

社会科学文献出版社将通过法律途径追究上述侵权行为的法律责任,维护自身合法权益。

欢迎社会各界人士对侵犯社会科学文献出版社上述权利的侵权行为进行举报。电话:010-59367121,电子邮箱:fawubu@ssap.cn。

社会科学文献出版社